제3세대
토착화 신학

일아一雅 변선환 선생님

15주기를 추모하며 이 책을 삼가 올립니다

종교와사회총서4

제3세대 토착화 신학

토착화란 여러 정의가 있겠으나 한국 종교문화를 선험성(주체성)으로 하여 기독교 복음을 해석하는 작업이라 약술할 수 있다. …

역사적 맥락 속에서 자기 정체성을 보존해 온 민족 문화에 대한 적극적 이해는 토착화 신학의 문제의식과 깊이 조우할 수 있다. 세

계화에 편승한 문화적 동일화에 항거하고 민족주의의 역기능을 치유할 수 있는 문화적 힘을 민족적 정체성에서 찾으려는 시도는

토착화 신학의 지향점과 일치한다. 이런 '열린 민족주의'가 기독교와 만나(토착화) 동북아 지역에서 평화와 생명을 낳는 '역사

치유학'으로 기능할 때 아시아신학의 장이 될 수 있다.

변선환아키브 · 동서신학연구소 편

도서출판 모시는사람들

책을 펴내며

　2010년은 한국사에 있어 대단히 뜻깊은 해이다. 역사의 단위를 10년씩 헤아리며 의미를 생각했던 우리에게 2010년은 여러 역사적 사건이 중첩된 시점이 틀림없다. 이에 한 의미를 덧붙이자면 한국 신학계에 토착화 논의가 시작된 지 어언 60년의 세월이 흘러왔다는 사실이다. 일제치하에서 살았고 동족상쟁의 비극을 겪었으며 서구적 가치의 홍수 속에서 한국 문화의 소중함을 일깨웠던 토착화 신학 운동은 민주화의 여정과 함께 한국사에서 기억될 만한 일이 아닐 수 없다. 하지만 본 운동을 주도했던 감리교신학대학의 여러 선생님들이 그간 타계하였으며 보수 근본주의 신학 사조가 영성을 이름하여 한국 교계를 점령한 상황에서 토착화 신학 사조는 답보상태를 면치 못했다. 한국 신학의 양대 산맥을 형성한 민중신학 역시 그 운명이 다르지 않았으나 그래도 몇몇 소장학자들에 의해 명맥이 이어졌고 꾸준한 토론의 열매들이 묶어져 나왔다. 민중신학 1, 2세대를 거쳐 소위 3세대의 활동이 모형을 달리하며 주목을 끌고 있는 상황이다. 이에 종교재판으로 교계의 희생양이 된 일아—雅 선생님을 추모하여 설립된 '변선환 아키브' 산하 동서신학연구소가 주관하여 지난 1년간 토착화 신학 논의의 재활성화를 도모했다. 토착화 신학 2세대에 속한 필자로부터 배운 제자들이 속속 귀국하여 강의하는 상황에서 시기적으로 3세대란 이름이 우리에게도 가능하다는 판단이 섰고 그리고 주제 역시도 달라져야 한다는 현실

5

적 요청 역시 대두되었기에 그리 해 본 것이다. 하여 필자는 소장학자들과 함께 '3세대 토착화론'을 주제로 여러 차례 모임을 가졌고 그들의 수고 덕분에 오늘 책자가 세상에 빛을 보게 된 것이다. 바쁜 중에도 본 사안의 중요성을 느껴 긴 글을 써서 열띤 토론에 참여해 준 여러 소장학자들에게 감사의 말을 먼저 전하고 싶다.

3세대 신학자들의 눈에 비친 토착화 신학의 현주소는 여러 모로 문제가 많았다. 교회 현장과의 괴리가 많았다는 지적도 있었고, 가치 지향적 성격으로 인해 충분한 현상적 서술이 부족했다는 평가도 도출되었으며, 형식에 있어 이야기Narrative가 생략된 것도 토착화 신학의 자체 부진의 원인으로 제시되었다. 그러나 이보다 본질적 문제는 토착화 신학의 태생적 한계를 지적하는 시각이었다. 주지하듯 일제하의 저항적 민족주의 담론에서 비롯한 토착화 신학은 '탈민족' 시대에 접어든 오늘의 현실에 부합되지 않는다는 비판이 매서웠다. 오늘의 한국적 상황이 저항적 민족주의에 고착될만큼 약자의 입장이 아니라는 지적과 함께 '제국' Empire 시대의 도래에 대한 학문적 성찰의 부족이란 질책도 있었다. 한마디로 토착화 신학의 시작은 정당했으나 그 역시 시대적 한계로 인식되어야 한다는 평가였다. 하지만 이런 비판적 평가들에 대해 소위 2세대 신학자들의 우려가 적지 않았다. 우선 3세대의 시각이 1세대 토착화 신학자들의 진정성을 충분히 숙지하지 못하고 다시금 서구적 담론으로 토착화 논의를 재단하고 있다는 반론이 있었다. 한국적 내지 동양적이란 한정사가 지닌 신학적 성격에 대한 충분한 이해가 부족했다는 것이다. 하여 2세대 민중 신학이 그들 스승들의 한국적 민중 이해를 과학적 시각에서 비판했으나 3세대 민중신학자의 시각으로 재 비판된 것을 숙지할 필요가 있다. '민족'에 대해 열강의 입장을 대변한 서구사상가들의 시각을 비판 없이 원용하는 시각은 토착화론의 진정성을 훼손시킬 수 있는 것이다. 토착화론의 교회 현장성 부재, 지나친 가치 지향적 성격 등에 대한 지적도 일리는 있으나 전적으로 수용키는 어려워 보인다. 향후 더 발전적 논의가 있어야겠지만 토착화 신학은 교회 적응 차원의 기능적 학문이 아닌 까닭에 더 한층 급진적일 필요가 있을 듯하다. 그럼에도 필자 역시 아쉬운 부분이 적지 않다. 이미 음악, 교회 예식 Ritual의 영역에서 독창적 소리를 내는 토착화 목회자들의 견해를 반영치 못한 점이다. 과거 전통만이 아니라 영화, 연극 및 현대적 감각을 지닌 제 문화 속에서 복음을 재해석 하는 시도 역시 필요하다고 생각된다. 그러나 그 역시도 '자기 동일성' 이 아닌 '자아 정체성' 의 차원에서의 한국적 주체성에 대한 인식이 요구된다. 전자와 달리 자아 정체성이 변화 및 생성 중에 있는 정체성을 뜻하는 까닭이다. 3세대 토착화론자들이 즐겨 쓰는 혼종성이란 개념도 이를 대체할 수 없다고 믿는다. 하여 필자는 본 책을 편집하면서 '문화적 민족주의' 란 말을 잠정적 결론으로 제시했다. 3세대 토착화론의 문제제기를 더 활성화시킬 목적에서이다. 잠정적 결론이 있어야 그를 극복하려는 학문적 노력 역시 생겨날 수 있다는 판단 때문이었다. 근본적으로는 한국 종교문화 속에 잠재된 문화적 민족주의는 제국의 시대에 세상과 소통하는 보편적 관점을 견지할 수 있다는 신념이 있었던 까닭이다. 여하튼 본 작업을 통해 그간 침체되었던 토착화 담론의 재활성화를 기대해 보고 싶었다. 토착화 담론의 거듭된 재생산을 통해 한국교회가 세계와 한국 사회에 감당할 몫을 다할 수 있을 것으로 확신한다.

올해로 소천하신 지 15주년을 맞는 일아一雅 변선환 선생님께서도 본 책의 출간을 맘껏 기뻐하실 줄 믿는다. 선생님이 그토록 중요하게 여기던 감신대의 토착화 신학 전통이 3세대 학자들을 통해 이토록 성실하게 이어지고 있는 까닭이다. 우리 모두는 본 책을 15주년 되는 그 분의 영전 앞에 바치며 선생님의 삶과 사상이 한국 신학계에 좋은 밑거름으로 뿌려졌음을 깊이 감사드린다. 이를 위해 소중한 옥고를 준비해 준 신진학자들께 고마운 마음을 전하며 도발적인 질문을 통해 향후 토착화 신학 논쟁을 재점화시켜 준 공헌을 잊지 않을 것이다. 끝으로 변선환아키브 간사 역할을 충심으로 감당해 준 홍길수 군에게도 감사하며 그 앞날을 축복하고 싶다.

바라기는 2, 3세대 토착화 신학자들 모두가 앞으로도 치열한 학문적 여정을 통해 자신들의 역할을 잘 감당해 줄 것이라 믿는다. 아마도 내년쯤이면 이들 3세대 토착화 신학자들의 견해에 답하는 2세대의 본격적인 관점들이 책으로 엮어지게 될 것이다. 변선환아키브에서 기획한 본서의 출판을 애써 준 '모시는사람들'에게도 마음으로 인사를 올린다. 이 책이 토착화 신학의 새 차원을 여는 일에 기여하기를 맘껏 바라며 한국 신학계에 신선한 자극이 되기를 소망한다. 재차 강조하지만 토착화 신학이 세계와 소통하는 아름다운 범례가 될 것인 바, 토착화론에 관심하는 후학들의 출현을 고대하며 머리말을 마감한다.

2010년 6월 7일 총선에서 보여준 民心의 지혜로움에 탄복하며
냉천골 연구실에서 充然齊 이정배 씀

차 례

4장 제3세대 토착화 신학에 대한 잠정적 결론

1장

3세대 토착화 신학의 도전
: 민족의 재정의 문제

민족주의와 토착화 신학

김 장 생 _연세대학교

1. 민족주의의 도구론적 이해

민족이란 무엇인가? 일반적으로 민족은 "인종적·지역적 기원이 같은 역사적 운명체이며 언어·종교·역사·생활 양식 따위의 문화적 전통을 공통으로 하는 기초적 사회 집단"[1]으로 규정되고 있다. 민족국가들, 특히 한국 사회에서 민족은 대단히 광범위하며 강한 사회적 영향력을 행사하고 있는 사회적이고 문화적이며 정치적인 실체이다. 그 근거는 위의 정의에서 볼 수 있는 바와 같이 사회 구성원의 삶의 모든 영역을 하나로 묶을 수 있는 가장 원초적인 강력한 힘이 민족이라는 사회 집단으로부터 나오고 있다는 일종의 합의가 일반적으로 이루어져 있기 때문이다. 이러한 합의 하에서 우리는 한국 사회에서 민족을 뛰어 넘은 어떠한 문화적·정치적·사회적 구성체도 찾아 보기 어렵다.

그러나 학술적 의미에서 민족은 일반적 정의와는 다르게 다루어지고 있다. 민족에 대한 학술적 논의는 민족의 발흥과 존재 양식, 그리고 구성원과 민족의 상관 관계에 대한 상이한 이해로 인해 크게 두 갈래로 나뉘어 있다. 양자 모두 민족을 하나의 사회적 실체로 보는 데는 이견이 없다. 하지만 일군의 학자들은 민족을 영속적이며 초역사적으로 존재하는 객관적 실체로 이해하고 민족이 그 구성원을 정의하며 그 구성원이 누구인가에 대한 가장 확증적이며 명증적인 확증의 표식이라고 보고 있고, 또 다른 학자들은 민족을 역사적 자기 이해의 산물로 이해하여 '나'가 구성한 임의적 실체를 민족으로 보고 있다. 전자의 객관적 민족 이해를 원초론Primordialism이라 부르고, 후자의 주관적 이해를 도구론Instrumentalism이라 부른다. 민족을 원초론적으로 이해를 하는 이들로 마이케네Friedrich Meinecke · 비트람Reinhard Wittram · 노이만Franz J. Neumann · 신채호 · 신용하 등이 있고, 민족을 도구론으로 이해하는 이들로 에른스트 르낭 Ernst Renan · 한스 울리히 벨러Hans-Ulrich Wehler · 베네딕트 엔더슨Benedict Anderson, 콘Hans Kohn · 헤이즈Carlton Hayes · 케두리Elie Kedourie · 임지현 등이 있다.

원초론적 민족 이해와 도구론적 민족 이해의 가장 큰 차이는 민족을 언어 · 문화 · 종교 · 정치 · 동질성과 같은 객관적으로 주어진 실증적 바탕 위에 구성된 사회 단위로 보는가, 아니면 구성원들의 동일한 자기 인식에 의해 임의적으로 세워진 역사적 산물로 보는가에 있다. 원초적 민족 이해에 따르면, 민족은 근대 이전에 이미 형성된 사회 집단으로 존재하고 있었고 이 집단 안에서 구성원들은 동질적 민족 의식을 공유하고 있었다고 볼 수 있다. 그러나 반대로 도구론적 민족 이해를 따르면, 민족은 구성원들이 민족으로서의 자의식을 가지게 된 근대에 형성된 사회 구조적 형성물이라고 볼 수 있다. 전자는 민족을 역사를 뛰어넘은 연속성 위에서 파악하고 있기에 민족이라는 실체가 과거와 현재의 구성원들을 '우리'로 묶어 줄 수 있는 동일한 문화·언어·종교·지리와 같은 속성을 지닌 초역사적 현실체로 보고 있지만, 후자는 민족 구성원들이 스스로를 '우리'라고 느낄 때야 비로소 사회적 속성으로 존재해 온 언어·문화·종교를 묶는 역사적 현실체로 존재하게 된다고 본다.

　유럽에서는 18세기 프랑스 혁명 이후 민족국가 형성에 대한 논의가 활발히 이루어졌고 혁명 이후의 민족 이해는 원초론적 이해가 주류를 이루었다. 그러나 이에 대해 처음으로 도구론적 반론을 주장한 것은 19세기 중반 에른스트 르낭이다. 1870년 프·독전쟁에 패함으로써 알자스-로렌 지방을 상실한 프랑스와 독일 간의 긴장 관계 속에서 르낭은 『민족이란 무엇인가(u'est-ce qu'une nation?』(1882)를 썼고 여기서 벨러나 앤더슨의 도구론적 민족 이해의 원형을 제시한다. 그는 민족의 원초론적 이해에 대한 반론을 먼저 다섯 가지 측면에서 제시한다. 첫째, 원초론자들이 주장하는 바 민족의 객관적 근거로 제시되는 근대 이전으로부터 내려오는 전통적인 공통의 정치체로서의 왕조는 민족의 근간이 될 수 없다는 것이다. 스위스나 미국은 왕조 없이 건설되었고 왕조의 변화와 관계없이 불변하는 민족도 있기에 "하나의 민족은 왕조라는 원칙 없이도 존재할 수 있기 때문이다."[2] 둘째, 종족이라는 객관적이며 영속적인 실체는 민족 구성의 토대가 된다는 원초론적 주장에 대하여 르낭은 유럽의 여러 근대 민족 국가가 여러 종족으로 구성되었다는 예를 들며 "순수한 종족이란 존재하지 않으며 종족적인 분석에 정치의 근거를 두는 것은 공상에 기초를 두는 것"[3]과 같다는 것이다. 셋째, 민족 구성의 요소라고 믿어지는 객관적 실체로서의 언어는 르낭이 보았을 때 민족 구성과는 거리가 있었다. 동일한 언어를 사용하는 미국과 영국, 스페인과 남미는 하나의 민족을 형성하지 않았고, 어족의 유사성과 민족의 유사성은 상관 관계가 성립하지 않기 때문이다. 따라서 그는 "언어에 대한 생각에 과장된 표현을 불어넣을 때, 그것은 우리를 민족적인 것으로 간주되는 한정된 문화 안에 갇혀 버리게 한다"[4]고 주장한다. 넷째, 종교 또한 민족의 객관적 토대는 되지 못한다고 르낭은 보았다. 그 이유는 "더 이상 국가 차원의 종교는 존재하지 않으며 … 종교는 인민들의 경계선을 긋는 원인들 중에서도 거의 벗어나 있기 때문이다."[5] 마지막으로 지리는 자연적 국경선과 역사의 본질적인 요소이므로 민족은 영속적 지리적 요건들을 통해 구성된다는 원초론에 대하여 그는 이러한 주장이 군사적인 폭력만 야기할 뿐이라고 말한다. 지리 조건들과 민족들 간의 경계를 관계시킬 만한 어떠한 논리적 필연성도 찾아 볼 수 없기 때문이다.[6]

그렇다면 민족이란 무엇인가? 르낭에 따르면 민족은 구성원들의 자기 의지에 의한 자기인식이다. 민족이 구성원들의 존재 양식을 규정하는 것이 아닌 구성원들이 서로의 존재를 '우리'로 확인할 수 있을 때 그제서야 민족은 구성될 수 있다는 것이다. 르낭의 말을 빌리자면 "한 민족의 존재는 … 매일매일의 국민투표"이며 "민족들의 결의는 언제나 항상 살아남아야만 할 단 하나의 정당한 기준인 것이다."[7] 구성원들이 언어·지리·정치·사회·문화적 공통에도 불구하고 서로를 '우리'로 경험하려는 의지가 없는 한 민족은 언제라도 사라질 수 있고 반대로 민족은 언제라도 새로이 구성될 수 있다는 것이다.

르낭의 이러한 고전적 의미의 도구론을 현대에 계승한 것은 한스 콘이다. 그는 르낭과 마찬가지로 민족의 출현을 구성원들의 자기 인식이라고 규정하였고 이를 위해서는 '우리'를 '우리'로 인식할 역사적 발전의 계기를 필요로 한다고 말한다. 그것은 민족 구성원 사이의 수평적 관계를 의미한다. 그는 민족이 "통치사상의 발전, 즉 통치자와 피치자의 지위 및 계급과 신분 제도의 철저한 수정이 없이는 상상도 할 수 없다"[8]고 주장하며 다음의 다섯 가지 역사적 토대를 필요로 한다고 말한다. 첫째, '우리'를 나누었던 전통적인 경제 활동의 붕괴가 있어야 한다. 이것은 자본주의의 출현과 함께 부르주아의 등장으로 인하여 왕실을 비롯한 귀족적 문명을 넘어 민중의 삶과 생활, 그리고 언어에 대한 동질감을 요구한다. 이는 콘이 제3계급the third estate이라 부른 새로운 계급의 역사적 등장이 민족이라는 사회 구성체를 창조해 내었다는 것을 의미한다. 둘째, 구성원이 문화적인 동질성을 공감할 수 있어야 한다. 전통 경제의 붕괴와 함께 민족 정신Volksgeist과 문학·민속·모국어와 같은 것이 우리를 문화적 틀로 묶어 낼 수 있을 때 구성원은 민족이라는 자기 의식을 할 수 있다는 것이다. 셋째, 민족의 형성은 중앙 집권적 정치 체제를 필요로 한다. 이는 일반 민중을 공통의 정치적 형식으로 통합할 수 있는 경계가 뚜렷하고 규모가 큰 영토를 가진 중앙집권적 정부 형태의 존재를 전제해야만 민족은 구성될 수 있다는 것을 의미한다. 넷째, 민족은 구성원들의 오래 된 원시적 감정들을 이용하여 감정적 일체감을 느낄 수 있게 할 때 나타날 수 있다. 원시적 감정은 증명되기 어려운, 하지만 가장 강력하게 작용할 수 있는 인간 집단화의 계기가 될 수 있다. 다섯째, 새로운 사회 발전의 요소들은 구성원들로 하여금 민족 구성을 자연스러운 현상으로 받아들이도록 하였다. "인구의 급속한 증가, 교육의 확대, 일반 대중의 영향력 증대, 정보와 선전 기술의 새로운 발전은 민족이라는 새로운 감정에 어떤 영속적인 강도를 부여했으며, 이로 말미암아 민족은 곧 과거에도 항상 존재했고 앞으로도 존재할 어떤 자연스러운 것의 표현으로 보이게 만들었다."[9] 이러한 역사적 조건이 만족되었을 때 민족은 구성되는데, 그 시기를 콘은 프랑스 혁명 이후로 보고 있다. 즉, 민족은 자연적으로 주어진 현상이 아니며 영원한 혹은 자연적인 법칙의 산물도 아닌, 특정한 역사 단계에서 지적·사회적 요인의 성장의 산물이며[10] 정치적 요구와 정서적 태도에 의해 착색되기도 하는 하나의 정신 상태이며 의식적인 행동이라고 그는 보고 있다.[11] 의식적인 행위 양식을 통하여 만들어 온 것이 민족이라는 것이다. 따라서 원초론자들이 주장하는 바와 달리, 콘은 "민족은 그 기원이 대단히 최근인 집단이고 … 역사적 정치적 개념"[12]이라고 보고 있다. 결국 콘이 보았을 때, 원초론자들의 주장은 "민족의 기초를 인종과 같은 객관적 요인에 두어 우리를 원시적인 부족 제도로 되돌리려는 시도"[13]로밖에 보이지 않았다.

콘 이후 벨러는 민족주의 분석을 통하여 민족의 형성을 정당화하고 민족의 이념적 뿌리를 놓은 것은 자연적 실체들이 아닌 민족주의라고 말한다. 벨러에 따르면 "민족주의와 민족은 객관적으로는 전적으로 근대의 새로운 현상이지만 민족주의자들에게 민족주의와 민족은 주관적으로는 태고부터 존재했던 것"[14]이고, 따라서 민족주의는 "완전히 무정형의 의미 영역을 가진 유행어"[15]일 뿐이다. 벨러에 따르면 민족주의는 전근대 사회의 사회적 규범이 더 이상 사회의 지속을 가능하게 하지 못하게 되고 한 사회의 연대성이나 구성원들의 충성심을 동원하고 통합시키지 못하게 될 때 나타난다. 실제로 민족주의의 발흥은 혁명적인 시민전쟁, 무력을 통해 세습적인 군주들로부터 해방을 불러일으키고 기존 질서 체계를 변화시킨 청교도 혁명, 공화국의 기초를 합의에 두려는 정신 등을 통해 시작되었다는 것이다.[16] 기존의 전통적 질서 체제 이후의 민족주의는 통치 질서와 공동체를 새로운 정통성의 토대 위에 올려 놓게 되었고 대중을 움직이고 통합시키는 역할을 하게 되었고 따라서 민족주의의 지향점은 이러한 통치 질서 체계의 완성인 민족국가로 나아가게 되었다는 것이 벨러의 주장이다. 새로운 질서 체계를 제시하는 민족은 구성원들에게 포괄적인 존재 의미를 부여하고, 세계관을 심어 주며, 진리 해석의 독단적 태도를 고수하게 해 주며, 한 집단의 공동체화를 꾀하며, 종말의 이상향과 초월성을 심어 주게 되는데,[17] 이러한 의미에서 그는 민족을 "정치적 종교"라고 부른다.

케두리와 앤더슨은 민족의 형성을 언어를 통하여 분석하고 있다. 케두리는 유럽에서의 민족의 형성 과정을 분석하며 "민족주의는 보편적인 현상이 아닌 지난 150년간 유럽의 사상이 낳은 산물일 뿐"이라고 주장한다.[18] 유럽 민족 형성에 가장 결정적인 역할을 한 것은 종족·경제·정치·지리가 아닌 바로 언어인데, 민족의 탄생은 언제나 언어적 분화를 동반하며, 이 분화는 자연적이라기보다는 피히테와 같은 민족주의자들의 경우에서 볼 수 있듯 민족을 구성하려는 인위적 노력의 산물이라는 것이다. 그는 다음과 같이 말한다. "피히테와 그의 동료 민족주의자들은 하나의 언어를 쓴다는 사실이 기존의 모든 정치적 편성을 청산하고 독일어를 말하는 모든 사람들이 하나의 국가를 형성하는 새로운 정치 질서를 세우기에 충분한 이유가 된다는 것을 입증하고 확신시키기 위해 노력했다."[19] 유사한 의미에서 앤더슨은 민족을 "상상의 공동체"라고 부른다. 민족은 객관적 실체를 중심으로 형성된 것이 아닌, 민족의 형성기 이전에 존재하는 문화 체계를 다른 방식으로 결합하여 나온 결합물이라고 보고 있기 때문이다. 그가 주목하는 것은 활자어이다. 활자어는 공동의 커뮤니케이션의 장을 만들었고, 인쇄 자본주의는 민족이라는 주관적 개념을 장기적으로 고착화시킬 수 있었고 언어의 통일성을 가져올 수 있었다는 것이다.[20]

2. 한국 민족의 도구론적 이해

앞에서 살펴본 민족의 두 이해는 한국 민족에 대한 이해에서도 그대로 적용된다. 한국 민족을 원초적으로 이해하려는 입장에 선 신채호, 송건호,

차기벽, 신용하 등은 한국의 지리적·혈연적·정치적·종교적·언어적 공통성을 강조하여 한국 민족은 객관적으로 주어진 원초적인 상태로 보고 있고 민족주의를 주어진 민족에 대한 본능적 애착심으로 보고 있다. 반면에 박현채, 임지현, 탁석산 등은 도구론적 입장에서 한국 민족을 근대에 성립된 정치·사회·경제 구조물로 보고 있기에 민족주의의 당위성은 여실히 주어진 것이 아닌 시대적 이데올로기의 산물이라고 보고 있다. 여기서 한 가지 주의 깊게 보아야 할 것은 민족에 대한 서구의 두 담론과는 달리, 한국에서의 논의는 그 방향이 서로 다르게 설정되어 있다는 것이다. 원초적 입장에 선 이들은 신채호의 예에서 볼 수 있듯이[21] 민족주의 입장에서 일본 제국주의에 대한 항쟁의 차원에서 민족주의를 내세우고 있거나 송건호와 같이 분단하에서의 한반도에 대한 통일론적 이데올로기로서의 민족주의를 내세운다.[22] 그러나 도구론자들은 1980년대 이후 민족주의에 의해 가리워진 또 다른 이면을 보기 시작하였고 민족주의에 대하여 박현채와 같이 계급주의적 접근을 하거나 임지현, 탁석산과 같이 민족주의와 시민 사회 간의 간극이 더 이상 좁혀질 수 없다는 점들을 파악하기 시작하였다.[23]

도구론자들이 보았을 때 원초론적 민족 이해는 1960년대 이후로 국가 이데올로기에 이용당해 온 전과가 있으며 또한 원초론적 이해를 충족시킬 만한 역사적 근거도 부족하다. 역사적으로 민족이라는 말은 20세기 초에 일본 번역어의 수입으로 등장하였으며, 1960년대 박정희가 민족 주체성을 강조하는 것은 4·19후 고조된 민족주의적 기운을 따돌리는 방편인 동시에 북한과의 민족적 정통성 문제를 경쟁해야 할 필요성에서 나온 것이었고,[24] 남한 사회의 내부적 문제들을 회피하고 남한 사회 내 충성심과 연대심을 고취시키기 위한 이유 때문이다.

원초론자들은 다음의 이유에서 한국 민족은 주관적 자기 인식이 아닌 객관적 실체로서 역사적으로 민족이 구성되어 왔다고 주장한다. 2차 세계대전 이후 많은 신생국들이 나타났고 이들 모두 민족주의를 위시하여 민족이라는 실체 없이 민족국가를 형성하였지만 이들과는 달리 한국은 1300여 년 동안 통일된 국가 역사를 가지고 있기 때문이다.[25] 신용하는 한국의 역사를 전근대 민족과 근대 민족으로 나누고 전근대 민족을 "시기적으로 전근대 시기에 일차적으로 언어·지역·문화·혈연·정치의 공동과, 부차적으로 경제·역사의 공동을 기초로 하여 형성된 즉자적 민족"으로, 근대 민족을 "시기적으로 근대에 일차적으로 언어·지역·문화·혈연·정치·경제·역사의 공동 및 민족의식과, 부차적으로 혈연의 공동을 기초로 하여 형성된 대자적 민족"이라고 정의한다.[26] 대부분의 원초론자들이 동의하는 바 고대 3국은 이미 중앙집권적 통일 국가 형성을 위해 각축을 벌였다. 신라에 의한 통일의 결과 정치의 공동과 지역의 공동, 그리고 신라어에 의한 언어의 공동화가 이루어졌고 이를 통해 고려 이후 통일된 문화로 나타났으며, 이로써 전근대적 민족인 즉자적 민족 형성이 이미 이루어졌다고 볼 수 있다. 근대적 민족의 형성에 있어서는 사회 신분제가 폐지되고 자본주의의 발흥과 국민 경제가 성립되었으며, 민주주의의 발흥과 국민국가의 성립 그리고 국민교육과 민중의 문화적 발전, 마지막으로 민족 의식의 고양과 민족주의의 발흥이 이루어져 대자적 민족이 이루어졌다고 원초론자들은 본다. 이들은 고조선, 부여, 예, 맥, 옥저, 마한, 진한, 변한, 고구려, 백제, 신라, 가야로부터 근대 한국에 이르기까지 모두를 민족이라는 거대한 틀 속에서 이해함으로써 역사의 연속을 우선시한 한국사를 기술한다.

하지만 임지현과 탁석산은 이러한 한국사 이해에 대하여 문제를 제기한다. 그들이 가장 먼저 제기하는 문제는 "한국사 속에서 역사적으로 보편적이며 규범적으로 작동할 수 있는 민족적 실체가 존재하는가"이다. 임지현에 따르면 한국사의 민족주의적 서술은 식민지 시기 민족주의 사학의 실천적 맥락을 잇는 것이기도 하지만 남북의 사회 상황을 강요한 측면이 있는데 그것은 민주주의가 아닌 보수적 민족주의를 통하여 자신의 정당성을 찾았던 남한 사회의 지배계급에 의해 나타난 것이다.[27] 탁석산은 민족은 근대 국가 형성을 위해 주관적으로 형성된 산물이라고 본다. 근대 국가를 형성해 본 경험이 없기에 민족이라는 감성적이고 본능을 자극하는 말이 효과적이었기 때문이라는 것이다.[28]

이들에 따르면 한반도의 고대 국가들 사이에서 민족이라는 공통의 동질감을 찾는 것은 어려운 일이기에 삼국 사이에는 객관적 동질성이 작용하고 있었던 것이 아니라, 비민족적 국가들 사이의 관계를 유지하고 있었다. 따라서 고대 국가들 사이의 '민족과 자주'와 같은 관점이 성립할 수는 없다. 신라의 삼국통일은 언어적·종족적 유사성을 토대로 민족의 테두리를 만들었다고 볼 수 있지만, 민족적 자의식과 이를 기초로 한 이데올로기는 형성되지 않았다고 볼 수 있다. 민족 구성원들을 '우리'로 그리고 그 외부를 '그들'로 볼 수 있는 내적 연대의식이 없었기 때문이다. 신분제 질서가 있었기에 "자연 감정으로서의 원초적 충성심을 넘어서 적극적 집단 행동을 유발할 수 있는 정치적 동기를 내포하는 이데올로기"가 없었던 것이다.[29] 국가가 '우리'의 것이 아니었기에 국가 구성원들을 민족국가로 묶을 수 있는 기제 또한 존재하지 않았다. 항몽 항쟁과 같은 사건들은 민족의식에 기초한 것이 아닌 향촌 혹은 농촌 공동체 수호 투쟁이라고 볼 수 있고, 조선과 같은 중앙집권적 국가 체제 속에서도 왕조를 중심으로 한 국민적 단합이나 기층 문화의 민족적 계승은 불가능했다는 것이 임지현의 주장이다. 만일 봉건 사회 속에서 민족적 틀을 강조하게 되면 결국 귀족에 의한 민족 성립이라는 도식밖에 적용되지 않을 것이고 필연적으로 민족에 대한 논의에서 민중은 제외될 수밖에 없다.[30] 고구려 이래로 한민족이 하나의 단일한 문화적·정치적·경제적 역사 공동체를 이루어 왔다는 주장은 구성원들을 하나의 민족이라는 이름 하에 공동의 기억, 공동의 지식, 공동의 경험으로 묶어 보려는 구한말 이래로 시작된 시도들의 결과로밖에는 볼 수 없다고 이들은 본다.[31] 박현채는 계급론적 입장에서 민족을 분석하는데, 그에 의하면 사회적 실체로서의 민족의 등장은 내재적인 사회적 생산력의 발전만이 아니라 세계사적 차원에서 자본주의와의 접촉에 의해 주어진 자본주의 시대 이래로 가능했다고 주장한다.[32] 자본주의 시대에는 국민경제적 시장권의 형성으로 그 지역에 사는 구성원들을 상호 접촉시킴으로써 생활 체험의 공유를 기초로 이들을 하나의 연대체로 만들어 '우리' 의식을 가지게 할 뿐만 아니라 자본주의에 고유한 대규모 상품 생산과 불균등 발전은 해외 시장을 요구하게 됨으로써 후진 제 지역에서 시장 개방 요구라는 외압에 대응하는 민족적 결합을 통해 그들과 우리를 나누게 된다는 것이다.[33]

실제로 이러한 도구론적 민족 인식은 한국의 현대사를 통해 분명해진다. 강만길에 따르면 공화주의 정부 탄생의 촉매 역할을 한 3·1 운동 이전까지는 구성원들이 '우리'가 되는 국민 주권주의를 바탕으로 한 민족국가의 성립은 이루어지지 못하였다. 반외세적 저항 중심의 근대사는 있었지만 구성원들이 주권을 가진 인간 해방이 이루어지지 못했기 때문이다.[34] 구한말까지의 개혁 자강주의와 충군 애국주의는 여전히 신분제 사회를 전제로 하여 "임금이 정해 놓은 대로만 일을 하는 사람을 충신이라고 불렀고"[35] "황실의 흥망으로써 국가의 흥망을 말하는 것을 국가 본의에 불명한 소"[36]라고 주장을 해 왔던 신분제 사회 속에서는 어떠한 적극적 의미의 연대도 불가능하다. 권력을 구성원으로부터 기인하는 것으로 볼 수 있을 때야 비로소 민족국가는 성립될 수 있는 것이다.

도구론자들의 주장은, 민족이라는 상상의 공동체는 사회적 실체임이 분명하지만 초역사적이고 자연적인 실체는 아니라는 것이다. 따라서 민족은 구성원들에 대한 어떠한 자연적이고 당위적인 필연성도, 규범성도 가지지 못한다. 결국 도구론자들은 원초론자들과 근본적인 역사 인식을 달리 하게 되는데, 도구론자들이 보았을 때 원초론자들의 역사 인식은 한반도 역사의 객관적 연속성을 강조함으로써 지배 이데올로기를 강화하고 내부의 긴장과 역사의 발전을 멀리한 채 보수적 민족주의로 귀결될 개연성을 가지고 있다고 보는 것이다.

3. 토착화 신학의 민족주의적 이해

주재용은 현대 한국 신학에서 민족문제는 다음의 세 가지 모델 속에서 만나고 있다고 주장한다. 첫째, 안병무의 민중신학은 민중을 민족과 역사의 주체로 해석하고 민중을 그리스도교의 장으로 수용하였다는 면에서 신학을 민중민족화했다. 둘째, 박순경은 통일신학의 주제와 주체를 민족, 민중, 여성으로 보고 민족과 민중은 불가분의 관계를 가지고 있기에 그리스도교와 공산주의의 적대 관계는 통일의 관점에서 볼 때 해소될 수 있으며, 이러한 관점에서 박순경은 주체사상과 사회주의 사상을 수용하고 통일 지향적 신학을 지향한다. 셋째, 조성노의 민족신학은 민중적 민족주의를 따라 민중신학을 적극적으로 받아들이고 제3세계 신학을 흡수하여 민족신학을 주창한다.[37] 하지만 이러한 논의는 토착화 신학에서의 주체성의 의미와 민족의 관계를 고려하지 않은 데서 기인한다. 1960년대 이후로 전개된 토착화 신학자들의 가장 큰 문제의식은 신학의 주체의 문제였다. 이들은 신학의 주체를 민족으로 보았고 신학의 토대를 민족 문화로 보았기에 민중·통일·민족 신학과 함께 토착화 신학 또한 민족적 견지에서 조망되어야 한다. 민중신학이 민족의 정치경제를 주된 관심 대상으로 삼아, 복음에 대한 주체적 이해를 했다면 토착화 신학은 민족의 종교 문화를 토대로 복음을 이해했다고 볼 수 있다.

1960년대에 들어서 국내의 민족 의식 고양과 국외의 제3세계 민족주의 운동과 비서구화 운동에 힘입어 본격적으로 논의되기 시작한 토착화 신학은 원초론적 민족론을 가지고 있었던 윤성범, 유동식의 역사 인식이 그들의 신학 속에서 꽃피운 것이라 볼 수 있다. 윤성범의 단군신화의 신학적 이해와 성誠의 신학, 그리고 유동식의 풍류신학은 모두 서구로부터 주어진 신학이 아닌 민족의 주체적 인식을 토대로 복음을 이해하고 구성하고 체계화하여 새로운 민족적 신학을 전개하려는 시도들이라고 할 수 있다.

윤성범과 유동식이 가지고 있었던 문제의식은 너무나 분명하다. 그것은 신학의 주체를 서구가 아닌 한국 민족으로 삼는 것이다. 유동식은 자신의 토착화 신학의 출발점을 다음과 같이 밝히고 있다.

> 토착화는 초월적 진리가 자기를 잃는 것이 아니라, 자신의 독자성과 초월적인 진리가 일정한 역사적 상황 속에 적응하도록 자기를 변화하는 것이다. 그러나 그 역사적 현실과 타협함으로써 진리가 자기를 잃는 것이 아니라, 자신의 독자성과 초월성을 가지고 자기가 처해 있는 역사와 세계를 자기의 의도대로 새롭게 창조해 나가는 것이다. … 토착화는 주체성을 잃는 신크레티즘이 아니라 주체자의 현실에 대한 적응인 것이다.[38]

다시 말해 기독교가 한국의 문화, 사회, 역사에 뿌리를 내려서 유기적인 관계를 가져야 하지 않겠는가 하는 생각[39]을 유동식은 가지고 있었고, 이를 위해 한국의 문화사 속에서는 이질적인 것이 아닌 우리 것이 되어야 하지 않겠느냐는 감각에서 토착화라는 말을 쓰기 시작한 것이다.[40]

이와 동일하게 윤성범의 신학의 출발은 바로 신학의 주체를 '그들'이 아닌 '우리'로 바로 밝히는 것이었다.

> 철학 사상이니 사회 사상이니 하는 것은 결국은 자신에 대한 자각이요 자기 반성에 다름없기 때문인 것이다. 한국에 있어서의 이교 사상이 복음 이해에 중요하다는 말은 결국은 한국이란 자아의 자각이요, 주체의식의 발견임에 틀림없는 것이다. 다시 말하면 나를 발견하지 않고는 믿음은 성립될 수 없으며 믿음이 성립되지 않는 한 신학은 수립될 수 없는 것이다. … 살아 계신 인격자이신 하나님과 대립되는 인격적인 주체자인 나를 확실히 모르고 성경만으로는 믿음이 일어나지 않는 법이다.[41]

> 자기 나라의 역사도 잘 모르면서 복음을 우리 겨레에게 전하겠다는 것은 망상이 아닐 수 없는 것이다.[42]

윤성범과 유동식 모두에게 중요한 것은 자기 스스로의 자기 인식과 자기 사유를 통하여 복음을 반성하는 신학을 할 수 있을 때 그제서야 비로소 한국에서의 신학은 한국의 신학으로 자리매김할 수 있다는 것이다.

> 기독교는 세계 종교이지만은 이것을 받아들이는 우리의 주체성이 결여되어가지고는 아무런 성과도 기대할 수 없고 기독교 진리의 내면성과 한국

문화 일반의 형식적인 면이 어떻게 조화하고 합류하느냐의 문제는 토착화의 문제이기도 하다.[43]

그렇다면 한국인의 주체적 자기 반성을 통한 한국 신학의 형성은 구체적으로 어떻게 해야 하는가? 윤성범은 그것을 시간적으로는 "과거, 현재, 미래를 꿰뚫는 선험적a priori인 무엇이 문화 형태로 남아 있는 것"[44]을 통하여, 공간적으로는 다른 민족들이 아닌 우리에게만 있는 "한국 민족의 고유한 문화적 선험a priori"을 통하여 하나님을 사유하는 것이라고 말한다.[45] 신학神學은 신神에 대한 전통적이며 고유한 선험a priori에 기반한 사유學이다. 그가 가장 먼저 발견한, 과거와 현재, 그리고 미래를 관통하고 있으며 한국 민족에게 고유하게 있는 문화적 선험a priori은 바로 단군신화였다. 그는 단군신화에 대한 해석학적 고찰을 통하여 단군신화라는 종교적 설화의 형식 속에 갖추어져야 할 본질적인 내용을 기독교에서 찾을 수 있다고 본다. 그는 환인·환웅·환검을 삼위일체 하나님으로, 웅녀의 인내와 순종을 마리아의 그것으로, 천부인 세 개거울·칼·곡종을 믿음·소망·사랑으로 보아 단군신화의 실재는 기독교의 신이며 단군신화를 통한 사유야말로 신학이라고 말한다.

그 후 윤성범이 더욱 정교히 논하고 있는 토착화 신학은 성誠의 신학이었다. 윤성범이 보았을 때, 성誠은 말言이 이루어짐成을 의미하기에 이 말은 참된 말씀을 의미한다. 이것은 곧 요한복음 1:1과 유비가 되기에 그가 볼 때 성誠은 성육신의 로고스를 뜻한다. 그는 바르트의 신학적 틀을 따라 하나님을 삼중적 말(쓰여진 하나님의 말씀, 계시된 하나님의 말씀, 전파된 하나님의 말씀)로 이해하고 율곡의 성誠의 해석학이 성誠을 형이상학으로부터 내재화된 것으로 이해했음을 볼 때 성誠이야말로 초월과 내재의 긴장 관계를 중매하는 계기가 될 수 있고, 나아가 성誠은 곧 하나님의 말씀이며, 참 말씀이며, 그리고 말씀이 육신이 되심을 표시한다고 보았다. 이러한 윤성범의 성誠 이해는 하나님이 바르트의 틀 속에서 삼중적 말씀이었으므로 윤성범의 성誠은 곧 하나님이었다는 것을 알 수 있다.

윤성범이 단군신화와 율곡의 성으로부터 복음 이해의 기틀을 잡았다면 유동식은 풍류를 복음 이해의 자리로 보았다. 유동식의 토착화는 윤성범과 마찬가지로 "복음의 씨가 어떻게 한국의 문화적 토양에 힘차게 뿌리를 내리고 풍성한 결실을 가져올 수 있겠는가 하는 데 대한 선교 신학적 반성"인데[46] 이러한 토착화를 위하여 한국의 문화적 토양이 무엇인가를 보게 되었고 그것을 민족 공동체가 가지고 있는 원초적 영성의 형태인 풍류 속에서 찾게 되었다.

> 민족 공동체에는 그 구성원에게 공통된 꿈이 있다. … 그 꿈은 그 민족 문화의 기초 이념이 되는 것이다. … 영성이란 정신적 활동의 원리이며 뿌리가 되는 것이다. 이러한 영성이 그 민족의 종교적 장이 되어서 외래 종교들을 이해하고 받아들여서는 이것을 토착적으로 전개시킴으로써 그 민족의 종교 문화를 만들어 간다.[47]

한국 민족이 가지고 있는 원초적 영성이 바로 풍류라는 것이다. 최치원의 글로부터 찾아낸 풍류는 "(유·불·선) 3교를 아우르는 고유의 영성인데 한국 민족에게는 불변의 정신적 원리이며 구조적인 것이어서 개인으로서의 자각 여하를 막론하고 한국인에게는 보편적인 것이며 일상적인 것이다."[48] 이러한 풍류의 습합의 당위성은 불트만Bultmann, Rudolf Karl의 비신화화를 기초로 한 유동식의 신학 방법론에서 찾을 수 있다. "한국인의 영성은 유대인의 그것이나 서구인의 그것과는 다른 것이므로 우리를 구원할 복음은 마땅히 우리의 영성인 풍류도의 눈으로써 해명되고 포착되지 않으면 안 된다. 서구의 눈을 빌려서가 아니라 우리의 눈으로써 주체적인 이해가 이루어져야 한다."[49] 또한 민족사적 입장에서 한국 민족 종교사는 이제 새로운 종교적 영성의 발화를 기다리고 있으므로 고유의 풍류도를 통해 이해한 복음은 민족에 새로운 빛줄기를 던져줄 수 있기 때문이라고 말한다.

유동식과 윤성범, 두 토착화 신학의 선구자들에게 있어서 신학의 주체는 바로 민족이라 할 수 있다. 그 민족은 한반도에 살고 있는 사회 구성원들을 범주화할 수 있는 가장 분명한 토대이기에 구성원들의 주체적 반성은 바로 민족으로 출발한다고 보는 것이고, 그 민족의 구성원들이 지니고 있는 문화야말로 신학의 초석이라고 본 것이다. 그들이 이해한 민족은 공간적으로는 한반도를 아우르고 있으며 시간적으로는 고대로부터 현대에 이르는 연속성을 지니고 있는 동일한 혈연과 문화, 그리고 정치·경제를 공유하고 있는 구성원들로 이루어진 사회 구성체이다. 유동식이 풍류도로부터, 그리고 윤성범이 단군신화와 성誠으로부터 주체적 복음 이해의 단초를 발견한 것은 이러한 사상들이 민족적 주체의식을 드러낸 것이기 때문인데 여기에는 몇 가지 전제가 있다. 첫째, 한국 민족의 사상사적 흐름은 연속적으로 고대로부터 현대에까지 흐르고 있다. 두 신학자가 현대 신학의 근원을 고대 왕국으로부터 찾은 까닭은 고대 왕국으로부터 현대 한국에까지 흐르고 있는 사상사적 연속성을 전제했기 때문이다. 풍류도는 한국 민족의 사상사적 원류가 되어 유·불·선을 모두 포섭하는 고대 한국 민족의 사상이고 이 풍류도는 현대 한국에까지 흐르고 있다는 것이다. 단군 사상과 성誠 또한 오늘날까지 한국 민족만의 고유한 사상 틀이 된다는 것이다. 두 신학자는 사상사적 고고학을 통해 토착화 신학을 전개해 나가는

데 그 이유는 가장 원초적이며 근원적인 한국 민족의 사상의 뿌리를 찾기 위함으로 보여진다. 그런데 이러한 고고학이 죽은 유물의 발견이 아니라 오늘날 한국 신학의 토착화라는 과제 해결의 초석을 다지기 위한 작업임을 볼 때 두 신학자에게 사상사적 연속성은 대단히 중요한 전제가 되었던 것이 분명하다. 둘째, 이러한 사상이 한국 민족의 주체적 인식인 까닭은 한국 민족만의 세계 인식과 우주관을 담지하고 있기 때문이다. 고유성의 문제에 대해 두 신학자 모두 고유성이 유일성을 뜻하지는 않는다고 주장한다. 다만, 한반도에 전해진 여러 사상 조류를 한국적 인식으로 해석하기 위한 틀과, 그 틀을 통해 해석된 한국적 인식은 중국과 일본과 대비되는 대단히 독특한 사상 체계를 이루고 있다고 본다. 셋째, 앞의 전제가 가능하기 위하여 한국 민족에는 사상적 편만성이 있어서 민족적 사상과 더불어 한국 민족은 주체적 통일성과 연대성을 유지하고 있다고 본다. 독특하고 고유한 민족 사상의 틀은 무엇보다도 먼저 '민족'의 주체적 통일성과 민족 구성원들의 연대성을 전제해야 하고, 한국 민족은 이러한 주체적 통일성과 연대성을 지녀 왔다는 것이 두 신학자의 주장이다. 사상의 편만성이 없다면 사상의 역사적 연속성과 고유성이 유지될 수 없기에 이를 위해서는 무엇보다도 먼저 사상의 주체인 한국 민족이 역사적으로 연속성을 가지고 있어야 하며 시대마다 주체적인 연대를 통한 고유성을 지니고 있어야 한다. 넷째, 유동식이 생명과 살림살이를 뜻하며 사용한 "삶"이, 그리고 윤성범이 "한국의 고유한 문화적 특이성이 현실 생활 속에서 살아 움직이고 있다고 본"[50] 사상과 삶의 민족적 통일성이 유지되고 있어야 한다. 이것은 앞에서 언급한 민족의 주체적 연속성·연대성과도 연관이 된다. 즉, 한 사상이 민족의 주체성을 드러내기 위해서는 민족 구성원들의 삶이 사상을 통해 투영되고 있어야 하며, 앞에서 언급한 사상적 편만성과 더불어 삶의 편만성이 역사적으로 유지되고 있어야 하는데, 윤성범과 유동식은 이러한 삶의 편만성이 유지되고 있고 이 편만성은 사상과 통일을 이루고 있다고 본다.

이러한 전제를 통한 토착화 신학은 한편으로 구한말 단군신화의 사회적 기능과 일맥상통한다. 서영대의 연구에 따르면 한민족이 단군 자손이란 인식이 기록으로 처음 확인되는 것은 1908년부터이다. 일제의 국권 침탈과 조선 봉건 체제의 붕괴는 자아 내부의 계층적 질서를 요동시켰고 이러한 과정에서 민족의 존재를 부각시키고 조선의 왕을 대신할 민족의 중심을 단군에서 찾았다는 것이다.[51] 19세기 말 이후 국권 침탈에 따른 민족주의 운동이 일어나면서 민족의 조상으로서의 단군의 신격화가 이루어지며, 역사 서적·언론 등을 통하여 지속적으로 강화되고 높아진 단군의 위상은 애국심이나 민족의식 고취가 더욱 필요해진 상황을 반영하고 있다고 그는 주장한다.[52] 따라서 단군의 신격화는 민족의 시원을 밝혀 준다는 의미에서, 민족의 영속성에 관한 근거를 확대 재생산해 주는 정치 종교로서의 역할을 충분히 담당할 수 있다고도 볼 수 있다.

토착화 신학 자체가 단군신화와 같이 민족의 영속성과 한반도의 과거와 현재를 포월하는 사회사적 역할을 하고 있다고 보기는 어렵다. 하지만 토착화 신학자들이 윤성범의 단군신화 이해에서 더욱 분명히 볼 수 있는 것처럼 신학의 초석에 민족의 연속성을 담지하는 원초론적 사유를 하고 있었다는 것은 분명하다.

2세대 토착화 신학자들은 1980년대를 거치며 한국 사회에 제기된 사회 문제들에 대한 적극적 반성으로부터 토착화 신학이 출발하고 있다는 점에서 1세대 토착화 신학자들과 대별되지만, 그 중심에는 1세대 신학자들과 마찬가지로 민족의 연속성을 중심으로 한민족의 주체적 신학 형성이라는 과제를 가지고 있다고 볼 수 있다. 윤성범과 유동식의 신학이 한국의 민족적 주체성을 기반한 신학 방법론의 장을 열었다면 2세대 신학자들은 민족적 주체성을 기반한 신학 방법론을 통하여 한국 사회의 제 문제에 대한 반성을 시작한 것이다.

2세대 토착화 신학자인 이정배는 1세대 신학자들과 마찬가지로 한국에서의 신학의 핵심 과제를 "한국의 주체성, 곧 문화적 주체로서의 자기 발견적 원리를 추적 연구하는 일"[53]이라고 보고 있다. 여기서 "문화적 주체"란 문화를 생산하고 향유하는 한국 민족을 의미하며 "자기 발견적 원리"란 민족의 전통 종교 문화로 볼 수 있다. 이러한 의미에서 그는 우리의 주체성의 형성을 다음과 같이 정리한다.

> (우리의 주체성은) 민족 정서를 이끌어 온 기층 종교 문화와 불교 유교 등의 소위 고등종교 속에 함축된 합리적인 철학적 세계관이 중심 내용을 형성하게 된다. 그러나 실상 이러한 고등 및 저등(민중) 종교 간의 구분은 서구적 우월 인식의 잔재일 뿐 오늘 우리에게는 큰 의미를 지니지 않는다. 오히려 양자가 체용의 관계로, 즉 상즉상입하면서 한국 종교 문화를 관통하고 있다고 보아야 할 것이다.[54]

구체적으로 그가 제시하고 있는 한민족의 주체성은 원효의 불교, 퇴계와 율곡의 성리학, 그리고 혜강과 수운의 기철학을 통하여 드러나는데, 이들 사상들이 나타내고 있는 한국적 주체성과 자기 발견적 원리는 "불이적 세계관과 화쟁론"이다. 불이적 세계관과 화쟁론은 원효와 지눌, 퇴계와 율곡, 혜강과 수운이 외래 사상을 받아들이며 동일하게 적용하였던 고유한 민족의 기초 이념인데, 이것은 "이성과 감성, 현상과 실재, 물질과 정신 등을 분리하지 않고 세계 내의 모든 존재들을 상보적 관계로 이해하는 원융회통적인 문화 주체적 믿음"[55]이다. 그는 과학과 신학의 관계, 여성 문제, 생태계 문제, 종교 간의 대화 문제, 세계화와 신자유주의 문제 등 한국 사회의 현안들에 대하여 불이적 화쟁론의 토착화 신학에 근거한 반성을 하고 있다.

앞서 제시한 1세대 토착화 신학자들의 주체적 복음 이해의 전제들은 이정배에게도 그대로 받아들여졌다. 그는 원초론적 입장에서 한국에는 동일 핏줄과 문화 공동체가 있었고 원민족 개념이 존재했기 때문에 민족을 통한 과거와 현재의 연속성은 설득력을 가진다고 보고 있으며[56] 토착화 신학은 이러한 민족의 개념에 토대해야 한다고 보았다. 그러나 그는 도구론자들의 원초론적 민족 이해에 대한 비판을 수용하고 원초론적 민족 이해에 대한 화쟁론적 재해석을 한다. 일면 원초론적 입장을 포기하면 한국의 과거 종교 문화와 현대 신학의 연속성을 해치게 되어 한국의 주체적 신학의 기반이 흔들릴 수 있지만 반대로 원초론적 입장을 그대로 고수한다면 여성·민중 등의 민족 구성원들의 주체적 연대에 대한 반성 없이 민족을 영속적 실체로 받아들이게 됨으로써 "세계 내의 모든 존재들을 상보적 관계로 이해하는 원융회통적인 문화 주체적" 신학과 대치될 수 있게 된다. 따라서 그는 불이적 세계관과 화쟁론의 관점에서 해석한 원초론적 민족 이해인 문화적 민족주의를 주창하는데, 그것은 민족 안팎을 막론하고 소수자 공동체를 지지하고, 어떠한 권위적 억압도 허용하지 않으며, 도덕적 공동체를 강조한다고 말한다.[57]

4. 제3세대 범토착화론

위의 1, 2세대 토착화 신학자들의 시도들이 한국 신학사에 유의미한 이유는 무엇보다도 신과 역사에 대한 한국적 물음과 한국적 신학 담론의 토대를 마련했기 때문일 것이다. 이들은 한반도의 역사를 민족을 통하여 연속적 실체로 파악하였고 그 안에서 나타난 종교 문화를 한국의 종교적 토대로 보아 신학을 토착화하였다. 하지만 몇 가지 점에서 이제 우리는 원초적 민족주의론에 근거한 토착화론에 대한 반성과 더불어 적극적 의미의 실천적 범토착화 신학을 거론할 때가 되었다.

첫째, 원초적 민족론의 토대가 흔들이고 있다. 원초론과 도구론 사이에서 민족의 역사적 평가에 대한 양분된 의견이 가능하지만, 이보다 더욱 중요한 것은 그동안 원초론의 가장 큰 논거 중 하나였던 혈연적 단일성이 1990년대 이후로 깨지고 있다는 것이다. 가장 눈여겨볼 자료는 다문화 가정 자녀 출산인데, 다문화 가정 자녀 비율은 2005년 1.3~2.5%이지만 2020년에는 24.9~49.0%로 된다는 연구 조사가 나왔다.[58] 원초론자들이 한국적 민족론과 서구의 민족론의 차이를 제시할 때 언제나 제기되는 것은 종족적 민족주의ethnic nationalism에 근거한 혈연적 단일성이었으나 실제로 한반도 구성원들의 혈연적 단일성은 신화에 불과하거니와 나아가 다양한 인종 간의 결혼은 한국의 문화 현상으로 자리잡게 되었다. 다가올 한국 사회의 세대 간 차이는 인종적·문화적 차이를 의미하는 것이고 이는 혈연을 근거로 한 민족론의 해체를 가져올 것이다.

둘째, 역사적 문화 공동체성이 사라져 가고 있고 그 속도도 가속화되어 가고 있다. 이미 해방 이후 이른바 원초적 민족론자들이 말하는 전통적이고 고유한 생활 세계 체계는 법·정치·경제·문화·관습에서 사라진 지 오래이고 1990년대 세계화에 의한 다문화 공동체성은 해방 이후 나타난 민족적 정체성을 대체할 다문화 정체성을 만들어 내었다. 삶의 정체성과 민족으로서의 정체성은 동일하지 않고 민족 문화 정체성은 민족주의적 구호 이외의 의미를 갖지 못하게 되었다. 이러한 의미에서 우리는 다음의 질문들에 대해 진지하게 살펴보아야 한다. 혈연적 단일성이 사라진 한국인들에게 한반도의 지눌이 비슷한 시기 유럽의 빅토르 휴Hugh, 1096~1141에 비해 더 한국적이라고 불릴 수 있는 근거는 존재하는가? 율곡은 칸트보다, 정약용의 『경세유표』는 아담 스미스의 『국부론』보다, 혜강의 「기학」은 파스퇴르의 「유기체론」보다 더 한국적일 수 있는 이유는 있는가? 조선의 『경국대전』은 『나폴레옹 법전Code Napolon』에 비해 한국적이라고 볼 수 있는가? 혈연으로는 물론 문화적 다양성의 세계에서 한반도의 과거 사상을 '우리'의 집단적 연대의식의 토대로 삼을 만한 이유는 있는가?

셋째, 사회 구성의 핵심인 구성원들의 연대성은 1980년 광주와 1987년 6월 항쟁을 거치며 민족성이 아닌 시민성으로부터 나오게 되었다. 한국의 사회 구성은 민족 공동체가 아닌 시민들의 연대의식에 의해 구성된 시민 연대체로 의식되기 시작하였는데 그 이유는 민족공동체로서의 사회 구성은 내부의 정치·경제·사회적 모순을 극복하고 구성원들에게 '나'와 '우리' 사이의 일체감을 가져다 주지 못하기 때문이다. 시민들의 자기 의식을 통한 '우리' 연대 의식은 '우리'를 분열시키고 시민의 자유를 제한하려는 사회 내부의 모순을 극복해 내고 사회 정체성을 쟁취할 수 있다고 믿게 되었다. 이 점에서 이정배의 문화적 민족주의는 이념적 타당성을 가지지만 실체는 모호하다. 그가 주장하는 바 한국의 민족은 혈연적·문화적 고유성으로부터 기원하는데, 이렇게 주어진 민족성으로부터 '우리'로서의 의식적 자기 인식이 가능하고 또한 사회적 연대의식이 나타나기를 기대하기는 어렵기 때문이다.

넷째, 1·2세대 토착화 신학자들의 신학은 저항적 민족주의와 함께 미국·유럽 신학에 대한 문화적 저항의 성격을 띠고 있던 것이 사실이다. 하지만 이제 상황은 급변했다. 한국은 세계 제2위의 선교사 파송국이 되었으며 대기업을 중심으로 한 다국적 기업들이 세계로 뻗어 나가게 되었다. 저개발 국가들을 생산 기지로 삼는 선진국형 산업구조를 가지게 되었고, 해외에 식량기지를 찾고 있는 형편이다. 1세대 토착화 신학자들에게 토착화 신학은 서구 신학을 넘어 자기 정체성을 버리지 않고 복음을 받아들일 수 있는 신학 형성의 과제를 가지고 있었고 이는 2세대 신학자들에게도 계승되었다. 그러나 이제 한국은 민족 정체성이 저항적 자기 정체성을 넘어 아시아와 아프리카에 공격적으로 뻗어 나가기 시작하였고 또한 교회도 공격적 형태의 선교를 표방하여 전 세계로 나가게 되었다.

이러한 토대의 변화는 토착화 신학이 더 이상 민족론을 중심으로 한 범주에 머무를 수 없으며 제3세대 실천적 범토착화론으로 나아가야 한다는 당위를 보여준다. 하지만 민족을 벗어난 토착화 신학은 가능한 것일까? 민족적 범주를 벗어 버리면 신학적 아나키즘으로 귀결되는 것은 아닌가?

시민 연대성을 중심으로 혈연적·문화적 다양성을 지니게 된 한국의 토착화 신학은 토착화 신학의 핵심적 과제인 신에 대한 주체적 물음을 계승하고 있다는 점에서 토착화 신학의 계보를 계승해야 한다. 그러나 민족이 아닌 문화적 다양성을 토대로 정치적 실천성을 담보해야 하며 이론과 실천, 종교 문화와 정치·시민사회 연대성을 점철해야 한다는 점에서는 범토착화 신학이 되어야 한다.

범토착화 신학은 다양성에 뿌리를 내려야 한다. 여기서 다양성이란 한국인의 삶의 문화적·정치적·경제적 중층성과 다층성을 의미한다. 앞에서 본 바대로 현대 한국 사회의 자기 정체성은 단순히 과거로 점철되지 않으며 주체적 사유 또한 과거의 기반을 토대로 형성되지 않는다. 한국 사회를 형성하고 있는 다양한 문화들과 사상, 그리고 현대 한국인들의 삶을 규정하고 있는 정치 경제와의 개방적 대화를 요구한다. 이것은 과거 전통 종교 사상들을 유일한 토착화 신학의 전前이해의 장으로 보는 것이 아닌, 하나의 전全이해의 장으로 보는 것을 의미하며 정치·경제적 신학 사유를 민중신학과 해방신학으로 귀결시킨 문화 토착화 신학과의 구별을 요구한다. 종교 전통에 기반한 주체적 물음들은 더 이상 현대 한국인들의 중층적이고 다층적인 삶을 포괄하지 못한다.

정치·경제적 삶의 토대에 기반한 신학적 물음이라는 것은 그동안 토착화 신학에 대한 비판 중 하나인 실천성의 문제에 대한 제3세대 토착화론의 응답이기도 하다. 제1·2세대 토착화 신학의 비정치성은 토착화 신학의 근거인 민족 문화 정체성과 현대 한국인의 삶의 정체성의 괴리에서 비롯되었다고 볼 수 있다. 삶 속에서 나타나는 정치·경제적 모순들이 토착화 신학의 해석학적 틀로는 포섭되지 않았고, 따라서 토착화 신학은 이러한 모순들에 대한 실천적 이념을 제시하지 못하여 왔다. 이제 제3세대 토착화 신학의 과제는 정치·경제적 삶의 조건들이 구현해 내는 선험a priori을 신학으로 정향시켜 나가는 것이다.

또한, 범토착화 신학은 세계화된 한국인의 삶을 반영해야 한다. 2세대 토착화 신학자들은 현대 서구 신학자들과의 대결을 통해 보편적 인류의 문제들에 대한 신학을 전개하여 왔지만, 우리가 눈여겨보아야 할 것은 2세대 신학자들의 주제 자체가 서구적 맥락에서 이전된 경우가 많다는 것이다. 환경·생태·생명·평화·여성 신학은 가장 주된 2세대 토착화 신학의 주제였고 분명히 주제 자체의 타당성을 가지고 있지만 이러한 주제들은 제3세계가 배제된 1세계적 컨텍스트에서 출발한 주제들일 경우가 많았다. 1세대 토착화 신학자들과 마찬가지로 동양 종교들과의 대화 속에서 이들의 신학은 전개가 되었지만 주제 자체들의 뿌리에는 여전히 제1세계의 문제의식이 뿌리 내려 있다. 제1세계 컨텍스트와 거리를 둔 토착화 신학의 주제들을 찾기 힘든 것도 이러한 이유에서일 것이다. 가장 비근한 예로 모든 인류에게 가장 극심하고, 광범위하며, 가장 많은 생명의 위기를 가져오고 있는 전 인류적 문제는 빈곤 문제인데 이 문제에 대하여 제1세계 신학자들은 관심을 두지 않아 왔고 따라서 한국의 제2세대 토착화 신학자들도 관심을 두고 있지 않다. 고통 받고 있는 모든 피조물들의 한탄에 대하여 신학적 응답을 하고 있었지만, 정작 지난 1000년간 인류의 모든 전쟁의 희생자들의 수보다 더 많은 이들의 생명을 앗아간 빈곤의 문제에 대하여 침묵하고 있었다.

우리는 자연히 범토착화 신학을 통하여 지역적 민족 문제를 벗어나 제3세계 국가들의 고통의 현실을 직면해야 한다. 한국의 정치·경제적 현실과 직·간접적으로 연계된 빈곤 국들의 고통의 문제는 추상이 아닌 구체적 삶의 현장에서 일어나는 정치·경제적 현실이다. 이제 제3세대 범토착화 신학은 삶 속에서 일어나는 고통의 제 문제에 대한 주체적 반성 속에서 존립의 정당성을 찾을 수 있을 것이다.

토착화 신학 3세대의 이중적 극복 과제 :
- 지구촌화와 탈식민주의, 그리고 가난한 자 [1]

박 일 준 _감리교신학대학교

본고는 토착화 신학의 논쟁들과 역사들을 근원적인 물음으로 환원하여
단번에 우회하는 전략을 택한다. 즉 토착화 신학의 논쟁사 전반을 우회하
여, 핵심적 물음 한 가지를 우리 시대에 적용하여 다시금 토착화 신학을 재
구성하는 전략을 전개하고자 한다. 그러나 이는 역사에 대한 유보이지, 역
사를 부정하는 전략이 아니다. 오히려 무엇보다도 '종교 재판은 끝나지 않
았다' 라는 앙칼을 멈추지 않기 위함이다. [2] 먼저 토착화 신학의 핵심 물음
을 필자는, "상황context이 주체the subject다" 라는 말로 요약한다. 의문부호가
없는데, 이 진술을 물음으로 받아들이는 것은 복음의 주체가 주로 서구신
학의 목소리였기 때문이다. 심지어 종교 다원주의의 목소리도 서구 신학
의 목소리였음을 기억하자. 초기 토착화 신학의 전복성은 바로 여기에 있
다. 신학의 목소리를 전하는 주체가 신학적 주체가 아니라, 그것을 듣고 받
아들이는 청중audience 혹은 토양context이 신학적 주체라는 의식이다. 토양

이 주체라는 것, 즉 상황이 주체라는 것은 주체가 상황에 매몰되어 고정된다는 의미가 아니라, 주체는 상황이 부여해 주는 조건들을 (주체에게) 발생하는 사건들의 개입을 통해 넘어가려는 과정에서 창발emergent한다는 것을 말한다.[3] 이는 명백히 서구 신학의 주체 구조를 전복하는 것이다. 상황의 주체성보다는 주체성이 상황을 압도하고 정복하는 형식으로 근대의 (제국주의적) 주체가 설정되었기 때문이다. 바로 그러한 신학적 전복과 반란에 근거하여 토착화 신학자들은 한국적 신학의 주체성을 말하기 시작했으며, 이는 토착화 신학에서 종교 다원주의 신학으로 다시 한국적 신학으로 나아가는 일련의 발걸음들을 보여주었다.

이제 제3세대라 칭하여지는 우리 세대의 토착화 신학은 전대의 전복과 저항의 담론으로 작용하였던 '민족'을 넘어, '민족신학'과 '토착화 신학' 사이의 거리를 두어야 할 과제를 대면하고 있으며, 또한 지구촌 상황에서 '세계신학'으로 나아갈 우리의 신학적 주체성에 대한 물음을 앞에 두고 있다. 이는 '민족' 개념이 근대를 지나 20세기까지 수행했던 이데올로기적 역할에 대한 비판적 성찰과 이제 세계의 일부로 작동하고 있는 대한민국의 사회정치경제 구조에 대한 감수성을 가지고 토착화 신학의 주체성을 비판적으로 재구성해야 할 때임을 주장하는 것이다. 필자는 변선환의 미완의 작업이었던 '종교 - 해방' 신학[4]이 '종교해방' 신학[5]을 위한 함축성을 담지하고 있으며, 그는 토착화 신학의 주체성을 재고해야 할 때를 예감한 신학자로 본다. 본고는 그러한 과제를 수행하기 위해 우리가 직면한 신학적 상황을 제국과 탈식민주의로 규정하고, 그러한 상황이 가져다 줄 토착화 신학의 주체성을 재구성해 보려는 시도이다.

1. 민족 개념의 극복 과제

토착화 신학을 이어간다는 것은 이제 더 이상 서구의 신학을 우리의 옷으로 혹은 우리의 정신으로 옷 입힌다거나, 우리 고유의 정신이나 주체성으로 서구적 신학의 형식을 선별하거나 판단해 나가겠다는 선언이 아니라, 이제 우리 자신의 '주체성' subjectivity을 진지하게 물어가는 데서부터 출발해야 함을 인식하는 것이다. 그 모든 출발점에는 우리가 토착화 신학과 민중 신학의 토대로 삼았던 "민족" 개념에 대한 재고찰이 놓여 있다. 본고는 '민족' 개념은 시대와 상황에 의해 구성된 개념이라고 바라본다.

네그리와 하트는 '민족' 개념에 관하여 흥미로운 비판을 가한다. 유럽적 상황에서 국민nation 혹은 민족 개념[6]은 "세습적이고 절대주의적인 국가의 지형 위에서 발전"하면서, 군주 국가 개념의 초월적 주권 개념을 민족 개념의 내재적 권력 개념으로 재창조한 것으로 본다(네그리 & 하트, 『제국』, 139; 141; 142). 여기서 초월적 권력 주권 개념이 내재적 장소로 이동하였을 뿐, 권력의 작동 기제는 동일하다. 이것이 바로 푸코의 근대인문주의 비판의 핵심이다. 즉 "자연을 넘어선 권력을 신에게 부여하는 종교적인 사상"과 "자연을 넘어선 그 동일한 권력을 〈인간〉에게 부여한 근대의 세속적인 사상" 사이에는 동일한 논리의 연속이 담겨 있다고 보는 것이다(네그리 & 하트, 『제국』, 138). 근대 인문주의와 '국민'(민족) 개념은 그렇기에 근대 이전의 초월적 권력 개념의 이데올로기, 즉 "다중multitude을 일자의 지배로 축소하려는 권력"의 이데올로기를 동일하게 담지하고 있어서, 늘 권력의 손아귀에 들지 않는 타자를 권력의 위기, 즉 주권의 위기로 규정하고, 그 위기를 통해 권력 사용의 정당성을 획득하려 한다(네그리 & 하트, 『제국』, 144). 그렇다면 근대 민족 국가 개념은 그 힘의 유지를 위해 늘 '위기'를 필요로 하는 개념이었고, 늘 위기의 근원은 민족의 경계 안에 들어오지 않은 채, 이미 경계 안에 거주하고 있거나 경계 속에서 힘을 발휘하고 있는 타자들로부터 유래한다 혹은 유래해야만 했다. 이런 의미에서 민족 혹은 국민 개념은 철저히 근대적 이데올로기의 산물이다. 즉 경계의 내부를 규정하기 위한 이데올로기적 산물이라는 것이다. 이러한 권력 기제의 작용은 인민the people 개념도 예외는 아닌데, "하나의 헤게모니적인 집단, 인종, 또는 계급이 전체 주민을 대표한다는 것을 통해 내적 차이를 가리는" 정체성의 권력이 동일하게 작동하고 있기 때문이다(네그리 & 하트, 『제국』, 152). 그래서 근대 혁명의 핵심 개념인 인민도 결국 민족 국가 이데올로기의 산물로서, 정확히 그 이데올로기적 맥락에서 힘을 발휘한다. 이렇게 민족 혹은 인민 내부를 외부와 차이를 통해 경계를 구축하는 것은 "동질적인 국민 정체성 관념을 위한 본질적기반이다(네그리 & 하트, 『제국』151)."

여기서 민족과 민족적 주체성을 핵심으로 보고, 서구 신학의 토착화를 진행했던 우리 토착화 신학자들이나 가난한 한반도 민중의 해방을 목표로 달려나갔던 민중 신학자들은 당연히 이러한 서구적 민족 개념의 이데올로기적 전용에 대해 수긍하면서도, 그것을 제3세계 상황에 그대로 적용하는데 이의를 제기할 수 있고, 제기해야만 할 필요를 느낄 것이다. 식민지 강점기와 한국 전쟁을 겪으면서 지나왔던, 또한 70-80년대의 민주화 투쟁의 과정들 속에서, 또한 토착화 신학의 주체성 물음에서, '민족'은 해방과 저항의 담론이었기 때문이다. 사실 네그리와 하트는 "민족" 혹은 "국민" 개념이 식민지 상황 하에서 "변화와 혁명의 무기"였다는 사실을 부인하지 않는다(네그리 & 하트, 『제국』, 154). 즉 반식민 투쟁과 반제국주의 투쟁과 반독재 투쟁에서 민족 개념은 부정의한 외부 세력을 향한 투쟁에서 내부를 결속시키는 강력한 호소력을 지니고 있었고, 바로 그런 의미에서 '민족'은 "진보적" 성격을 갖는다(네그리 & 하트, 『제국』, 155). 문제는 외부로 향한 그 개념의 견고한 방벽이 내부를 향해서는 그만큼 견고한 민족 내 억압 기제로 작용하였다는 것이다. 즉, "외국 열강들에 저항하는 구조의 뒷면은 동등하고 대립적인 내적 억압을 자행하며, 국민 정체성, 통일, 그리고 안전의 이름으로 내적인 차이와 반대를 억압하는 지배 권력 그 자체"로서 기능했다는 것이다(네그리 & 하트, 『제국』, 155). 이는 국민 개념이 종속 국가들 내의 "종교적, 인종적, 문화적, 언어적 장벽을 무너뜨려 다양한 국민들을 통일"하는 기능을 수행할 때도 마찬가지이다(네그리 & 하트, 『제국』, 155). 왜냐하면 국민이 그의 내적 다양성을 초월적 통일성으로 통제하기 때문이다. 그래서 다중의 해방을 위한 담론으로서 외부를 향해 작용하는 민족 담론이 바로 그 해방 혁명을 통해 민족 내 부르주아지의 권력 구조를 강화하는 도구적 역할을 감당하게 된다. "해방적 민족 주권" 담론은 이런 점에서 "독이 든 선물"이다(네그리 & 하트, 『제국』, 189). 또한 전 지구적인 자본의 힘이 지구촌 구석구석을 장악하고 있을 때, 민족 자본의 주체성을 설정하는 대항 전략은 전 지구적인 것(the global)은 곧 '제국주의'이고, 국지적인 것(the local)은 해방적인 것으로 대립하는 단순한 이분법적 설정을 전제로 하는데, 이는 제국의 기능을 근대의 민족국가 중심으로 파악한 때문이다. 더 이상 민족주의는 전 지구적인 해방의 전략이 되지 않는다.[7] 제국은 민족의 외부에 존재하는 국소화된 실체가 아니기 때문이다.

2. 민족 '정체성' identity의 해체 과제 :
탈식민주의 postcolonialism와 타자성 alterity

민족의 이데올로기적 정체성을 넘어서서, 지구 신학의 일면으로 토착화 신학을 이끌어갈 예시적 지표들은 탈근대Post-modernism와 해방의 정치를 통해 찾아볼 수 있다. 탈근대라 일컬어지는 사조의 등장은 근대가 지닌 권력 이데올로기를 해체하고, 새로운 근거 위에 세워 보려는 노력이라고 정의할 수도 있을 것이다. 그 탈근대의 해체de/construction는 우리 안에 확고하게 설정된 권력 기제가 낳는 차별과 억압을 전복할 것을 목적으로 삼기 때문이다. 그 전복의 핵심은 바로 정체성 뒤집기the inversion of the identity이다. 우리가 '동일자' the same로 표상해 왔던 그 정체성identity의 근거는 우리에게 진리와 해방을 가져다주는 것이 아니라, 위선과 억압을 감추는데 사용되어 왔다는 것이다. 이 근대 권력의 가장된 계몽 정신이 바로 정확히 근대 정신의 억압과 침탈의 기제였음을 밝혀 준 푸코의 작업들을 상술할 필요는 없을 것이다. 단 고대와 중세 초월적 권력의 표상이었던 신이 가졌던 권력의 힘을 이제 인간이 소유하게 되면서, 그 힘은 모든 인간에게 보편적으로 동등하게 나누어진 것이 아니라, "인간"이라는 임의의 경계 안에 속한 소수의 인간들-백인/남성-에 의해 독점되어 남용되었다는 것, 그리고 이 독점과 남용을 해체하자는 것, 이것이 포스트모던의 작업을 수행하던 이들의 핵심이었다.

동일성identity with the same은 바로 타자성alterity에 근거한다는 것 - 이것이 바로 근대 권력의 가장 내밀한 비밀이었고, 탈근대의 해체 기획은 바로 이것을 고스란히 까발리는 작업을 수행한다. 근대의 동일성이 정확히 타자성에 근거한다는 것은 근대 제국주의가 경계를 확장하면서 가졌던 정체성의 근거가 식민지인들의 타자성 형상으로부터 구축되었다는 것을 의미한다. 제국주의와 식민주의는 동일한 권력 기제를 어떤 상황 속에서 부르느냐의 차이로 나타나는 이름이다. 제국주의의 토대를 제공하는 식민주의는 우리/타자를 구분하고, 그렇게 생산된 타자를 배제하는 논리로 구성되는데, 이

때 타자성은 "주어지는 것이 아니라 생산" 되는 것이다(네그리 & 하트, 『제국』, 177). 즉 우리가 아닌 이들을 규정하는 유럽적 담론을 통해 타자는 부정적인 성품을 부여받고, '우리' 의 반대로서 창조된다. 그러나 이 타자의 생산과 창조는 그 자체로 완성되는 것이 아니라, 그렇게 표상된 타자의 반대 성품으로서 '우리' 의 구축을 도모한다. 즉 주인의 우월적 품성은 그 자체로부터가 아니라, 타자의 성품이 아닌 것으로 구축되며, 따라서 '우리' 라는 이름으로 구축된 '우리' 의 정체성은 "식민지인들과의 대립을 통해서만" 구축된 것이다(네그리 & 하트, 『제국』, 181). 즉 우리 자신의 정체성의 근거는 정확히 우리로부터 배제된 타자 구성 논리이다.

이러한 타자성은 이미 사이드Edward Said의 작품 『오리엔탈리즘』을 통해 우리에게 널리 전해진 바이다. 여기서 한 발 더 나아가 이러한 우리/타자의 이항 대립을 넘어서고 극복하는 방법론의 모색이 도모되는데, 그러한 방법으로서 이항 대립의 전복subversion이 제시되기도 하였다. 전복이란 단순한 뒤집기가 아니라, 예를 들어 식민지인들의 야만적 폭력성은 우리/타자의 이항 대립 논리가 창출한 담론적 생산물이지만, 이 담론을 부정하기 위해 식민지인들의 비폭력성과 평화 의식을 보여주는 대항 담론을 만들어내기 보다는 오히려 그 식민지인들의 폭력성 담론을 (역설적으로) 문자 그대로 받아들여, 그 폭력성을 식민지 해방 투쟁의 근거로, 즉 대항 폭력의 근거로 발전시켜 나가는 것을 생각할 수 있을 것이다. 사르트르가 말하는 "부메랑 계기" 혹은 파농이 말한 "상호적인 대항 폭력"의 계기가 바로 이것이다(네그리 & 하트, 『제국』, 184; 186). 하지만 이러한 전략은 우리/타자의 이항 대립을 고착화시키는 경향이 있고, 이 이항 대립의 고착은 곧 식민주의의 근원적 극복을 가로막는 장애물로 기능한다. 따라서 이러한 해방 전략은 파농과 사르트르같은 서구인들의 지적 해방 전략으로서 착취와 억압이 이루어지는 식민지 현장에서의 고민보다는 서구 지식인들의 지적 유희를 위한 담론으로서 해방 전략이었을 가능성을 함축한다는 점에서 한계를 갖는다.

호비 바바homi baba는 『문화의 위치』Locations of Culture를 통해 식민주의의 억압 논리를 극복할 대안 전략들을 소개하는데, 우선 그에 따르면 지배 담론은 우리/타자의 이항 대립 구조를 강요하여 "사회적 주체성들에 관한 논리를 총체화함으로써" 차이의 억압을 정당화해 나간다. 그런데 이 억압 구조들이 부여하는 차이의 논리는 "결코 총체적이지 않으며 차이들은 항상(흉내, 양가성, 잡종화, 파열된 정체성 등을 통해)" 그 총체성의 논리로부터 삐져나와, 지배 담론을 조롱한다. 차이의 담론들은 파농의 경우처럼 지배 담론이 부여하는 이미지를 모방하면서, 그 담론을 전복하기를 시도하거나, 지배 담론과의 이종족 혼합miscegenation을 통해 지배 담론이 추구하는 '순수'가 아니라 '잡종' hybridity를 생산해 내고, 정체성의 근원은 순수 혈통이 아니라 혼종성hybridity임을 밝혀 줌으로써 지배 담론의 전복을 도모하기도 한다. 이러한 "삐져나옴"은 곧 억압과 지배의 담론들이 주장하는 총체성을 근거에서 부정할 수 있는 토대가 된다. 그래서 우리가 추구해야 할 해방의 공동체는 어떤 순수성의 공동체가 아니라 모두가 낯선unhomely 공동체, 모두가 고향을 상실한 공동체diaspora일 것이며, 그 공동체는 "문화의 국지성, 문화의 잡종성, 그리고 이분법적인 사회적 위계 구조화에 대항한 문화의 저항에 대한 관심"을 통해 배태되는 공동체일 것이다(네그리 & 하트, 『제국』, 202).

혼종적 주체성의 자리를 조명함으로써 근대 제국주의가 부여한 식민지 자아를 극복하는 길을 호미 바바는 "사잇길"interstitial passage이라 이름한다(Bhabha, The Location of Culture, 4). 기존 지배 문화가 고정해 놓은 정체성들의 차이가 자아내는 '사잇길'에서 주체는 "문화적 약정의 조건들"terms of cultural engagement을 수행하면서 정체성을 협약해negotiate 나아간다(Bhabha, The Location, 2). 따라서 문화적 차이는 주어지는 것이 아니라 주체들의 협약으로 생산된다는 것이다. 이때 우리는 '문화적 차이'라는 말과 '문화적 다양성'이란 말을 구분해야 한다. 문화적 다양성이란 타자들의 문화를 인식하는 우리들의 방식을 의미하는 것으로서 이때 타자들의 문화는 "인식론적 대상"으로서 문화를 가리키며 그래서 "경험적 지식의 한 대상"으로 간주되는 타자들의 문화를 말한다(Bhabha, The Location, 34). 이에 반해 문화적 차이란 곧 문화를 "문화적 정체성의 체계 구축에 적합한, 진정하고 분별 가능한" 것으로 간주하면서, 문화를 언명하는 과정이다(Bhabha, The Location, 34). 말하자면 문화적 다양성이란 기존의 제국주의 담론이 형성한 타자들의 문화들을 대상으로서 수동적으로 인식하는 기제를 가리킨다면, 문화적 차이는 그러한 차이들이 주체의 협약을 통해 생산된다는 것을 인식하는 것을 말한다. 그것은 곧 문화를 인식할 때, 우리의 인식 기제 너머에 이해 불가능한 타자의 모습들이 있다는 것을 수긍하는 것이고 그를 통해 정체성의 주체 안에 분열과 부정을 도입하는 것이다.

바바는 단순히 타자들의 문화가 있다는 것을 인정해 주는 것이 식민주의를 극복하는 길이 될 수 없다고 말한다. 왜냐하면 그것은 우리가 인정하고 수긍하기 전부터 거기 존재하였던 '사실'이기 때문이다. 오히려 그러한 차이들의 단순한 수긍은 바로 기존 체제를 정주시키고자 하는 기존 지배 권력의 우회 전략에 속한다. 진정한 탈식민주의는 바로 그러한 차이의 담론들 조차 외면하고 비하하는 현실의 역사, 즉 "탈식민지 이주의 역사, 문화적·정치적 디아스포라의 이야기들, 소작농과 토착 공동체들의 거대한 사회적 퇴거displacement, 추방자와 망명자의 시학, 정치경제적 난민들의 냉혹한 산문" 등을 조명하는 것이다(Bhabha, The Location, 5). 즉 다양성 담론은 우리가 겪고 있는 "강제 추방과 분리의 과정"을 외면하는 제국주의의 우회 전략이라는 것이다(Bhabha, The Location, 5). 그 불법 체류와 강제 추방의 냉혹한 현실 아래서 탈식민지의 정신은 기존의 지배 담론이 설정해 놓은 경계를 넘나들며 금지된 교합을 시도한다. 그것을 호미 바바는 이종교배 hybrid라고 부른다. 이종교배를 통해 탄생하는 혼종들은 기존 경계 체제로부터 비하적으로 외면당하고, 늘 시스템의 경계 밖으로 추방되어, 존재 아닌 존재로 간주 당한다. 그들은 기존의 경계 구조를 위반하고 있기 때문이다. 혼종은 우리에게 낯섬과 친숙함의 묘한 이중성을 창출하는데, 이는 나뉘어 있던 경계의 내/외가 혼용됨으로써 창출되는 창조성이 빚어내는 이중성이다. 이 경계가 허물어지고, 새로운 혼종성의 정체성의 창출되는 자리에서는 언제나 번역과 인용의 공간이 구성되는데, 기존 문화는 본래적인 것the original에 위계질서적 가치를 부여하면서, 이 번역되는 것에 대한 차별 구조를 유지하려 한다. 그것은 곧 차이와 동일성의 담론 구조를 유지하는 제국주의의 방식이다. 혼종이라는 돌연변이는 바로 이 고정된 구조를 허물고 있으며, 문화가 고수하는 도덕적 이상이나 윤리적 이상을 그대로 수긍하지 않는다. 아니 오히려 그들은 기존의 윤리 질서를 전복한다. 기존 문화의 지배 구조를 흉내내면서 말이다.

바바는 이렇게 '사잇길'에서 주체란 곧 "혼종적 정체성의 담지자"가 된다고 혹은 되라고 촉구한다(Bhabha, The Location, 38). 문화적 차이의 주체가 도입하는 분열과 갈등 "사이"에서 주체는 간주체적intersubjective 공간이 되며, 이 "사이"in-between 공간은 주체가 그의 분열을 통해 자신의 정체성을 협상해 나가는 공간이 된다(Bhabha, The Location, 38). 이 사이의 주체the subject of the between가 바로 탈식민지의 주체가 될 것임을 바바는 예고한다. 유사한 맥락에서 민하Trinh T. Minh-ha는 주체의 원자적 구조를 부정하고, 주체(들)의 중

충성을 조망하면서 "사이"between의 역할을 섬세하게 그려낸다(Woman, Native, Other, 90-95). '나'는 이미 내가 생각하는 나(I)와 네가 생각하는 나(i)로 나뉘어 있고, 또 나는 이미 너와 나로 나뉘어 있다("I am not i can be you and me" - Minh-ha, Woman, Native, Other, 90). 민하는 여기서 주체는 정체성identity과 동일하지 않으며, 그래서 진정한 주체의 열림을 통해 고착되고 박제된 정체성의 구조를 돌파해 나가기를 시도한다. 나(i)를 잊고, 나(I)를 재구성re/member함으로써 말이다. 이들은 모두 민족적 정체성이 고정된 것은 자연스러운 것이 아니라 정치의 힘임을 밝혀 준다. 따라서 문화적 정체성을 형성해 나아간다는 것은 곧 "정치적 투쟁으로서 문화"culture-as-political-struggle라는 사실을 드러내는 것이다(Bhabha, The Location, 35). 우리의 민족 담론은 과연 이 정치적 투쟁을 통해 우리의 정체성을 온전히 획득해 나아온 것인가? 아니면 제국주의가 형성해 놓은 경계를 그대로 차용하면서, 민족 담론은 기존 토착 권력의 기득권을 옹호해 주는 구실에만 충실했던 것인가? 우리 시대에 민족 담론을 재고찰해 보려는 것은 바로 민족 담론이 후자의 역할을 감당한 냄새가 농후하기 때문이다.

그렇다면 한국적 정체성Korean identity에 대해 한번 고민해 보자. 정말 한국적인 것은 원자적으로 존재할까? 우리가 한국적이라고 주장하는 것은 정말 한국적인 순수 기원을 갖고 있는 것일까? 한국적 기원을 갖고 있다는 것은 정확히 어떤 의미로 말할 수 있을까? 우리 문화 속에서 예전부터 전해 내려오는 것? 아니면 그 모든 역사의 영고성쇠에도 불변하는 어떤 고유의 것? 탈근대 담론은 이미 '순수한 기원' 담론이 담지한 이데올로기와 고정되고 원자적인 주체가 '폭력의 근원'이라 말하지 않는가?

달리 생각해서, 우리가 한국적인 것이라고 표상해 오던 것은 오히려 서구 지배 담론이 요구한 '타자'의 주체성이 아니었을까? 다시 말해 우리가 그토록 한국적인 것이라 주장해 오던 그것이 사실은 전적으로 우리가 현대에 근대를 겪게 되면서 서구의 현대인들이 한반도의 근대인들을 향해 요구했던 바로 그것, 그것을 우리는 한국적인 것으로 구성하게 된 것은 아닌가? 서구 학자들이 찾던 바로 그 한국적인 것, 바로 그것을 우리는 생산해 내기에 바빴고 그래서 "우리"라는 말이 정확히 무엇인지 이해하지도 못한 채 그들의 ^(학문) 시장적 요구에 맞춰 수요를 조달하느라 급조해 낸 우리의 근대 아닌 근대의 산물이 아니었을까? 특이성singularity은 보편the universal의 근거 없이 작동하지 않는다. 이것이 탈근대 담론이 우리에게 일러 주는 것이다. 정체성은 타자 없이 작동하지 않기 때문이다. 그렇다면 우리가 구성하는 그 어떤 주체성도 결국 상황을 연산하는 법칙을 통해 만들어진 결과물로서, 결국 주체란 허구에 불과한 것인가? 아니면 주체의 정체성(identity)이 이데올로기적인 것인가? 한국적 신학을 지향하는 우리의 (무)의식적인 주체성은 혹시 '주체' the subject와 '정체성' identity을 혼동한 채 주어진 정체성을 우리의 주체에 폭력적으로 부여해 왔던 것은 아니었는지… . 주체는 공백the void이며, 그 공백의 연산operation이다. 여기서 '공백'은 '무' nothing를 의미하는 것이 아니라, 상황들의 조건이 담지한 논리들의 관점에서 보자면, 주체는 '존재하지 않는 것' 으로 여겨진다는 것이다. 그래서 주체는 '공백' 으로 다가온다. 왜냐하면 주체는 상황으로부터 삐져나와 상황을 아우르기 때문이다. 즉 주체는 그 상황으로부터 예외인 지점을 구축함으로써 상황을 아우르며, 그런 방식으로 상황의 주체가 된다. 따라서 주체는 '상황' 을 품지만, 상황은 주체를 품지 못하며, 바로 그렇기 때문에 주체는 언제나 ^(기존) 상황들에 전복과 저항의 동인으로 다가온다.

3. 지구촌화Globalization의 이면 : 제국의 등장

네그리와 하트에 따르면, 우리 시대는 "제국주의"imperialism의 시대가 아니라 "제국"the Empire의 시대이다(Hardt & Negri, Multitude, xiii). 네그리와 하트가 주장하는 '제국'을 근대의 제국주의와 구분하는 것은 매우 중요한 일이다. 두 용어는 근원적으로 각각 다른 것들을 지시하고 있지만, 형태가 매우 유사해서, 쉽게 혼동되기 때문이다. 근대 제국주의는 엄밀히 말해 유럽의 민족국가 주권이 "자신들의 경계를 넘어서 확장된 것"이며 그래서 제국주의의 권력 중심은 언제나 유럽이었다. 제국주의의 시대에 각 영토들은 언제나 고정되어 있었고, 내/외는 '민족' 혹은 '국가' 개념을 통해 확실히 구획되어 있었다. 이에 반해, 제국the Empire은 민족국가의 쇠퇴와 이에 따른 제국주의의 한계로부터 출현하는데, 결코 중심을 갖고 있지 않으며, 고정된 내/외의 경계를 갖고 있지 않고, 탈영토적이다. 따라서 "개방적이고 팽창하는 자신의 경계 안에 지구의 영역 전체를 점차 통합하는, 탈중심화되고 탈영토화하는 지배장치"로서 제국은 "명령 네트워크를 조율함으로써 잡종적 정체성, 유연한 위계, 그리고 다원적 교환을 관리한다"(네그리 & 하트, 『제국』, 17). 그래서 제국의 주권은 "네트워크 권력"network power 형태로 출현한다(Hardt & Negri, Multitude, xii). 즉 제국의 출현은 '제국주의의 종말'을 나타내는 것이다.

제국은 '전쟁'과 '평화'의 모순된 두 동기를 동시에 운행함으로써 작동한다. 제국은 민족 국가들nation-states과 협동하는 네트워크의 힘을 통해 지구적 질서를 유지해 나아가지만, 이 지구적 질서에 참여하는 모든 주체들을 동등하게 대우하지는 않는다. 오히려 그 주체들 간의 힘의 차이와 위계질서들을 자신의 존립 기반으로 삼아, 영구적인 전쟁을 수행할 수 있는 능력으로 자신의 존재감을 확보한다. 따라서 전쟁 상태는 "제국 안에서 불가피"할 뿐만 아니라, "통치의 도구로 기능한다"(Hardt & Negri, Multitude, xiii). 그런데 이 제국은 언제나 전쟁을 필요로 하지만, 역설적으로 그의 지배 이념은 언제나 '평화'이다(네그리 & 하트, 『제국』, 20). 달리 말하면, 제국은 이념적으로 매우 윤리적이다. 즉 보편적인 지구 윤리가 바로 제국이 존재하는 이유이고, 그리고(역설적으로) 도처에서 지속적으로 끊임없이 일어나는 그 보편 윤리의 위반들이 제국의 존재 기반이다.[8] 즉 제국은 윤리적 가치와 사법적 가치의 일치와 보편성을 "극단으로까지 밀어붙인다는 점에서" 제국주의의 권력과 질을 달리한다(네그리 & 하트, 『제국』, 36). 제국에는 윤리적으로 이념적으로 "평화"가 있고, 그리고 사법적으로 "모든 인민을 위한 정의의 보증"이 존재한다(네그리 & 하트, 『제국』, 36). 즉 제국은 무력을 기반으로 해서가 아니라, "권리와 평화에 기여하는 … [자신의] 능력을 기반으로" 형성되었다(네그리 & 하트, 『제국』, 43). 즉 평화와 정의를 지키고 수호할 수 있는 것은 오로지 제국뿐이다. 그리고 이것이 설득력이 있으려면, 세계에는 평화와 정의를 위반하는 일들이 일어나야 하고, 제국은 그 위반들을 자신의 능력으로 제압하여, 지구의 경찰과 모범적 이상으로서 자신을 제시할 때 그 존립 기반을 확보한다.[9] 이를 통해 제국은 자신의 초월적 영원성을 이 땅 위에 주장한다. 즉 제국은 "예외를 지배할 수 있는 사법 권력과 경찰을 배치할 수 있는 능력"을 기반으로 하는데, 이때 "언제나 예외적으로 개입 요구를 정의할 수 있는 능력"이 곧 제국이 발휘하는 경찰력이 된다(네그리 & 하트, 『제국』, 44). 하지만 세계의 경찰력으로서 제국의 주권은 실상 평화를 만들어 내는 능력이 아니라 기존 "질서를 유지하는"maintaining order 능력으로서, 자신의 경찰력이 이 질서 유지 능력을 발휘하는 한, 언제나 "합법성"legitimation을 획득할 수 있는 경찰력이다(Hardt & Negri, Multitude, 30). 여기서 어떤 힘의 행사가 합법적이고 어떤 힘의 행사가 불법적이냐 하는 것은 힘의 본성이나 성격으로부터 유래하지 않고, 오로지 그 힘을 행사한 결과와 영향력으로 판명될 뿐이다. 따라서 제국은 언제나 힘을 합법화하는 예외적 권력의 모습으로 등장한다. 즉 제국에서 지구적 질서의 합법성은 근본적으로 전쟁에 근거한다(Hardt & Negri, Multitude, 91).

또한 네트워크로서 존재하는 제국에서 소통은 "권력을 생산하면서 조직"하는 산업으로서, 소통 산업을 통해 제국은 "하나의 주체가 자기 자신의 권위 이미지를 생산"하는 방식으로 자신의 정당성을 생산해 낸다(네그리 & 하트, 『제국』, 67). 그래서 제국은 자신의 거대 서사들을 "실제로 생산하고 재생산한다"(네그리 & 하트, 『제국』, 69). 그리고 바로 이 점에서 포스트모던 사조는 제국이라는 새롭게 출현한 시대적 환경을 전혀 감지하지 못한 채, 이전 제국주의 국가들의 거대 서사들을 해체하는 데에만 몰두하고 있다고 네그리와 하트는 비판한다(네그리 & 하트, 『제국』, 69). 그러나 제국이 근대의 권력 구조에서 기인하는 문제들, 즉 "민족주의, 식민주의, 제국주의"에 투쟁하는 다중들의 "해방 열망"을 실현하고 있다는 점에서 긍정적 기능이 없는 것은 아니다. 그러나 바로 그러한 열망을 실현하면서, 근대의 권력 기제들보다 "더욱 잔인한 착취를[별예]자신의 권력 관계들을 구축"하는 것이 문제이다(네그리 & 하트, 『제국』, 78).

4. 탈근대 담론과 탈식민주의 담론의 한계를 극복하는 문제

네그리와 하트는 탈근대 담론과 탈식민주의 담론이 근대의 한계들, 즉 민족주의, 국가주의 그리고 식민주의와 제국주의를 극복하는 면에서는 혁혁한 공을 세우지만, 근대를 넘어선 시기, 즉 탈근대post-modern의 시기에는 오히려 문제의 구조와 정확하게 밀착해 버린다고 지적한다. 즉 탈근대와 탈식민지주의 담론들이 주창하는 '차이,' 유동성, 잡종성hybridity, 양가성 ambivalence, 흉내내기mimicry 등은 제국을 극복하고 그를 통해 다중을 해방하는 담론이 아니라, 다중들이 살아가는 제국의 현재 구조를 고스란히 드러내고 따르고 있을 뿐이라고 비판한다. 즉 탈근대 이론들과 탈식민주의 이론들은 제국의 시대에 이미 '죽어 버린' 적들의 시체를 놓고 공격을 감행하고 있는 셈이라는 것이다. 그들이 미처 고려하고 있지 못하는 것은 제국은 정확히 탈근대 담론들이 쏟아내는 해방의 전략들을 전제로 필요로 하고 있으며, 이미 그러한 전제들을 통해 제국이 구축되어 있다는 사실이다.

탈근대 담론의 이러한 한계는 탈근대 담론이 인식하는 근대의 권력 구조가 너무나 단선적이라는 데 있다. 즉 근대는 '제국주의의 권력 구조'로 서만 읽혀진다는 것이다. 하지만 네그리와 하트는 근대는 "내재성의 장소를 발견하고 특이성 및 차이를 찬양하는 르네상스 인본주의 혁명이 주도한 전통"과 그러한 혁명을 질서라는 이상을 통해 통제하려던 전통 간의 갈등과 싸움으로 구성되어 있다고 본다(네그리 & 하트, 『제국』, 196-197). 탈근대 이론들이 비판의 대상으로 삼았던 것은 정확히 근대의 두 번째 전통, 즉 질서를 추구하는 체제 수호적 전통이었던 것이다.

이는 우리 시대 탈식민주의 담론의 고전인 호미 바바의 이론에서도 여지없이 드러난다. 우리에게 다양하고 통찰력 있는 대안들을 제공해 주었다는 사실은 부인할 수 없지만, 그가 인식하고 있는 근대 주권의 구조가 단선적이기는 마찬가지이다. 즉 그는 근대 권력 구조가 우리/타자의 이항 대립에 근거한 순수성의 정치였기 때문에, 근대 주권 담론이 탈식민주의의 혼종성hybridity을 받아들일 수밖에 없는 순간, 근대 제국주의로부터의 탈출과 해방이 이루어진다고 믿는다(네그리 & 하트, 『제국』, 202). 그런데 만약 제국주의 시대 이후를 구성하고 있는 '제국'은 처음부터 그러한 혼종성을 기반으로 권력 구조를 구성하고 있다면 어떻게 할것인가? 바로 이것이 호미 바바가 물어보지 않았던 물음이다.

네그리와 하트는 여기서 탈식민주의 담론과 우리 시대 번성하고 있는 근본주의 담론 간의 연관성을 들여다본다. 즉 제국주의의 권력을 극복하기 위한 노력은 단순히 탈식민주의라는 하나의 흐름으로 이행하기보다는 그와는 또 다른 흐름과 병행적으로 이행되었는데, 그것이 바로 근본주의이다. 물론 근본주의의 기반은 '본래의 순수하고 이상적이었던 과거'라는 점에서 "역사적 환영"historical illusion에 근거하고, 그래서 "현재 사회질서에 대항한 정치적 기획에 속하는 새로운 발명품"이지만, 근본적으로 그의 추동력은 "탈근대적 기획"post-modern project이다(네그리 & 하트, 『제국』, 207). 왜냐하면 그가 거부하는 권력은 곧 서구 유럽과 미국의 지배 담론인 근대성이고, 또한 그렇기에 비서구 지역에서 근본주의는 정확히 "반서구"를 지향하고 있기 때문이다(네그리 & 하트, 『제국』, 207). 여기서 이동성, 비결정성, 양가성, 혼종성을 지향하는 포스트모던의 담론들이 근본주의적 운동들과 맺고 있는 대립각은 바로 근본주의에 공감하는 이들에게 그러한 포스트모던의 담론들이 "고통의 악화"로 경험된다는 사실을 주목케 한다(네그리 & 하트, 『제국』, 208). 즉 탈근대의 담론들은 그것이 특정의 사람들에게는 해방의 경험을, 그리고 다른 특정의 사람들에게는 고통의 경험으로 다가온다는 것이다. 해방/고통의 이 이중적 체험은 탈근대의 담론들이 제국의 권력 구조를 그대로 따르고 있는 데서 기인한다는 점을 네그리와 하트는 지적한다(네그리 & 하트, 『제국』, 208).

"순환, 이동성, 다양성, 그리고 혼합," 이것들은 바로 세계 시장 이데올로기의 가능 조건들 바로 그것들이다. 무역은 차이를 기반으로 번성하며,

그 차이들이 증폭되고 복사되는 것을 환영하며, 시장의 고정된 경계를 싫어한다. 그리고 이제 무역은 "전 지구적 네트워크"를 통해 활동한다(네그리 & 하트, 『제국』, 210). 시장은 "차이의 정치"를 선호하고, 차이에 기반을 둔 마케팅을 실천하며, 이제 모든 차이를 "기회"로 인식하며, 시장을 주도하는 기업들 자체가 이미 민족국가의 고정된 경계를 넘어서 있고, 그래서 "다양성 경영"을 추구하며, 다문화주의를 시장 확대를 위한 기회로 활용하고, 그래서 근대의 "인종차별적이고 성차별적인" 담론들과 형식들을 적으로 규정한다(네그리 & 하트, 『제국』, 213; 212). 지구 (노동) 시장의 유연성flexibility이란 곧 "그 어떤 직업도 안정적이지 않다"는 사실을 말할 뿐이다(Hardt & Negri, Multitude, 131). 따라서 "잡종성, 이동성, 차이" 등은 언제나 해방적인 것은 아니다. 오히려 잡종성, 이동성, 차이는 지구촌 경제 시장의 그늘 하에서 고향을 등지고 대도시 빈민가로의 이주, 남미에서 북미로의 불법 이동 등을 반영하며, 이러한 이동은 "빈곤에 따른 강제된 이주"의 성격이 훨씬 강하며, 결코 해방이 아니다(네그리 & 하트, 『제국』, 214). 우리 시대의 전 지구적 이동이란 것의 이면에는 제3세계에서 제1세계로 탈출하는 불법이주민들과 불법노동자들의 이동이 놓여 있으며, 이들의 이동이 그 두 세계 간의 경계와 차이를 국지적 차이가 아니라 지구적 차이로 만들어 가고 있다. 이제 제1세계는 유럽이나 미국의 지역에 국한되어 발전하는 것이 아니라, 서울에서도 뉴델리에서도 방콕에서도 홍콩에서도 나이로비에서도 발전해 나가고 있다. 또한 제3세계는 남미나 아시아와 아프리카 지역에만 상주하는 것이 아니라, 유럽 대도시의 슬럼과 노숙자들 사이에서 확장되고 있는 중이다. 이렇게 잡종성과 이동성과 차이를 해방의 도래로 만끽하는 것은 곧 "어떤 권리들을, 일정 수준의 부를, 그리고 전 지구적 위계에서 일정한 위치를 즐기는 엘리트 인구의 상황"을 강조하는 것뿐이다(네그리 & 하트, 『제국』, 215).

제국을 제국주의 시대와 구분하는 결정적인 지표는 바로 제국의 탈영토화이다. 땅을 점령하고 식민화하여 자신들의 민족 국가의 확장을 도모하던 근대 제국주의는 '영토' territory 개념에 기반해 있었다. 하지만 제국은 특정 영토에 기반하여 운영되지 않는다. 이러한 제국의 탈영토화를 가능케 했던 것은 바로 생산 양식이 대량생산을 위주로 하던 포디즘Fordism의 시대로부터 소량의 소비자 맞춤 생산을 위주로 하는 탈 포디즘post-Fordism의 시대로 진행하게 되었던 것이 결정적이었다(Hardt & Negri, Multitude, 82). 이러한 생산 양식의 변화는 결국 "생산의 극적인 탈집중화[분산]"를 가져왔고, 생산 양식이 탈집중화하면서, 제국은 특정의 전략적 요충지를 점령함으로써 자신의 영토를 확장하는 종래 제국주의의 지배 방식을 벗어날 수 있었다(네그리 & 하트, 『제국』, 387). 그러한 이행을 가능케 했던 것은 바로 네트워크를 통한 소통의 기술이 발전했기 때문이다. 그리고 이는 물질적 생산 위주에서 비물질적 생산으로 전환을 의미한다. 즉 제국에서 다중의 생산은 단지 물질 상품만을 생산하는 단계를 넘어, "생체 자본적 노동"biocapital labor을 생산해 내고 있으며, 이를 통해 "소통과 사회관계들과 협동"을 생산해 낸다(Hardt & Negri, Multitude, 109; 113). 그를 통해 제국의 생산 양식이 "생산 패러다임으로부터 네트워크 모델로" 전환되었고, 궁극적으로 "초국적 기업의 권력"을 확장시켜 왔다. 이제 제국의 주권은 어느 특정 국가나 정부가 좌우하던 시대를 지나 "초국적 명령[지배] 체계 속으로 완전히 통합"되었고, 그 통합을 통해 제국의 질서를 통제하는 일은 "일련의 국제기구 및 기능을 통해" 이루어지게 되었다(네그리 & 하트, 『제국』, 397; 402).

　따라서 제국 시대의 비판 정신이 직면한 딜레마는 제국의 조건으로서 순환, 이동성, 다양성, 혼종성이 우리가 비판의 대상으로 삼던 근대 이원론, 근대의 주권 개념의 근거로서 타자 개념, 그리고 그의 외부성 등을 이미 극복하고 넘어선 것처럼 보이는 데 있다. 즉 비판의 대상이 있어야 할 자리에서 사라진 것이다. 제국은 마치 "우-토피아ou-topia [無-場所], 즉 사실상 무장소non-place"인 것처럼 존재한다는 데 있다(네그리 & 하트, 『제국』, 257). 이렇게 장소와 시간의 실체로서 제국은 시야에서 사라져 버렸지만, 그럼에도 불구하고 그의 존재의 생생한 흔적, 즉 착취와 억압은 여전히 우리의 눈앞에서 더욱 더 광범위하게 더욱 더 잔인하게 저질러지고 있다. 이것이 우리가 제국을 비판해야 하는 이유이다. 제국의 지구촌 노동 시장에서 노동 정책은 우선 "노동의 가격"을 낮추는 것, 그래서 친기업적 환경을 창출하는 것이다(네그리 & 하트, 『제국』, 436). 그것이 제국주의 시대부터 이어지는 "사회적 불평등과 분할"을 심화시켜 나간다는 것은 더 말할 나위가 없다(네그리 & 하트, 『제국』, 437). 문제는 이 불평등과 분할을 심화시켜 나갈 수 있는 상황을 연출하는 힘이 바로 제국의 "소통의 정치"인데, 이때 제국에서 소통을 감당하는 기업들이 소통시키는 것은 바로 "공포"라는 점이다. 즉 "미래에 대한 불안과 빈곤이라는 지속적인 공포"를 통해 제국민들 사이의 갈등관계를 유지시키는 것 그래서 제국의 분할 구도를 "궁극적으로 보장"하는 것이 바로 제국이 연출하는 소통의 정치라는 것이다(네그리 & 하트, 『제국』, 437).

5. 다중(the multitude)

'제국' 시대를 살아가는 우리들에게 '민족'과 '인민'을 넘어선 대안 개념으로 네그리와 하트는 '다중' the multitude을 제시한다.[10] 다중은 제국이 존재 방식과 마찬가지로 "하나의 네트워크"로서, 즉 "모든 차이들이 자유롭고 평등하게 표현될 수 있는 개방적이고 확장적인 네트워크"로서, 우리에게 "만남의 수단들을 제공하여, 우리가 공동으로 일하고 살아갈 수 있는 네트워크"이다(Hardt & Negri, Multitude, xiv). 다중의 네트워크적 성격을 가장 여실히 드러내 주고 있는 것이 바로 인터넷인데, 인터넷에서 "다양한 교점들(nodes)은 차별성을 담지하고 있지만, 그러나 모두 웹으로 연결되어 있고, 그리고 … 네트워크의 외부적 경계들은 개방적이어서 새로운 교점들과 새로운 관계들이 언제나 추가될 수 있다"는 점에서 그렇다(Hardt & Negri, Multitude, xv). 네트워크적 존재로서 다중은 "공유지의 생산"the production of the common을 그 첫째 특징으로 한다. 다중은 "그들이 함께 소통하고 활동할 공유지the common를 발견" 해야 하는데, 그것은 기존하고 있는 것을 찾아내는 발견이 아니라, 생산을 통해 만들어내는 발견이다(Hardt & Negri, Multitude, xv). 공유지를 생산한다는 것은 곧 지구촌 다중의 노동이 산업전사들의 육체 노동에서 "생체정치적 생산"biopolitical production으로 이행되었다는 것을 의미하며, 그 생체정치적 생산의 현장에서 '공유지'를 창출해 나가는 것, 바로 그것이 다중이 담지한 한 특징이다(Hardt & Negri, Multitude, xvi). 다중이 담지한 또 하나의 특징은 '다중' the multitude이란 "정치적 조직"political organization으로서 "민주화를 향한 욕망"을 담지하고 있다는 것이다(Hardt & Negri, Multitude, xvi). 하지만 다중은 결코 "정치 세력"political body으로 나아가지는 않는다. 적어도 근대적 의미의 정치 세력 말이다. 근대 정치의 힘은 이데올로기적 획일성의 창출인데, 다중은 그 정의상 '다수'로 '차이'를 만개하여 존재하기 때문에 이데올로기와 정치적 구호를 위해 단일한 대오를 형성하지는 않는다(Hardt & Negri, Multitude, 162).

네그리와 하트는 다중을 제국 시대에 해방을 위한 주체로 제시하면서, "[다중의] 활동, [다중의] 주체성 및 욕망의 생산이란 관점"을 취하게 되면, 해방을 향한 길이 보이는데, 그 길은 바로 '제국의 형성'을 통해 열려진 지구화와 탈영토화라고 말한다(네그리 & 하트, 『제국』, 90-91). 제국과 다중의 구성은 네트워크라는 공통의 특성을 공유하지만, 제국의 네트워크가 발휘하는 힘은 "생체 권력"biopower으로서 "다중을 통제하기 위한 힘"이며, 이 힘은 "주권의 권위근거로서 초월적으로 사회 위에 존재하며, 사회에 질서를 부여"한다(Hardt & Negri, Multitude, 94). 그러나 다중은 이 '생체 권력'에 의해 창출되거나 발생하는 것이 아니라, "사회에 내재하면서 사회적 관계들을 창출하고, 협동적 노동 형태들을 통해" 형성되는 "생체 정치적 생산"biopolitical production을 통해 힘을 확보한다(Hardt & Negri, Multitude, 94-95). 이것이 네그리와 하트가 주장하는 관점의 철학적 핵심인데, 해방은 외재적이 아니라 내재적이어야 한다는 것이다. 즉 초월적 주권과 존재 근거를 추구하는 제국 구조하에서의 해방이란 곧 제국 구조의 내재성을 통해 가능하다는 것이다.[11]

제국이 네트워크의 구축을 통해 달성한 제국의 무장소성은 곧 제국이 "척도를 넘어서" 존재함을 가리킨다. 즉 제국은 모든 장소를 넘어서, 척도를 넘어서, 전체 지구촌의 생체 정치적 직조에 "가상성"virtuality으로 존재한다(네그리 & 하트, 『제국』, 456). 제국의 이 가상적 존재성은 다중을 통해 가능성으로 전환된다. 즉 제국이 가상성으로 존재한다면, 제국의 다중들도 그 가상성을 공유하기 때문에 통제 가능한 것이다. 다중들이 담지한 통제된 가상성은 곧 "[다중] 속에 있는 (존재하고, 사랑하고, 변형하고, 창조하는) 활동력power to act"이다(네그리 & 하트, 『제국』, 458). 이 가상적 능력이 "공통사common thing"로 구성되어 보편성을 획득하게 되면, 다중의 가상적 능력은 제국을 변혁시켜 나가는 가능성으로 바뀌게 된다. 다중의 노동 속에 잠재된 이 가상적 능력이 제국의 생산을 지속시켜 나갈 수 있는 잉여excess를 창출하고 있고, 이 잉여 창출 능력이 제국의 착취 구조가 아니라 다중의 해방 열망으로 전환되어지게 되면, 다중은 곧 생산의 주체가 되는 것이다. 다중의 이 잉여 창출력과 창조력의 관점에서 바라보자면, 제국은 바로 다중의 이 창조성에 기생하고 있는 것에 다름 아니다(네그리 & 하트, 『제국』, 460). 그래서 제국은 사실 다중을 지배해 나가기보다는 오히려 "제국적 권력에 대항하는 [다중의] 저항으로부터 생긴 반향에 의해" 움직여 나간다(네그리 & 하트, 『제국』, 461). 즉 제국 정치의 주도권은 제국의 제도 기관들이 아니라, 바로 제국민으로서 다중에게 주어져 있는 것이다. 제국은 다중들의 강제 이주와 불법 이동을 부추겼지만, 다중들은 그러한 유목적 삶을 통해 유목적 순환의 지형을 창출했고, 그래서 이 순환은 "전 지구적 탈출"과 잡종을 두려워하지 않는 "이종 족 간 혼합"의 문화를 창출했다(네그리 & 하트, 『제국』, 465). 이는 곧 제국의 무-장소에서 "새로운 장소를 확립하는 특이성singularity, 즉 협동에 의해 생산되고 언어 공동체에 의해 표상되며, 잡종화 운동에 의해 전개되는 현실로서의 특이성"이다(네그리 & 하트, 『제국』, 500).

다중은 사실 이 "특이성들의 집합"a set of singularities으로 구성된다(Hardt & Negri, Multitude, 99). 특이성singularity이란 곧 "동일성으로 환원될 수 없는, 그래서 차이로 머무르는 차이를 담지한 사회적 주체social subject"를 의미한다(Hardt & Negri, Multitude, 99). 다중은 "내적으로 차이를 지닌 다중적 사회 주체"로서 그의 구성과 행위는 "동일성이나 통일성"에 기반하지 않고, "[다중들이] 공통으로 갖고 있는 것"what it has in common에 근거한다(Hardt & Negri, Multitude, 100). 따라서 다중적인 차이들을 담지하지만, 다중은 공통으로 활동한다. 이 다중의 생체 정치적 생산은 "그들이 공통으로 공유하는 것과 지구촌 자본의 제국주의적 힘에 대항하여 공통으로 생산하는 것을 유통mobilize시키려는 성향"을 갖는다(Hardt & Negri, Multitude, 101). 다시 말해 다중은 "국지적 특이성"local singularity과 지구적 공통성global commonality을 연계하는 네트워크로서, 이는 "동일성과 차이"의 범주로 적합하게 이해될 수 없는데, 곧 동일상과 차이의 이중성이 지역적 삶의 특이성의 중층성과 공통의 지구적 실존에 동시적으로 나타나기 때문이다(Hardt & Negri, Multitude, 127). 다중은 그래서 한마디로 요약하면 "특이성과 공통성의 이 역학으로부터 출현하는 주체성subjectivity"이다(Hardt & Negri, Multitude, 198).

6. 가난한 자(the poor)

다중이 해방의 주체가 되려면, "가난한 자"의 주체를 복구해야 한다고 네그리와 하트는 강조한다. 이는 곧 "진정한 해방적 실천은 생산의 수준과 관련"된다는 것을 의미한다(네그리 & 하트, 『제국』, 215). 해방의 정치는, 즉 진정한 차이들의 해방의 정치는, "모든 시대에 유일하게 국지화할 수 없는 순수한 차이의 '공통 이름common name'으로서 "가난한 자라는 공동 이름"을 위한 정치이다(네그리 & 하트, 『제국』, 216). 오직 이 가난한 자만이 전 지구적으로 다양하게 이루어지는 착취와 억압의 대상을 가리키는 이름의 보편성을 담지하고 있다. 가난한 자가 곧 "공유지"the common인 것이다(Hardt & Negri, Multitude, 151). 적어도 네그리와 하트가 보기에 탈근대 담론과 탈식민주의 담론이 (내적으로 함의하고 있음에도 불구하고) 명시적으로 글과 사유에서 탈각시키고 있는 것이 바로 이 가난한 자에 대한 정치적 사유이다. 가난한 자는 여전히 "빈곤하며, 배제되고, 억압받고, 착취"당하고 있지만, 그럼에도 불구하고 "여전히 살아 있다"(네그리 & 하트, 『제국』, 216). 바로 여기에 가난한 자의 모순적이고 역설적인 존재성이 놓여 있다. 즉 가난한 자들은 창출된 부로부터 배제되지만, 그럼에도 불구하고 사회적 생산의 회로 속에 포함되어 있다. 그래서 가난한 자는 이 배제와 포함의 모순적 역설을 통해 "생체 정치적 생산의 살"the flesh of biopolitical production이며, 바로 그렇기 때문에 "우리"는 가난한 자들이 된다(Hardt & Negri, Multitude, 152). 바로 여기서 우리는 우리 시대의 생태 운동이 간과하고 있는 것을 주목하게 되는데 그것은 바로 우리 시대 문제의 핵심은 "인간들이 자연을 변경시키고 있다는 사실이 아니라, 자연이 공동의 것common이 되기를 멈추었다는 것, 즉 자연은 사유 재산이 되어, 그의 새 소유주들에 의해 배타적으로 통제되고 있다는 사실"이다(Hardt & Negri, Multitude, 184). 즉 지구적 공유지가 사유 재산으로 환원 귀속되고 있는 사실을 철저하게 성찰하지 않은 채, 녹색 성장의 허구를 쫓아가는 것은 곧 생태 운동이 지구촌 자본의 제국이 발휘하는 권력 기제와 밀착하고 있다는 사실을 나타낼 따름이다.

이 가난한 자가 "삶의 공통분모"이며 "[다중의] 토대"이며, "모든 혁명의 기원점"이며, 바로 그 점에서 가난한 자는 다음 세대를 위한 우리의 사유에 "예언적 능력"을 가져다 준다(네그리 & 하트, 『제국』, 216). 그것은 가난한 자를 향한 사랑이나 연민을 말하는 것이 아니라 오히려 가난한 자 자체를 "그 세계의 바로 그 가능성," 즉 해방의 가능성 자체로 사유한다. 왜냐하면 오직 가난한 자만이 "존재를 갱신할 수 있는 능력을" 지니고 있으며, 그래서 이 가난한 자들은 "신의 이미지를 해체"하고 "신의 권력을 회수"했기 때문이다(네그리 & 하트, 『제국』, 216; 217). 즉 가난한 자 자체가 "힘"이다. 왜냐하면 세상의 가난이 가능성으로 존재하는 것은 가난한 자만이 그 가난을 가능성으로 바꾸어 가기 때문이다. 즉 가난한 자는 부를 소유하지 않았음에도 불구하고, 착취당할 어떤 것을 생산할 능력을 지니고 있다. 이 가난한 자의 창조성이 곧 세계 시장을 기반하는 "모든 생산의 조건"이다(네그리 & 하트, 『제국』, 218). 그렇기에 가난한 자의 창조성은 역으로 이 가난을 가능성과 기회로 바꾸어갈 힘을 '내재'하고 있는 것이다(네그리 & 하트, 『제국』, 218). 따라서 네그리와 하트에게 진정한 탈근대란 "정치적이고 생산적인 지형의 중심에 가난한 자를 다시 놓는 것"이다(네그리 & 하트, 『제국』, 219). 네그리와 하트가 '가난한 자'의 사유를 통해 전복하고 있는 것은 가난한 자와 실업자는 "아무 것도 안하는"do nothing 자라는 일상의 인식의 전복이다(Hardt & Negri, Multitude, 131). 가난한 자들은 아무 것도 안하는 자들이 아니라, 바로 착취당 하는 자들을 말하며, 이는 그들이 착취당할 그 무언가를 생산해 내고 있다 는 것을 의미한다. 즉 그들은 무언가를 생산해 낼 힘과 능력을 지니고 있으 며, 지구촌 제국의 자본주의적 착취는 바로 가난한 자의 이 실존적 조건에 기반한다(Hardt & Negri, Multitude, 153).

7. 제3세대 토착화 신학이 지향하는 종합

이상에서 다루어진 탈근대의 사조와 지구촌 자본주의의 등장 이후 좌파 담론을 다루는 네그리와 하트의 주장들을 통해 본고가 주장하려는 논제, "상황이 주체이다"를 어떻게 전개해 나갈 수 있을까? 탈식민주의와 제국 의 가난한 자들이 21세기 지구촌을 살아가는 한반도의 우리들의 신학적 주체성 형성에 어떤 상관관계를 맺고 있을까? 여기서 우리는 '주체'가 상 황으로부터 유래한다는 말을 다시금 되새겨 보자. 바디우는 일자the one가 존재한다는 명제는 곧 일자가 아닌 것을 전제로 진술될 수밖에 없다고 보 았다(Badiou, Being and Event, 23). 그래서 거기에는 일자와 '일자가 아닌 것'이 이미 존재한다. 그렇다면 일자는 언제나 "다수"the multiple이며, 이미 "일자 가 아닌 것"one that is not이다(Badiou, Being and Event, 24). 여기서 모든 존재를 아 우르는 일자를 통해 존재들을 조화시키려는 플라톤의 시도는 "일자로 간 주되는 것"count-as-one을 통해 '일자가 아닌 것'을 배제하려는 결정이고, 그 래서 이는 본래의 "비일관적인 다수"inconsistent multiple를 "일관성 있는 다수" consistent multiple로 바꾸는 결정이 된다(Badiou, Being and Event, 24; 28-30). 우리의 언어는 그렇게 '일자'라는 일관성을 통해 비일관성으로 존재하는 다수, 즉 일자가 아닌 것으로 간주되는 것을 배제하지만, 그 비일관적인 다수 그래서 존재의 공백으로밖에 간주될 수밖에 없는 공백the void은 우리의 언어적 체계 사이를 삐져나온다. 철학은 언제나 이 삐져나옴으로부터 시작할 수밖에 없다. 그러니 철학은 처음부터 불변의 어떤 것을 다루기보다는 우연적인 것, 부차적인 것, 불필요한 것으로 간주되는 것을 주목하는 일이다. 그러한 주목을 통해 철학은 진리를 생산하는 것이 아니라, 오히려 진리의 공정들(과학[수학], 예술[시], 정치[해방의 정치], 사랑)을 통해 주어지는 조건들을 '연산'할 따름이다. 이 진리의 연산으로서 철학은 일자로 간주되는 것count-as-one이 비일관적인 다수들 위에 저질러지는 폭력이듯이, 처음부터 폭력적인 일이다. 그러나 그 폭력은 맹목적이고 무자비한 폭력이 아니라, 주체에게 일어난 진리 사건으로부터 비롯되는 폭력인 것이다. 약술하면, 진리는 언제나 상황의 진리이고, 주체는 이 상황의 진리를 따르는 충실성의 연산 구조이다.

여기서 우리는 탈식민주의가 우리에게 전하는 주체의 이야기, 즉 주체는 '만들어지는 것'이라는 것, 이는 곧 주체란 임의적이고 허구의 것이 아니라, 상황을 살아가는 주체가 자신의 진리 사건에 근거하여 사건적 일관성을 부여함으로써, 상황에 일자로 간주되는 것count-as-one을 부과하는 것임을 알게 된다. 관건은 그 사건을 어떻게 접할 수 있느냐의 문제일 것이다. 주체와 정체성의 끝없는 차연의 놀이를 말하던 철학자 데리다는 뜬금없이 우리에게 주어진 언어는 오직 하나라고 주장한다(Derrida, Monolingualism, 1). 이 언어는 우리가 쓰고 있는 자연 언어를 말하는 것이 아니며, 우리가 상대방과 소통하기 위해 사용하는 언어를 말하는 것이 아니다. 우리의 정체성을 구성하는 언어는 결국 우리 정체성의 허구를 말할 뿐이라고 지적하면서,

데리다는 우리의 언어 속에 '말로 표현할 수 없는 것', 그래서 우리로 하여
금 언어 상실을 경험하게 하는 음성을 말한다(Derrida, Monolingualism, 61). "I only
have a language which is not mine" - 나는 단지 한 언어를 갖고 있는데, 그
언어는 내 언어가 아니다(Derrida, Monolingualism, 1) - 데리다는 이 언어가 번역
불가하고, 그래서 우리는 그 언어를 실어증처럼 경험한다고 말했기 때문
에 여기서 내가 그의 문장을 번역한 것은 어쩌면 데리다 철학에 대한 심각
한 위반인지도 모른다. 어쨌거나, 그것은 곧 '나'가 언어의 정체성을 통해
나에게 도달하기 전에 '내' 안에 도달한 어떤 것의 도래를 가리키며, 이는
번역 불가능한 일임을 말하는 언어이다. 그것은 내 안에 도달한 사건이지
만, 도래할 약속으로 주어지는 사건이기 때문이다. 과거의 시간 속에 벌어
진 사건이 앞으로 도래할 것을 위한 약속을 통해 다가오는 진행 중인 사
건 - 그것은 곧 "메시야주의를 배제한 메시야성"the messianicity, without …
messianism itself을 말하는 것이다(Derrida, Monolingualism, 68). 그 언어는 우리에게
정체성을 부여하는 언어가 아니다. 왜냐하면 '나의 언어'가 아니기 때문
이다. 그러나 나의 존재는 끊임없이 내 언어가 아닌 그 언어를 통해 "나의
나됨"ipseity을 가능케 한다. 내 안에 공백으로 존재하는 주체, 그 주체의 해
방이 곧 메시야없는 메시야주의인 셈이다. 그리고 진정한 소통은 이 '불
통'의 공백을 수긍함으로써 시작한다. 즉 '나'는 나에 관해 알지 못하며,
나는 타자의 음성을 통해 내가 누구인지를 찾는다. 그래서 그 불통의 타자
와 소통해야 한다.

네그리와 하트는 『제국』 말미에 "세속적 오순절"이 이루어지는 곳이 바
로 다중이 유목민과 같은 이동을 통해 자신의 장소를 창출해 나가는 것이
라고 말한다. 오순절 성령의 강림을 통해 서로 다른 민족들의 말이 소통되
는 역사가 일어났듯, 다중들의 유목적 생활은 이제 국지적인 것을 보편적

인 것으로 연결시킬 수 있는 힘을 갖게 되고, 그를 통해 그들은 "구체적 보편"concrete universal을 창출해 나간다. 이 구체적 보편이 전 지구촌 다중들의 소통 기반이고, 이것이 이루어지는 곳이 곧 "세속절 오순절"의 장소라는 말이다(네그리 & 하트, 『제국』, 463). 그 오순절 날 생산되는 공유지는 지역이나 공동체 혹은 장소가 아니라, 바로 "특이성들 간의 소통"communication among singularities이다(Hardt & Negri, Multitude, 204). 그 공유지의 생산은 "사이 공간"(the space between)에서 창발하며, "다중은 협동적인 사회적 상호작용들 속에서 창조된다"(Hardt & Negri, Multitude, 222). 다중이 존재하려면, 그 중층화된 차이들이 차이를 유지한 채 소통하려면, 공유지the common가 필요하고, 다중들이 이 공통의 것을 창출하는 '때'가 곧 오순절이다.

데리다와 네그리에게서 우리는 어렴풋한 종교의 향기를 맡는다. "메시아 없는 메시아주의"와 "세속적 오순절," 이것들은 결국 기독교 아닌가? 그런데 기독교 위에 ×표를 친 기독교이다. 주체는 결국 이 ×표가 쳐진 이름 아래에 존재 아닌 존재로 기표되는 것 아닌가? 그 지워진 이름…, 그렇다 "이름"이다. 여기서 탈근대 담론이 '이름'이 담지한 허구적인 추상적 보편성을 해체하고, 진정으로 가난한 자의 이름을 다시 세우기 위해 나아갔던 데리다 이후의 작업들은, 네그리와 하트의 포스트모던 담론에 대한 비판을 유념할 때, 더 두드러져 보인다. 예를 들어, 고전1:28, 하나님은 있는 자들ta onta을 폐하기 위하여 세상에 없는 자들ta me onta을 선택하신다는 말씀을 통해 하나님의 가난한 자와의 동일성을 말하는 카푸토의 작업이 있다(Caputo, The Weakness of God, 26). 기존의 질서를 확고하게 만드는 법의 눈에 예수의 하나님 나라는 사고뭉치(troublemaker)였으며, 그래서 하나님의 정의는 스캔들scandal로 여겨질 수밖에 없었던 그때, 신학은 하나님의 이름 위에 ×표를 친다(Caputo, The Weakness of God, 31-34). 왜냐하면 하나님의 이름이 대변하는represent 것은 하나님의 나라가 부정하려는 세상의 "있음"이기 때문이다(Caputo, The Weakness of God, 36; Marion, God Without Being, 41). 하나님은 초월적 권위로 있는 자들의 질서를 지켜주시는 분으로 머무르지 않고, 이제 세상에 없는 자들로 존재하는 가난한 자들을 향해 "내월"in-scendence하신다(Caputo, The Weakness of God, 45). 내월하신 하나님은 제국적 질서의 어둠 속에 놓여 있는 '없는 자들'(ta me onta)을 빛의 자리로 부르셔서, 좋다고 선포하신다. 그것은 기존의 질서를 그대로 수긍하고 굴복하는 것이 아니라, 어둠의 자리를 빛을 창조하여 비추시고, 그 어둠에 놓여 있던 것들을 '존재'로 인정하시는 '좋다'이다. 이는 세상으로부터 ×표 쳐진 비존재들을 존재의 자리에로 "긍정"(yes)하시는 하나님의 능력이다(Caputo, The Weakness of God, 90). 그것은 있는 질서를 그대로 놓아 두는 것이 아니라, 우리의 마음을 바꾸어 metanoia = repentance = change of heart 새로운 창조의 사역을 의미한다(Caputo, The Weakness of God, 129).

마음 바꾸기를 통한 이 새로운 창조의 사역은 기존 경제 질서를 무너뜨리는 선물, 잉여, 초과의 도래를 의미한다(Jennings, Reading Derrida/Thinking Paul, 89-94). 이는 기존 경제 체계, 주고-받음give-and-take의 경제 체계의 심각한 위반이다. 위반violation은 제국이 존재하는 기반이다. 이 위반을 통제하고 다스림을 통해 제국은 자신의 주권, 즉 경찰권의 정당성을 확보한다. 하지만 하나님 나라는 그 위반을 통해 이 땅에 도래한다. 하나님 나라와 이 땅의 제국 간의 기묘한 균형. 결국 제국과 하나님 나라는 공생하는 것인가? 네그리와 하트는 제국의 기반이 곧 다중의 창조적 해방의 기반이라고 하였다. 그래서 제국이 사유지로 삼아가는 공간을 다중은 공유지로 창출해 나가는 능력이 있으며, 바로 그 능력이 이루어지는 곳, 그곳을 그들은 "사이"라 이름한다. 결국 제국과 다중 "사이"가 주체의 장소 아닌가? 이 역설적 혹은 모순적 이중성? 필자는 이것이 모든 존재의 출발점이라 주장한다. 바디우가 일자는 일자가 아닌 것에 근거한다고 했을 때, 일자는 다자를 언급하며 자신을 제시할 수밖에 없는 이 모순된 이중성을 적나라하게 드러낸다. 그리고 일자의 언어로 환원되지 않는 이 일자의 조건을 바디우는 플라톤의 코라chora에서 보고 있다(Badiou, Being and Event, 55; 참조 - 박일준, 「코라의 이중주」). 그렇다면 모든 존재론은 곧 사이의 존재론인 셈이며, 그래서 '공백'을 말할 수밖에 없고, 이 공백은 우리가 우리의 언어를 통해 주체를 명명할 때, 늘 우리의 언어적 일관성 체계를 빠져나가는 것을 동시에 가리켜 준다. 이것이 우리가 상황 속에서 진리 사건을 경험하고 명명하는 방식이다. 그렇다면 결국 주체는 공백he void으로부터 도래하는 것이 아닐까? 우리의 진리는 언제나 시중의 진리, 즉 상황의 진리로서 그 상황을 벗어나면 언제나 넌센스 혹은 무의미한 우연적이고 불필요한 것으로 여겨진다. 주체는 상황의 공백으로 여겨지는 진리를 상황에 봉합하는 연산으로서 존재하며, 이 봉합이 성공적으로 마무리되면 사라지는 매개자he vanishing mediator와 같다.[12]

  토착화 신학의 주체성은 이 공백으로 되돌아가야 하지 않을까? 그 공백을 우리의 신학적 상황들 속에서 특이성들singularities로 체현하는 것, 바로 그것이 우리의 주체성 아닐까? "변선환의 종교 해방 신학이 한국 신학의 초석으로 다시금 일어서기를 꿈꾸며." 필자가 판넨베르그의 『자연 신학』의 역자 서문 말미에 적은 글이다(10). 변선환의 종교 해방 신학과 판넨베르그의 신학이 도대체 어떻게 연관이 있다고, 저 문구를 역자 서문에 적었을까? 그것은 바로 "신학적 주체성"이다. 특이성들을 체현하는 연산의 구조는 언제나 보편의 구조와 맞닿아 있다. 그래야 우리는 '진리'를 말할 수 있다. 진리는 우리가 처한 상황의 진리이기 때문에 우리의 특이성들로부터 말해져야 한다. 그러나 우리의 특이성들만을 가지고 '진리'를 말한다면,

우리는 진리의 근원적 조건인 '소통'을 망각하는 것이다. 그 보편은 '언표되지 않고, ×표로 지워진 이름 아래 흔적으로 자취를 남기는 그 어떤 것'이다. 그래서 주체는 상황이 진리에로 봉합되면 사라지는 매개자이다.

　　주체(the subject) : 나는 가난한 지식 유목민으로서 강요된 이동을 자유와 해방의 유목적 지평으로 바꾸어갈 능력을 지닌 다중이다.

　유목의 삶은 방랑하는 주체에게 의미들의 양가성을 체험케 하고, 정체성들의 혼종성을 체현하며, 고정된 기원이나 정해진 목표 없이 두발로 거친 땅 위를 기꺼이 걸어서 이동해 나아갈 수 있는 자유를 허락한다. 그래서 유목민은 '민족'과 '공동체'로부터 배제당하지만, 역설적으로 '민족'은 그가 어디로부터 배제되었는지를 고지해 줌으로써 그에게 '배제된 정체성'을 부여한다. 그는 고향으로부터 배제당한 자, 나사렛으로부터 그리고 예루살렘으로부터 배제된 자, 그는 역설적으로 나사렛 예수이고, 유대인 예수였다. 예수의 '배제된 정체성'은 그에게 ×표 쳐진 정체성이었고, 그 거절과 부인의 표mark는 그의 존재의 근거였다. 부정당한 비존재로서의 존재성은 그로 하여금 수많은 시대의, 배제당하고 축출당하고 쫓겨난 자들의 이름이 되도록 하며, 그래서 그의 비존재적 특이성은 그로 하여금 존재의 보편성을 획득하게 하였다. 종교가 '우리'의 정체성을 고정시키는 경계로 작동할 때, 자신의 모종교로부터 배제당한 '변선환'이라는 이름은 이제 종교적 유목민을 위한 '이름 아닌 이름'이 된다. '감리교'는 그에게 그를 지칭하는 이름이 더 이상 아니다. 그러나 그가 어디로부터 배제되었는지를 드러내 줌으로써 그가 어디로부터 방랑의 길을 걸어오게 되었는지를 알려준다-냉천골. 변선환, 그의 배제와 축출은 그에게 그리고 우리 '유목민'으로 살아가는 토착화 3세대에게 해방의 조건이다. 그들이 '우리'를 정의하는 경계는 처음부터 그들의 구성물construct이기 때문이다. 그 허위의 경계와 억압기제로부터 해방은 강요된 것이지만, 그는 그 강요된 폭력 forced violence을 비폭력non-violence으로 바꿀, 즉 존재의 폭력을 비존재(non-)로 무화시켜 나갈 창조성을 담지한 창조적 폭력의 주체이다. 그리고 그는 이름으로 남아 박제되기를 부정한다. 왜냐하면 그의 이름은 해방된 이름이기 때문이다.

변선환은 이런 말을 남겼다: "토착화는 어느 면에서 상황화를 지향하는 출발점terminus aquo이고 상황화는 토착화의 종착점(erminus ad quem)이라고도 보겠다(『종교간 대화와 아시아 신학』, 112)." 그에게 토착화란 한국적 문화와 풍토를 절대시하는 발걸음이 아니었다. 토착화란 당대가 처한 상황 속으로 물려받은 과거의 것들을 현대적 상황화해 내는 것이고, 그러한 상황화가 이루어지면, 토착화란 종결되는 것이다. 이것은 정확히 '주체'의 구조와 일치하지 않는가? "진리가 상황에 봉합되면 사라지는 매개자," 이것이 바로 토착화의 주체 구조이다. 따라서 토착화란 우리의 토착적인 것을 무조건 절대 숭앙 숭배하는 것을 의미하는 것이 아니라, 물려진 전통과 유산에 대한 주체적인 해석을 통해 당대의 상황으로 그 진리를 번역·봉합하는 작업이며, 토착화의 주체란 바로 이 봉합이 완료되면 종결되는 주체이다.

그가 바라본 당대의 상황이란 서구의 제국주의적 침탈로 인한 제3세계 아시아 민중들의 착취의 현장이었고, 그는 이 역사적 상황성을 '토착화 신학의 주체'에 연관시키고자 하였다. 그것은 곧 당대의 상황 속에서 주변부로 밀려나는 비인간적 인간들을 주체로 삼는 것이다. 그래서 변선환이 '타종교와 신학'이 아니라 '타종교의 신학'이 되어야 한다고 하였을 때, 그는 '타자'를 신학의 객체 혹은 대상으로 삼는 신학이 아니라, 그 타자성이 바로 내 신학함의 주체가 되는 신학을 말하고자 하는 것이다(『종교간 대화와 아시아 신학』, 181). 여기서 타자란 우리가 우러러보는 대상으로서 제1세계의 타자가 아니라, 그 지배 세력에 의해 주변부적 존재로 밀려나 비존재의 위협 속에 살아가는, 잊혀지는 '타자'를 의미하는 것이다. 이찬수는 이를 "비정통의 길"이라 표현했는데, 비정통의 길이란 "대체로 서양 신학의 포로에서 벗어나 '아시아적 종교성'과 '빈곤'의 문제를 주제이자 주체로 하는 아시아적 신학의 길"을 가리킨다(『변선환 종교신학』, 150). 심광섭에 따르면, "구원의 진리는 아시아의 태 속에서, 아시아의 민담 속에서, 아시아의 고난과 혁명의 역사와 종교 속에서도 발견될 수 있음을" 변선환은 인정하고 있었다(『변선환 종교신학』, 221). 여기서 '가난한 자'의 이름으로 다중의 모호한 정체성의 유적 존재의 보편성을 회복하려는 네그리의 시도가 변선환의 타종교의 신학과 접점을 갖고 있음을 여실히 보게 된다. 이는 변선환이 말하는 토착화 신학이란 결코 한반도의 민중에 국한된 신학이 아니라, 지구적 상황 속에서 삶의 벼랑 끝으로 내몰리는 모든 민중들을 염두에 두고 시도되고 있음을 보게 된다. 이런 맥락에서 그는 "아시아의 종교성이라는 요단강"과 "아시아의 빈곤이라는 골고다"에서 "세례를 받고 '죽음과 부활의 체험'을 하는 길"을 신학자 피에리스에 대한 인용을 통해 제시한다(『종교 간 대화와 아시아 신학』, 209). 가난한 자의 이름이 담지한 보편성, 그것은 다중의 해방의 정체성을 가리키는 이름이다.

그 가난한 타자의 주체성이란 결코 자신들을 억압하는 세력들을 단지 반대하고 저항하고 물리치려는 목적으로 수립되는 것이 아니었다. 그것은 지배자와 피지배자의 대립적 구도를 넘는 제3의 길을 지향한다. 변선환에 따르면,

"열려진 대화에의 길은 동과 서의 두 세계 종교를 함께 보고 이해할 수 있는 두 눈, 아니 제3의 눈을 가질 때에만 열려진다. 동과 서를 넘는 지구적인 관점에서의 참된 대화는 자신의 신앙 한가운데 있는 역사성과 특수성에 성실하게 헌신하면서도 타종교에 대한 개방성을 가지고 동과 서의 두 세계 종교가 초역사적으로(beyond history) 실현하여야 하는 궁극 목표를 향하여 함께 움직이고 있다는 신념을 가져야 한다(『종교 간 대화와 아시아 신학』, 50)."

그 제3의 길이란 "지구적 관점"을 확보한 길을 말한다. 그것은 상황에 매몰되는 진리의 자리가 아니라, 상황의 한계를 진리의 자리로 예인하는 길을 말한다. 그것은 곧 "신념"으로 이루어질 수밖에 없다. 왜냐하면 우리가 갖는 진리 지평은 우리가 처한 상황의 한계 안에 머물고, 우리는 그 진리를 언제나 상황으로부터 배제된 자리, 공백을 통해 우리 이성과 사유의 한계 너머를 볼 수 있기 때문이다. 그렇게 상황에 우연과 단절로 다가오는 진리의 잉여성은 우리로 하여금 절대적 토대에 기반을 두어 나아가도록 허용치 않고, 우리가 처한 진리의 우연한 만남에 대한 주체적 확신만을 허용한다. 그것은 도박과 같고, 우리는 결과를 예감하지 못한 채 도박의 결과에 책임을 져야 한다. 이 도박을 위해 주사위를 던지는 행위는 우리가 만나는 진리 "사건의 절대적 상징"을 만들어 낸다고 바디우는 말한다(Badiou, Being and Event, 193). 그것은 곧 "종교 없는 종교," "윤리 없는 윤리," "진리 없는 진리"를 향한 근원적 음성인지도 모른다. 차이와 차별을 확대 재생산하는 종교와 윤리와 진리 담론들을 넘어선 종교와 윤리와 진리, 그것이 바로 초역사적 지점의 제3의 길의 위치인 것이다.

여기서 변선환의 종교해방 신학을 구태여 '한국적 신학'의 지점으로 이

끌어간 제2세대 토착화 신학자들의 담론을 비판하지 않을 수 없다. 예를 들어 한인철은 변선환의 "신학적 중심 과제"는 "한국적 신학의 추구"였으며, 따라서 그가 수행했던 소위 '종교다원주의 담론'은 서구의 종교신학적 담론으로서 결코 변선환이 추구하는 토착화 이후 한국적 신학의 핵심이 아니었다고 본다(『변선환 종교신학』, 48-49). 더 나아가 종교다원주의는 "토착화 신학을 대체할 수도 없고, 곧바로 한국적 신학이 될 수도 없"음을 지적한다(『변선환 종교신학』, 60). 하지만 이러한 한인철의 변선환 해석은 (김승철이 그려주는) 기존의 한국 신학을 벗어나고자 끊임없이 시도했던 변선환의 모습을 상당히 희석시키고 있다(『변선환 종교신학』, 81). 이렇게 희석된 변선환의 모습은 지구촌 세계화의 현실 앞에서 민족주의의 극복을 모색하면서도, 민족 해방을 우선으로 놓는 이정배의 한국적 신학의 시도에서도 여실히 드러난다(『토착화와 세계화』, 4). 물론 민족 해방과 민족 신학의 과제가 경시될 수는 없다. 하지만 필자가 보고 있는 문제는 바로 변선환의 신학이 담지한 '가난한 자의 보편성'이 '한국적 신학'이란 이름으로 희석되고 있다는 점이다.

한국적 신학 안에서 '이주민 노동자와 불법 체류자를 위한 신학'이 어떤 확고한 지점을 얻을 수 있는지, 물어볼 수 있을 때 우리는 변선환 신학의 종교 해방 신학이 담지한 힘을 감지할 수 있다. 이는 한국적 신학을 향한 방향성이 우리 신학을 위해 부적절하다거나 불충분함을 말하는 것이 결코 아니다. 변선환의 신학이 지닌 신학적 추동력이 한국적 신학의 시도로 인해 희석되고 있음을 지적할 뿐이다. 그러한 '희석'은 나름대로 시대의 상황적 요구 때문이기도 했다. 종교재판으로 출교당한 스승에게 '종교다원주의자'라는 일반의 딱지는 그다지 달가운 표가 아니었기 때문이다. 스승의 명예가 회복될 날을 꿈꾸며, 그 2세대 토착화 신학자들은 나름대로의 재해석을 통해 변선환 신학의 새로운 방향성 모색을 시도하였고, 이는 나름대로의 적실성이 있다고 여겨진다. 문제는 이주민 노동자 백만의 시대를 살아가는 우리에게 '민족성'의 재해석이라는 과제가 놓여져 있고, 이를 통해 우리가 시도해 왔던 토착화 신학의 근원적 재방향 설정이라는 과제를 당면하고 있다고 필자는 판단한다. 그것은 민족 신학 혹은 한국적 신학을 부정하는 것이 아니라, 우리의 진리 담론은 언제나 (시대적) 상황과 봉합되어 재현될 수밖에 없음을 유념하면서, 우리의 달라진 시대 환경 속에 토착화 신학을 어떻게 방향정위하여 나갈 것인지를 말하고자 함이다.

그렇다면 필자는 변선환 신학의 주체를 '유목적 다중의 삶 속에서 가난한 자의 보편적 이름을 짊어진 주체'로 우리 시대의 상황에 봉합하고자 한다. 변선환의 신학을 장난스럽게 부르는 말이 있다. 안테나 신학. 무엇이든지 새로운 신학적 시도가 이루어지면, 언제나 신속하게 그것을 접수하여 소개하고 읽히고 나누던 신학자 변선환의 모습을 일컫는 말이다. 그래서 변선환의 신학은 '주체'가 없다고까지 말한다. 그런데 바로 이 변선환 신학의 '주체 없음'의 구조, 즉 안테나 신학의 구조가 그의 신학적 주체였다. 그는 기존 신학적 상황의 담론을 삐져나가는 비/신학적 소리들에 대한 감수성을 지니고 있었고, 그래서 토착화 신학으로 시작하였지만 언제나 기존 담론을 넘어서는 지점을 확보하고자 하였다. 그래서 그 삐져나간 공백의 진리가 상황에 봉합되면, 주체는 사라질 것이라는 사실을 알고 있었다. 주체란 그렇게 사라지는 것이다. 그 사라지는 주체를 지속성을 지닌 자아의 구조로 변환시켜, 한국적 신학의 '주체'를 말하려는 시도는 '주체' subject와 '자아' self를 혼동하는 일이다. 주체는 지속하지 않는다. 주체의 사라짐을 박제하여 지속하는 대상으로 실체화시킨 것이 자아 구조이다. 변선환은 한국적 자아의 상황 구조가 찾지 못하는 공백의 지점을 찾아 나섰고, 그래서 언제나 그는 그 지점을 찾아 떠돌아다니던 유목 지식인이었다. 정주하지 않았기에, 유산을 통해 물려받은 정체성identity이란 없었다. 그저 신학적 주체였을 뿐.

2장

1세대 토착화 신학에 대한 정리와 평가

이야기 해석학으로서의 토착화 신학

서 동 은 _경희대학교

1. 서론적인 이야기

원래 서양언어에서 많은 학문 명칭에 붙는 -logy의 어원은 그리스어의 로고스Logos라는 글자에서 나온 말이다. 보통 학學이라는 글자를 붙여 번역 하지만 원래의 뜻은 '말' 혹은 '이야기' 다. 이 언어는 언제부터인가 학문 명칭에 부가됨으로써 논리적이고 경험적인 규범과 법칙에 맞는 체계적인 이론으로 부각되기 시작했다. 생물학은 bio-logy이고, 심리학은 psycho-logy이며, 생태학은 eco-logy이다. 신학이란 말의 어원도 이와 같은 맥락에 서 볼 때, '신에 대한 이야기' 혹은 '신을 경험한 이야기' 라고 할 수 있다. 이러한 뜻을 가진 신학이라는 글자 앞에 '토착화' 혹은 '민중' 이라는 단 어가 붙거나 '신약성서' 혹은 '구약성서' 라는 단어가 붙으면 신학이 설정 하는 범위와 상황을 지칭하는 경우가 많다. 이렇게 앞에 어떤 부가어를 가 진 신학은 이 부가어가 지칭하는 '상황 읽기' 와 성서 '텍스트 읽기' 라고 할 수 있다. 이는 앞에 등장하는 부가어와 관련하여 발생하는 이해 현상을 말하는 것이라고 할 수 있다. 민중과 연관해서 하나님에 대한 체험 이야기 읽기가 민중신학이고, 여성과 관련해서 하나님에 대한 체험 읽기가 여성 신학이라고 말할 수 있을 것이다. '토착화 신학'이라고 말하면 바로 '토착화'라고 하는 상황 속에서 어떻게 하나님에 대한 이야기를 할 것인가를 문제 삼는 것이라고 말할 수 있을 것이다.

나는 여기서 토착화, 신학 그리고 해석이라는 말을 하이데거와 한스 게오르그 가다머가 자주 사용하는 개념인 동근원성 혹은 공속적인 개념에 입각해서 파악하고자 한다.[1] 그러니까 완벽하게 라이프니츠적 동일성의 의미에서 동일한 개념은 아니지만, 거의 같은 의미에서 사용할 수 있는 개념으로 설정하고 사용하고자 한다. 즉 이 개념들의 차이점보다는 개념이 지니고 있는 공통점에 근거하여 토착화 신학의 새로운 가능성을 모색해 보고자 한다. 토착화라는 말 자체에는 이미 해석 현상이 개입되어 있고 또 신학이라고 하는 신학 함(설교 상황) 자체에 이미 해석이 개재되어 있다. 이러한 점에서 세 개념은 서로 다른 개념으로 사용되지만 공통적인 특징이 있다. 보통 우리는 관점을 달리 해서 토착화, 해석 그리고 신학의 문제를 바라본다. 나는 이 글에서 이 제 개념들이 가지고 있는 공통의 구조에 주목함으로써 새로운 토착화 신학의 가능성을 열어보고자 한다. 즉 이야기 해석학으로서의 신학 혹은 이야기 신학의 관점에서 윤성범과 유동식의 토착화 신학을 비판적으로 검토하고, 새로운 토착화 신학의 가능성을 시론試論적으로 열어보고자 한다.

문학평론가 김현이 말했듯이, '텍스트 읽기는 상황 읽기'라는 말은 신학의 영역에도 그대로 부합한다. 여기서 모두 다 언급하여 상론詳論할 순 없지만, 이른바 1세대 토착화 신학자들은 자신들이 직면한 '문화' 혹은 '한국 문화'라는 토대 위에서 성서라는 텍스트를 이해하고자 하였고, 토착화 신학 2세대는 환경과 생태학적 상황 혹은 통일의 문제와 과학의 도전 앞에 있는 상황을 성서 읽기의 상황 속에 집어넣고 있음을 알 수 있다.[2] 이를 통해 우리는 1, 2세대 토착화 신학자들의 선입견 혹은 '자기이해'가 어디에 있었는지 그 장소를 간접적으로 살펴볼 수가 있다. 즉 그들은 자신들이 설정한 특수한 상황 속에서 신학자로서의 자기 자신을 이해하고 있는 것이다. '텍스트 읽기'는 바로 이 점에서 철저하게 각자가 처한 '상황 읽기'인 것이다.

여기서는 주로 1세대 토착화 신학에 대하여 서술하고 그 문제점을 비판하면서 이에 대한 보충으로서의 토착화 신학의 새로운 가능성에 대한 대안을 제시해 보고자 한다. 특별히 윤성범과 유동식이 토착화와 해석학과 연관해서 언급한 글들을 비판적으로 검토하면서 새로운 가능성을 제시해 보고자 한다. 토착화와 해석의 연관성에 대한 언급은 유동식과 윤성범의 토착화 신학의 시도 속에 이미 여러 차례 명시적으로 언급되어 있다.

2. 본론적인 이야기

1) 토착화 신학이란? : 이해 현상으로서의 토착화

유동식은 토착화를 번역의 문제에 비유한 바 있다. 번역자가 번역하려면 원저자의 원의를 잃어서는 안 되며, 이와 함께 번역하려는 상대방의 언어 개념과 표현 양식과 사고방식에 능통하지 않으면 안 된다고 한다.[3] 윤성범도 「복음의 토착화에 대한 전이해」라는 논문에서 토착화의 여러 사례를 언급한 뒤에 어려운 한문과 술어를 빼 버리고 우리 현대인의 감각에 호응하는 새로운 번역을 하는 것을 토착화의 하나로 거론하고 있다. 윤성범은 우리 개신교인들이 사용하는 '하나님' 개념 자체가 이미 유대교의 야훼 하나님 개념을 이미 우리 무속적 신을 지칭하는 표현으로 대치, 토착화한 현상이라고 보고 있고, 성모상을 한국의 처녀로 묘사하는 것이나, "삼천리 반도 금수강산"이라는 남궁억의 찬송가도 토착화 현상이라고 말하고 있다. 윤성범은 이 외에도 마테오 리치의 『천주실의』를 유교권에 있는 사람에게 쉽게 이해할 수 있도록 한 기독교 신학적 토착화의 고전 서적으로 평가하고 있다. 이러한 모든 현상들은 바로 번역 또는 해석의 결과물인 것이다.[4] 박봉랑은 토착화라는 단어는 indigenization이란 말의 라틴어의 indigena안에서부터 난다라는 어원에서 "자기 자신의 나라에 속하게 하는 것, 어떤 지역에서 자연적으로 나서 자라게 하는 것"을 기독교 토착화 문제와 연결 지어 정의하고 있기도 하다. 박봉랑은 "기독교가 마치 자기 자신의 나라에서 나서 거기에서 자라는 것과 같이 자연적으로 보이게 하려는 노력"이라고 정의한다.[5]

토착화에 대한 이러한 정의는 궁극적으로 문화와 문화의 만남을 통해 이루어지는 자연스러운 현상이라고 말할 수도 있고, 낯선 문화를 내 것으로 만들어 익숙하게 하기로 이해할 수도 있다. 루터의 성서 번역도 사실 번역으로서의 토착화이면서 동시에 교회사적인 현상으로서의 토착화라고 말할 수 있을 것이다. 우리는 자주 루터의 종교개혁을 오직 믿음으로만sola fide이라고 하는 모토에서만 이해하려는 경향이 있지만, 사실 루터의 성서 번역은 당시 활자 기술과 더불어 라틴어나 그리스어 성서를 읽을 수 없었던 독일사람 일반을 향한 토착화라고 말할 수 있을 것이다. 이런 관점에서 보면 토착화라는 말과 해석 혹은 번역이라는 말과 그다지 다르지 않음을 알 수 있다. 왜냐하면 모든 만남의 현상은 그 자체로 해석의 사건이고, 번역 현상이며 나의 것에 익숙하게 만드는 이해의 과정이기 때문이다. 이런 측면에서 보면 토착화라는 말은 그대로 '번역' 혹은 '해석 현상'으로 바꾸어 표현할 수 있다고 본다.

우리는 누구나 다 자신의 입장에서 외부 세계의 문화를 흡수하고 받아들인다. 선생이 학생에게 가르친 후, 학생이 잘 이해했는가를 알 수 있으려면, 그것을 잘 소화해서 자신의 말로 표현해 낼 수 있는가 없는가를 보면 알 수 있듯이, 그렇게 어떤 것을 받아들이는 이해 현상이 바로 어떤 것을 자기 것으로 익숙하게 하기, 즉 토착화라고 말할 수 있을 것이다. 그러므로 토착화의 당위 여부를 말하기 이전에 이미 토착화는 자연스러운 이해 현상인 것이다. 다시 말하면 토착화의 대상을 두 개로 나누어 구분하여 설명하려고 시도하기 이전에 주어진 현실로서의 토착화 현상이 이미 있는 것이다. 이해하는 주체가 언제나 역사 속에 존재하고 있으며, 이 역사적 주체는 매 순간 자신에게 주어지는 새로운 문화 현상을 자신의 관심과 입장에서 해석하여 수용하고 있는 것이다. 바로 매 순간 우리가 존재하면서 이해하고 살아가는 현상 그 자체가 토착화 현상이라고 말할 수 있다. 유동식은 기독교 복음의 토착화와 신학(혹은 해석)의 과제를 세 가지로 나누어 설명하고 있다.

유동식은 토착화를 하기 위해서는 첫째로, 복음의 본질을 규명해야 하고, 둘째로, 한국적 바탕이 파악되어야 하며, 셋째로, 복음이 한국적 바탕에 뿌리를 내리도록 함으로써 복음이 힘차게 자라게 해야 한다고 말한다.[6] 정하은의 토착화에 대한 입장도 근본적으로는 유동식의 이러한 지점에 연결되어 있다고 볼 수 있다. 그는 복음의 초대장을 한국 사회 안으로 보내기 위해서는 우리 주변의 문화 상황을 조사하고 분석해야 한다고 주장한다. 바로 이러한 상황에 대한 이해에서 토착화는 출발한다고 말하고 있다. 상황에 대한 분석과 이해만이 아니라 복음에 대한 철저한 이해도 선행되어야 한다고 주장하였다.[7] 윤성범도 또한 복음을 이해하기 위한 전이해로서의 나를 이해하는 것이 필수적이라고 보고 있다. 기독교 복음을 받아들이기 이전의 나의 이해를 보다 분명히 하지 않고서는 잘못된 절충주의나 혼합주의에 빠질 수 있다는 것이다. 그러기에 복음과 잘못된 문화 현상을 혼합하여 잘못된 길로 가지 않기 위하여 내가 살아온 문화와 종교에 대한 이해가 필수적이라고 한다. 그렇지 않으면 샤머니즘을 기독교로 오해하는 현상도 생기고, 유교적 행태를 기독교 복음이라고 잘못 착각하는 현상이 일어날 수도 있음을 말하고 있다.[8]

이러한 언급을 보면 알 수 있듯이, 이들이 이해하고 있는 토착화란 근본적으로 복음과 문화의 만남의 문제이며 해석의 문제임을 알 수 있다. 이러한 관점은 자연스럽게 기독교 문화와 한국 문화의 비교로 이어졌다. 이런 문화 비교의 시도들은 채필근을 비롯하여 여러 사람에 의해 여러 방향과 관점에서 시도되었다. 한태동은 토착화와 관련된 여러 가지 모델을 요약하여 소개하고 난 후, 도교의 원전에 해당하는 노자의 『도덕경』을 해석하면서 기독교와의 구조적 유사성에 주목하고 있다. 한태동은 선교를 위해서 서로 다른 문화 가운데 있으면서도 동일한 구조가 있다면 그 구조에 대한 이론적인 비교 작업이 선행되어야 한다고 본다. 한태동에 따르면 도道가 도덕경에서 유/무, 고/저, 난/이, 전/후의 대칭적 관계에 입각해서 설명되고 있는데, 이는 기독교에서의 "참 하나님이며, 참 사람이시다"라는 모순적 명제와 논리적 구조적 유사성이 있다고 보고 있다.[9] 도道가 만물의 기원인 것처럼, 그리스도가 만물의 기원이라고 한 것은 그 성격상 같은 점이 있다고 말하고 있다. 그러면서도 도덕경에서 주장되는 것은 인간의 머릿속에서 추상된 것에 지나지 않지만, 기독교는 그리스도라고 하는 구체적인 역사의 한 실재 위에 세워졌다는 점에서 차이가 있다고 말하고 있다.[10] 윤성범과 유동식도 이와 비슷한 맥락에서 토착화를 시도하고 있다. 이제 이들의 토착화 시도를 보다 구체적으로 살펴보자.

2) 윤성범과 유동식의 토착화 신학

윤성범은 단군신화를 기독교의 빛에서 해석함으로써 토착화 신학에 대한 논쟁을 불러일으킨 이후, 다시 성誠의 신학으로 신학계에 논쟁을 불러일으켰다. 성誠이란 말씀 언言 자에 이룰 성成 자가 합쳐져서 이루어진 말이다. 그런데 이 말의 뜻은 요한복음 1:1에 나오는 "말씀이 육신이 되셨다"라는 말과 유사하다는 것이다. 윤성범은 이 성誠이 유교 형이상학의 골자가 되는 말이라고 본다. 그리고 이것은 희랍 철학에서 말하는 '만물 유전 가운데서도 변하지 않는 로고스 그 자체'라고 본다.[11] 성의 해석학은 겸비와 겸손이라는 입장에서 신학적인 문제를 풀어보자는 것이라고 말한다. 윤성범은 이를 해석학적 작업에 기초하여 정당화한다. 그는 다음과 같이 말한다.

"해석학은 단순한 신학적 지식이 아니고, 신학과 다른 세속적인 또는 낯설은 언어나 종교 현상과의 비교연구라고 볼 수 있다."[12]

앞에서도 언급했듯이, 윤성범은 신학의 본질적인 사명을 이러한 번역(혹은 해석) 현상으로 파악하고 있다. 그는 해석적 상황이란 본래 가지고 있던 관념에 입각해서 이해할 수밖에 없는 현실이라는 점을 전제하면서 서로 비슷한 개념을 비교하고 있다. 윤성범에 따르면 해석학은 심지어 절충주의조차도 무서워해서는 안 된다고 말한다. 텍스트만을 고집하는 것으로 자기의 사명으로 삼는 사람에게는 해석학은 필요없게 된다고 말한다. 이러한 겸허의 덕과 성실성은 한국의 오지그릇에서 상징적으로 드러나며,

이것이 한국인의 종교성의 가장 구체적인 표현이라고 보고 있다. 결론적으로 윤성범은 다음과 같이 말하고 있다.

"성의 신학은 한국인의 정신적 유산, 즉 겸양지덕을 체받고, 이 미덕을 예수 그리스도의 겸비의 진리로 다시 불붙이는 작업을 하려는 것이다." [13]

이에 대한 김의환과 박아론의 비판과 김광식의 토착화의 당위성을 말하며 옹호하는 글이 있었다. [14] 윤성범은 이러한 시도를 통해 "한국적 신학"을 형성해 보려고 한다. 즉 한국인으로서의 정체성과 기독교인으로서의 정체성을 찾고자 하는 것이다. 윤성범은 다음과 같이 말한다.

"먼저 우리는 나 자신을 알아야 된다고 하는 말은 무엇을 구체적으로 의미하는지를 명백히 규정해 놓을 필요가 있다고 생각한다. 이것은 두 말 할 것 없이 한국을 역사적으로 잘 연구하는 것이라고 대답할 것이다." [15]

이러한 언급은 불트만이 기포드 강연 〈역사와 종말론〉에서 역사 연구의 목적과 의미를 말하는 과정에서 역사의 이해는 곧 "자기 이해"에의 도달에 있다고 한 말을 연상시킨다. [16] 윤성범의 위의 언급은 신약성서를 연구하는 신학자로서 불트만이 신약성서에 있는 신화를 실존적으로 이해함(Entmythologisierung)으로 도달하려고 한 초대 기독교인들의 자기 이해와 현재 신앙하는 나의 자기 이해에 도달하고자 했던 시도와 유사한 구조를 가지고 있다. 하지만 윤성범에게 있어서는 불트만에게서처럼 그렇게 신앙하는 실존의 문제는 그다지 크게 부각되지 않는 측면이 있다. 다시 말하면 불트만에게서처럼 전이해前理解로서 작용하는 자신이 속한 신앙 전통과 역사에 대한 관심은 부각시키지만, 그 전통에 입각한 성서 읽기의 측면, 즉 성서 해석의 측면이 지나치게 약하다. 그렇기 때문에 윤성범의 토착화 시도는 문화 비교의 차원이나 특별한 종교 언어의 개념적 비교의 인상을 준다. 이러한 인상은 이후 토착화 신학이 이러한 층위에서 기독교와 노자, 기독교와 풍류도, 기독교와 불교, 기독교와 유교의 비교 논의로 이어진 점에서 잘 나타나고 있다. 이들의 시도를 포괄적으로 보면, 기독교와 한국 토착종교 유사성 찾기라고 말할 수 있을 것이다.

유동식은 유대교적인 복음이 헬레니즘 세계로 전파되면서 이해된 개념이 "로고스"라는 개념이라고 한다. 요한은 예수를 단적으로 로고스라고 해석했다는 것이다. 이렇게 함으로써 그리스인들도 유대인들이 이해했던 예수를 이해할 수 있었다고 한다.[17] 하지만 이 '로고스' 개념도 우리에게 이해하기 힘든 낯선 개념이라고 유동식은 말한다. 이 로고스가 당시 그리스인들에게는 절대적인 의미를 가지고 있었지만, 오늘 우리에게는 아니라고 한다. 복음 이해를 위한 동양적 개념이 있다고 하면 이것은 '도道'라는 개념이라고 한다. 이것이 그리스인들에게 보편적인 개념이었던 '로고스 Logos'에 상응하는 개념이라는 것이다. 이 개념에는 '진리의 길'이란 의미가 들어 있다고 한다. 이는 예수 그리스도가 "내가 곧 길이요 진리요 생명이다"라는 말씀을 이해할 수 있는 통로를 열어 주는 개념이라고 유동식은 보고 있다. 이 도道 개념을 가장 명확하게 드러낸 곳이 노자의 "『도덕경』이라고 유동식은 주장한다. 그리고 도덕경 전체가 아니라, 1장에 나오는 "도가도비상도道可道非常道, 명가명비상명名可名非常名"이라는 말에 주안해서 더 들어 보겠다고 한다. 여기서 도는 상대적인 것이 아니라 절대적이고 초월적인 것이라고 한다. 그래서 이름할 수 없는 것이라고 한다. 만물이 있기 이전에 있었고, 만물의 근거가 도道라고 한다. 만물의 존재 근거가 도라는 것이다. 도는 단순한 존재가 아니라, 능동적인 창조자라고 한다.[18] 그러므로 이 개념은 그리스인들이 말하는 "로고스"나 자연법과도 같이 무인격적인 것이 아니라, 덕을 지닌 인격적인 존재라고 한다. 만물을 생육하지만 결코 내 것 하려 하지 아니하고 또 자기의 공을 내세우지도 아니하고, 자기가 주인이 되어 지배하려 들지 않는 무위자연의 현덕을 가지고 있는 것이 도의 성품이라고 말한다. 이것이 천지의 창조주라고 말하고 있다. 유동식은 바로 노자의 이 도 개념이 성서의 이해에 직접적인 지반을 제공하고 있다고 말하고 있다. 도道가 바로 복음 이해의 동양적 지평을 형성하고 있다고 말하고 있다. 이와 유사한 해석을 김광식은 "토착화와 해석학"에서 시도하고 있기도 하다.[19]

하지만 이 도 개념은 일반적으로 이해되고 있는 도道 개념이라기보다는 노자의 도에 대한 이해이다. 이것으로 한국 사람들 혹은 동양 사람들이 이해할 수 있는 도 개념이라고 보기에는 무리가 있다고 본다. 동양적 지평이라고 말하기보다는 노자적 지평이라고 말할 수 있을 것이다. 동양 사람이 모두 다 노자적인 도道 개념에 입각해서 다른 문화를 받아들이며 살고 있다고 보기에는 무리가 있다는 것이다. 윤성범은 로고스에서 노자적 도道 개념과의 친근성을 느끼기 보다는 유교적인 성誠의 개념에서 더 친숙함을 보고 있다. 이 두 신학자는 같은 로고스Logos 개념과 비교하면서도 이를 이해할 수 있는 전이해 구조 설정에 있어서는 차이를 보이고 있다. 나는 이 로고스 개념에서 이야기가 구체화되는 사건을 읽는다. 하나님의 이야기와 인간의 이야기가 합류되었다는 말로 이해할 수 있다. 위 두 신학자들이 말하는 전이해 구조는 전이해 구조를 정당화하면서 철학적 해석학을 정초한 가다머의 전이해 구조와 닮은 점이 있다. 이러한 전이해 구조를 보다 넓은 지평에서 바라보기 위하여 잠시 전이해의 구조에 대한 차이점을 잠시 살펴보도록 하자.

3) 토착화의 전제로서의 전이해 구조

잘 알려져 있듯이, 윤성범과 유동식 등에 의해 시작된 토착화 신학은 많은 논쟁을 불러일으켰다. 앞에서 언급했듯이, 윤성범과 유동식은 토착화를 기본적으로 번역과 해석의 문제로 보고 있고, 이들의 신학을 비판하는 사람도 해석학적 원리에 입각해서 시도하고 있다. 한철하의 비판이 그 대표적이라 할 수 있다.[20] 하지만 이 일련의 학자들의 논의 속에서 중요한 개념인 "전이해"에 대한 개념적인 정의와 범위는 설정되지 않은 상태로 모호하게 머물러 있다. 윤성범과 유동식이 말하는 토착화 신학에 있어 중요한 개념이라고 할 수 있는 전이해의 특징을 먼저 살펴볼 필요가 있다. 원래 전이해의 정당화 문제는 해석학적 순환의 문제의 한축을 형성하는 것이었다. 부분과 전체의 순환, 개별적인 것과 보편적인 것 사이의 순환의 문제였다. 즉 성서를 어떻게 이해할 것인가의 문제와 관련해서 종교개혁 전통의 대답은 "믿음을 통해서"였다. 이제 '믿음은 어떻게 생기는가?'라고 묻는다면, 이에 대한 대답은 '성서를 읽고 이해함으로써'이다. 어떤 것을 이해한다는 것은 이렇게 순환구조를 가진다.

해석학의 역사에서 하이데거에 의해 전이해의 구조가 새로운 조명을 받은 이후, 철학에서는 가다머에 의해 그 정당화가 이루어져 철학적 해석학으로 발전되었고 야우스 등에 의해 수용미학으로 발전되기도 하였다. 신학의 영역에서는 불트만에 의해 새롭게 부각된 바 있다. 여기서 상론할 순 없지만, 전이해 혹은 선입견을 정당화하면서 새롭게 철학의 '방법론'을 정당화 한 사람이 바로 하이데거라 할 수 있다. 하이데거는 『존재와 시간』에서 현 존재의 구조를 분석하면서 전이해의 구조를 밝힌 바 있다. 하이데거가 말하는 전이해 구조는 앞서 봄Vor-sicht, 앞서 가짐Vor-habe, 앞서 잡음Vor-griff이라고 하는 구조였다.[21] 여기서 이 앞서vor-는 하이데거에게 있어 미래적인 것이었다. 미리 앞서 달려가 보는 수행을 통해 현재와 과거가 의미를 띠고 다가올 수 있다는 것이었다. 이 앞서 혹은 미리라고 하는 개념은 하이데거의 시간 분석에서도 아주 중요한 의미를 가진다.[22] 시간 분석의 내용을 이루고 있는 염려Sorge는 바로 이러한 미래적인 것으로서의 앞서 달려감을 전형적으로 잘 보여준다. 초대 기독교 교회 현상은 이에 대한 좋은 예가 될 것이다. 언제 올지 모를 종말 앞에서 살아가는 실존에게는 언제나 미래가 다른 어떤 시간 계기보다도 앞서 있다. 초대 교회에서 종말을 앞두고 살았던 실존은 하이데거에게 있어 더 이상 종교적인 실존이 아니라, 인간 일반의 실존 구조를 형성한다. 우리는 미래라고 하는 앞서 가짐을 통해 사물을 이해할 수밖에 없는 존재라는 것이다. 이렇듯이 하이데거에게 있어 전이해 구조는 미래적인 특징을 가지고 있는 것이었다.

이러한 미래적인 계기로서의 전이해 구조는 가다머에 의해서 전통Tradition을 통해 매개된 것으로서의 선입견으로 정당화된다.[23] 가다머가 전통을 통해 매개되는 작용사적 의식을 선입견의 구조로 자리매김한 것은 후기 하이데거의 관점인 존재의 역사에서 드러나는 존재 역사에 초점을 둔 결과라고 볼 수 있다.[24] 즉 초기 『존재와 시간』에 나오는 미래적인 계기로서의 전이해 구조가 아니라, 언어를 통해 매개가 되고 있는 존재의 역사 가운데 있는 존재의 양치기로서의 인간 이해를 바탕으로 한 것이라고 할 수 있다. 가다머에 따르면 우리에게 어떤 새로운 것이 온다 해도 이미 전통을 통해서 우리에게 전해진 개념과 이미지를 매개로 파악할 수밖에 없는 역사적인 해석적 존재들이라는 것이다. 이 점에서 보면 외계인 E. T.가 온다 해도 우리는 이미 우리가 경험한 동물이나 생명체와 유비시켜서 이해할 수밖에 없는 선입견의 구조를 가지고 있는 것이다. 가다머에게 있어 전통은 그저 나와 동떨어진 시공간적인 거리를 통해 존재하는 것이 아니라, 언제나 나에게 영향을 미치며 작용하는 영향가운데 있다. '우리는 똑 같은 강물에 두 번 발을 담글 수 없다'고 했던 헤라클레이토스의 말을 빌려 유비적으로 표현하면, 우리는 언제나 특정한 역사의 강물에 발을 담그고 있는 것이다. 우리의 선입관이란 그러므로 언제나 영향사적Wirkungsgeschichtlich으로 작용하는 전통을 통해 매개가 된다. 가다머에 따르면 기존의 해석학에서는 이러한 선입견을 가급적 피해야 할 것이었다. 하지만 우리는 선입견을 떠나서는 존재할 수가 없다. 이러한 선입견은 해석의 필수적인 전제가 되었으며, 어떤 것을 이해한다는 것은 나의 선입견의 수정 혹은 확대되는 지평 융합의 과정인 것이라는 것이다. 따라서 가다머에게 있어 선입관은 우리의 의식에 내면화된 것이면서도 역사적이고 문화적인 영향을 통해 매개가 된 것이다. 이 점에서 선입관은 역사적이고 문화적인 것이다.

불트만은 이러한 전이해 구조를 신약성서를 해석하면서 정당화한다.[25] 불트만에게 있어 전이해 구조는 하지만 하이데거에게처럼 미래적인 계기도 아니고, 가다머에게 있어서처럼 전통을 통해 매개가 되는 문화적인 것도 아니다. 어떤 물음을 물을 수 있는 가능성으로서의 전이해이다. 만약 우리가 어떤 것에 대하여 모두 알고 있으면 질문할 필요를 느끼지도 못하고 따라서 질문하지도 않는다. 또 어떤 것에 대하여 전혀 모르고 있다면 역시 질문할 수 없다. 우리가 질문할 수 있는 것은 완벽하게 아는 것도 아니고 전혀 모르는 것도 아닌 어느 정도의 앎이 있을 때에만 가능하다. 바로 이 어느 정도의 앎의 전이해이다. 전이해는 이미 설명되고 해명된 것이 아니라, 우리가 어떤 것을 생각하고 반성하기 이전의 무반성적인 삶의 관계를 말한다. 보통 우리가 우정이라고 말하면 우리는 그 말을 이해한다. 이것은 그 말에 대한 전이해가 이미 우리 안에 있기 때문이다. 이를 신학적인 관점에서 말하면 신에 대한 관계 혹은 신에 대한 물음die Frage nach Gott이 우리 안에 이미 있다는 것이다. 신을 이해할 수 있는 지평이라고 말할 수 있다. 이런 점에서 불트만은 성서의 원리에 입각해서 성서를 해석한다고 하는 종교 개혁적 전통에 서 있다. 성서에 접근할 때 신앙이라고 하는 선입관이 없으면 근본적으로 성서는 불가해한 것으로 이해될 수밖에 없다. 실존해석이라 부르는 그의 성서 해석 방법은 바로 이러한 선입관을 전제로 출발하는 것이다. 앞에서 언급한 세 사람의 선입관의 구조는 다음과 같이 간단하게 압축적으로 표현할 수 있을 것이다. 미래적인 것으로서의 전이해(하이데거). 역사적이고, 문화적인 것으로서의 전이해(가다머). 신앙적인 것(생의 연관)으로서의 전이해(불트만).

윤성범과 유동식의 전이해에 대한 이해는 두 번째의 가다머의 전이해 구조와 가깝다고 할 수 있다. 또 다른 한편으로는 불트만의 입장에 가깝다고 할 수 있다. 이미 역사적으로 매개된 문화적인 선입관과 이를 바탕으로 기독교 문화를 받아들이는 주체성을 해석학의 출발점으로 삼고 있기 때문이다. 물론 윤성범과 유동식에게는 신앙적인 유비를 찾고자 하는 시도가 보인다. 특별히 단군신화 해석이나 도로 로고스 해석에서 신앙적 실마리를 보려고 한다. 그럼에도 불구하고 이들의 시도는 기본적으로 문화적인 것이 우위를 점하고 있다고 말할 수 있다. 이 점에서 보면, 서양의 기독교 문화를 받아들이고 살면서도 이를 받아들이고 이해할 수 있는 문화적인 전이해 구조를 역으로 추적해 들어가는 작업이라고 할 수 있다.

문제는 전前이해를 바탕으로 한 토착화의 시도가 해석 작업이고 동시에 전이해의 구조를 밝히는 작업이라고 보면서도 이 개념이 연원과 관련한 개념 영역의 설정이 분명하지 않다는 점이다.[26] 윤성범과 유동식은 막연하게나마 불트만의 전이해 구조에 따른 것처럼 전제하면서 논의를 진행하고 있으면서도, 사실은 가다머의 전이해 구조에 가깝다고 본다. 그럼에도 가다머와는 분명한 차이가 있다. 가다머의 전이해 구조는 특정한 과거의 한 개념에 제한되지 않는다. 지속적으로 영향사적으로 영향을 미치며 현재를 규정하고 있는 동적인 것이다. 어쨌거나 이들의 시도에서 불트만의 신앙적인 체험으로서의 전이해 구조는 오히려 배경에 머물러 있다고 볼 수 있다. 그렇기 때문에 자칫 신앙고백적인 자기 이해의 측면이 주변부적인 것에 머물러 있는 듯한 인상을 준다. 이 전이해 구조의 차이를 염두에 두면서 이제 앞에서 언급한 토착화 신학의 시도를 두 가지 측면에서 비판적으로 고찰해 보자.

4) 윤성범과 유동식의 토착화 신학에 대한 비판

(1) 기독교Christentum와 기독교적인 것Christenheit
　　 : 교회사적인 현상으로서의 토착화

윤성범의 토착화 신학의 시도에서 문제점은 이른바 '한국적인 것'의 범위 문제이다. 그에게 있어서 '한국적인 것'은 단군신화였다가 성誠이라는 개념이었다가, 고신도古神道이기도 하다. 윤성범이 말하는 '한국적인 것'은 자주 여러 개념 비교를 통해서 소개 되고 있다. '한국적인 것'의 외연이든 내포이든 명확하게 그것을 설정한 다음 그에 맞추어서 토착화 신학이 시도가 된다면 자의적이고 즉흥적인 비교의 인상을 지울 수 있을 것이다. 그러므로 윤성범과 유동식의 토착화 시도에서 제기되는 근원적인 물음은 한국적인 것의 역사성에 대한 물음이다. 어떤 것이 한국적인 것이고 어떤 것이 기독교적인 것인가에 대한 구분을 양과 염소를 가르듯이 그렇게 명확하게 할 수 있느냐 하는 물음이다. 이와 같은 문제는 기독교라고 하는 것에 대한 개념 규정에서도 문제가 된다.

'기독교'라고 하는 것이 실체적으로 존재할까? 기독교적인 것, 기독교성은 역사 속에서 변화하면서 있지만, 이 역사적인 사실을 명사화해서 추출해 내는 것은 특정 시대의 '어떤 것'으로 고정시킬 우려가 있다. 물론 우리는 방편상, '기독교'라는 말을 쓸 수가 있다. 하지만 엄밀한 의미에서 우리는 기독교를 역사적인 변화 가운데 있는 어떤 '사상사의 흐름'으로 파악해야 할 것이다. 라벨의 볼레로처럼, 기독교 현상은 우리가 알고 있는 대로 초대 기독교에서 탄생한 이래 지금까지 조금씩 변형되어 왔다. 예수의 이야기는 신약성서 자체 안에서도 변형되어 나타나고 있으며, 또 그 구조적 유사성을 띠면서 문화마다 약간씩 변형되어 이해되어 왔다. 이 점에서 보아도 토착화는 유비적 이해 혹은 하이데거나 가다머가 말하듯이, 자신의 선입관을 통한 이해 지평의 확장이라고 말할 수 있을 것이다. 한국적인 것도 기독교적인 것도 모두 역사적이고 역동적인 과정 가운데 있는 것이다. 한국적인 것이란 끊임없이 한국 사람들에 의해서 해석되어 오고 역사적으로 변형되면서 지속되고 있는 동(動)적인 것이다.

이러한 역사적인 흐름의 강물에서 어떤 한 줌의 물이 한국적인 것일 수 있을까 하는 물음이다. 물론 우리는 연구의 범위를 지정하지 않고 연구할 수는 없다. 다만 그 범위 설정의 이유 자체에 대한 보다 폭넓은 논의가 요구 된다는 점이다. 어떤 것을 한국적이라고 할 때 한국적이지 않는 것과의 면밀한 비교 검토와 더불어 이에 대한 설득력 있는 논의가 선행되어야 한다. 만약 이러한 논의가 없이 특정한 사상가나 개념을 한국적이라고 주장한다면 임의적이고 주관적인 선택에 의한 추상적인 비교에 그쳐 버릴 염려가 있다.

'한국적인 것', '한국 신학의 정립'이라는 말 자체가 나의 것과 남의 것을 엄밀하게 구별하려는 이분법적 사유의 산물이라고 본다. 이미 '기독교'라는 말 자체도 이러한 문제를 담고 있다. '기독교'는 되어 가는 과정 가운데 있는 것이지, 신약성서의 배경을 이루고 있는 '초대교회'를 기독교라고 말하고 여타 나머지 중세 기독교 현상이나 현대 한국의 기독교 현상을 나누어 구별해서 생각하면 자칫 역사 가운데서 변화하면서 존재하는 '기독교적인 것'을 추상화할 우려가 있다. 그러므로 '한국적인 것'의 기준점 문제와 '기독교적인 것'의 기준점 문제에 대한 논의가 선행되어야할 것이다. 이러한 시공간적이고 인습적인 구분의 습관을 버리고, 역사 속에서 일어나는 모든 현상을 신학자의 입장에서 수렴하여 재구성하는 작업이 중요하리라고 본다. 나는 이러한 토착화의 시도들은 교회사적인 안목을 가짐으로써 극복될 수 있을 것이라고 본다. 한국적인 것과 기독교적인 것은 역사의 과정 가운데 있는 것이다. 이를 특정한 범주로 추출하여 그것만이 한국적인 것이고 그것만이 기독교적인 것이라고 말한다면, 개별성을 보편화하는 오류에 빠지기 쉽다.

이장식은 이러한 교회사적인 입장에서 기독교회의 역사적 현상과 토착화를 보고 있다. 이장식은 할례, 결례 등의 유대 전통을 극복하고 베드로적인 유대주의가 바울적인 세계주의에 양보한 곳에 세계적 기독교가 약속된 것이었다고 보고 있다. 이장식은 「기독교 토착화는 역사적 과업」이라는 논문에서 교회사적인 관점에서 토착화를 역사적 과정 혹은 역사적 현상으로 서술하고 있다. 이장식은 이미 신약성서 자체 안에 로고스 기독론이 있고, 인자 기독론이 존재한다는 것 자체가 토착화 현상을 말해 준다고 한다.[27] 위 두 토착화 신학자들에게는 이러한 교회사적인 관점이 결여되어 있다고 본다.

(2) 신학적 철학적 개념 비교를 넘어서
: 이야기의 합류로서의 토착화 신학

토착화 신학의 또 다른 문제점은 특별한 개념의 비교를 통한 유사성 찾기를 토착화 신학이라고 보고 있다는 점이다. 특정한 개념들이 가지고 있는 본질적인 문화적 차이와 연관해서 서로 대화하려고 하기보다는 동질성 혹은 유사성에 지나치게 집착하는 듯한 인상을 준다. 차이의 분석을 통한 배움의 가능성보다는 동질성을 말하여 그렇지 못한 사람을 가르쳐 주려는 인상이 강하다고 할 수 있다.

이해는 언제나 되어감의 현상이며 과정이라고 말할 수 있는데, 역사속의 한 지점에 주목하면서 이른바 "무엇인가?"의 물음을 던지고 있다고 하겠다. 나는 이러한 토착화 신학의 시도가 역사적인 것 같으면서도 비역사적인 특징을 가지고 있다고 본다. 보다 역사적이고 동적인 측면에 주목하면서 토착화의 시도가 이루어지려면 전승하는 이야기의 구조에 주목하는 것이 바람직하다고 본다. 철학적 전통이 아니라 전통적인 신화 혹은 이야기를 신앙적으로 이해하려는 시도 혹은 이야기를 수집하여 신앙적으로 재해석하여 적용, 전달하는 자로서의 신학자의 자리매김이 중요하다고 본다. 물론 특정한 개념에 대한 비교를 통해 그 내용의 동질성과 차이를 규명함으로써 이해의 지평을 확대하는 데 도움을 줄 수 있음을 간과해서도 안될 것이다. 다만 그 단위가 추상적인 개념어나 신학적인 용어가 아니라 '신앙적인 체험 이야기' 혹은 '이야기를 신학적으로 재구성하기'의 작업이 되도록 하는 것이 중요하리라고 여겨진다.

개념적인 비교는 자칫 현학적인 비교에 그치기 쉽다. 물론 우리가 어떤 것을 이해하기 위해서는 이러한 선행 작업을 반드시 거쳐야 한다. 차이와 더불어 동질성에 주목하면서 신앙의 지평을 심화·확대시켜 나가는 작업이 중요할 것이다. 다만 나는 여기에서 이야기의 단위에 입각해서 '하나님의 이야기'를 만들어 나가는 것이 중요하리라고 본다. 이 점에서 볼 때, 목회자들이 매주일 설교하는 것이나, 평신도들이 신앙간증하는 것이나 모두 하나님을 체험한 사람들의 하나님 이야기인 것이다. 우리는 누군가에게 말하거나 설교할 때 예例 또는 예화例話를 자주 든다. 우리가 예화를 드는 이유는 듣는 이로 하여금 성서의 복음을 쉽게 이해하도록 하기 위해서이다. 예를 들면 설교자는 청중들이 이미 알고 있는 〈포세이돈 어드벤처〉라는 영화 이야기를 통해서 혹은 〈밀양〉 이야기를 통해서 혹은 〈나니아 연대기〉 등을 매개로 해서 얼마든지 복음의 메시지를 전달할 수도 있다. 청중이 아이들이라면 〈피노키오 이야기〉나 〈신데렐라 이야기〉 등을 예화로 들어 설명할 수 있을 것이다. 중요한 것은 설교자의 "성서 읽기"는 청자들로 하여금 자신이 '하나님 앞에 있는 존재'임을 선포하는 것이지, 추상적이고 철학적인 개념들을 비교해서 지적으로 이해시키는 데 있는 것이 아니라는 점이다. 이 점에서 우리는 토착화의 자료들을 특정한 시공간에 존재했던 임의적인 개념에서 찾을 것이 아니라, 이미 잘 알려져 있음과 동시에 나름의 전통을 가지고 있는 무수히 많은 '이야기의 단위(혹은 문화적 코드 code)'에서 찾아야 할 것이라고 본다. 그리고 이러한 이야기를 동원한 선포 Kerygma는 신약성서의 기자들이 시도했던 것이기도 하다. 바울 서신에서의 바울의 신학이나 히브리서 저자들의 시도들은 모두 이러한 예들에 해당한다고 말할 수 있다. 나는 여기에서 특별히 마태복음에 주안해서 이야기 해석학으로서의 토착화 신학의 전거를 제시해 보고자 한다.

5) 토착화 신학의 전거典據 : 마태의 하나님 이야기

기존의 전통과의 만남 속에서 복음을 이해하려는 시도 자체가 신약성서의 핵심을 이룬다고 해도 과언이 아니다. 앞에서 이미 언급했듯이, 바울이 이미 헬레니즘 세계에 복음을 전파하는 과정에서 폭넓게 수용하고 있고, 요한이 영지주의와의 대결 속에서 기독교의 메시지를 전하고 있고, 히브리서 저자는 구약의 멜기세댁과 연결해서 예수를 이해하고 있다.[28]

마태의 특징 가운데 하나는 자신이 전하고자 하는 복음을 전달하기 위해 폭넓게 구약성서의 이야기들을 인용하고 있다는 점이다. 많은 경우, 마태가 인용하는 구약의 인용 이야기들은 원래 저자의 삶과 상황과는 동떨어진 아전인수我田引水격의 해석이지만, 그래도 마태는 자신의 청중들이 이미 알고 있다고 전제하는 이야기를 예시로 하여 복음을 선포해 간다. 특별히 마태의 신학을 이해하기 위해서 중요한 인물이 모세 이야기이다. 모세라고 하는 구약의 영웅 인물과 비교하여 예수를 소개함으로써 새로운 시대에 주시는 하나님의 섭리와 드라마를 현재적으로 재해석하고 있다.

(1) 모세와 예수 이야기

예수님의 광야 시험은 또한 출애굽기 내용과 유사한 구조를 가지고 있다. 마태복음에서 예수의 광야 시험은 구약에서 출애굽 때 이스라엘 백성이 광야에서 당한 시험 이야기와 비슷하다. 이 유사성은 동일한 단어들에 의해서 보다 분명하게 드러난다. 출애굽 때에 이스라엘은 하나님의 아들(자녀)들로 생각되었고, 예수님도 "하나님의 아들"로 불리고 있다(3:17, 4:3,6). 이스라엘은 광야에서 40일 동안 시험 당했다. 또 이스라엘은 모세에 의해 광야로 인도 되었고, 예수는 성령에 의해 광야로 인도되었다. 이런 점들도 미루어 볼 때 마태는 예수의 광야 시험을 이스라엘의 광야 시험과 의도적으로 연관시키고 있다. 이를 비교해 보면 다음과 같다.

	출애굽기	마태복음
시험장소	광야	광야
시험기간	40년	40일
신분	하나님의 자녀	하나님의 아들
시험을 이끈 자	하나님	성령

영웅의 등장과 활약과 관련된 이야기들은 약간의 차이는 있지만 대체로 유사한 구조를 가지고 있다. 태어나면서 버려지고, 버려지지만 기구하게 살아남아서 영웅의 활동을 준비한다. 그리고 영웅으로 성장하기까지 여러 가지 시련을 당한다. 그리고 그 시련이 끝나고 영웅적인 활동을 한다. 그리고는 비참한 최후를 맞이한다. 그리스 신화에서는 헤라클레스가 이러한 영웅에 해당하고, 구약성서에서는 모세가 이러한 영웅이며, 신약성서에서는 예수가 이와 비슷한 영웅으로 등장한다. 헤라클레스와 모세는 태어나자마자 버려지고, 예수는 죽을 위기를 피해서 이집트로 피신한다. 그리고 영웅이 되기 전까지 오랜 시험 기간을 거치면서 영웅이 될 준비를 한다. 시험을 당하기 전에는 당대의 훌륭한 교육을 받는다. 그러다가 선생님을 죽이거나 사람을 살해하거나 하여 피신하게 된다. 그리고 광야 등에서 목동 등을 하며 힘겨운 시간을 보낸다. 여기서 모든 유혹을 떨쳐 버리고 자신의 일을 깨닫게 되고, 최후의 시험을 통과한다. 그리고는 영웅으로서의 기적적인 활동을 하다가 비참한 최후를 맞이한다. 물론 모세는 이러한 비참한 최후를 맞이하기보다는 늙어서 죽는다는 점에서 헤라클레스와 예수의 죽음과는 다르다.

이러한 구조적 유사성에 주목하다 보면, 이 이야기의 삶의 자리가 어렵게 자라나는 아이들에게 힘과 용기를 주려는 의도에 있지 않을까 하는 생각도 든다. 이러한 영웅 이야기를 듣다 보면, 현재의 삶이 힘들고 고통스러울지라도 모든 영웅들이 그런 시절을 겪었듯이 나도 뭔가 큰일을 하려면 현재의 시련쯤은 감당해 내어야 한다고 생각하게 된다. 그리고 나 자신도 뭔가 영웅처럼 남을 위한 일, 뭔가 의미 있는 일을 해야 한다고 생각한다. 이야기가 현실화되는 구체적인 삶의 정황에 따라서 해석되어야 하겠지만, 이러한 영웅 이야기는 읽는 사람으로 하여금 위로와 희망을 준다. 그리고 자신의 현재의 삶을 비추어 보게 만든다.[29] 이러한 이야기적 상황이 오늘날 현대의 선교 상황이라고 할 수 있다. 이 이야기를 그리스 신화에 나오는 헤라클레스 이야기와 비교해 보면 다음과 같다.

영웅	모세	헤라클레스	예수
박해하는 왕	바로 왕	에우리스티우스(사촌형)	헤롯
시험내용	10가지 재앙, 광야	10가지 요구	3가지 시험
영웅적 삶의 시작	출애굽	자유인	소명
영웅 활동	기적행사	기적행사	기적행사
신분	여호와의 종	제우스의 아들(庶子)	하나님의 아들

위기 가운데 탄생하여 박해받고 시험을 받지만 여러 가지 시련을 거치고 영웅이 되는 이야기가 이 이야기의 구조를 이루고 있다. 오늘날 소설이나 드라마에 등장하는 영웅 이야기도 대체로 이러한 구조를 가지고 전개되고 있다고 할 수 있다. 마태는 신앙의 관점에서 구약성서의 신앙의 영웅 모세와 유비시킴으로써 예수 그리스도를 선포하고 있는 것이다. 이와 비슷한 구조의 설교는 요나와 예수를 상징적으로 유비시키는 과정에서도 볼 수 있다.

(2) 요나와 예수 이야기

이에 해당하는 구절은 마태복음 12장에 나오는 비교적 짧은 구절이다.

"예수께서 그들에게 말씀하셨다. '악하고 음란한 세대가 표징을 요구하지만, 예언자 요나의 표징밖에는, 이 세대는 아무 표징도 받지 못할 것이다. 요나가 사흘 낮과 사흘 밤 동안을 큰 물고기 뱃속에 있었던 것같이, 인자도 사흘 낮과 사흘 밤 동안을 땅속에 있을 것이다." (마12:38-42)

여기서도 마태는 구약에 나오는 요나 이야기와 예수의 삶을 유비관계 속에서 이해하고 있다. 요나의 삶 가운데서 중요한 부분인 3일 동안 물고기 뱃속에 있다가 다시 살아나 하나님의 말씀을 전하는 모습만 인용하고 있다. 마태복음서는 이것을 요나의 기적이라고 말하고 있다. 이 기적이 예수를 통해서 그대로 재현된다고 하는 것을 암시하고 있다. 즉 여기서는 예수가 죽었다가 3일 만에 부활한다고 하는 사실을 암시하고 있다. 요나는 이방 민족인 니느웨의 구원과 관련되며 또한 요나는 이방민족에 대한 이스라엘을 상징적으로 암시한다고 볼 수도 있다. 이방민족까지도 사랑하시는 하나님의 사랑과 온 인류를 구원하시기 위해서 십자가에 달려 죽었다가 다시 살아나신 예수 그리스도의 삶은 좋은 유비가 되고 있다.

	하나님의 대리자	구원의 대상	구원의 주체	매개 항(3일)
요나서	예언자 요나	니느웨 백성	이스라엘 사람인 요나	물고기(죽음/부활)
마태복음	구세주 예수	온 인류 백성	이스라엘 사람 예수	십자가(죽음/부활)

이러한 해석은 기독교의 역사에서 오랫동안 알레고리적 해석으로 비판받아 왔다. 이러한 해석의 문제점은 자의적으로 모든 것을 꿰어맞추기 식으로 대입할 수 있다는 문제점이 있다. 하지만 종교적 언어는 일상 언어와는 달리 상징적인 언어로 채워져 있다. 상징은 해석을 필요로 한다. 예수님 자신도 이미 이러한 상징적인 해석을 감행한 바 있다. 예수님의 씨 뿌리는 비유 해석(마13:18-23)은 바로 이러한 좋은 해석의 예가 될 수 있을 것이다.

그러므로 이러한 해석은 피해야 할 해석이 아니라, 해석의 전제로서 받아들여야 한다. 모든 해석은 엄밀하게 말해서 유비적인 해석이라고 할 수 있다. 자신의 경험과 언어, 그리고 자신의 이야기를 통해서 유비적으로 타자의 경험과 이야기를 이해할 수 있기 때문에 그렇다. 우리는 마태의 시도처럼, 법화경에 나오는 '탕자 이야기'를 신약성서 누가복음 15장에 나오는 '되찾은 아들의 비유'를 이야기 하면서 비유적으로 도입하여 설명할 수도 있고, 때로는 헤라클레스 이야기를 모세의 삶과 비교하여 이야기 할 수도 있다. 우리가 어떤 것을 이해한다는 것은 자신의 경험 혹은 자신이 이미 알고 있는 이야기와 새로 듣는 두 이야기의 합류시킨다는 것이다. 가다머는 이를 지평융합Horizontverschmolzung이란 말로 표현한 바 있다. 전통(혹은 신앙(학)적인 전통)은 바로 이야기의 합류 과정이라고 말할 수 있을 것이다. 그리고 신학자의 신학적 정체성은 바로 하나님의 이야기를 새로운 상황 속에서 발견하고 이를 지속적으로 확대·심화시키는 과정에서 드러난다고 말할 수 있을 것이다. 여기서 우리가 주목할 점은 특정한 문화적 '개념 언어' 그 자체보다도 이미 전통을 통해서 지속되어 가는 '이야기' 측면이다.

복음서 신학이나 사도바울의 로마서에 나오는 신학적 구조도 구약성서의 아담과 연관 속에서만 의미를 가진다. 만약 농사를 짓는 사람이 청중이라면 농사와 관련된 비유를, 군인이라면 군인과 관련된 비유를, 사업자들이라면 그들에 맞는 비유를 하면 그들은 더 잘 이해할 것이다. 성서 해석자는 이러한 비유를 통해 성서에 유비적으로 접근하도록 만들 수 있다. 이미 토기장이 비유나 씨 뿌리는 비유나 겨자씨 비유나 어린 양 비유나 빚진자 비유나 모두 당시의 청중들의 문화적 상황과 밀접하게 연관되어 있다. 그러므로 이해란 언제나 유비적 이해일 뿐이다. 저자와 해석자와의 동등화란 가능하지도 않을 뿐더러 동등화할 필요도 없다. 이 점에서 성서 해석은 근본적으로 유비적 해석일 수밖에 없고, 상징에 대한 해석일 수밖에 없다고 본다. 이러한 성서 해석을 통해 신앙의 지평을 확대하고 이러한 공동체를 회복하여 하나님 나라를 현실화하는 매개자 역할이 신학자(설교자)의 역할이라고 본다. 예수님의 비유도 그 자체로 이야기를 통해 하나님을 경험하게 해 주려는 시도라고 볼 수 있다. 그러므로 신학자의 정체성은 이야기하는 주체로서의 정체성이라고 할 수 있다.

6) 토착화 신학의 주체 : 이야기적 정체성

윤성범과 유동식의 토착화 논의에서는 자기 정체성은 두 개로 나누어진다. 한국인으로서의 자기 정체성과 기독교인으로서의 자기 정체성이다. 이 두 가지 정체성 가운데 '한국인으로서의 자기 정체성'과 선입견을 부각시키고자 하는 데 두 토착화 신학자들의 목적이 있다고 할 수 있다. 이러한 정체성은 한국적인 것(환인/환웅/환검의 삼위일체의 흔적, 성[誠], 효[孝], 도[道], 풍류도)을 아는 정체성이다. 하지만 이러한 정체성에 대한 물음을 넘어서 제기되는 물음은 이러한 비교를 통해 구체적으로 어떤 실천적 삶을 살아야 하는가에 대한 지향성의 문제이다. 나는 토착화 신학의 시도들이 자칫 교회에 이질적인 것처럼 여겨지는 것은 교회 현장에 대해 방관자의 입장에 서서 '문화'나 '민족(혹은 민족적인 것)'이 더 중점에 둔 결과라고 본다. 그렇기 때문에 교회 안에서 왜 토착화를 해야 하는지에 대한 혹은 어떻게 선교를 해야 되는가 하는 문제의식이 부족하다고 본다. '한국적 신학'의 수립이라는 것 자체가 구체적인 형태로 나아가기보다는 시론試論적 성격으로 그칠 수밖에 없는 이유가 바로 여기에 있다고 볼 수 있다. 나는 토착화 신학의 주체는 이야기 전달자로서의 주체, 이미 어떤 식으로든 하나님에 대한 체험(신앙 간증)을 통해서 자신의 삶을 이어가며 보편사普遍史 가운데서 구속사를 읽어낼 수 있는 이야기꾼으로서의 주체가 토착화 신학의 주체가 되어야 한다고 본다. 특별히 교회 안에서는 '설교자로서의 주체'가 되어야 한다고 본다. 토착화 신학자들의 정체성은 이러한 '설교자 혹은 선포자로서의 정체성'보다는 민족적 정체성이 더 우선했다고 볼 수 있다. 혹은 신앙적 정체성과 한국인으로서의 민족적 정체성을 분리해서 보려고 했다는 점에 문제점이 있다고 본다. 윤성범은 「한국 재발견에 대한 단상」이라는 논문에서 다음과 같이 말한 바 있다.

"먼저 우리는 나 자신을 알아야 된다고 하는 말은 무엇을 구체적으로 의미하는지를 명백히 규정해 놓을 필요가 있다고 생각한다. 이것은 두 말 할 것 없이 한국을 역사적으로 잘 연구하는 것이라고 대답할 것이다. (중략) 특히 우리 그리스도교 신자들의 일반적인 결점의 하나는 하나님을 잘 믿는 사람은 자기 민족의 역사, 민족의 문화 일반에 등한해도 별로 죄가 되지 아니할 뿐만 아니라 도리어 자랑이 될지도 모른다고 생각하는 사람이 만일에 있다고 한다면 이것은 정말로 한심한 현상이 아닐 수 없는 것이다. 미안하고 부끄러운 일이지만 나 자신이 그러한 사람의 하나였으니까 말이다."[30]

이 표현은 이미 신앙을 가지고 있는 신앙의 현실성보다는 이미 있었던 민족적 주체성과 정체성 혹은 잃어버렸던 정체성을 회복하는 입장이 중요함을 강조하고 있는 대목이라고 할 수 있다. 나의 주체성은 데카르트적인 무역사적이고 기하학적 사유의 코기토^{Cogito}로서의 주체성이 아니라 역사 속에서 지속되고 있는 이야기를 듣고 이것을 현실에 적용하며 이를 다시 전달하면서 살고 있는 이야기적 주체이다. 설교자가 설교를 준비할 때, 그는 이미 경험한 하나님에 대한 체험에 입각해서 성서에 대한 주석을 한다. 성서를 주석하여 얻어진 결과를 청중들에게 선포한다. 하지만 선포하기 전에 그는 청중 이해를 바탕으로 청중을 분석한다. 청중이 어린이인지 장년인지 군부대에 있는 장병들인지 혹은 대학생 청년들인지에 대하여 알아야 한다. 그리고 그들이 처한 상황에 대해서도 우리는 검토한다. 그리고 그들이 알아들을 수 있게 그들의 언어와 문화적 코드를 알아야 한다. 바로 이러한 분석의 과정에서 나오는 수사학修辭學이 바로 설교Kerygma라고 할 수 있다. 1세대 토착화 신학자들의 신학적 사유를 보면 그 청중이 도교나 유교 혹은 한국 철학 사상사에 정통한 엘리트 집단이 아닌가 하는 인상을 지울 수 없다. 물론 이러한 청중 앞에서 선포할 수도 있다. 하지만 교회 안에는 언제나 이러한 청중들만 있는 것은 아니다. 한국적인 교회 상황 혹은 한국 교회의 청중들의 상황은 문화나 경제 현실 혹은 환경문제나 과학의 도전 등의 문제가 복합적으로 작용하여 어떤 것이 우선적인 문제인지 알 수 없도록 혼재되어 있는 상황이라고 할 수 있다. 나는 교회에서의 설교 상황은 근본적으로 교인들 자신의 존재의 의미에 대한 물음에 대답해 주는 것과 연결되어 있다고 본다. 그러므로 설교(혹은 선교)란 청중들에게 하나님의 이야기와 드라마를 전하고 설교자와 청중이 함께 하나님 앞에 서도록 해주는 것이라고 본다. 이러한 관점에서 보면 토착화 신학의 시도들은 한국의 교회 상황 혹은 신학의 '상황 읽기'를 교회 안에서 읽으려고 하기보다는 교회 밖에서, 즉 한국적 전통과 철학적 개념(혹은 여성이나 민중)에서 읽어 보려는 경향이 강했다고 할 수 있다.

3. 결론적인 이야기

토착화 신학의 상황은 이미 신앙을 가지고 성서를 읽는 사람이 그 성서적 현실을 매개하는 과정에서 성립하는 것이다. 이러한 주체를 명확하게 설정하여야 신학이 신학일 수 있다. 만약 강조점이 역사적이고 공간적인 지속성이라고 하는 풍토의 관점에서 지속되는 주체성을 '한국적' 혹은 '민족적'이라고 부르고 이러한 주체성에 입각해서 신학을 바라보려고 한다면 신학은 이미 나의 이야기가 아니고 낯선 '문화', 즉 서구적 신학으로 전락하게 된다. 나는 윤성범과 유동식의 토착화 신학의 시도가 이러한 (서구적) 신학과 (한국적) 문화의 만남이라고 하는 시도로 귀착될 수밖에 없었다고 본다. 이것은 엄밀하게 말하면 비교종교학이나 문화 비교이다. 물론 나의 것으로 소화해서 나의 말로 표현하는 데서 진정한 자신만의 사상과 신학이 출발할 수 있음을 물론이다. 토착화란 이런 점에서 문화 간의 만남의 문제이고 이 만남을 통해서 스스로뿐만 아니라 타인을 변화시키는 창조적인 힘으로 작용할 수 있을 것이다. 이러한 토착화 시도는 특별히 특정한 전통과 언어를 통해 다른 언어와 문화를 지배하려는 정복주의적 선교가 아니라, 내가 경험한 신앙을 나누고, 조심스러운 대화를 통해서 상대방을 변화시키고 설득시키는 과정으로서 선교를 하는 데 바람직한 기여를 할 수 있으리라고 본다. 다만 이러한 대화의 지평이 보다 폭넓은 관점에서 시도되어야 한다고 본다. 나는 신학자는 이야기 수집가이면서 동시에 이야기 전달자라고 본다. 사람들의 이야기에서 하나님의 드라마를 읽고 이를 신앙적인 관점에서 전달하여 신앙을 나누고 교감하는 것에 신학자(설교자)의 역할이 있다고 본다.[31] 나는 이것이 설교자가 한 손에는 성경, 다른 한 손에는 신문을 들고 있어야 한다고 말한 바 있는 칼 바르트의 의도와도 부합한다고 본다. 이제 지금까지의 신학(하나님에 대한 이야기)에 대한 메타 이야기를 마감하도록 하자. 우리는 자주 신화적인 이야기에서 벗어나 합리적이고 경험적이며 논리적인 언어로 표현하기 시작한 지점에서 철학의 출발점을 보는 데 익숙해져 있다. 아리스토텔레스가 그리스 철학을 이러한 관점에서 보기 시작한 이래, 많은 사람들이 철학의 출발점을 형이상학의 극복, 즉 경험이나 합리성에서 찾는 경향이 있다. 하지만 레비 스트로스나 가다머가 비판하고 있듯이 바로 이러한 일상의 말이나 이야기 또는 신화적인 이야기에서 특정한 개념을 떼어 내어 개념어로 설명하는 과정 그 자체가 이미 형이상학의 시작이라고 볼 수 있다. 신학도 마찬가지다. 신학은 '신에 대한 이야기'이다. 현대어로 표현하면 신앙 간증이다. 우리는 성서의 이야기를 전하는 과정에서 이와 유사한 많은 이야기들을 이용하여 하나님의 이야기를 확대 · 심화시켜 나갈 수 있으며, 신앙의 지평을 확대해 나갈 수 있다. 신학이 성서에 등장하는 이야기에서 특별한 개념어를 추출해 내어 이를 비교하는 것은 이야기의 상황에서 벗어나는 과정에 해당한다고 말할 수 있다. 그렇기 때문에 우리는 자주 신학적 철학적 개념어에 익숙해지지 못해 잘 이해하지 못하게 된다. 성서에 등장하는 신앙 이야기를 그 기준으로 하면서, 그 이야기들을 구체적인 삶의 현실적인 이야기에 적용하여 그 속에서 하나님의 현실성을 깨닫도록 해야 할 것이다. 중요한 것은 이야기 혹은 이야기의 단위이다. 하나님에 대한 경험을 이야기하기가 바로 신학인 것이다. 나는 이 점에서 조직신학과 교회사, 그리고 성서신학과 설교학이라고 하는 분과 학문식의 신학학문 구조에 문제가 있다고 본다. 이를 세분화해서 나누다 보니까 이야기로서의 신학이 갖는 유기적 연결성과 종합적인 관점을 놓치게 된다.

설교는 성서의 이야기를 현실의 이야기와 접목시켜 적용하는 과정이며 해석의 과정이다. 설교(곧 선교)³²란 하나님의 체험 이야기이고, 동시에 이를 나누는 과정이며, '거룩한 무리들(聖徒)들' 과 더불어 그 경험의 지평을 확대해 가는 지속적인 해석의 과정이라고 할 수 있다. 이런 의미에서 신학은 본질적으로 토착화이며, 토착화는 두 이야기가 합쳐지는 과정으로서의 이야기 해석학이라고 할 수 있다. 바로 여기에 학문으로서의 '신학神學' 이 '신에 대한 이야기(신앙)' 로 되어야 할 당위가 있다고 하겠다.

풍류신학과 언행일치의 신학

이 찬 석 _협성대학교

1. 들어가는 말

2009년에 변선환 아키브는 '제3세대 토착화론'이라는 주제를 설정하고 토착화 신학에 대한 신진학자들의 발표가 진행되고 있다. 논자가 보기에 2009년 전반기는 주로 인문학적 담론을 중심으로 새로운 토착화 신학의 방향을 모색하였고, 후반기는 제1세대 토착화 신학을 중심으로 제3세대 토착화론을 모색하고 있는 것으로 읽혀졌다. 후반기에 접어들면서 해천 윤성범의 신학과 일아 변선환의 신학은 발표와 신학적 논의를 거쳤지만, 소금 유동식의 '풍류신학'과 청파 김광식의 '언행일치의 신학'은 중심적인 주제로 발표되지 않았다. 따라서 본 글은 그동안 필자가 이미 발표했던 글들[1]을 중심으로 1세대 토착화 신학이라고 규정될 수 있는 풍류신학과 언행일치의 신학을 살펴보면서 향후 토착화 신학의 방향성을 위한 생각(고민)거리를 던져보려고 한다.

2. 풍류신학

> 나 나름대로의 신학적 사고를 하기 시작한 것은 60년경부터였다. 그리고 신학적 관심은 60년대, 70년대, 80년대에 각각 조금씩 변해 왔다. 그러나 전체를 통괄한 신학적 주제는 하나였다. 곧 토착적인 한국신학의 모색이 그것이다. 그리고 80년대에 도달한 것이 풍류신학이다. 말하자면 나의 신학 여정은 '풍류신학으로의 여로' 였다. (『한국문화와 풍류신학』)

소금素琴[2] 유동식의 신학적 정점은 1980년대에 이르러서 주창된 풍류신학이다. 풍류신학을 기준으로 삼아서 소금은 풍류신학 이전에는 복음의 본질을 규명하는 일, 복음과 한국 문화의 관계성과 한국 문화(영성)의 바탕(본질)을 규명하는 일이었으며, 2000년대에 이르러서는 예술신학을 주창하고 있다. 소금은 예술신학을 풍류도의 한 속성인 '멋' 의 관점에서 이해하고 있으므로 예술신학은 풍류신학과 분리된 신학이 아니라 풍류신학의 전개이다.

1) 풍류신학

1960년대 한국 신학계에 토착화 신학에 대한 논쟁의 불씨를 제공하였던 소금은 토착화 신학을 "초월적인 진리가 일정한 역사적 상황 속에 적응하도록 자기를 변화하는 것"[3]이라고 정의하면서 토착화 신학의 세 과제를 제시한다. 첫 번째는 복음의 본질 규명이고, 두 번째는 한국적 바탕의 파악이며, 세 번째는 이 한국적 바탕에 어떻게 복음을 해석하고 뿌리를 박음으로써 우리 터전에서 힘차게 자라나도록 할 것이냐 하는 문제이다.[4]

60년대에 유동식은 한국인의 마음바탕을 한으로 제시한다.[5] 그러나 70

년대 무교 연구를 한 후에, 80년대에 이르러서 소금은 한국의 바탕을 '풍류도' 風流道라고 주장한다. 그에 대한 근거는 최치원에게서 찾아지는데 최치원은 민족적 영성에 대하여 다음과 같이 말하고 있다.

> 우리나라에 玄妙한 道(靈性)가 있다. 이것을 風流라고 한다. … 이는 실로 三敎(儒, 佛, 仙)를 포함하고 있는 것이며, 뭇 사람들에게 접해서는 그들을 敎化한다.(『三國史記』新羅本紀. 第四, 眞興王條)[6]

소금에 따르면, '풍류' 風流라는 한자는 동양인에게 공통된 이상경에 대한 미적 표현이며, 일반적으로 인생과 예술과 자연이 혼연일체가 된 경지를 말한다. 화랑들이 인생의 도리를 익히고, 가락을 즐기며, 명산대천에서 놀았다는 점에서, 그들은 풍류를 터득한 풍류도인이라 할 수 있다.[7] 그러나 한국의 풍류사상은 일반적인 풍류사상과 다른 점이 있다고 소금은 주장한다. 최치원이 풍류도가 삼교를 포함하고 있다(包含三敎)는 것으로 보아 한국의 풍류는 도교적인 것을 넘어서서 한국 고유의 영성을 지칭한 것으로 소금은 간주한다. 풍류도란 고대의 제천 의례에 나타났던 원시적인 영성이 삼교 문화를 매개로 승화된 한국인의 영성을 가리키는 말이다.[8] 소금은 "풍류도의 핵심은 하느님과 인간이 하나로 통합되는 데 있다"[9]고 규정한다.

풍류도의 핵심은 하느님과 우리가 하나 되는 데 있다. 신인 통합에서 삶의 힘과 자유와 우주적인 조화가 우러나온다. 여기에 멋이 있고, 구원이 있다. 구원이란 인간 본연의 소원 성취를 뜻하기 때문이다.[10]

풍류도가 포함심교(包含三敎)한다는 것을 소금은 다음과 같은 점에서 찾고 있다. 유교의 본질이 '자기를 극복하고 예로 돌아간다'(克己)는 데서 찾고,

불교의 본질을 '일심의 근원으로 돌아가는 것' (歸一心之源)에서 찾으며, 도교의 본질을 '사심 없이 자연의 법도에 순응한다' (無爲自然)는 데서 찾을 수 있는 것이라면, 이 세 종교는 다 같이 자기와 이 세상에 대한 집착으로써 형성된 자기 중심주의 세계를 극복하고 하늘이 내린 천성으로 돌아가기를 가르치는 것이다. 여기에서 천성이란 하느님이 주신 인간의 본성이고, 하느님의 마음이다. 그러므로 풍류도는 유, 불, 선 삼교를 다 포함한 것이다. 하느님과 하나가 되는 풍류도를 몸에 지닌 사람은 사심없이 일을 처리하고(도교), 들어와서는 부모에게 효도하고 나가서는 나라에 충성하며(유교), 모든 악한 일을 버리고 선을 행한다(불교).[11]

소금素琴에 따르면, 풍류도란 어떤 한 종교에 대한 명칭이 아니다. 각종 종교를 형성하고, 외래종교를 받아들이고 이것을 전개시키는 종교 문화의 장이며, 정신적 원리가 되는 영성靈性이고, 민족의 얼이다. 풍류도는 한국의 고대에만 있었던 것이 아니고 한국 문화 전체의 기초가 되어 온 민족적 영성이다. 더 나아가서 풍류도는 현대 한국인의 의식 속에서 살아 있어 작용하는 우리의 영성이며, 한국 문화의 기초 이념을 이루고 있는 내용이기도 하다. 그러므로 한국인에게 풍류도는 불변의 정신적 원리이며, 보편적인 것이며, 일상적인 것이다.[12]

소금은 한국인들에게 풍류도가 과거의 정신적 원리가 아니라 현대 한국인에게도 정신적 원리가 되고 있다고 믿기 때문에 풍류도에 대한 현대적 해석, 일상적인 용어로서 번역을 시도한다. 그것은 '한 멋진 삶' 이다. 첫번째로 풍류에 대한 적절한 우리말은 '멋' 이다. 멋에는 생동감과 율동성을 동반한 흥의 뜻이 들어 있다. '멋지게', '흥겹게' 의 뜻을 가지고 있으며, '멋' 에는 자유의 개념이 들어있다. '제 멋에 논다' 거나 '멋대로 하라' 는 경우. 멋을 자아내는 자유란 속에 어떠한 실력이나 실체를 간직한 유연한 초월자의 그것을 뜻한다. 또한 '멋'에는 서로 호흡이 맞는다는 뜻에서 조화의 뜻이 있다. 환경에 조화가 되지 않을 때 '멋쩍어' 한다. 결국 '멋'은 세속을 초월한 자유와 삶에 뿌리내린 생동감의 조화에서 나오는 아름다움이 들어 있고, 그 조화에서 나오는 미의식으로 단순한 자연미가 아니고 인생이 개입된 예술적 미에 속한 개념이다. 두 번째로 '한'이다. 한은 하나를 뜻하는 동시에 전체를 뜻하는 말이다. 한은 크고(한밭, 大田), 위대하며(마루 한, 王) 바르다(한글, 正音). 천天은 '하늘'이요, 우주는 '한울'이다. 이것을 인격화한 것이 '한님' 곧 하느님이다. 빛(환, 밝)이신 하느님을 믿고 동쪽으로 이주해 오던 우리 조상들은 스스로를 불러 '한' 韓민족이라 했다. 세 번째로 '삶'이다. 중생에 접하여는 그들을 교화하여 사람되게 한다는 풍류도의 효용성을 총괄하는 우리말은 '삶'이다. 이것은 생명을 뜻하는 동시에 살림살이의 뜻을 가지고 있다. 이것이 사람이라는 인간 개념을 형성한다. 사람이란 문화적 가치를 생산하는 사회적 존재로 이해되기 때문이다. 삶이란 실로 '사람'의 준말이라 하겠다. 결국 풍류도에 나타난 한국인의 이상은 '한 멋진 삶'에 있다고 소금은 주장한다.[13]

소금의 분석에 따르면, 한국의 종교사는 풍류도의 원시 종교적 표출인 무교를 토대로 불교와 유교와 기독교가 교체하며 전개되어 온 역사였다. 고대 문화는 무교가 지배하였고, 신라와 고려 시대에는 불교 문화가 지배했으며, 조선조는 유교 문화가 지배했다. 그리고 현대는 기독교 문화가 한국 문화 형성의 지배적인 역할을 담당하기 시작하였다. 그러나 이 각각의 종교들은 풍류도의 구성 요소 가운데 어느 한 요소가 지배적이다. 무교는 풍류도의 원시적 현현이라는 점에서 심미적 '멋'의 성격을 드러내고 있으며, 불교는 초월적인 '한'의 성격이 지배적이고, 유교에는 윤리적 현실 치리라는 '삶'의 성격이 지배적이다. 기독교는 영적 초월과 역사적 현실과의 변증법적 통일을 강조하고 있어 다시 '멋' 의 이념이 지배적인 종교이다. 결국 한국의 종교사에서 무교는 원시적 형태의 '멋' 의 종교, 불교는 철학적 '한' 의 종교, 유교는 윤리적 '삶' 의 종교로 '멋진 한 삶' 의 실현 과정사라고 할 수 있다. 기독교의 사명은 종교사 전체를 수렴하면서 풍류문화를 창조하는 데 공헌해야 한다.[14]

왜 풍류신학인가? 풍류신학을 제창해야만 하는 이유는 무엇인가? 이 질문에 소금素琴은 세 가지로 대답을 시도한다. 첫 번째로, 우리를 구원하는 복음의 진리는 우리들의 종교적 영성인 풍류도의 눈으로써 주체적으로 이해하지 않으면 안 된다는 것이다. 서구의 눈을 빌려서가 아니라 우리의 눈으로써 주체적인 이해가 이루어져야 한다. 두 번째로, 한국의 종교 문화사 자체가 제시하는 내적인 당위성이다. 한국 종교문화사의 위치로 보아 기독교는 풍류문화 형성이라는 결정적인 과제를 지니고 있다. 풍류는 불교에 의해 '한' 의 문화로, 유교에 의해 '삶' 의 문화로 전개되었는데 기독교는 '멋' 의 문화로 풍류문화 완성의 사명을 지니고 있다. 민족이 꿈꾸어 온 풍류문화는 그 완성을 기독교의 복음 안에서 이룰 수 있게 되는 것이며, 기독교의 선교는 그 문화 성취를 위해 작용하지 않으면 안 된다. 한국인의 문화적 구원은 풍류문화의 성취 속에서 이루어지기 때문이다. 이러한 한국 기독교의 선교를 뒷받침하는 것이 바로 풍류신학이다. 세 번째로, 오늘의 새로운 선교적 상황이 풍류신학을 구상하게 만든다. 기독교 문명은 지중해시대로부터 대서양 시대를 거쳐 태평양 시대로 넘어오고 있다. 이제 과거의 서구 중심적 기독교 이해에 의한 선교신학에 매달려 있을 수는 없게 되었다. 그리하여 우리의 새로운 신학으로서 풍류신학을 구상하게 되는 것이다.[15]

학문, 과학을 넘어 마음과 소통한다

통섭의 기술 : 지식시대에서 지성시대로

최민자 | 498쪽 | 25,000원

통섭의 기술은 단순히 다양한 지식세계를 넘나드는 지식 차원의 언어적 기술이 아니라, '아(我 self)' 오 '비아(非我 other)'의 두 대립되는 자의식을 융섭하는 지성 차원의 영적 기술이다. 소통의 미美의 발현을 통해 삶을 아름답게 만드는 진정한 의미의 예술이다. 지금까지 통섭에 대한 학계의 관심은 주로 통섭의 당위성에 대한 분석과 설명 내지는 이원적인 지식 차원의 통섭에 머물렀던 관계로, 동서고금의 통섭적 세계관과 통합 학문 그리고 통섭의 메커니즘을 망라하는 전체적인 지성 차원의 통섭이 체계화되지 못했던 것이 사실이다. 통섭은 본질적으로 전일적이고 영적인 까닭에 논리적인 지식 차원이 아닌, 직관적인 지성 차원에서 일어난다. 지식은 관념이고 파편이며 과거와 연결되어 있으므로, 엄밀하게 말하면 지식의 통섭이란 말은 성립될 수 없다. 삶과 유리된 단순한 지식의 통섭은 이념의 지도를 영토 그 자체라고 믿는 것과도 같이 공허한 것이다.…인문사회과학과 자연과학의 통섭 또한 성리와 물리, 정신과 물질의 합일에 대한 이해 없이는 이루어질 수 없다. 이처럼 통섭의 기술은 시스템적 사고에 기초한다. 시스템적 사고란 부분을 단지 전체 조직과의 맥락 속에서만 파악될 수 있다고 보는 것이다.

— '통섭의 기술' 중에서

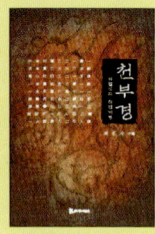

천부경

삼일신고·참전계경

최민자 | 904쪽 | 25,000원

『천부경』은 단순히 우리 민족 고유의 경전이 아니라 모든 종교와 진리의 모체가 되는 인류의 경전이다. 우주의 순환, 천체의 순환, 생명체의 순환, 그리고 의식계의 순환과 더불어 일체 생명의 비밀을, 그 어떤 종교적 교의나 철학적 사변이나 언어적 迷妄에 빠지지 않고 단 81자로 열어 보인 천부경이야말로 모든 종교와 진리의 진액이 응축되어 있는 경전 중의 경전이라 할 것이다. 천부경은, 지구촌의 종교세계와 학문세계를 아우르는 진리 전반의 문제와 정치세계의 문명충돌 문제의 중핵을 이루는 유일신 논쟁, 창조론-진화론 논쟁, 유물론-유심론 논쟁, 신-인간 이원론, 종교적 타락상과 물신 숭배 사조, 인간 소외 현상 등에 대해 단 81자로 명쾌하게 그 해답을 제시하고 있다.

무교

권력에 밀린
한국인의 근본신앙

최준식 저 | 208쪽 | 10,000원

한국인의 정신세계의 근저에 기층문화로서 자리 잡고 있는 무교(巫敎)가 우리 역사에서 어떻게 '미신'이자 '무속'으로 왜곡되고 비하되어 왔는지 살펴보고 있다. 저자는 한국 종교의 기본 코드는 표층의 유교(儒敎)보다 더 깊은 곳에서 작동하는 무교라고 보고 이를 바탕으로 한국 종교 전반을 일별한다. 결론적으로 "종교적으로 무교"를 제자리에 복권시킴으로써, 정신세계의 실제(무교)와 현상(외래종교, 기성종교) 사이의 괴리로부터 빚어지는 한국사회 정신문화, 종교문화의 부조리와 파행을 치유하고 무교의 문화적 자산을 온전히 활용할 수 있다고 말하고 있다.

박의섭 방송동극집 : 경성-목포

박의섭 | 272쪽 | 15,000원

우리나라 방송 도입기, 어린이들에게 꿈과 희망을 심어주던 아동극 대본 15편의 아동극을 엮은 책이다. 여기에 수록된 아동극 대본들은 1937년부터 일제에 의한 한국어 방송이 폐지되던 1941년까지 실제로 방송된 대본이다. 일제시대의 방송극 대본으로는 최초로 발굴 공개되는 것이다.

천도교중앙대교당 50년 이야기

이동초 | 736쪽 | 40,000원

'천도교중앙대교당'의 1921년부터 1972년까지 50년 동안의 역사를 담은 책이다. '천도교중앙대교당'은 일제 때 항일운동의 거점이기도 하며 1922년 일제 강점기와 해방공간 그리고 6·25동란을 거치면서 수많은 역사 기록을 남긴 건축물로 1921년부터 1972년까지 천도교중앙대교당에서 열린 천도교 행사뿐만 아니라 대외적인 주요 행사의 날짜, 장소, 내용, 출처 등을 상세하게 게재함으로써 한 근대 건축물에 대한 살아 있는 이력서를 복원하였다.

모심에 가시난 듯

권영준 | 348쪽 | 15,000원

권영준 작가의 세번째 희곡집으로, 동학농민혁명 막바지를 배경으로 한 장편 희곡 작품이다. 서른 여섯명의 다채로운 동학농민군과 그 가족들이 생존을 위한 마지막 몸부림을 처절하게 그렸다. 작가는 꼬박 2년 동안이나 이 작품에 매달렸다.

이 땅에서 만나는 이웃 종교들

이종찬 | 236쪽 | 10,000원

이 책은 우리나라의 원시종교와 민간신앙을 비롯하여 불교, 유교, 기독교, 신종교 등 외래 종교들이 어떻게 생겨나고 어떤 신앙체계를 형성시켜 왔는지와 그들이 우리나라에 뿌리를 내리게 된 과정과 각 종교의 특성을 살펴보았다. 이 책에서 이웃종교 만나기를 통해 '이웃종교'를 깊이 이해하고 참된 신앙인의 마음 자세를 제시하였다.

생태정치학

최민자 | 800쪽 | 35,000원

생명 현상이 개별 유기체의 속성이 아니라 우주적 시스템의 속성임을 동양의 제 사상 및 동학사상과 현대 과학의 접합을 통해 밝힘으로써 서구 중심의 생태이론을 극복하고 대안적인 생태정치학의 기본 틀을 완성하였다. 의식의 변화와 제도적 차원의 조정을 통하여 생태적 가치가 활성화될 때 생명이 평화롭고 지속가능한 상태로 살아갈 수 있을 것이다.

일본정신

이찬수 | 208쪽 | 10,000원

일본 정신의 근간을 이루는 종교문화의 형식과 내용 전반을 짧은 시간 안에 소화할 수 있도록 정리하였다. 일본의 종교분화를 현상적으로 일별하는 것에서 그치지 않고, 그것을 나름대로 '일본정신'이라는 보편적인 담론으로 재구성해 보여주고 있다. 또한 이 책에서 일본정신에 천착하는 이유는 일본에 빗대어 우리나라의 모습과 정신을 이해하는데 있음도 유의할 대목이다.

용담유사연구

윤석산 | 344쪽 | 18,000원

이 책은 동학 천도교 연구의 기본서라고 할 수 있다. 동학사상을 오롯이 체득하기 위해서는 논리적인 측면이 강조된 『동경대전』보다 더욱 치밀하게, 감정이 배어 있는 『용담유사』의 문맥에 녹아 있는, 사상적 맥락을 이해할 수 있어야 동학사상의 진면목을 제대로 알게 됨을 이 책에서 논구하고 있다.

봄觀

오문환 | 184쪽 | 10,000원

'인내천'이라는 말은 이제 동학의 전유물은 아니다. 그러나 동학(천도교)의 관점에서 '인내천'은 신념일 뿐 아니라 '과학적 사실'로 여겨지기도 한다. 〈사람이 한울에 이르는 길〉은 동학(천도교)의 교리(이론) 체계로서 그것이 어떻게, '사실'인지를 구명하고 있다. 의암 손병희 선생의 '13관법'이라는 짧은 글을 통해 동학 사상과 동학 수행의 정수에 접근하고 있다.

동학의 정치철학

오문환 | 352쪽 | 18,000원

이 책은 동학의 도와 덕, 동학의 생명사상, 도덕의 정치철학의 세 부분으로 구성하였다. 책의 부제를 '도덕, 생명, 권력'으로 한 것은, 이 책의 내용이기도 하며 도덕, 생명, 권력의 문제를 불가분리적 관계로 보는 동학의 성격을 좀더 깊이 있게 조명해 보기 위함이다.

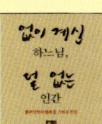

없이 계신 하나님, 덜 없는 인간

이정배 | 464쪽 | 25,000원

이 책은 함석헌의 스승인 다석 유영모의 사상에 관한 연구서로, '다석(多夕)신학'이라는 범주를 통해 다석 사상을 새롭게 조명한다. 필자는 '다석신학'이 한국적일 뿐 아니라 충분히 세계적이고 보편적인 담론이며, 다석이 한국 또는 동양의 신학자가 아니라 '(세계)신학자'로 자리매김될 수 있음을 논파하고 있다.

대분류	중분류	도서명	정가	저자	쪽수	발행일	ISBN	분류기호
문학	교양	소설 창작의 길라잡이 * 신간	16,000	채길순	352쪽	2010.02.28	978-89-90699-82-4	03800
인문	교양	통섭의 기술 * 신간	25,000	최민자	498쪽	2010.02.12	978-89-90699-81-7	03300
인문	역사	사료로 보는 동학과 동학농민혁명 * 신간	20,000	박맹수	368쪽	2009.11.05	978-89-90699-77-0	93900
인문	철학사상	생명에 관한 81개조 테제	35,000	최민자	832쪽	2008.06.10	978-89-90699-58-9	93100
인문	철학사상	의암 손병희와 3.1운동: 통섭의 철학과 운동	25,000	오문환 외	576쪽	2008.02.20	978-89-90699-55-8	94100
인문	철학사상	천부경과 동학	35,000	이찬구	696쪽	2007.08.30	89-90699-49-7	93910
인문	철학사상	용담유사연구	18,000	윤석산	344쪽	2006.09.15	89-90699-41-X	04250
인문	철학사상	천부경	45,000	최민자	904쪽	2006.05.20	89-90699-37-1	03150
인문	철학사상	선 · 생명 · 조화	20,000	민영현	400쪽	2006.02.25	89-90699-36-3	03150
인문	철학사상	근암집(근암 최옥 문집 해제)	40,000	최동희	780쪽	2005.07.01	89-957005-0-5	03810
인문	철학사상	다시개벽의 심학	15,000	오문환	276쪽	2006.01.15	89-90699-35-5	04250
인문	철학사상	도전과 응전의 정치사상	20,000	김정호	464쪽	2005.12.15	89-90699-34-7	04250
인문	철학사상	동학과 전통사상	12,000	동학학회	304쪽	2004.01.15	89-90699-18-5	04150
인문	철학사상	동학의 정치철학	18,000	오문환	352쪽	2003.10.29	89-90699-15-0	04150
인문	철학사상	해월 최시형의 정치사상	18,000	오문환	320쪽	2003.06.02	89-90699-11-8	04150
인문	철학사상	동학의 정치사상	15,000	임형진	376쪽	2004.09.15	89-90699-20-7	04150
인문	철학사상	동학교조 수운 최제우	20,000	윤석산	368쪽	2006.04.21	89-90699-23-1	04250
인문	철학사상	한류와 한사상	25,000	김상일 외	464쪽	2009.01.20	978-89-90699-65-7	93100
인문	철학사상	잃어버린 초월을 찾아서	18,000	이은선	352쪽	2009.01.15	978-89-90699-64-0	93210
인문	철학사상	동학사상과 신문명	18,000	최민자	400쪽	2005.07.25	89-90699-32-0	04340
인문	철학사상	해월 최시형의 사상과 갑진개화운동	12,000	동학학회	432쪽	2003.04.05	89-950792-7-4	04150
인문	종교학	없이 계신 하느님, 덜 없는 인간	25,000	이정배	464쪽	2009.03.10	978-89-90699-67-1	93230
인문	종교학	이 땅에서 만나는 이웃종교들	10,000	이종찬	236쪽	2008.01.30	978-89-90699-56-5	94210
인문	종교학	동서 종교의 만남과 그 미래	20,000	변선환…	448쪽	2007.11.20	89-90699-52-7	94210
인문	종교학	일제의 한국 민족종교 말살책	25,000	윤이흠	424쪽	2007.10.20	89-90699-51-0	94250
사회과학	교육학	중국 조선족 음악교육의 변천 과정 및 발전 방안	18,000	김성희	372쪽	2008.04.20	978-89-90699-57-2	93370
사회과학	교육학	동학의 한울 교육사상	20,000	정혜정	432쪽	2007.11.20	978-89-90699-53-4	93210
사회과학	정치학	생태정치학	35,000	최민자	800쪽	2007.03.10	89-90699-44-2	03340
사회과학	정치학	민족통일 운동의 역사와 사상	25,000	동민회	504쪽	2005.10.04	89-90699-33-9	04250
사회과학	정치학	21세기 국제 테러리즘	18,000	이태윤	368쪽	2004.09.10	89-90699-21-5	03340
사회과학	정치학	동남아 정치	22,000	김한식	608쪽	2004.04.30	89-90699-19-3	03340
인문	한국사	부패의 역사	10,000	박성수	244쪽	2009.08.25	978-89-90699-72-5	03900
인문	한국사	동학 · 천도교 역사의 재조명	18,000	황선희	336쪽	2009.02.08	978-89-90699-66-4	93250
인문	한국사	천도교중앙대교당 50년 이야기	40,000	이동초	736쪽	2008.04.25	978-89-90699-54-1	93250
인문	한국사	『개벽』에 비친 식민지 조선의 얼굴	25,000	임경석 외	524쪽	2007.08.30	89-90699-50-3	93900
인문	한국사	고구려의 영역 지배 방식 연구	25,000	김현숙	480쪽	2005.06.15	89-90699-30-4	03900
인문	한국사	갑진개화운동 자료집	15,000	성주현 해제	228쪽	2005.12.25	89-7130-000-0	04250
인문	교양	무교(巫敎),권력에 밀린 한국인의 근본신앙	10,000	최준식	208쪽	2009.10.25	978-89-90699-78-7	03200
인문	교양	바보한민족 3.철학의 시원	10,000	박해조	240쪽	2009.12.20	978-89-90699-79-4	03810
인문	교양	바보한민족 2.말의 시원	9,000	박해조	212쪽	2009.08.30	978-89-90699-74-9	04810
인문	교양	바보한민족 1.문화의 시원	9,000	박해조	180쪽	2009.07.10	978-89-90699-71-8	03810
인문	교양	일본정신	10,000	이찬수	208쪽	2009.09.10	978-89-90699-75-6	03150
인문	교양	한반도와 중국 그리고 조선족	10,000	정신철	296쪽	2004.12.11	89-90699-25-8	04330
교양	교양	맛살라인디아	15,000	김승호	348쪽	2008.11.30	978-89-90699-63-3	03910

2) 풍류기독론의 토대 : 우주적 그리스도

소금에 따르면, 성서에는 복음에 대한 이해에 있어서 크게 두 개의 흐름, 즉 구속사적 이해와 실존론적 이해가 있는 것으로 파악한다. 전자의 이해 구조는 유대교를 배경으로 한 것으로, 핵심은 죄를 용서받고 새로운 존재가 되어 사는 것이다. 그러나 요한복음서의 배경은 유대교적이라기보다는 이방적인 헬레니즘을 배경으로 하며 실존론적이다. 실존론적 복음 이해에 따르면, 하느님의 말씀(로고스)은 선재적이고, 이 말씀을 통하여 세상을 창조되었다. 그러나 인간은 이 로고스를 떠나 죽음을 향한 어두움의 존재가 되었다. 그러므로 사랑의 하나님은 로고스로 하여금 육신이 되어 인간과 더불어 있게 함으로써 인간은 생명의 빛을 회복하게 되었다. 결국 그리스도의 십자가와 부활을 매개로 사람들은 하느님과 하나가 된다. 이것이 요한복음에 나타나는 실존론적인 복음 이해이다.[16] 결국 요한복음의 실존론적인 복음 이해는 그리스도의 십자가와 부활에 의한 하느님의 구원의 사건에 우리가 동참하는 것이요, 자기부정을 매개로 하느님과 하나가 되어 영생을 누리는 데 있다.[17]

기독교의 전통적인 복음이해는 창조 - 타락 - 구원의 구조 속에서 죄로부터의 해방(자유)을 강조하지만, 소금素琴은 요한복음을 중심으로 복음에서 '사귐의 회복'을 강조한다. 그는 복음을 이렇게 규정한다. "복음은 그리스도 안에서 하나님이 우리와 하나가 되시었다는 사실이다. 그것은 곧 사귐의 회복이며 인간의 회복이요 구원인 것이다."[18] 이런 맥락에서 그는 성육신 사건과 십자가 사건을 통한 사귐의 회복을 강조한다. 그러나 중요한 것은 '자기부정을 통한 사귐의 회복'이다.

복음의 내용은 다음과 같이 요약할 수 있다. 곧 하나님의 말씀이 그리스도 안에서 인간이 되시었다는 사실이다. 그러므로 그리스도로 말미암아 이제는 하나님이 우리와 함께 계시다(임마누엘). 다시 말하면 그리스도 안에서 하나님과 인간이 하나이 된 것이다. 여기 우리들의 구원이 있다. 이것이 곧 그리스도의 복음의 내용이다.[19]

소금素琴에 따르면, 그리스도는 비록 유대 땅에 성육신하였지만, 그리스도에 의하여 성취되어진 복음은 유대 문화를 넘어서는 우주적인 의미를 지니고 있다. 하나님은 하늘에 있는 것이나 땅에 있는 것이 다 그리스도 안에서 통일되게 하시었으므로(엡1:10), 이제 그리스도는 우주 만물의 주인이시며 전 역사의 중심이시다. 그리스도는 교회의 주인이요, 머리가 되신다(골1:18; 엡1:22). 그러나 교회는 세계의 한 부분이 아니라 전 세계의 중심이기 때문에 교회의 머리가 되시는 그리스도는 곧 우주의 주가 되시는 것이다.[20]

> 우리는 그리스도가 비단 교회의 머리일 뿐만 아니라 全世界의 主人이요, 머리가 되시는 분이라고 믿는다. 그럼으로 우리는 다만 그리스도로 말미암아서만 이 구원의 길이 있다고 믿는다(행4:12). 한편 그렇기 때문에 全世界의 주인이신 그리스도로 말미암아 전 세계 만민이 구원에 이른다고 또한 믿고 있다. 여기 基督敎의 普遍主義가 있다.[21]

그리스도는 우주적 그리스도로서 세계의 주인이시므로, 소금은 그리스도가 구하신 것은 결코 종교나 교회의 울타리 속에서만 가치 있는 것이 아니라고 주장한다. 그것은 하나님의 것인 동시에 인간의 것이 되어야 하며 기독교에 속한 것인 동시에 전 인류에 속한 것이어야 하며, 타종교에도 의미를 가진 우주적인 가치의 것이어야 한다고 주장한다.[22] 소금에 따르면, 한국종교는 그리스도 중심적인 보편주의 입장에서 의미를 가진다. 즉, 모든 종교는 그 자체가 동등한 진리를 가지고 있다는 것이 아니라 다만 그리스도 안에 나타난 복음의 진리를 반영하고 있는 한에 있어서만 그 종교가 의미와 진리성을 갖는다. 종교로서 기독교 자체를 포함한 모든 종교를 그리스도의 복음의 빛 아래에 두고 그 반사도 여하로써 존재의 의미와 진리성 여하를 판단하는 것이다.[23] 왜냐하면 "구원은 오로지 그리스도의 복음에만 있는 것이기 때문이다."[24]

3) 풍류객 예수

풍류도의 본질은 자기 부정을 매개로 한 신인 통합에 있다. 본래 하느님의 말씀인 분이 육신이 되어 오신 이가 예수였다. 그러므로 예수의 인격이야말로 신인이 통합하여 하나가 된 풍류객이라 하지 않을 수 없다.[25] 소금의 풍류신학에서 예수는 풍류객이요, 풍류도의 화신이다. 풍류도의 뿌리가 하느님의 말씀에 있는 것이요. 하느님의 말씀이 육신 되어 오신 이가 예수 그리스도라고 믿는다면, 예수 그리스도야말로 풍류도의 화신이라고 하겠다. 우리는 그리스도의 인격과 삶속에서 풍류도의 구체적인 모습을 볼 뿐만 아니라 풍류도 자체를 보는 것이다.[26]

하나님의 아들이 자기를 부정하고 사람이 되신 사건, 곧 성육신은 한 분 예수 안에서 하나님이 인간과 하나가 된 사건이다.[27] 그리스도는 하나님의 말씀이 육신을 입고 인간이 되신 분이다. 곧 예수 안에서 초월적인 하나님과 인간이 하나로 융합되어 있는 것이다. 이런 뜻에서 그리스도는 실로 풍류객이었으며, 그리스도로 말미암아 이제는 하나님이 우리와 함께 계시게 되었다(Immanuel).[28] 풍류도의 초석은 신과 인간의 만남, 영원과 시간의 합일에 있다. 이러한 초석을 역사화한 사건이 예수님의 탄생이다. 그는 영원한 하나님의 말씀이 육신이 되어 시간 안에 들어온 존재이기 때문이

다.[29]

소금에 따르면, 그리스도가 이 세상에서 행하신 것은 인류를 대신하여 십자가 위에서 죽고, 인류를 대표하여 부활하신 것이므로, 유불선 삼교의 본질이었던 자기 부정을 매개로 새로운 존재가 된다는 사상은 그리스도의 몸을 통해 역사화되었고 사건화되었다. 따라서 이제 우리는 그의 사건을 우리의 것으로 받아들이고, 그의 십자가와 부활에 동참함으로써 하나님의 자녀가 되는 것이다. 풍류객 예수는 삼교의 본질을 포함하고 있을 뿐 아니라 뭇 사람이 하나님의 형상을 회복하고 사람 구실을 하며 살아갈 수 있도록 구원하신 것이다. 그러므로 그리스도는 실로 풍류객이요, 포함삼교자요, 접화군생자이다. 풍류도와 그리스도 사건은 구조적으로 일치된다. 풍류도는 한국의 역사속에서 긴 역사적 전개 끝에 그 완전한 실현을 그리스도 안에서 만나 보게 된 것이다. 이런 의미에서 그리스도를 증언한 성서는 실로 '풍류도의 경전'이 된다. 오늘날 우리가 우리의 전통적인 얼을 되찾는 길은 바로 이 그리스도를 믿고 받아들이는 데 있다.[30]

3. 언행일치의 신학

김광식에 따르면, 신앙은 언행일치의 신앙이 되어야 하고, 언행일치의 신앙은 신앙이 삶속에서 구체화되는 신앙이라면, 그것을 문제 삼는 신학도 언행일치의 신학이 되어야 한다는 것이다. 그러므로 김광식은 한국적 신학 또는 동양적 신학으로서 언행일치의 신학을 주장하였다. 그는 다음과 같이 주장한다.

토착화 신학이란 결국 서양적인 소외화하는 사고로부터 해방하여 동양적인 탈소외화하는 사고를 통하여 복음을 해석하는 신학을 뜻한다. 그것을 수행하기 위하여 우선 한국적인 고유성, 즉 Proprium Coreanum을 발견하여 이것을 기초로 하여 기독교적인 교의학의 전통을 풀이하는 과제가 제출되는 바이다.[31]

결국 김광식의 언행일치의 신학에서 토착화 신학이란 한국적인 고유성을 발견하여 그것을 기초로 복음을 해석하고, 기독교의 전통을 풀이하는 것이다. 이것은 동양적인 고유성과 서양적인 고유성이 다름을 전제하는 것이다. 그러므로 먼저 언행일치 신학에서 서양의 종교성, 서양의 a priori, 서양적 복음 해석을 어떻게 규정하는지 살펴보고, 다음으로 동양적 아프리오리를 무엇으로 규정하는지 살펴보고, 그것에 근거한 복음 해석인 언행일치의 신학을 살펴보려고 한다.

1) 서양의 종교성과 복음 해석

(1) 서양의 종교성

언행일치의 신학에 따르면, 서구신학은 서구의 문화적 아프리오리a priori로 복음을 해석한 것이며, 소외동기가 서양적 아프리오리의 본질이다.

서양적 종교성 내지 서양의 문화적 아프리오리의 본질은 죄구원론적 hamartio-soteriologisch이다. 다시 말하면 서양적 아프리오리는 소외 동기 Entfremdungsmotiv에 의하여 규정되어 있다. 이러한 소외 동기는 종교와 철학은 물론이고 문학과 일반 예술 등 각 분야에 걸쳐 암암리에 작용하고 있는 사고 유형이며 논리의 양식이다.[32]

김광식에 따르면, 서구의 변증법은 서양의 문화적 a priori에 근거하고 있다는 것이다. 서구의 변증법에는 세 가지 요인이 필수적으로 따라오게 되는데, 1) 모순 대립되는 두 요소가 주어지고, 2) 양자의 극복을 위한 변증법적인 운동이 따라오고, 3) 포괄적인 전체를 형성하게 된다는 것이다. 이 모순, 운동 및 전체성은 서양의 변증법이 지닌 본질적인 요인이다. 결국 서양의 변증법은 모순 대립되는 두 요소가 미리 주어지고, 이것이 변증법적 운동 내지 과정을 거쳐서 종합 통일된다는 것으로 요약될 수 있다는 것이다.[33]

김광식에 따르면 서양 종교 일반에 공통된 것은 신과 인간 사이에 일어나는 관계의 드라마이다. 서양의 종교에서는 모순 대립되는 두 요소로서 신과 인간 사이의 관계이며, 인간은 신 앞에서 구원받아야 할 존재이고, 신은 은혜로써 인간을 죄로부터 구원하여 신과 인간 사이의 관계를 정상화한다는 것이다. 구원은 관계 정상화의 드라마라 할 수 있는 것이다. 여기에서 하느님과 인간의 비정상성은 인간의 소원 상태에서 발견된다. 즉, 하느님과 인간의 관계가 본래는 정상적이었는데 이 정상성이 파괴되어 비정상성으로 바뀐 것이다. 하느님과 인간은 모순/대립이라는 분리 상태에 있는 것이다.[34]

> … 정상적인 신인관계는 본래적인 연합이라고 할 수 있다. 이 원연합(原聯合)이 파괴되면서 하느님과 인간 사이의 분리가 생긴다. 하느님으로부터 분리된 인간은 죄 가운데 있는 존재요, 구원받아야 할 존재이지만, 원연합 상태의 인간은 낙원 속에 있는 인간이라고 하겠다. 하느님으로부터 분리된 인간이 구원받는 길은 다시 하느님과 재 연합하는 길밖에 없다. 그러나 인간은 이 재연합의 가능성을 종교에서 구하려고 한다. 서양의 구원종교들은 이 재연합을 궁극의 목표로 삼고 있다."[35]

김광식은 서양 종교의 특징을 모순/대립(분리)과 종합통일(재연합)을 문제 삼는 서구의 변증법과 유사하게 "서양 종교의 구원의 드라마가 가진 논리적 구조는 원연합 - 분리 - 재연합의 도식을 구비하고 있다"는 것이다.[36]

(2) 서양적 복음 해석

김광식은 신약성서와 고대 기독교 교리의 사이를 연결시켜 주는 고대 3대 학파의 기독론이 있는데 서양의 신학은 한 학파의 전통만을 이어받았음을 지적한다. 고대 3대 학파의 기독론 중에서 알렉산드리아 학파는 기독론이 항상 썩을 인간이 썩지 않을 신성에 참여한다는 인간의 신성화神聖化를 구원론적 동기로 삼고 있는데, 여기서는 죄에 대한 사색보다는 인간의 사멸성에 대한 사색이 지배적이라는 것이다. 반면에 라틴 학파에서는 형이상학을 배격하고 도리어 죄의 심각성을 더욱 강조한 나머지 터툴리안 이래로 원죄설이 발달하였던 것이다. 그러나 안디옥 학파에 있어서는 인간의 순종을 강조하는 신학이 나타났다. 그런데 오늘날 서양의 신학은 주로 라틴 학파의 신학을 이어받아 죄론적 동기를 가지고 기독론과 구원론을 설명하고자 하는 경향이 있다는 것이다. 이러한 맥락에서 신약성서의 많은 예수의 칭호들이 죄구원론적 의미를 가진 것으로 해석되어 왔고, 그러한 의미에 적합하지 못한 칭호들은 탈락해 버렸다는 것이다. 예를 들어서 스승이신 예수와 요한복음의 목자로서의 예수는 기독론적 의미를 얻지 못하였다는 것이다.[37]

예수에 대한 사람의 아들이라는 칭호는 묵시문학적 전통에서 온 것인데 팔레스타인의 초기 교회에서 헬라주의적 초기 교회로 옮겨 가면서 신적인 인간으로 이해되었고, 여기에서 사람의 아들도 죄를 사하는 권세까지 가지고 있는 것으로 생각되었다는 것이다.[38] 하느님의 종 혹은 야훼의 종이라는 칭호가 이사야서 53장에 있는 제2이사야의 예언에 나타나고 있지만, 예수의 죽음을 대속적인 제사로 생각한 것은 초기 교회에 처음부터 즉시로 나타난 것이 아니라, 좀 후기에 와서(행8:32, 롬4:25, 벧전2:22-25; 히9:28등) 비로소 나타났다는 것이다. 결국 김광식에 따르면 '사람의 아들'(人子) '하느님의 종'이라는 기독론적 칭호들이 초기 교회에서는 대속적인 의미를 지니지 않았고, 후기에 와서 죄구원론적으로 이해되었다는 것이다. 결국 예수의 전승이 후기의 단계로 옮겨가면서 죄구원론적 해석이 뚜렷이 나타났었다는 것을 말해 주는 것이라 하겠다.[39] 역사적 예수에 대하여서도 김광식은 다음과 같이 주장한다.

> 우리는 예수가 처음부터 죄를 사해 주는 대속물이 되기 위하여 존재했던 한 인물로 보기는 어렵다. 예수의 죽음과 대속적 의미를 결합시킨 것은 분명히 초기 교회의 신학 때문에 생겨난 사상이었을 것이다. 이것은 유대교의 제사종교적 구원신화가 크게 작용함으로써 가능했던 해석일 것이다.[40]

결국 김광식에 따르면, 예수를 하나님과 인간의 화해자, 인간의 죄를 대속해 주는 대속적인 의미를 지닌 기독론적 칭호들이 출현한 것은 기독교가 발전하면서 후기에 형성된 것임을 명백하게 지적한다. 그러면 왜 서구신학의 기독론이 죄구원론적 특색을 지니게 되었을까? 김광식은 그 근거가 서양의 종교성, 서양문화의 아프리오리에 있다고 주장한다.

서양의 종교성을 우리는 원연합 - 분리 - 재연합으로 분석한 바 있다. 이러한 종교성의 구조 속에서 기독론이 가질 수 있는 기능은 무엇이겠는가? 죄로 말미암아 분리된 하느님과 인간과의 소외 관계를 죄구원론적으로 극복하지 않으면 안 되게 되었다. 따라서 그리스도의 역할은 죄 사하는 일과 대속적인 죽음이라는 것으로 이해될 수 있는 근거가 마련된 것이다. 이것은 바울의 다음과 같은 말에서 명백해진다. "그러므로 한 사람이 죄를 지어 모든 사람이 유죄 판결을 받은 것과는 정반대로 한 사람의 올바른 행위로 모든 사람이 올바르다는 인정을 받아 살게 된 것입니다(롬 5:18). 아담으로 인하여 파괴된 원 연합이 그리스도로 인하여 다시 재연합된다는 설명이다. 이것은 서양의 종교성을 가장 잘 대변해 주는 본보기이다.[41]

2) 동양의 종교성과 복음 해석

(1) 동양의 종교성

우리 한국인과 동양인은 왜 기독교 복음을 서양적으로 해석하여서는 안되는가? 김광식은 동양의 아프리오리와 서양의 아프리오리는 다르기 때문에 서양의 종교성에 근거한 복음 해석은 동양에 몰이해를 가져 올 수 있다는 것이다.

이것은 동서양의 문화적인 해석학적 차이의 문제가 될 것이다. 다른 말로 바꾸어 한다면, 서양적 문화 아프리오리에 근거를 둔 기독교 복음의 이해는 동양적인 문화의 맥락Context에서는 몰이해가 되어 버리기 때문에, 참다운 복음의 이해는 소위 본문Text으로 행세하는 서양적인 신학 및 가상적인 복음을 서양적인 맥락에서 해방시켜 동서양 신학의 대화의 차원에서 분석하고 해석해야 할 것이다."[42]

서양의 문화적 아프리오리를 원연합 - 분리 - 재연합이라고 할 때, 동양에 있어서 문화 아프리오리를 무엇이라고 할 수 있을까? 동양에 있어서도 서양과 비슷하게 두 요소의 대립 같은 것은 나타나 있다. 그러나 서양의 경우처럼 모순 대립이 아니라 조화의 대칭이며, 종합 통일이 아니라 조화 전개의 논리적 통일이라는 것이다. 구체적인 예를 들어서, 음양론은 음과 양의 모순대립적 관계의 종합 통일로 생각하면 바르게 이해할 수 없고, 조화적 통일이라고 해야 한다는 것이다. 천지, 남녀, 화수水水는 상호 배척하는 원리라기보다는 조화 전개의 원리로 받아들여야 한다. 그러므로 역경의 변증법은 소외 동기에 근거를 둔 서양적 문화 아프리오리와는 완전히 구별되는 조화전개의 원리이다. 신유학新儒學의 이기론理氣論도 이理와 기氣는 우주와 인간을 형성하는 두 개의 원리로 이해되었으나 둘은 모순 대립되지 않고, 즉 서양의 영육의 모순 대립적 관계가 아니라 조화의 대칭을 이루고 있다는 것이다. 결국 신인神人의 분리와 같이 우주와 인간 사이의 분리는 전혀 고려되지 않았다. 양명학에서는 지知와 행行의 합일을 가르치고 있는데 결코 지와 행의 분리를 전제하지 않는다. 지행합일은 본래적으로 주어져 있는 것으로 분리된 것은 생각조차 할 수 없었다.[43]

결국, 서양의 문화적 아프리오리는 원연합 - 분리 - 재연합의 논리적 구조를 가졌고, 원연합에서 분리를 가져오는 것은 소외 동기이고, 분리되었다가 재연합되는 것이 구원 혹은 종합이라 할 수 있는 반면에, 동양의 문화적 아프리오리는 조화적 대칭의 자기 전개(음양설)이거나 조화적 통일(이기론)이거나 혹은 본래적인 조화의 합일(양명학)에서와 같이 소외 동기는 찾아볼 수 없으며, 구원이나 종합이라는 뜻으로 재연합이 문제되지 않는다. 오히려 동양적인 문화의 아프리오리는 주어진 소여所與가 분리되지 않고 단지 불완전 상태에서 완전한 상태로 전개되는 데 있는 것 같다. 불완전과 완전 사이에 소외가 있는 것이 아니라 수도修道에 의한 성誠이 있어서 이것을 가능하게 만드는 것이 아닌가 생각한다.[44] 그러면 소외로서의 죄 혹은 타락이 문제되지 않고 재연합으로서의 구원이 문제되지 않는 동양의 문화적 아프리오리에 근거한다면, 복음을 어떻게 이해할 수 있겠는가?

(2) 동양적 복음 해석

동양적으로 복음을 이해한다는 것은 비서양적이지만 전적으로 성서적이라는 뜻이지, 결코 기독교의 교리나 신학사상을 동양사상과 적당히 종합하는 것도 아니고 비교하여 공통점을 지적하는 것도 아니다. 동양적 종교성에 기초하여 복음을 이해한다는 것은, 부정적으로 말한다면, 죄구원론적으로 이해하지 않는 것이며, 긍정적으로 말한다면 언행일치적 인격의 완전성과 불완전성이라는 범주에 의하여 이해하는 것을 뜻한다.[45]

김광식은 복음을 동양적 문화 아프리오리로써 재해석하는 일은 첫째로 서양의 죄구원론의 시비를 가리고, 둘째로는 동양의 그리스도 없는 종교를 그리스도 중심의 종교로 개종시키는 것이라고 주장한다.[46] 동양의 종교성에 있어서는 인간이 불완전한 상태에서 완전한 상태로 구원받는다는 사상을 가지고 있고, 인간의 수양을 통해서 완전성에 이르기까지 성실하게 삶으로써 구원을 얻게 되는 것이 동양적인 종교성이다. 그러나 동양적인 종교성에는 기독론이 나타나지 않는다. 달리 말하면 인간이 완전해질 수 있다고 생각했기 때문에 그리스도와 같은 중보자적 존재가 필요치 않았던 것이다. 그러나 김광식은 동양적 복음 해석에 있어서 그리스도의 중요성을 힘주어 강조한다. 즉, 아무리 복음을 동양적으로 해석하더라도 예수 그리스도를 통한 구원을 가르치는 기독론은 그대로 남아 있어야 한다는 것이다. 즉 복음을 동양적으로 이해하는 것은 단순히 동양적 종교성을 받아들이는 것이 아니라 이것을 수정하는 것이며 바르게 만드는 것이라고 할 수 있다.[47]

따라서 동양의 자력 종교가 수정되어서 그리스도 중심의 종교로 나타날 때 복음은 바르게 전해지는 것이다. 그리스도 없는 종교를 그리스도 있는 종교로 만드는 것이 선교이다. 그러나 이것은 결코 죄구원론적 동기에 의

하여 규정되는 것이 아니라 동양적 종교성, 즉 언행일치적 인격의 완전성과 불완전성의 도식에 의하여 규정되는 것이다."[48]

그리스도 없는 종교에서 그리스도 있는 종교로의 발전된 성서적 예를 김광식은 아브라함의 종교와 그리스도의 종교에서 찾고 있다. 아브라함이 믿음의 조상이 되는 것은 그리스도를 믿었기 때문이 아니고, 하나님의 약속과 명령을 준행했기 때문이다. 약속과 명령은 불완전한 자에게 주어지는 것이다. 완전한 자는 약속도 명령도 필요하지 않고 불가능하다. 아브라함은 불완전한 자로서 약속과 명령을 지켰지만, 그리스도는 바로 하느님의 약속이며 하느님의 명령이었다. 그러므로 아브라함을 따르는 종교는 그리스도를 따르는 종교에서 완성된다는 것이다.[49] 그리스도 없는 종교를 그리스도 중심적인 종교로 만드는 것이 선교이고 토착화론이라고 주장하는 김광식은 두 가지 과제를 제시한다. 첫째로 구원론은 서양적 종교성에서와 같이 죄구원론이 아니라, 불완전에서 완전을 지향하는 올바른 자기 이해를 문제 삼는 것이어야 한다. 왜냐하면 그리스도 없는 자기 이해는 비록 거짓된 것은 아닐지라도 불완전하기 때문이고, 따라서 그러한 자기 이해가 수정되어야 한다는 것은 그 불완전성을 그대로 받아들인 것을 의미하기 때문이다. 둘째로 그리스도 없는 종교가 그리스도를 모실 때 어떠한 그리스도를 모실 수 있는가 하는 가능성을 다루는 것이 새로운 기독론의 정립이다.[50]

동양적 종교성은 소외 동기가 아닌 조화적 전개에 의하여 구성되고 언행일치의 완전성과 불완성이라는 범주로 성립되고 있기 때문에, 동양의 종교성에서 구원은 하느님과 인간은 조화적 전개를 지향하고 불완전한 데서 완전한 데로 나아가는 것이 되어야 한다는 것이다. 그러므로 동양적으로 기독교의 복음을 이해하는 데 있어서 취급되어야 할 구원의 문제는 하느님을 떠나서 소외되어 있는 인간이 하느님과 화해한다는 식으로 설명할 것이 아니라, 천명으로 주어진 인간의 본성을 성실을 다하여 거룩한 성인이 되기까지 닦고 닦아서 바르게 만들자는 것이 구원의 문제가 되어야 한다는 것이다.[51] 김광식은 다음과 같이 주장한다.

> 즉, 예수는 하느님의 완전성을 계시해 주시는 분이다. 그러니까 예수는 완전하신 스승이 되는 것이다. 왜냐하면 자기 자신이 완전하지 않고서는 완전을 가르칠 수 없기 때문이다.[52]

결국 김광식의 언행일치 신학은 예수를 인간의 죄를 대속하여 주는 대속자/화해자로 이해하기보다는 완전한 스승임을 강조한다. 그에 따르면, "인간의 완전을 이룩하신 분은 오직 예수 그리스도뿐이다. 그는 모범적으로 완전을 완성하시는 것이 아니라, 하느님의 계시로서 완전을 나타내신 것이다."[53] 더 나아가서 "예수는 가르치기만 하지는 않는다. 그 분이 가르치신 대로 사셨다."[54] 결국 "예수는 자기의 완전을 남에게 보여줄 뿐만 아니라, 남들로 하여금 완전을 따라 살도록 가르치신다"[55]는 것이다. 결론적으로 김광식은 다음과 같이 주장한다. 예수 그리스도의 성육신은 "하느님의 언행일치의 계시"[56]이고, "그리스도의 십자가는 그분의 언행일치의 극단적 결과이다."[57]

4. 풍류신학과 언행일치 신학

1) 복음과 서구신학 : 탈서구화

풍류신학과 언행일치의 신학에서 우선적으로 나타나는 공통점은 복음과 서구신학을 분리하고 있다는 점이다. 한국 신학자들의 복음과 서구신학의 관계성에 대한 해석은 다양하다고 말할 수 있겠지만, 주로 보수적인 신학자들은 복음과 서구신학을 동일한 것으로 간주하는 하는 반면에, 토착화 신학에 적극적이었던 자유주의적 신학자들은 복음과 서구신학을 분리한다. 물론 해천의 '성의 신학'에서는 복음과 서구신학이 분리되기 보다는 복음과 바르트의 신학이 동일선상에서 이해되고 있지만, 그의 '효의 신학'에서는 복음과 서구신학은 분명하게 분리되고 있다. 이런 측면에서 '성의 신학' 보다는 '효의 신학'이 한국적으로 더 주체적인 신학으로 평가될 수 있다. 보수주의 신학자인 박형룡은 그의 책『교의신학』에서 다음과 같이 주장한다.

> 필자의 본의는 칼빈주의 개혁파 정통신학을 그대로 받아서 전달하는 데 있고 감히 무엇을 창작하려는 것이 아니다. 이것은 옛 사람이 말한 바 술이부작述而不作의 태도라 할 것이다. 팔십년 전 이 땅에 서양 선교사들이 와서 전하여 준 그대로의 바른 신학을 새 세대에게 전달하는 것이 필자의 염원이기 때문이다.[58]

박형룡은 "칼빈주의 개혁파 정통신학이라는 신학적 포장지에 담긴 근본주의적 신학 체계를 복음 그 자체 또는 그리스도교의 영원한 메시지라고 확신"[59]하고 있다. 그러나 소금 유동식에 따르면, 복음은 초월적이고 절대적인 것으로 유대나 서양문화에 갇혀 있을 수는 없는 것이다. 그러나 한국에 들어온 기독교는 서방의 옷을 입은 채 "복음의 표현과 신학과 교회조직은 서방 문화 세계 속에 토착하여 자라난 것들이었다."[60] 그러므로 소금이 주장하는 토착화는 서구신학이나 서구교회의 토착화가 아니라 복음의 토착화를 의미한다. "토착화는 초월적인 진리가 일정한 역사적 상황 속에 적응하도록 자기를 변화하는 것이다."[61] 여기에서 초월적인 진리는 서구신학이 아니라 복음을 지시한다. 김광식도 유동식과 같이 서구신학과 복음을 분리하여 사고한다. 즉, 언행일치 신학에 있어서 서구신학이란 서구의 아프리오리에 근거하여 복음을 해석한 것이기 때문에 서구신학은 소외 동기를 기반으로 죄구원론적 해석을 가져왔다는 것이다. 앞에서 언급하였듯이 김광식에 따르면 토착화 신학이란 서양의 소외화하는 사고로부터 해방하여 동양적인 탈소외화 하는 사고를 통하여 복음을 해석하는 것이다. 더 나아가서 참다운 복음 이해는 본문으로 행세하는 서양적인 신학을 서양적인 맥락에서 해방시켜 동서양 신학의 대화의 차원에서 분석하고 해석해야 한다고 주장한다. 풍류신학과 언행일치의 신학은 서구 신학으로부터 복음을 분리하고, 한국 신학의 과제와 성립은 서구신학으로부터의 해방으로부터 시작되며, 한국의 영성(풍류와 탈소외화)으로 복음을 한국적이면서 주체적으로 해석하는 것이기 때문에 서구신학을 타자화하고 있다고 볼 수 있다.

21세기를 살아가고 있는 한국인들은 한국적인 것의 본질을 어떻게 규정할 수 있을까? 21세기를 살고 있는 한국인(아시아인)들에게 서구문화는 아시아 신학자 M. M 토마스가 주장한 것처럼 '충격'이 아니라 '일상의 삶'이 되어 가고 있다. 코카콜라와 맥도널드로 상징되는 세계화의 시대 속에서 한국은 서구 문화에 대하여 이질감(거부감)보다는 친숙함을 느끼고 있다. 필자가 2008년 봄/가을학기에 감리교신학대학교와 대학원에서 '토착화 신학'을 강의하면서 느꼈던 절박함은 신학생들이 토착화 신학에서 핵심적인 개념인 '성誠'이나 '풍류風流'와 같은 전통적인 개념들을 이해하고 파악하는 것을 서구신학을 이해하는 것보다 더 힘들어한다는 점이다. '성誠

의 신학'을 주창한 해천 윤성범은 서구신학의 '계시'라는 개념이 동양인들에게는 낯설고 어색하기 때문에, 한국의 '성誠'이라는 개념을 가지고 '계시'라는 신학적 개념을 설명하려고 하였지만, 이 시대 한국의 젊은 신학도들은 '성誠'이라는 개념이 계시라는 개념보다 더 어색하고 난해한 개념이었다. 해천은 '성誠'이라는 개념이 모든 동양인에게 익숙하고 친근한 개념이라고 전제한다. 그렇게 말하는 이유는 그가 유교적 환경에서 유학을 공부하면서 성장하였기 때문이다. 그러나 이 시대의 젊은 신학도들은 기독교적 환경에서 태어나 기독교적 문화 속에서 성장하였고, 서양의 학문적 방법론을 통하여 지식을 습득하였다. 아이러니하게도 해천은 유교적 토대에서 기독교와 신학을 이해하려고 시도하였지만, 이 시대의 젊은 신학도들은 기독교적 토대에서 유교적 개념을 이해하려고 시도한다. 즉, 해천은 '성誠'이라는 렌즈를 통하여 계시를 이해하고 설명하려 하였지만, 이 시대의 젊은 신학도들은 '성誠의 신학'의 '성誠'을 이해하기 위하여 '계시'라는 렌즈를 사용하고 있는 것이다. 이러한 맥락에서 한국(아시아)인들에게 서구는 더 이상 타자가 아니며, '외부'가 아니라 '내부'이다. 확대해서 말한다면 어떤 부분에 있어서 한국의 젊은이들에게 서구는 내부, 한국의 전통적인 것은 외부이다. 이러한 맥락에서 21세기의 한국은 서구와 구분되는 전통적인 에토스를 순수하게 지녔다기보다는 서구적인 것과 한국적인 것이 혼종적으로 공존한다고 할 수 있다. 그러므로 한국 신학이 한국적인 것을 규정함에 있어서 과거 전통적인 것 속에서만 규정하기보다는, 서구나 제3세계를 타자화하면서 이들과의 차별화 속에서 규정하는 것보다는, 서구(제1세계)를 외부가 아닌 내부로 인식하면서 한국적 에토스를 규정하여 신학함의 출발점으로 삼아야 한다. 이러한 점에서 탈식민지론postcolonialism의 삼총사 중의 하나인 호미 바바의 '혼종성hybridity'이라는 개

넘은 토착화 신학과 아시아 신학에 적합성을 지닌다.[62]

현재의 한국인에게 서구는 더 이상 외부가 아니고 내부이고, 한국적 에토스는 순수하기보다는 서구적인 것들과의 혼종성으로 규정된다면, 한국신학은 서구신학을 외부로 규정하는 것이 아니라 내부로 규정해야만 한다. 물론 서구신학이 이웃 종교들을 정복의 대상으로 보는 것, 이웃 종교인들을 익명의 크리스천으로 간주하는 것, 서구신학이 제국주의와 결혼한 것 등은 한국신학과 아시아 신학이 탈서구화의 과제로 삼아야 한다. 그러나 복음이 서구 문명과의 결합을 통하여 고백된 교리적인 전통은 탈서구화의 요소라기보다는 한국신학과 아시아 신학이 외부가 아닌 내부로 삼아야 하는 전통으로 간주되어야 한다. 웨슬리에 근거한다면, 성서, 전통, 이성, 경험이 신학의 규범이다. 기독교 신학의 전통은 역사적 예수의 선포나, 성서는 물론 서구신학을 포함한다. 민중신학자 안병무는 다음과 같이 말한다. "나는 삼위일체론 같은 것은 상대를 안 해요. 성서에는 없는 것이고 그저 하느님을 설명하는 데 편리한 도구 이상의 의미는 없다고 봐요."[63] 안병무와 같이 교리가 성서에 존재하지 않는다고, 또는 서구적 문화와 영성 속에서 만들어진 고백이라고 거부한다면 한국 신학에게 기독교 2000천년의 역사와 전통은 일식이다. 이러한 측면에서 토착화 신학은 '역사적 예수'와 '교리적 예수'를 대립으로 보고, 역사적 예수나 성서의 그리스도만을 신학의 기반으로 삼을 것이 아니라 교리적 예수 그리스도와 종교개혁적 전통도 신학함의 기반으로 삼아야 한다.[64]

2) 복음과 한국 종교/문화의 관계성

이웃종교와 관계성을 집중적으로 탐구하는 종교신학을 다양하게 분류할 수 있겠지만, 일반적으로 크게 배타주의, 포괄주의, 다원주의로 분류한다. 배타주의는 정복설로 규정되며 이웃 종교와 다른 문화를 비진리로 규정하면서 개종의 대상으로 보는 것이다. 포괄주의는 성취설이라고도 불리우며, 이웃종교를 통한 구원의 가능성에 대하여 열린 자세를 취하지만, 이웃종교를 통한 구원은 결국 그리스도의 은혜라고 주장한다. 다원주의는 이웃종교들을 정죄하지도 않고, 구원의 가능성으로 규정하지도 않으면서 열린 자세를 취하며, 크게 신(실재) 중심주의와 그리스도 중심주의로 구분할 수 있다. 유동식의 풍류신학은 종교신학의 포괄주의(성취설)에 가깝고 언행일치의 신학은 변혁주의[65]에 가까운 것처럼 읽혀진다. 그러나 풍류신학은 라너나 파니카의 성취론과는 구별되어야 하고, 언행일치의 신학은 천암 박봉배의 변혁주의적 토착화 신학과는 구분되어야 한다.

풍류신학은 한국의 전통종교를 배타적이 아니라 긍정적으로 본다. 하느님은 우주적 그리스도인 풍류객 예수를 통하여 성육신과 십자가와 부활사건에서 '자기 부정을 통한 사귐의 회복'을 이루었다. 그러나 그 사귐의 회복은 기독교 전통이라는 좁은 울타리에 갇혀 있는 것이 아니다. 유교는 '극기복례克己復禮', 불교는 '귀일심지원歸一心之源', 도교는 '무위자연無爲自然'을 핵심으로 신인합일을 추구하고 있으므로 풍류객 예수는 포함삼교包含三敎하고 있는 것이다. 그럼에도 불구하고 소금은 분명하게 다음과 같이 주장한다. "풍류도는 긴 역사적 전개 끝에 그 완전한 실현을 그리스도 안에서 만나 보게 된 것이다. '자기부정을 매개로 한 신인합일'을 본질로 하는 풍류도가 유불선 삼교를 통하여 전개되었지만 그리스도에 이르러서 완성되어진다." 이와 같이 이웃종교에 대하여 관용적이면서도 결국에는 그리스도에 의하여 완성된다는 입장을 종교신학에서 포괄주의로 분류한다. 성취설은 '익명의 그리스도인'을 주창한 칼 라너Karl Rahner와 레이몬 파니카의 기독론에서 발견된다. 라너는 이웃종교를 '익명의 기독교'로 읽어

가지만, 이웃종교 속에서 그리스도의 현현Christophany을 읽어 가는 신학자 중의 한 사람은 레이몬드 파니카Raimond Panikkar이다. 파니카는 『힌두교의 알려지지 않은 그리스도』The Unknown Christ of Hinduism라는 책에서 로고스 기독론에 기초하여 힌두교의 이스바라Isvara를 그리스도로 이해한다. 파니카에게 있어서 그리스도는 '우주신인론적 상징' Cosmotheandric Mystery이다. 여기에서 우주신인론적 원리는 신, 인간, 세계가 실재를 구성하는 더 이상 축소할 수 없는 세 차원들로 형식화할 수 있다. 파니카에 따르면, 힌두교에서 이스바라는 브라만과 달리 인격적 차원을 지니고, 세계의 창조자이고, 마야Maya를 극복하게 하는 역할과 기능을 하고 있고, '브라만과 세계의 연결고리'이기 때문에 그리스도라고 주장한다. 결국 힌두교의 이스바라는 '그리스도의 현현'이라는 것이다. 그에게 있어서 역사적 예수도 이스바라와 동일하게 그리스도의 역사적 현현이다. 그러나 파니카의 기독론에 있어서 그리스도의 존재가 다수인 것은 아니다. 그리스도는 원래 하나로 존재하고 있으며 그 하나인 그리스도가 역사적으로 다양하게 현현된 것이다. 즉, 역사적, 현현적으로는 다수라고 할 수 있지만, 존재론적으로는 단수이다. 이런 맥락에서 그는 역사적 예수와 부활한 예수를 구별하면서 부활한 예수, 즉 그리스도를 강조한다.[66]

유동식의 풍류기독론에서 하느님이 유, 불, 선을 통하여 한국인들에게 계시하셨지만 그 계시는 그리스도라기보다는 풍류도이다. 즉, 삼교三教의 석가와 공자와 노자를 그리스도로 이해하는 것이 아니라, 그리스도와 일치되는 것이 아니라 풍류도의 전개로 이해하고 있는 것이다. 즉, 석가, 공자, 노자는 풍류도를 전개시킨 것으로 읽혀진다. 풍류기독론에서 전통종교인 삼교三教가 드러내는 것은 그리스도의 은혜라기보다는 풍류도의 본질을 의미한다고 표현하는 것이 적합하리라 생각된다. 결국 풍류기독론에서 '그리스도 중심적 보편주의'는 한국의 전통 종교를 그리스도 중심적으로 읽어 가기 위한 도구tool로 작용하는 것이 아니라 풍류도를 본질로 전통 종교를 읽어가고, 그리스도를 풍류도의 완성으로 읽어 가는 도구로 작용하고 있다고 생각된다.[67] 그러나 라너의 익명의 기독교인이라는 이해에서 이웃종교는 이웃종교 그 자체로서 의미를 지니는 것이 아니라 그리스도의 은혜가 깃들어 있기 때문에 의미를 지니는 것이고, 파니카의 기독론에서 힌두교의 이스바라는 그리스도의 현현으로 읽혀지고 있다.

언행일치 신학은 복음과 한국 문화의 관계에 있어서 복음에 의한 한국 문화의 변혁을 강조하는 성격을 띠지만 박봉배의 변혁주의적 토착화 신학과는 구분되어야 한다. 박봉배에 따르면 서양의 기독교 역사는 기독교와 문화의 관계에 있어서 타협적인 측면보다는 변혁적인 측면이 더 강력하지만[68] 한국의 기독교는 한국의 종교와 문화를 변혁시키기보다는 한국의 종교/문화와 타협해 버리는 비중이 더 컸다는 것이다. 그 첫 번째 이유는 한국의 기독교는 사대주의적이면서도 속으로는 배타적인 우리 민족성의 탓으로 기독교를 외형적으로만 받아들였을 뿐, 내적으로 받아들여 자기 변화를 하지 못했고, 두 번째로 시대적 사회적 상황이 기독교의 메시지가 중심이 되어 개인과 사회를 적극적으로 변혁시켜 나가기보다는 오히려 기독교가 문화적이거나 시대적인 요청에 소극적으로 타협해 버리는 경향이 컸었다는 것이다. 결국 한국 기독교는 한국의 전통 문화와 종교를 외면적으로는 거절하였지만 내면적으로는 무분별한 타협과 협상의 결과 초래하였다는 것이다.[69] "복음이 전통적 종교의식과 시대적 환경을 해석하고 변혁시켜 온 것이 아니라 오히려 후자가 복음을 변질시켜"[70] 왔다는 것이다. 즉, 기독교가 유교화되었으며, 샤머니즘화 되었다는 것이다. 그러므로 박봉배는 토착화를 다음과 같이 정의한다. "변혁주의 입장에서 말하는 토착화란 복음의 빛이 토착문화에 비치어 새로운 목표를 밝혀주고 복음의 누룩이 발효하여 토착문화의 발전적인 자기 변화를 일으키게 하는 것을 의미하는 것이다."[71]

변혁주의적 토착화 신학과 유사하게 언행일치의 신학도 토착화를 다음과 같이 정의한다. '그리스도 없는 종교를 그리스도 중심적인 종교로 만드는 것이 선교이고 토착화론이다.' 한국의 전통종교는 그리스도 없는 종교이기 때문에 그리스도 있는 종교로 만드는 것이 토착화론이라고 주장한다. 이런 측면에서 외형적으로 변혁주의적 토착화 신학과 언행일치의 신학은 복음에 의한 한국 종교와 문화의 변혁이라는 유사성과 공통성을 지니고 있다. 그러나 전자는 탈서구화의 터널을 통과한 복음이 아닌 반면에, 후자는 동양적 아프리오리에 근거한 복음해석으로 탈서구화의 과정을 거친 복음이라고 말할 수 있다.

풍류신학이 포괄주의의 성취설과 구분되어야 하고, 언행일치의 신학이 변혁주의적 토착화 신학과 구별되어야 하지만, 두 신학에서 공통적인 측면은 복음과 한국 문화의 관계에 있어서 일방적인 경향성을 띠고 있다는 점이다. 풍류신학은 풍류도와 복음의 공통성 찾기에 중심점이 있으며 풍류신학의 결론은 그리스도에 의한 풍류도의 완성에 있다. 언행일치의 신학은 복음과 한국 문화의 공통분모를 찾기보다는 한국 종교/문화의 원리에 근거하여 복음을 해석하는 것이며 결론은 그리스도 없는 한국 종교를 그리스도 있는 종교로 변혁시키는 것이다. 두 신학 모두 한국 종교/문화에 의한 복음의 변혁적인 측면은 간과되고 있다. 즉 그리스도, 복음은 상수로만 작용하고 있고 변수로는 읽혀지고 있지 않다고, 한국의 종교 문화만이 변수로 작용하고 있다. 세계화의 물결 속에서 토착화 신학이 한국 신학과 아시아 신학으로서 신학적 지평을 넓히기 위하여 토착화 신학은 복음에 대한 한국(아시아) 종교/문화의 변혁적인 측면도 모색되어야 한다. 지역성과 특수성에 의하여 거대 담론의 거짓된 보편성이 폭로되는 흐름 속에서 상수의 보편성도 변수로 인식될 수 있음을 토착화 신학은 기억해야 한다. 토착화는 지역성과 특수성이라는 상황을 초월한 진리를 상수로 확보하고 이식하거나 뿌리 내리는 이식과 뿌리 내림의 과정도 아니고, 한국이라는 특수성의 에토스나 원리를 파악하고 그것을 상수로 삼아서 복음을 한국적으로 재해석해 내는 해석학적 과정만도 아니다. 보편성에 내재되어 있는 특수성의 측면, 상수에 내재하고 있는 변수적인 측면을 감지하고 상호적인, 더 나아가서 혼종성의 렌즈로 토착화 신학은 복음과 한국 종교/문화를 읽어 가야 한다.

3) 본질과 상황

기독교 신학은 성경을 가장 원초적인 자료로 전제하고, 2천년의 전통을 신학함의 근거 중의 하나로 분명하게 인식하고 있기 때문에 본질과 상황의 관계는 신학함에 있어서 늘 추구되는 물음 중의 하나이다. 틸리히의 상관방법론이 방법론에 있어서 상황과 실존의 중요성을 두드러지게 부각시킨 측면은 부정할 수 없겠지만, 결론적으로는 실존은 물음을 가져오고, 본질은 해답을 가져온다는 점을 전제로 삼고 있다는 점에서 본질의 추구로 기울어져 있다. 한국 신학 중에서 보수적인 신학들은 한국이라는 상황성보다는 성경과 기독교 전통을 본질로 삼고 있다는 점에서 상황보다는 본질을 추구한다. 그러나 민중신학은 신학의 출발점이 본질보다는 상황에 있다고 말할 수 있다. 성경과 기독교 전통에서 본질을 발견하고, 그 본질에 근거하여 1970-80년대 한국의 사회/정치적 현실을 변혁시키는 방향이 아니라 그 반대의 방향을 취하고 있다. 한국의 사회/정치적 현실속에서, 즉 민중(민중 경험)들 속에서 기독교 본질의 핵심을 발견하고 성경과 기독교 전통으로 돌아간다. 이러한 측면에서 민중신학은 본질보다는 상황 지향적인 신학이다. 풍류신학과 언행일치의 신학은 보수 신학과 비교하여 생각한다면 분명히 본질 지향적이지 않고 상황 지향적이다. 복음을 상수로 설정한다는 점에서는 보수 신학과 유사할지 모르나 한국 신학과 교회를 서구신학과 교회의 포로라는 설정에서 출발하고 있기 때문에 상황 지향적임에는 분명하다. 그러나 풍류신학과 언행일치의 신학을 포함한 1세대 토착화 신학은 민중신학과 비교하였을 때 한국의 에토스를 발견함에 있어서 상황 지향적이기보다는 본질 지향적이다.

민중신학은 한국 종교 문화의 본질/원리를 발견하여 그 원리에 근거하여 복음을 해석하는 신학적 방법론이 아니라, 사회/경제/정치적인 현실에서 신학적 과제를 발견하여 복음의 본질을 규명하고, 한국 종교 문화의 본질을 규정하는 방법론을 선택한다. 1970-80년대 억압받는 민중 그러나 역사의 주체인 민중과의 만남을 통한 경험 속에서 민중신학 1세대들은 기독교 복음과 그리스도의 진수를 만난다. 이 한국의 현실에서 얻어진 민중 경험이 성경과 기독교 전통을 새롭게 볼 수 있는 눈을 가져왔다. 그러므로 김광식은 안병무의 민중신학에 대하여 다음과 말한다. "…안병무에게도 주석 이전에 이미 그가 가지고 있는 민중 개념이 있었다. 주석 이전의 민중 개념은 그 자신의 정치 참여의 활동과 체험에서 얻은 것처럼 보인다."[72] 더 나아가서 민중신학은 한국의 전통 종교/문화도 민중이라는 렌즈를 통하여 바라보고 읽어 가기 때문에 양반종교인 유교보다는 민중들의 종교인 동학과 무교에 집중한다. 또한 양반 문화보다는 탈춤과 같은 민중 문화를 신학의 자료로 삼는다.

그러나 풍류신학은 한국 종교/문화의 과거의 전통으로 돌아가서 한국적 원리를 풍류도에서 발견하고, 언행일치의 신학은 한국의 전통에서 탈소외화적 동기, 조화/전개적 원리를 발견하여 이 원리에 근거하여 복음을 해석하는 방법론을 선택한다. 결국 한국적 에토스를 규정함에 있어서 민중신학은 상황이 본질을 규정하고 있다면, 풍류신학과 언행일치의 신학을 포함한 1세대 토착화 신학은 본질이 상황을 규정하는 성격을 띠고 있다. 물론 토착화 2세대부터는 민중신학의 도전과 성과를 신학적으로 수용하고 있으므로 본질만 강조하는 것이 아니라 상황의 중요성을 인식하고 신학함의 출발점에서 억압받는 민중과 파괴되는 생명의 문제가 전제되어 있다. 이와 같이 토착화 신학은 풍류신학과 언행일치의 신학과 같이 과거의 전통에서 한국적인 에토스를 발견하려 하기보다는 21세기 이 상황에서 본질을 찾아가는 방법론이 모색되어야 한다. 물론 그 본질의 보편성과 상수는 변수적인 측면이 있음을 전제해야만 한다.

변선환의 신학

- 실존의 자기 이해 여정으로서

신 익 상 _감리교신학대학교 박사과정

1. 들어가는 말

종교해방신학은 변선환 신학의 절정이다. 그 신학의 완성도 여부와는 별개로, 실로 그 기획은 변선환 신학 여정의 마지막 지향이었다. 본고는 변선환 신학의 절정에 이르기까지의 여정에서 두 가지를 뽑아내어 그 여정을 비교적 일목요연하게 정리할 수 있는 틀로 삼고자 한다 – 실존existence과 렘마lemma. 그리고 이 틀들을 들여다봄으로써 변선환의 종교해방신학이 갖는 의의와 문제를 현대적으로 재설정할 수 있는 기회로 삼고자 한다. 앞으로 보게 되겠지만, 의의와 문제는, 후자를 통해 전자가 재구성되는 건설적인 비판 작업을 통해서 우리 앞에 다시 놓여야 한다. 의의만 가지고서는 추억만을 되새길 뿐이요, 문제만 가지고서는 도약을 위한 발판을 설정할 수 없기 때문이다. 그리고 만일, 이 비판 작업이 성공적이기만 하다면, 종교해방신학은 현대적인 옷을 입고 새로운 절정에 오를 수 있을 것이다.

"실존"이라는 주제는 변선환 신학 여정의 근간을 형성하고 있다고 할 수 있다. 이 주제는 불트만R. Bultmann, 마이켈슨C. Michalson, 부리F. Buri로 이어지는 영향사와 야스퍼스K. Jaspers의 인간미 넘치는 사변이 가미되어 변선환 신학을 이끌었다. 이에 대해서는 이정배의 「변선환 박사의 신학적 실존」과 이원재의 「변선환의 신학과 실존사상」을 참조할 수 있다.[1] 전자는 불트만과 칼 마이켈슨, 부리를 중심으로 해서 실존주의 신학과 변선환과의 관계를 조명하고 있고, 후자는 부리와 야스퍼스[2]를 중심으로 그 영향사를 살피고 있다. 그런데 이 주제는 단지 영향사로만 끝나지 않는다. 그것은 변선환 신학의 여정 속에서 변모하였고 – 자신의 서구 스승들이 전수한 것을 딛고 넘어서는 방식으로–그럼에도 불구하고 여전히 같은 용어 속에서, 그러나 그 개념이 간직하고 있는 뜻은 재구성되면서 절정을 향한 변선환의 신학을 이끌었다. 이 점을 보이면서 변모의 내용을 들여다보는 것이 이 글의 목표 중 하나다.

실존이라는 주제의 이 변모는 "렘마"로 대표한 불이적不二的 사유에 의해서 추동推動된 것이다. 변선환은 비서구화의 과제로서 토착화 신학을 전개하면서 불교의 공空을 점차 새롭게 이해하게 되었다. 그의 실존주의에 대한 이해가 동양사상, 특히 대승불교의 영향 하에[3] 스스로의 지평을 넓힌다. 그는 "역사의식"이라는 요점을 놓치지 않으면서 절대무絶對無라는 내재적 초월을 긍정하기에 이른 것이다. 윤리(인간학)와 구원(신학)을 이분법으로 보거나 변증법적인 긴장관계로 보는 시각은 사라지고 거기에 렘마의 논리가 자리를 잡게 된다. 하지만 렘마의 논리가 실존이라는 주제 속에서 서구의 스승들에게서 물려받은 유산을 간직한 채 전개되고자 할 때 문제시되는 점이 발생하게 된다. 이 점을 지적하면서 문제의 내용을 정리하는 것이 이 글의 또 다른 목표다.

이상에서 제시한 두 가지 목표는 변선환의 신학 여정이 수렴하고 있는 종교해방신학의 의의와 문제를 바라보는 틀이 될 것이다.

불이론에 대하여 한 가지 짚고 가자. 사실, 변선환의 신학에 대한 비판은 바로 여기에 집중되고 있다. 불이론의 수용이 그리스도의 궁극성을 훼손하거나 제거해 버리는 방향으로 나아가게 했다는 것이다. 이것은 현상은 달라도 본질은 같다고 보면서 공동 근거를 말하는 측과 현상도 본질도 모두 다르다고 말하는 측으로 나누어지는 다원주의 논의[4]와 맞물려 있는 비판이겠다. 필자는 이 비판이야말로 변선환의 토착화 신학의 실존적 여정의 끝에서 만나는 최종적인 난점이라고 보고 문제를 제기하고자 한다.

2. 실존 : 그 영향사

변선환이 자신의 토착화 신학의 과제를 불교와의 대화를 통해서 수행하고자 하였던 것은 부리와의 만남이 결정적이었으므로 부리의 실존 신학을 출발점으로 삼고자 한다. 이 과정에서 변선환이 무엇을 통해서 서구의 스승들을 넘어서고 있는가를 보여줄 것이다. 그리고 동시에, 변선환의 토착화 신학이 이전의 토착화 신학—예컨대 윤성범이나 유동식—과 어떻게 다른지를 함께 볼 수 있을 것이다. 서구신학의 이식[5]이 아닌 주체적 수용과 조화의 모습을 말이다.

변선환[6]은 부리를 다음과 같이 두 가지 상이한 방향에서 이야기한다. 하나는 난점을 해결해 준 이로서의 부리이고, 다른 하나는 문제점을 가진 이로서의 부리이다.

마이켈슨과 야기의 신학적 아포리아를 해결해 준 이는 그리스도라는 이름을 유일회적 종말론적 사건이나 절대무로서의 장의 계시가 아니라 "인격적 책임성의 무제약성을 나타내는 신화적 표현"이라고 본 후릿츠 부리였다. 그리스도라는 이름이 신화적으로 상징하는 것은 바로 인간의 진리, 책임적 자아와 책임적 공동체의 진리다. 그렇기에 무제약적인 책임성이 있는 곳, 사랑이 있는 곳, 그 어디에나 그리스도가 계신다. 그리스도는 결코 세계사의 알파(종교사의 신학)와 오메가(정치신학)에 있지 않고 바로 지금 여기에 있다. "무제약적 책임성"이라는 이름 밖에 천하 인간이 구원을 얻을 만한 다른 이름을 우리에게 주신 일이 없다.[7]

… 부리 선생 자신이 슈바이처나 야스퍼스의 영향을 받았기 때문에 동양과 서양을 정적으로 양분하는 도식을 여전히 가지고 있었습니다. 부리 선생이 쓴 논문 가운데 "Selbst und Nichts"(자기와 무)라는 것이 있습니다. 여기서 Selbst(자기)는 기독교 서구이고 Nichts(무)는 불교에서 말하는 무(無)라고, 둘을 딱 갈라서 보는 입장입니다.[8]

필자가 처음 변선환과 부리의 관계에 관심을 갖게 된 것은 이 두 글에서 나타나는 부리에 대한 상이한 평가 때문이었다. 다음과 같은 질문이 떠오른 것이다. 첫째, 변선환이 부리의 신학(과 서구의 실존주의 스승들의 사상들)을 서구적 이분법의 편견에 사로잡혀 있다고 평가하면서도 여전히 실존 신학을 자기의 신학적 실존 속에 품고 있었는가? 둘째, 변선환은 어떻게 부리의 이분법적 사고를 극복하고 있을까? 사실 부리는 변선환으로 하여금 비케리그마화를 통해서 계시신앙의 배타적 절대성을 주장하지 않고 선불교와 만날 수 있는 장을 열어 주었다. 하지만 그것은 여전히 "그리스도의 궁극

성"을 주장하기 위한 대화의 장 이상은 아니었다.(성취론적 포괄주의)9 이 질문
들에 대한 답을 찾아가기 위한 첫 출발로서 실존신학의 영향사를 살펴보
도록 하자.

1) 부리를 만나기 전의 실존론적 신학(전기) : 불트만과 마이켈슨

먼저 부리를 만나기 전의 변선환의 실존주의적 관점을 살펴보도록 하
자. 1970년대 초중반까지이다. 두 가지 방향에서 살펴볼 수 있는데, 하나는
'무無'에 대한 이해에 관한 것이고 다른 하나는 정치신학에 대한 평가에 관
한 것이다.

이 시기의 변선환은 '무'를 말 그대로 "있지 않음", "아무 것도 없음",
"허무", "유한성"과 같은 것으로 본다. 부리를 만나기는 하였으되(1967년),
여전히 불트만 중심의 실존적 신학에 경도되어 있었던 시기가 아닌가 한
다. 부리의 영향사가 드러나는 것은 그가 박사학위를 제출한 1976년이 되
어서다.10 실존이란 이 '무'와 '존재Being' 사이에 놓여 있는 나그네로서의
인간을 표현한 것으로서 기독교 실존주의는 이 여정의 해답을 생의 유의
미성을 밝히는 신앙에서 찾는다.11 그런데 여기서부터 미묘한 차이가 있
다. 변선환이 부리를 알게 된 것은 1967년도였는데, 이때부터 적어도 1971
년도까지는 마이켈슨의 영향하에서 부리와 야스퍼스를 비판적으로 평가
하고 있는 것이다.(전기의 변선환) 실존적 신학 내부에서 벌어지는 이 미묘한
경쟁을 전기와 중기의 변선환 안에서 볼 수 있다.

생의 유의미성의 문제는 기독교 신학에 있어서 종말론의 문제로 다가오
기 마련이다. 불트만은 종말을 '결단의 시간'으로 보고 그 현재성을 강조
한다. 예수 그리스도의 새 계약은 역사적 현상이 아닌 종말론적 현상이므
로, 다시 말해서 세계사historie가 아니라 실존사Geschichte이므로 구원은 경과

로서의 시간 개념 속에 있는 미래에 있지 않다는 것이다. "참다운 역사는 … 우리가 거기에 실존적으로 참여하는 데 생긴다."[12] 실로 초대 교회에 있어서 역사적 종말의 지연은 종말 기대를 포기하는 것으로 끝나지 않고 "그것을 신앙 실존의 자기 이해의 표현으로 비신화화함으로써"[13] 종말에 대한 새로운 자각을 얻었다고 불트만은 본다. 그리고 바로 이 초대 교회의 자기이해가 케리그마가 되는 것이다. 따라서 역사적 예수와 케리그마 사이의 비연속성이 불트만에게서는 자명하게 된다. 이제 불트만에게는 케리그마에 근거하여 사건 속에서 말씀이 나에게 하는 요구를 듣느냐의 여부에 따라 구원의 여부가 판가름 나게 된다. 이 사실은 인간 존재가 시간적 존재, 역사적 존재라고 말할 수 있게 한다.[14] 그런데 이 "역사적 존재"의 의미를 음미하는 것이 중요하겠다. 왜냐하면 이 역사적 존재는 세계사가 아닌 실존사로서의 존재, 즉 "죽음"에서 "생"으로 이행하게 하는 "종말론적 지금으로서의 순간"에서의 "신의 말씀에의 응답"[15]에 기인하기 때문이다. 불트만에게 역사가 의미를 가지는 것은 끊임없이 도래하는 신의 말씀 앞에서 결단하는 현재에서다. 따라서 결단하는 주체가 중심으로 떠오르게 된다. 그리고 이 결단에서 실존은 비본래성과 본래성, 무와 유, 죽음과 생이라는 이분법적 대립의 긴장 속에 놓이게 된다. 따라서 유有에 대립하는 무로서의 무無가 있을 뿐이며, 현재적 종말론의 빛에서 역사는 미래와 영원을 지양하게 된다. "지금 여기"를 경유하지 않는 영원이란 불가능하며 그런 미래는 어떤 유의미성도 없는 또 다른 무無일 뿐이기 때문이다.

이러한 실존의 역사성은 마이켈슨으로 하여금 세계를 근본적인 역사적 실재로서 보게 하였다. 이 과정에서 예수 그리스도의 궁극성이 강조된다.[16] 불트만의 두 축, 비신화화론과 유일회적인 역사적 십자가 사건을 중심으로 선포되는 케리그마 중에서 후자를 더 강화하는 쪽으로 움직인 것이라 할 것이다. 그리고 이러한 입장에 동의하면서 전기의 변선환은 야기 세이이찌八木誠一의 장소적 기독론과 몰트만J. Moltmann의 정치신학을 비판한다.

몰트만에 대해서는 "소망의 객체가 되는 '무엇' 을 너무 강조한 나머지 소망하는 주체를 간과"[17] 하고 있으며 "일체를 미래 속에 해소시키므로, 과거와 미래를 현재 속에서 읽으며 영원과 만나는 영원의 현재"를 잊고 있다고 비판한다. 종말론적 소망은 세속적 소망에서 절망함으로써 획득되는 것이지 역사 속에서 찾을 수 있는 것은 아니라고 하면서 예수 그리스도의 십자가에 대한 신앙을 강조한다. 십자가에 나타난 모순이 부활에서 해결되었다고 보는 몰트만의 십자가와 부활의 역설적 변증법에 대하여는 부활은 십자가의 폐기가 아니라 "십자가의 유의의성"의 표현이라고 하면서 반박한다.[18]

야기의 장소적 기독론에 대해서는 어떠했던가? 야기는 선불교의 절대무로부터 로고스를 실존론적으로 해석함(로고스=초역사적인 진리 자체=종교적 실존의 근저=신앙의 근거인 場)으로써[19] 그리스도를 예수로부터 해방시키고(비누미노제화) 진리 자체인 장場의 계시로 세운다. 이에 대하여 전기의 변선환은 불교를 범신론이라고 보면서 기독교와 불교의 문화적인 질적 차이를 야기가 무시하고 있다고 비판한다. 더하여, 불교는 역사 범주가 없으므로 자아에 대한 물음을 끝까지 묻고 있지 않다고 부정적으로 바라본다.[20] 한 가지 더 흥미로운 것은 야기가 로고스와 예수와의 관계를 불교의 법신法身과 응신應身의 관계로 비교하고 두 종교가 모두 "인간 실존의 근저적 규정"에 의거한다고 보며 기독교 신앙의 배타성을 비판하는 것을 부리의 비케리그마화와 동일선상에 놓고 비판하고 있다는 점이다.[21]

이때의 변선환의 신학은, 그 자신이 정리하는 대로 "부활의 신학이 아니라 십자가의 신학, 소망의 신학이 아니라 신앙의 신학, 하나님나라의 신학

이 아니라 케리그마의 신학, 술어의 신학이 아니라 주어의 신학"이었다.[22]

2) 부리에게서 배운 실존의 신학(중기)

그렇다면 부리와의 만남이 변선환의 신학 안에 나타나는 중기엔 어떠했을까? 먼저 부리의 실존 신학은 어떤 모양을 하고 있을까를 살펴보도록 하자. 부리의 핵심적인 주제, 비케리그마화는 실존적 해석을 철저하게 밀고 나가지 않은 불트만의 신학을 비판하면서 "그리스도 케리그마를 해석하여 진리를 역사적 일점에 고정시키는 것이 아니라 인간 개체 실존의 내면적 가능성으로 존재토록 해야 한다고 역설"[23] 한다. 비신화화와 케리그마는 양립할 수 없으며 비신화화의 철저화는 케리그마를 해체하도록 인도한다는 것이다. 이 신학은 인간의 타락에 대한 이해는 불트만에 동의하지만 은총의 매개로서의 그리스도는 거부한다. 그리스도 케리그마 또한 기독교 신앙의 자기 이해의 표현으로 상대화하는 것이다. 이렇게 되면 "구원의 현실성은 객관적으로 표상된 구속사건에 근거하고 있다기보다, 인간이 자신의 역사적인 상황 속에서 스스로를 무제약적인 책임적 존재로 이해하면서 자신에게 처분 불가능한 은총으로서 주어지는 본래적인 자기 이해에 도달하는 것에 있"[24]게 된다. 그리스도 사건은 이러한 구원의 현실성에 대한 기독교적 표현일 뿐이다. 그것은 "인간을 생의 혼돈과 무의미 한가운데서 참된 자아, '책임적 인격공동체 형성을 위해 노력하는 책임적 자아'의 실현에로 부르는 암호"[25]다. 이 신학은 "실존은 스스로 은총의 성격을 가지고 있"[26]다고 하면서 "은총에 의한 본래적 실존의 설명"으로서의 실존의 신학, 책임의 신학을 얘기한다.

따라서 부리가 신학의 초점을 기독론으로부터 출발하고자 할 때에도 "기독론은 인간학과 뗄 수 없는 밀접한 관계를 가지고 있다"[27]고 말한 것을 이해할 만하다. 그렇다면 어떤 인간인가? 신과 인간의 차이 속에 놓여 있는 인간이다. 인간 내 성육신하시는 하느님과 인간의 인간성은 초월성과 역사성의 역설적인 자기 관련의 변증법에 있어서 두 측면이라는 견지에서 해석되어야 한다고 보는 것이다.[28] 초월은 인간을 "상대적 세계 안에서 무제약적 책임성을 지닌 인격적 실존으로 부르는 음성이다."[29] 실존적인 결단을 통한 실존의 자유야말로 가장 중요한 문제이며 이러한 실존적인 문제와 별개로 존재하는 초월이란 없다는 것이다. 변증법이라는 원리 속에 초월은 속박되어 있는 것이다. 이 신학은 하이데거의 비대상화non-objectifying가 아니라 야스퍼스의 대상화objectifying의 길을 따르며[30] 아리스토텔레스 논리학의 3대 기본원리인 동일률, 모순율, 배중률과 라이프니츠 논리학의 기초가 된 '충분한 이유의 원리' the principle of sufficient reason를 합리적 사고의 확고한 토대라고 본다.[31] 인식에 있어서도, 인간과 초월 또는 자기 self와 존재Being와의 관계에 있어서도 철저하게 주체와 객체가 구분되는 이원론의 길을 가고 있는 것이다.

마지막으로 부리의 실존 신학에 있어서 중요한 점은 하느님 나라의 도래라는 종말론적 기대의 탈종말론화다. 그는 다음과 같이 말한다.

> 우리들의 세계는 실존적 투쟁의 세계이며, 죽음으로 끝나는 무상한 세계를 뜻한다. … 우리는 역사적 실존이나 초역사적인 완성 둘 중의 하나를 선택해야 한다. 역사가 있는 곳에는 절대로 완성이라는 것이 있을 수 없다. 그리고 이 완성이 있는 곳에서 역사는 정지한다. … 그래서 하나로부터 다른 하나로 넘어간다는 것은 우리들의 현실적 개념에서 볼 때 생각할 수 없다. 하나의 역사적인 완성이라는 말은 우리들의 생각에서는 불가능한 것이다.[32]

이러한 이해 속에서 부리는 역사의 한복판에 서기로 결단한다. 그리스도를 향한 길에 머무는 "사랑의 투쟁"이라는 방식으로 말이다.[33] 종말론의 문제를 윤리의 문제로 대치한 것이다. "초월과의 관계 속에서 책임 있는 인격적 존재의 자기 이해"[34]가 종말론을 근거 짓는 영원한 원리가 된다.

> 참된 의미에서의 종말론이란 단순히 신앙의 자기 이해의 과정이라는 바탕 위에서만 가능하다. … 이것은 … 대단히 가시적인 표현과 구체적인 관계성 안에서 궁극적으로 하느님의 모상으로 실현되는 것이다.[35]

변선환은 부리의 실존의 신학에서 다음의 네 가지를 배웠다고 할 수 있다. 첫째는 무제약적인 책임적 존재로서의 자기 이해의 철저성이다. 이는 책임적 인격공동체의 구현을 향한 책임적 자아 인식까지를 요청하였다. 또한 실존의 역사성을 강조하게 된다. 둘째는 이러한 자기 이해의 종말론적이고 실천적인 윤리로서 "사랑의 투쟁"이다. 사랑의 휴머니즘을 강조하는 이 윤리는 "인간화"의 기치를 든다. 셋째는 비케리그마화의 철저성이다. 마지막으로 변증법적 긴장관계에 있는 이원론적인 현실 이해다. 이는 인식론과 실존론 모두에 해당된다. 그리하여 절대 무無나 공空을 말하는 불교의 관점을 일원론적 세계관으로 보고 거부하게 한다.

따라서 바젤 유학 직후 야기를 향해 행한 변선환의 평가를 짐작할 수 있다. 비케리그마화의 시도로서 야기가 전개한 "주관 즉卽 객관"의 인식론을 무無의 신비주의에 빠져서 합리적인 이론 자체를 불가능하게 만들며, 마땅히 주객 도식 하에서 발견되어야 할 주체적인(책임 있는) 인격적 실존을 불가능하게 함으로써 윤리적 문제를 가져온다고 비판한다. 그리스도론에 있어서 야기는 그리스도와 예수를 분리시키면서 그리스도를 통합체로서의 장소로 미루어 버리는데, 이에 대해서 변선환은 인격적 존재와 관련한 인격적 초월성의 문제, 곧 실존의 문제가 제거되어 버렸다고 비판한다. 이는 동시에 장소적 기독론의 비역사적인 성격에 대한 비판이기도 하다. 야기는 하느님 중심의 장 속에서 선과 악을 포함한 모든 것이 초월된다고 함으로써 탈종말론화의 길을 가는데, 이에 대해 변선환은 그가 무의 신비주의 속으로 그리스도교 종말론을 해소시킴으로써 일원론의 길을 가고 있다고 비판한다.[36] 다음의 말이 중기의 변선환이 야기의 신학에 대해 이해한 것을 요약적으로 보여주는 말일 것이다.

> "근저는 실재에 선행한다." 그것이 야기 신학의 비밀이다. 그는 절대무는 실존에 선행한다고 한다. 그러나 성인의 세계에 사는 현대인은 이미 Topos라는 존재의 모태에 매달려 있는 어린이, 아직 신화에서 벗어나지 못한 자연의 노예가 아니다.[37]

동양의 종교를 역사적 현실에서 떠나 탐미적인 방관만을 일삼는 존재 신비주의의 종교라고 보면서 "이원소실성", "자기 해소에 있어서의 진리의 근원 체험"[38]을 간단하게 일원론으로 정리하고 있는 것이다.

3) 또 다른 영향들 : 비서구화의 과제와 불교

변선환이 서구의 실존론적 신학으로부터 배운 것 중에서 끝까지 수용한 것과 고쳐 넘어선 것을 말하기 위해서는 먼저 부리를 만난 시기와 거의 동시대에 이루어진 다른 영향들에 대해서 숙고할 필요가 있다. 그것은 동양적 사고의 재발견을 견인하였다. 그리고 디딤과 넘어섬은 바로 이 영향들과 어우러져 일어난다. 여기에서는 실존 신학과는 다른 방향에서 변선환에게 들이닥친 영향들을 살펴보고자 한다.

첫 번째로 꼽을 수 있는 영향은 비서구화의 과제로서의 토착화 신학에 대한 자기의식이다. 이 점을 이정배는 다음과 같이 설명하고 있다:

> 60년대 이후 … 당시 한국 신학계는 토착화에 대한 찬반 논쟁으로 그 열기가 대단했던 것이다. 무속을 연구했던 유동식과, … 기독교를 유교적으로 해석해 보고자 시도했던 윤성범, 그리고 그들이 보여준 신학함에 있어서 주체성 발견의 문제는 선생님에게 크나큰 도전과 자극으로 다가왔었다.[39]

이러한 토착화 신학에 대한 자기 의식은 실존 신학의 철저화를 통해서 수용된다는 점에 주목해야 한다. 변선환은 「동양적 예수의 문학적 개척」 (1976년)에서 "우리들은 너무 오랫동안 서구 신학자들이 그려 놓았던 예수상을 거의 무비판적으로 받아들여 왔다."[40]고 선언하면서 성서와 교리를 통해서 볼 수 있는 예수와의 실존적 관계를 통해서 주체적으로 실존적 인간이 되어야 한다는 점을 강조하고 있다.[41] 또한 토착화 신학이 정치신학과 종교사의 신학으로 양분되는 양상을 일찌감치 목도하면서 이에 대한 해결의 단초를 근대화와 케리그마 문제와의 관계 맺음의 빛에서 접근해야 한다고 본다.[42] 토착화 신학을 무제약적인 책임적 존재로서의 자기 이해와 비케리그마화를 통해서 달성해야 한다는 문제 설정을 하고 있는 것이다. 하지만 부리가 전해준 실존 신학으로서는 토착화 신학의 문제를 "복음의 한국적 토착화"로서 동양의 범신론적 신비주의 종교에 빠져서 개체 인간의 자유를 알지 못하는 마술 동산으로부터의 해방이라는 의미에서의 인간화[43]의 과제와 동일시할 수밖에 없었다. (서구의) 복음은 주체이고 한국의 문화는 객체라는 이해가 스며 있는 것이며 따라서 근대화는 곧 (서구의) 기독교에 의한 근대화가 되어 버리는 것이다.

1970년대 후반의 변선환이 실존의 신학 입장에서 일찌감치 차이를 중심으로 한 종교다원주의를 이야기했던 존 캅John Cobb을 평가하는 모습에서도 토착화에 대한 당시 그의 입장을 재확인할 수 있다. 그는 캅이 로고스, 예수라는 계시의 존재론적인 객관의 근거를 불교와 대화의 공동 광장으로 삼은 것이 실존의 자기 이해와 대립하는 것으로 보고 캅을 추상적인 배타적 객관주의자라고 평가한다. 또한 제임스 콘James H. Cone의 입을 빌려 과정신학의 윤리는 형이상학적인 추상 속에 매몰되어 민중의 신, 혁명과 해방의 신에서 멀어졌다고 본다. 이번에는 무의 신비주의가 아니라 우주적·존재적 신비주의가 문제가 된 것이다. 형이상학의 체계 속에서 책임적 자아와 책임적 공동체의 의미성이 숙고되지 못하고 낭만적으로 해소되고 있다고 본 것이다. 형이상학적 우주론이 아니라 역사를, 로고스가 아니라 인격을 근거로 삼아야 한다는 것이다. 또한 캅이 불교로부터 배워서 말하는 탈인격적 실존을 불교의 무아無我와 동일하게 보고 이원론적 입장에서 비판하고 있기도 하다. 도대체 '나'를 잃지 않고 무아가 된다는 것이 가능하냐는 것이다.[44] 따라서 우리는 후일 다원주의적 종교해방신학을 전개하면서도 계속해서 캅과 일정한 거리를 두게 된 출발점을 실존의 신학 입장에서의 토착화론 전개에서 발견할 수 있다. 동시에 토착화의 과제에 있어서 이른바 동양종교의 신비주의적인 요소를 적극적으로 이해하지 못하게 하는 걸림돌이 실존의 신학 어디에서 연유하는지를 알 수 있는데, 그것은 바로 이원론적인 도식이다. 부리의 실존의 신학은 실존의 자기 이해라는 것이 철저하게 실존의 역설적 자기 관련의 변증법이라고 하는, 주객 도식 사이에 있는 긴장에서만 가능하도록 구성되어 있다. 이원론적인 구조를 벗어나 버리면 실존의 자기 이해는 주관주의로 함몰될 수 있는 것이다.[45] 따라서 부리를 따르자면 이원론을 확고하게 고수해야만 하는 것이다.[46] "A는 ~A가 아니다."

두 번째로는 불교학자 이기영과의 만남을 통해서 얻게 된 불교에 대한 깊은 이해다. 변선환은 이기영과의 운명적 만남에 대해서 다음과 같이 회고하고 있다. "내가 동양종교에 접근하게 될 때 … 언제나 신비주의에 대한 문제를 만나게 되는데, 바로 이 신비주의에 대한 적극적인 이해에 도움을 준 분이 이기영 선생이었습니다."[47] 실로 그는 이기영을 논하면서 불교를 달리 보기 시작한다. 「해방 후 기독교와 불교의 수용 형태」(1978년)에서 그는 불교를 범신론으로 보면서 비인격적이고 비역사적인 신비주의라고 하던 비판을 지양하고 대승불교의 보살주의를 재평가하면서 배타성과 고립주의를 벗어날 것을 촉구한다. "오늘날 우리들은 서로 다른 문화와 종교에서 배우면서 열려진 교제에의 의지를 가지고 새로운 사랑의 인류 공동체 형성을 위하여 함께 일해야 할 시대에 살고 있다." 그는 불교와 기독교의 대화가 십자가의 신학을 중심으로 한 기독론의 문제에서 다루어져야 한다고 하면서 그리스도냐 불타냐의 문제가 아니라 사랑의 실천이라는 프락시스에서 종교의 우월성을 바라보는 "사랑하면서의 투쟁"에 초점을 맞추어야 한다고 주장한다.[48] 불교를 단순히 일원론적인 무의 신비주의로 보지 않고 보살주의를 통해 긍정적인 면을 보기 시작하면서 실존의 신학에서 배운 비케리그마화와 "사랑의 투쟁"이라는 실천적 윤리를 종교 간 대화의 시금석으로 내놓고 있는 것이다.

하지만 이것은 이제 첫발을 디딘 것이다. 그는 70년대와 80년대 사이의 자신의 문제의식의 차이를 포괄주의 문화 선교와 다원주의 사이의 차이라고 밝히면서 다음과 같이 말하고 있다.

일방통행적인 십자군 멘탈리티mentality로서 문화 종교적인 제국주의적 정복의 사고 형식입니다. 제가 바로 70년대까지 이러했습니다. 그러다가 80년대에 들어서면서 많이 바뀌어졌습니다. … 기독교는 윤리종교, 동양은 신비종교라고 할 수 있는가, 동양의 신비종교 속에도 윤리종교가 있고 기독교 서구의 윤리종교 가운데에도 신비주의가 있는 것이 아니겠는가 하는 생각입니다. 그러다가 결정적으로 도움을 준 것이 이기영 선생이었습니다. "무리지치리無理之致理, 불연지대련不然之對聯" - 무리지치리라는 말을 니콜라우스 쿠자누스의 말대로 하면 "Nicht wissen des wissen, wissen des nicht wissen", 무지無知의 지知입니다. 신비주의자들의 말대로 하면 '대립의 일치' po insidenzia opersitorum라는 말과 관계를 시키면서, 아! 이것이로구나. 결국 동양종교나 서양종교의 밑바닥에 있는 것은 … 순수직관, 원체험, 실제에 대한 체험, 하나님 체험- 이 점에 있어서 보편적인 것이 아니냐 하는 것을 느끼면서 서구 신비주의의 틀 속에서, 불교를 이렇게 보면서 폭넓은 이해가 열리기 시작했습니다. 이 이후로 나는 이제까지 … 야스퍼스나 부리에게 붙잡혀 가지고서 서양의 눈으로 동양을 자꾸 이해하려고 한 것이 아니냐 … 문화선교라는 새로운 틀 속에서도 역시 기독교 서구의 문화적인 종교적인 정복주의와 같은 것들을 내가 하고 있었던 것이 아니었겠는가 생각하면서 80년도 이후에 바뀌어진 것입니다.[49]

실로 변선환은 1981년의 한 좌담회에서 이렇게 말하고 있다. "주-객의 대립을 끝없이 초월하여 우주와 합일하는 종교적 체험을 신학에 반영시키는 것이 필요합니다." 그리고 이어서 이렇게 말한다. "변혁과 종교를 이원론적으로 갈라서 생각할 수 있을까요? 신비적이고 우주론적인 동양 사회에서는 변혁을 기대할 수 없으며 역사의식이나 윤리의식도 찾아볼 수 없다는 기독교 위주의 사고방식은 위험하다고 봅니다."[50] 이는 Missio Dei를 지향하는 민중신학에 대고 하는 말로서, 신의 선교를 기치로 하는 문화 선교 또한 복음 선교와 똑같이 결국은 정복주의적 배타성을 담지하고 있다고 하는 전이해를 바탕으로 한 것이다. 따라서 이기영과의 만남은 변선환으로 하여금 실존의 신학에게서 배운 것 중에서 이원론을 다르게 보도록 하였다는 사실을 알게 되었다. 즉, 더 이상 이원론에 얽매여서 신학을 전개하지 않게 되었다. 즉(卽)의 논리를 더 이상 비판적으로 보지 않고 동서양 종교체험의 공통분모로 이해하면서 자신의 토착화 신학 속으로 끌어들일 수 있게 된 것이다. 그리고 이것이 바로 비서구화의 과제를 원리적으로 더욱 철저하게 밀고나가면서 토착화 신학을 전개하도록 하는 힘이 된다.

여기까지를 정리해 보자. 부리의 실존의 신학에게서 배운 변선환은 토착화 신학을 실존의 신학을 철저화하는 방향으로 전개하고 있다고 하였다. 그러나 실존의 신학이 가지고 있는 이원론적 세계관은 동양 종교를 적극적으로 수용하는데 걸림돌이 되고 있었다고 하였다. 그러던 것이 이기영을 통하여 대승불교에 대한 이해를 심화할 수 있었고, 이 과정에서 실존의 신학을 통해서 각인되었던 이원론적 서구의 세계관을 넘어서서 동양 종교를 자신의 토착화 신학에 적극적으로 수용할 수 있게 되었다고 하였다.

3. 렘마 : 그 영향

실존주의 신학을 수용하였지만 비서구화라는 문제의식과 불교와의 새로운 만남이라는 깨달음의 경험이 애초에 서구 스승들에 의해서 전수받았던 실존주의 자체에 습합됨으로써 이전의 실존 이해와는 다른 실존 이해로 나아갔다는 점을 종교해방신학이라는 절정을 통해서 재확인할 수 있을 것이다. 그리고 이러한 개정의 결과가 무엇이며, 그러한 개정을 가능케 한 결정적인 열쇠가 무엇인지를 밝힐 수 있을 것이다. 열쇠에 대해서 단적으로 결론을 내리자면, 그것은 "렘마의 논리"다. 이 절은 바로 이런 점들을 밝히기 위해 마련되었다.

1) 서구 실존주의의 영향사를 넘어선 종합(후기) : 종교해방신학

그렇다면 변선환은 실존의 신학을 80년도 이후에 버렸는가? 그렇지 않다. 앞서 제시한 네 가지 실존의 신학의 유산 – ① 무제약적인 책임적 존재로서의 자기 이해의 철저성 ② 자기 이해의 종말론적이고 실천적인 윤리로서 "사랑의 투쟁"과 "인간화"의 기치 ③ 비케리그마화의 철저성 ④ 변증법적 긴장관계에 있는 이원론적인 현실 이해 – 가운데서 마지막 네 번째 유산을 재평가하여 이원론적 세계관을 배타적으로 주장하지 않음으로써 한국/동양의 종교 문화를 수용하는 토착화 신학을 수립하면서 나머지 세 유산들은 개정하고 재구성하여 이어가고 있다. 간단히 이렇게 정리할 수 있겠다: 변선환은 부리의 비케리그마화와 무제약적인 책임적 존재로서의 자기 이해를 토착화의 과제 속에서 철저하게 수행함으로써 "사랑하면서 투쟁"이라는 실천적 윤리를 딛고서 서구 이원론을 넘어섰다. 넘어서면 같은 돌로 만들어졌을지라도 새로운 디딤돌을 딛고 서 있지 않겠는가.[51] 더 잘 다듬어지고 딛고 서기 편하도록 넓어진 디딤돌 말이다. 그리고 이 지점에 종교해방신학이 자리한다.

변선환의 실존주의적 관점이 80년도에 멈추어선 것이 아니라는 사실은 80년도 이후에도 실존주의를 직간접적으로 소개하고 있는 글들을 꾸준히 발표하였다는 것에서 작은 예증을 찾을 수 있겠다.[52] 그러나 무엇보다도 그의 실존주의적 태도가 80년도 이후 토착화 신학의 전개 속에 어떻게 녹아들어 있는가를 밝히는 것이 또 하나의 중요한 문제이며, 서구 이원론을 넘어섰다는 것에 대한 진전된 설명이 필요하다는 것이 또 다른 문제가 되겠다. 전자를 여기서 밝히고 후자는 다음의 절로 미룬다.

변선환은 피에리스Aloysius Pieris S. J.의 목소리를 빌려 부리의 사유하는 신앙이 아니라 현실을 억압에서부터 자유하게 하는 것이라는 실천적인 해방신학의 지향을 긍정한다.[53] 실존의 자기 이해를 해석이 아니라 변혁에서 보는 것으로서 자기 이해를 무제약적 책임이라는 차원에서 철저화한 것이라고 할 수 있지 않을까 한다. 그러나 더 중요하게는, 성서의 주체적 해석을 주장함으로써 복음의 형식뿐만 아니라 내용까지도 바뀔 수 있다는 점을 말하고 있다는 사실이다.[54] 주체를 서구에서 비서구로 옮겨 놓음으로써 비케리그마화를 더욱 철저하게 실천하고 있는 것이라 할 수 있겠다. 다시 말해 부리가 문제 삼은 것은 대상으로서의 케리그마뿐이었으나 토착화 신학은 케리그마와 마주하는 주체 자체까지 문제 삼아야 하겠다는 것이다.

이 지점에서 변선환의 종교해방신학이 등장한다. 이 신학은 분명 니터 Paul Knitter[55]로부터 배운 것이지만, 그러나 민중신학과 종교신학으로 양분되어 진행되던 토착화 신학의 흐름에 대한 문제의식[56]과 더불어 "인간성의 전체적 회복을 위한 투쟁"[57]이라고 하는 실존주의적 문제의식이 종교해방신학이라는 옷을 입고 해소되는 형식으로 수용되고 있다는 점에서 변선환만의 독자적인 행보를 볼 수 있다.

역사 속에 던져져 생과 사 속에서 고난의 길을 걷고 있는 아시아의 민중들을 주체로 삼을 때 아시아의 기독교야말로 아래로부터의 기독교다. 아시아의 기독교는 자기 정체성[58]에 대한 자각의 표현으로서 아래로부터 형성된 아시아 신학을 갖는다.[59] 이 기독교는 God-talk이나 God's-talk이 아니라 새 휴머니티의 회복을 추구하는 아시아 민중의 해방, 구원에서부터 시작하기 때문이다.[60] 피에리스에게서 배운 이 신학은 실존의 자기 이해라는 덕목을 주체적으로 수용한 결과라 아니할 수 없다. 또한 이제 변선환은 칸의 탈인격적 실존을 오히려 옹호하면서 서구의 실존주의가 인격적 실존을 지나치게 강조함으로써 무수히 많은 정신분열증이나 생태학적 위기 같은 많은 문제점을 갖게 되었다고 지적한다.[61] 이원론을 넘어서면서 실존의 지평을 비인격적인 영역까지 확장해서 이해하게 된 것이다. 실존의 영역을 확장하고 나면 실천의 근거도 확장되는데, 의식화뿐 아니라 '의식의 신비적 심화'에도 근거해야 한다는 것이다.[62] 이러한 이해는 아시아 민중의 정치 경제적 현실과 아시아의 민중종교를 모두 관심하는 아시아 종교해방신학을 수용하면서 한국적 종교해방신학을 추구하고자 하였던 그의 토착화의 여정에 토대가 되고 있다고 할 수 있을 것이다.

한편 실존사로서의 역사를 강조하는 실존의 신학 입장에서 동양의 종교를 비역사화된 신비주의의 길을 걷고 있다고 비판적으로 보던 시각이 바뀐다. 혁명의 역동성은 모든 종교에 내재한다고 보면서 불교의 공이나 도교의 무 개념에도 현실을 부정하고 역사를 능동적으로 만들어 가고자 하는 책임 있는 태도를 발견하게 된다는 것이다.[63] 따라서 실존사의 지평이 동양의 종교에까지 확장되고 있다는 것을 변선환의 종교해방신학에서 확인할 수 있다.

마지막으로, 예수를 "신의 전체Totum Dei"가 아니라 "전적인 신totus deus"으로 보는 신 중심적 다원주의적 시각을 자신의 종교해방신학 속으로 쉽게 수용할 수 있었던 것은 부리의 비케리그마화 때문이었다고 할 수 있다. 그는 이것을 다음과 같이 설명하고 있는 것이다. "궁극적 실재로서의 신비는 오직 예수 안에서만 만나지는 것이 아니라 예수 안에서 실존적으로 만나진다."[64]

2) 변선환의 종교해방신학이 디딘 것과 넘어선 것
: 실존의 자기 개정으로서

이제까지 부리의 실존의 신학이 변선환의 토착화 신학에 어떻게 영향을 미치고, 그것이 이기영과의 만남을 계기로 한 대승불교에 대한 이해의 깊이가 더해지면서 그 안에서 어떻게 종교해방신학의 형태로 더욱 풍성해졌는가를 살펴보았다. 이를 간단히 정리하자면, 첫째, 서구의 이원론을 넘어섬으로써 실존에 대한 이해의 지평이 비인격적인 영역에까지 확장되었다. 둘째, 비케리그마화를 주체의 상대화라는 방식으로 더욱 철저화할 수 있었다. 또한 셋째, 무제약적인 책임적 존재로서의 자기 이해를 사유가 아니라 변혁하는 실천의 영역으로 옮겨왔으며, 넷째, 실존사의 지평을 타종교에까지 확장하였고, 다섯째, 비케리그마화를 바탕으로 신 중심적 종교다원주의의 논리를 수용할 수 있었다.

바꿔 말하면, 변선환의 토착화 신학은 실존주의를 딛고 넘어서는 가운데 다음의 것으로 구체화되었다고 할 수 있다. 첫째, 신을 인격적으로만 이해하지 않고 비인격적인 실존으로까지 확장하여 이해한다. 따라서 이용도와 에크하르트, 그리고 불교의 절대무가 기독교 신 이해의 또 하나의 토대가 되었다. 둘째, 비케리그마화의 철저화의 결과로서 예수를 "전적인 신"으로 보는 관점은, "궁극적 실재를 예수 안에서 실존적으로 만난다"고 하는 명제 속에서 드러나듯이 인격으로부터 해방된 신[66]을 만남에 있어서 한국인이라는 주체적인 자리에서 만난다고 하는 입장을 수립하게 한다. 이는 토착화 신학이란 서구의 것을 한국이라는 토양에 이식하는 것이 아니라 한국이라는 토양 속에 이미 있는 것을 키우고 자라나게 하는 것이라는 이해로 나아가게 하였다고 할 수 있다. 그리고 이러한 이해가 단지 토착화 신학의 특수성을 강조하는 것에 머물지 않고 모든 종교의 공통적인 종교

체험이라는 지평에서 범세계적인 보편성까지 추구하고 있다는 점에서, 셋째, 실존사의 지평을 타종교에까지 확장함으로써 형성된 변선환 토착화 신학의 또 다른 일면을 볼 수 있다. 넷째, 무제약적인 책임적 존재로서의 자기 이해를 사유가 아닌 변혁하는 실천에로 옮겨오면서 민중의 고난의 삶에 책임적으로 참여하는 신학(민중신학)과 만날 수 있게 함으로써 이제까지 형이상학적으로만 논의되던 토착화 신학을 극복할 수 있는 계기를 형성하게 하였다. 이는 공통적인 종교체험이라는 지평과 만나면서 "민중의 종교성"이라는 주제에 헌신할 수 있게 하였다고 할 수 있다. 다섯째, 또한 그의 토착화 신학은 특수성(토착)과 보편성(신)을 모두 말하는 다원주의와 맥을 같이 하게 되었다.

이상에서 볼 때 종교해방신학에 이르기까지의 변선환의 신학적 여정은 실존주의에 대한 그 자신의 이해가 자신의 신학적 실존 속에서 거듭 새롭게 이해되면서 재구성되는 과정과 맥을 같이하고 있다고 할 수 있다.

3) 딛고 넘어섬의 토대 : 렘마의 논리

변선환이 부리의 실존신학으로부터 물려받은 유산 중에서 네 번째로 본 고에서 제시했던 것, 즉 서구 이원론을 결국 넘어섰다는 것에 대한 진전된 설명을 하고자 한다. 그것은 단순히 이원론을 버리고 일원론으로 넘어갔다는 의미가 아니다. 우선 그가 이기영을 통해 재발견한 것을 설명해야 하는데 그것이 바로 "렘마의 논리"다.[66] 다른 말로 불이론不二論이라고도 할 수 있다. 이 논리를 대승불교에서 구성한 것으로 보자면 다음의 넷으로 이루어져 있다:

㉠ 긍정, 그것은 A이다,

ⓛ 부정, 그것은 A가 아니다,

ⓒ 절대부정, 그것은 A도 아니고 非A도 아니다

ⓔ 절대긍정, 그것은 A이고 동시에 非A이다.[67]

보다시피 서구의 논리학에서 문제가 되는 것은 제3과 제4의 렘마다. 이들은 아리스토텔레스 논리학의 세 가지 기본 원리인 동일률, 모순율, 배중률을 동시에 위배하고 있기 때문이다. 하지만 이 논리는 배제하고 분열하고 잘라내는 서구의 배타적인 이원성의 사고방식(불교에서 볼 때는 세속의 존재·사고방식)을 뛰어넘어 제3의 길을 가는 관용과 포용의 논리다. 변선환은 이것을 다음과 같이 말하고 있다.

> 로고스는 "말한다"(λεγειν) 동사와 관계가 있다. 이때 말하는 주체가 절대자 하느님(유일신)인 데 반하여서 렘마가 직관으로 파악하는 주체는 인간 atman, 곧 대아maha-atman이다. 양자택일을 요청하는 로고스의 논리가 지배하던 기독교 서구의 역사 속에 나타났던 타종교인들에 대한 비관용적인 저주anathema와 분열의 역사는 동양의 자연종교인 렘마의 논리에 의해서 깨끗하게 종지부를 찍었다.[68]

이는 윤리적 신학을 추구하는 실존의 신학에 있어서도 동의할 부분이 있는 것이다. 하지만 실존의 신학이 희랍과 라틴의 문화적 토양에서 아리스토텔레스의 논리를 기초로 하였기 때문에, 렘마의 논리와는 만날 수 없는 길을 가는 것이다. 그런데 서구의 논리는 결국 희랍 문화의 유산이라는 이 사실로부터, 그렇다면 서구의 기독교는 희랍과 라틴, 게르만의 종교문화를 가지고 토착화하면서 타 지역에서는 자신의 종교문화를 가지고 토착

화할 수 없다는 것은 형평에 맞지 않는다.[69]

하여, 렘마의 논리를 토대로 하는 관용적인 신학을 추구할 용기를 가능케 하는 것이다. 변선환이 이를 어떤 식으로 전개하는지 좀 더 자세히 살펴보자.

변선환은 사막문화의 로고스와 수답문화의 렘마를 대비시키면서 논지를 편다. 전자의 경우 파르메니데스의 동일률과 그 제자 제논의 모순율이 아리스토텔레스의 배중률과 더불어 아리스토텔레스 논리학으로 집대성된 이후 칸트에 의해서 동일률이 비판되고, 헤겔에 의해서 모순율이 비판적으로 역전되었으나, 이는 어디까지나 내적으로 발전한 것일 뿐, 근본적으로 "배중률을 역전시키고 존재에 대한 집착에서 벗어나는 데 성공하지 못했다"[70]고 진단한다. 따라서 로고스는 분별, 단절을 숙명적으로 안게 된다. 설사 로고스의 문화가 결합과 연합을 이야기하더라도 언제나 이 분별, 이 단절을 경유해서 그렇게 한다는 것이다. 주와 객, 정과 반, 일과 다의 분별을 결합시키는 것이 합리적 로고스의 논리다.[71] 헤겔에 이르면 로고스가 존재론과 결별하고 로직이 된다. 헤겔의 변증법은 "긍정에 대하여 부정이 독특한 의미를 가지면서 발전"하였는데, 이는 곧 "왜 유는 유이고 무가 아닌가?"(실존주의)라는 배중률의 물음에로의 귀결이 되었다는 것이다.[72]

이어 변선환은 배중률이라는 아포리아를 비판하고 역전시킬 수 있는 제3의 논리를 용수의 중관철학이 전개하는 렘마의 논리에서 찾는다. 앞서 산자야의 사론四論을 말한 바 있으나, 용수의 테트라 렘마(四論)는 산자야의 것과 달리 "단순한 사구분별四句分別이 아니라 제3의 렘마에 의하여 단절되며 구별된다."[73] 제1, 제2 렘마는 속제俗諦이고 제3, 제4 렘마는 진제眞諦로서 구분된다는 것이다. 전자는 세속의 논리인 반면, 후자는 승의勝義의 논리다. 세속의 논리는 곧 배중률이 작동하는 로고스의 논리로서 긍정과 부정의 선택을 강요하는 배타주의의 입장에 있는 것인 반면, 승의의 논리는 렘마의 논리로서 배중률을 배제함으로써(제3 렘마) 궁극적으로는 절대긍정인 제4 렘마로, 비非이면서 동시에 즉卽인 그러한 즉卽의 논리로 나아가게 된다는 것이다. 절대적 부정을 거쳐서 절대적 긍정에 이른다. 변선환은 이렇게 선언한다: "렘마의 논리에 의하여 로고스의 논리가 내세웠던 배타주의적인 이원성(배중률)은 깨어지고 포괄주의적인 관용과 포용의 길이 열렸다."[74]

대승불교의 중심 사상은 불이不二(대립의 극복)다. 용수의 중관中觀철학은 이 사상에 "가장 강력한 논리를 제공"[75]한다. 중관의 "중中"이란 다름 아닌 불이를 일컫는 것인바, 유의 입장과 무의 입장을 모두 거부했던 "불타의 기본적 입장을 더욱 더 확장하여 세계 전체에 대한 존재론적 규명을 하는 것이다."[76] 세계의 모든 법法은 자성自性이 없으므로 공空이지만, 공은 무無가 아니며 다만 실상을 그대로 표현한 것이라고 중관철학은 주장한다. 공이란 비유非有·비무非無이고 중도中道라는 것이다. 따라서 렘마의 논리는 중이라는 개념을 통해서 불이를 수립하는 논리다. 이런 면에서 단지 인식의 방법인 로직으로서의 렘마가 아니라 수행의 삶을 통해서 도달할 수 있는 실천의 논리라 할 것이다.

로고스와 렘마의 대비를 가장 잘 보여주는 것이 바로 거룡 살해자로서 예수 그리스도를 상징하는 서구 기독교의 진리 인식(프리츠 부리)과 독룡을 바꿔 선한 용으로 만드는 불타 이야기 전설이 기록되어 있는 석굴암에서 볼 수 있는 대승불교의 보살도주다. 전자는 "인간 실존의 안과 밖에 도사리고 있는 혼돈의 용과 싸우는 거룡 살해자로서의 그리스도의 사랑의 행위에 참여하는 책임적 공동체 형성을 위하여 헌신하는 무제약적인 책임적 자아로 새로 거듭나게 하는 것에서" 기독교 신앙을 본다. 후자는 "끝없이 열린 관용의 정신, 한없는 자비의 정신"을 보여준다.[77] 그리고 변선환은 과감하게 후자를 선택하였다.

4. 의의와 문제

1) 의의

이상의 논의를 통하여 변선환의 종교해방신학이 토착화 신학 내에서 갖는 의의를 실존과 렘마의 상관관계에 의거해서 두 가지로 생각해 볼 수 있겠다. 하나는 과거와의 관계에 있어서이고, 다른 하나는 미래와의 관계에 있어서이다.

먼저 과거와의 관계에 있어서, 이전의 토착화 신학에 대하여 변선환의 종교해방신학이 갖는 의미를 밝힐 수 있다.

1960년대를 풍미한 토착화 신학은 기독교 변증적 성격이 강했다고 할 수 있다. 정하은은 "우리 스스로가 우리의 현실 상황 속에서 우리의 것을 찾고 거기에 대답하는 신학을 확립"해야 한다고 역설하면서, 그 목적으로는 "우리의 신학은 그들의 샤먼적 신앙과 사상을 정화하고 변질케 하는 토착화에의 전진"을 내세운다. 그에게 토착화란 복음을 한국적인 표현 형식으로 적절하게 전달하는 것이다.[78] 그는 복음을 씨로, 한국의 상황을 그 씨가 심겨질 토양으로 보는 입장을 따른다.[79] 그에게 토착화 신학은 곧 변증학인데, 이는 문화 속으로 해소되는 것이 아니라 문화를 유인하는 "초대의 신학"이어야 했다.[80]

홍현설은 복음과 문화의 긴밀한 관계가 필요함을 인식하면서, 민족문화에 적극적인 태도와 비판적인 태도를 동시에 가져야 한다고 말한다.[81] 그는 윤성범이 환인, 환웅, 환검을 기독교의 삼위일체와 견주려는 시도를 위험한 것으로 바라보는데, "기독교 신관에서만 하나님의 초월성과 내재성과 인격성이 신비하게 결합되어 있다"고 보기 때문이다. 윤성범의 시도는 가치 변질의 위험성이 있다는 것이다. 홍현설은 토착화가 "토양에 뿌리를 박는다는 뜻이 아니고 토양에 관계시킨다는 뜻"(Norman Goodall)이라는 정의를 긍정하면서, 오직 교회는 그리스도에게만 뿌리를 박을 수 있다고 말한다. 결론적으로, 홍현설은 기독교 신앙이 보편과 특수 사이의 변증법적 긴장관계 속에 들어앉아 있어야 신앙의 일반화나 우상화의 위험을 동시에 방지할 수 있다고 주장한다.[82]

유동식은 토착화를 번역에 비유한다. 원의를 전달하기 위해서는 번역하려는 언어의 개념과 표현 양식, 사고방식에 능통해야 하듯이 토착화 또한 그렇다는 것이다. "한국의 터전에 복음의 씨를 어떻게 뿌릴 것인가에 대한 분명한 이해"를 해야 한다는 것이다. 이것에 실패함으로써 서구의 모방이나 기독교의 탈을 쓴 재래종교의 재판이 발생한다고 그는 진단한다.[83]

윤성범은 복음의 토착화를 세 가지 단계에서 본다. 제1단계는 주체성의 문제다. 여기서 주체성이란 하나님의 은혜를 잘 받아 보존할 수 있는 능력을 의미한다. 이를 위해서 요구되는 것이 분명한 자의식이며, 한국교회에 있어서는 주체의식이라는 것이다. 제2단계는 수용성의 문제다. 그는 "새 포도주는 새 부대에"(마9:17)라는 복음서의 말씀을 가지고 이를 설명한다. 전자의 "새"는 neos, 즉 "아주 새로운"이라는 뜻이고 후자의 것은 kainos, 즉 "비교적 새로운"이라는 뜻을 지닌다고 설명하면서, 아주 새로운 것인 복음의 수용자는 비교적 새로워져야 할 필요가 있다는 것이다. 제3단계는 복음의 토착화의 구체적인 모습에 대한 문제인데, 곧 "변질 가능성 속에서도 변질되지 않고 좋은 복음의 씨에 합당한 열매를 맺게 하는 것이 복음의 토착화의 과업"이라는 것이다. 그는 복음은 씨앗이고 인간의 마음은 토양이라고 비유하면서 이 씨앗이 이 토양에 심기는 과정에서 인간의 협조가 필연적임을 주장한다.[84] 그는 결론적으로 "토착화 과정은 복음이란 종자를 심어서 … 복음이 가지고 있는 본래적인 과실 그대로를 거두기 위함이다. … 복음은 일회적이요 변할 수 없는 것 … 응당 변하지 않을 수 없는 것은 우리 쪽의 정황인 것이다. … 우리는 우리의 정황을 바로잡아서 복음의 정당한 열매를 맺게 해야만 될 것이다"라고 주장한다.[85]

이들 토착화 신학 1세대들은 모두 복음에 어떤 원형, 변하지 않는 본질이 있음을 전제하고 이 원형이 서구의 문화에 담긴 채 전수되었다고 설명한다. 따라서 복음의 토착화를 위해 이중의 작업이 요청된다. 먼저 서구의 문화로부터 복음의 원형을 구출해 내는 것이고, 그 복음을 한국적 문화의 터전에 다시 담는 것이다. 이는 마치 물과 그릇의 관계와 같다고 할 수 있는데, 물이 그릇의 형태에 맞게 담기지만 물이라는 속성 자체는 변하지 않고 그대로인 것처럼, 복음은 그 문화에 맞게 형태 적용하지만, 복음이 갖는 어떤 본질은 변함없이 그 문화에 담길 수 있다는 것이다. 이들의 또 다른 전제는 주체의 설정에 있다. 물론 이들은 서구의 문화에 우월성을 부여하고 그것을 수동적으로 수용하는 무력한 주체로부터 해방되고자 하였다. 하지만 이들은, 복음은 씨앗이고 문화는 그 씨앗이 뿌려져 자라날 토양이라고 하는 비유에 대체로 동의하면서 복음에 대한 수동적 수용체인 주체로서 토착문화를 바라본다. 따라서 그 문화는 복음에 의해 변화되고 성장해야 할 대상이 되고 만다. 서구문화에 대해서는 주체지만, 복음에 대해서는 객체라는 것이다.

변선환의 종교해방신학은 바로 이 두 전제들을 거부하고 제3의 길로 해소하고 있다는 데 그 의의를 둘 수 있다. 부리에게서 배운 비케리그마화의 철저화의 결과로서, 앞서 "3.2 변선환의 종교해방신학이 디딘 것과 넘어선

것 : 실존의 자기 개정으로서"에서 지적했던 것처럼, 예수를 "전적인 신"으로 보는 관점은 인격으로부터 해방된 신을 만남에 있어서 한국인이라는 주체적인 자리에서 만난다고 하는 입장을 수립하였다. 그러나 단지 비인격신으로 인격신을 해소하지 않는다. 오히려 변선환은 인격신과 비인격신 모두를 렘마의 논리 속에서 긍정한다. 복음은 케리그마로 선포되지만, 그 케리그마는 역사와 문화에 흔들린다. 따라서 복음의 본질이나 원형을 소박하게 상정해 놓고 이를 순수하게 복원하거나 드러낸다는 식으로 사고하는 것은 문제가 있다는 것이다. 복음은 원형으로 순전하게 드러나지 않는다는 겸손한 접근이 필요하며, 따라서 원형에 대한 형이상학적인 교리적 집착보다는 해방적이고 실천적인 접근이 더 요구된다 할 것이며, 이러한 기치를 든 것이 바로 종교해방신학이다. 신앙은 이미 상정된 복음을 수용하기만 하면 되는 것이 아니라, 생의 역동성 속에서 언제나 그 생으로부터 미끄러지고 있는 복음을 향해 끝없이 질주하면서 인간성 회복을 찾아가는 실천이다. 복음은 보화이지만, 언제나 밭에 숨겨져 있는 보화인 것이다.

따라서 토착화 신학 1세대들의 두 번째 전제 또한 위기를 맞는다. 복음은 우리에게 절대적인 주체로서 드러나지 않고 간주관적으로 상대화되어 만날 수밖에 없는 것이다. 여기에 더하여 실존사의 지평이 종교해방신학 안에서 타종교에까지 확장됨으로써 토착화의 특수성을 강조하기만 하는 것이 아니라 보편성까지도 고려해 넣음으로써, 복음에 대하여서 주체가 되는 것으로 멈추지 않고 주객 도식 자체의 문제시를 통해 끊임없이 미끄러지는 주체, 차연적인 주체로서의 토착문화를 상정하고 있다 할 것이다.

변선환의 종교해방신학이 가지는 두 번째 의의는, 렘마의 논리와 비케리그마화라는 실존 신학의 한 축이 중첩될 때 보여줄 수 있는 가능성에 대한 것이다. 변선환은 비케리그마화라는 편광판과 렘마의 논리라는 편광판을 서로 다른 층위에 놓고 중첩해서 세상을 바라볼 수 있는 편광기를 만들었다. 이는 대자불이 구원론이라고 하는 신학적 담론을 가능케 하며, 그리하여 유영모, 함석헌, 김흥호 등으로 이어지는 다석학파와 만날 수 있는 가능성을 열어준다. 이 점을 변선환이 십우도를 설명하는 방식을 통해서 살펴볼 수 있다.

십우도의 8단계인 인우구망人牛俱忘은 진리에 대한 집착(法執)과 자기에 대한 집착(我執)을 모두 버리고 절대무에로 비약하는 것을 말한다. 이는 그대로 십자가와 부활에서의 십자가를 닮았다. "한 번 크게 죽어서 다시 태어나"[86]는 것이다. 이 죽음과 이 부활은 자기 부정을 경유하지 않고서는 도달할 수 없는 것이다. 예수는 말한다. "나를 따라오려는 사람은, 자기를 부인하고, 날마다 자기 십자가를 지고, 나를 따라오너라."(눅 9:23) 이제 우리는 십우도로부터 자기 부인이 이중의 과제를 안고 있다는 것을 배운다. 진리에 매달리고자 하는 주체와 그 주체가 매달리고자 하는 대상 모두를 버려야 하는 것이다. 전체를 버리는 것이다. "자신의 종교마저 버리는 것이다."[87]

제9단계인 반본환원返本還源은 무엇인가? 제자리로 돌아오는 것이다. "자기 없는 자기의 재현현으로서의 전적으로 새로운 실재이다."[88] 부활이다. 그러나 이 부활은 죽음 "이후의" 부활이 아니다. 죽음과 부활은 렘마의 논리를 따라서 실존적 영역에서 생생하게 절대적 부정과 절대적 긍정으로 살아 있으면서 상호 교차하고 침투한다.[89] 인우구망과 반본환원은 서로를 꿰뚫는 두 개의 거울과 같다.[90]

제10단계인 입전수수入廛垂手는 열반이 갖는 역동성의 표현이다. 또는 구원하는 이 없는 구원의 연쇄반응이다. "참 자기에 대한 자기 자신의 깨달음은 타자를 깨달음으로 인도하되 그것은 자기 자신의 깨달음이라는 식으로만 확증"[91]되는 것이기 때문이다. 다시 세상의 길을 걸어가는 것이다. 재림하는 것이다. 우리는 재림을 새롭게 읽게 된다. 그것은 "중생은 수없이 많으나 우리는 그들 모두를 구원할 것을 서원"하는 것과 같은 것이다. 또는 "나는 지금껏 세상을 구원하려고 했으나 구원할 세상이란 없구나!" 하는 것이다.

변선환은 이 세 단계가 단계적인 진전이 아니라 자기 없는 참다운 자기의 세 모습이라는 점에 착안하여 중세의 기독교 삼위일체 교리와 그 개념적 구조에 있어서 유사성이 있음을 찾아내었다.[92]

그러나 필자는 여기에서 단지 인간 이해의 개념적 구조만이 아니라 구원론의 새로운 차원을 볼 수 있다고 생각한다. 이 셋, 인우구망, 반본환원, 입전수수의 순환 속에는 십자가와 부활의 이야기가 있고 재림과 구원의 이야기가 있는 것이다. 이 이야기들은 서로 다른 이야기들이 아니라 한 벌의 이야기로 다가온다. 변선환의 신학에는 이미 예수와 그리스도를 구분해내는 비케리그마화라는 방법론이 들어가 있었다. 이것이 렘마의 논리와 겹칠 때, 거기에서 피어날 수 있는 것은 대자불이代自不二 구원론이다.

대자불이 구원론이란 대속代贖과 자속自贖이 불이적이라고 보는 이해를 일컫는 말이다. 대속과 자속이 불이적으로 상즉상입하여 구원이 이루어지는 것이라고 보는 것이다. 전통적으로 기독교는 대속을 말해 왔다. 그러나 2000여 년 전 유대 땅의 한 사람 예수가 나를 대신해서 죽었다는 말의 "뜻"은 무엇일까? 과연 성서가 말하고 있는 구원이 다만 대속이었던 것일까를 고민해 보지 않을 수 없다. 이를 누가복음 9:23-24을 통해서 이해할 때, 구원이란 "예수와 더불어 죽음"과 관계된다는 것을 발견하게 된다. 예수만 죽는 것이 아니라 예수와 함께 죽는 것이다. 그렇다면 구원의 의미를 다시 생각해 봐야 하지 않을 수 없다. 그리고 렘마의 논리와 포개어지는 비케리그마화야말로 이 생각을 열어 주는 하나의 길일 수 있다.

비케리그마화의 편광판을 통해서 인간 예수와 신앙의 그리스도를 단순히 동일화하지 않을 수 있는 길이 열린다. 그 다음에 렘마의 논리라는 편광판을 통과하게 되면 "예수 그리스도"라는 고백은 불일불이의 역동성을 갖게 되는 것이다. 비케리그마화를 통해서 쪼개고, 렘마의 논리를 통해서 합한다. 인간 예수가 죽음으로써 그리스도가 현현한다. 그러나 이 죽음과 이 현현은 불이다. 인우구망과 반본환원의 관계 속에 놓이게 된다. 십자가와 부활의 불이적 관계를 보게 되는 것이다. 나아가서 민중의 고난 속에서 부활의 희망을 보는 것이고, 그것을 민중의 종교성으로 읽는 것이다. 필자는 이것이 변선환의 종교해방신학이 보여주는 신학적 실존의 자리라고 읽는다. "우리도 그와 함께 죽으러 가자"(요 11:16)는 도마의 목소리와 "만일 우리가 그리스도와 함께 죽었으면 또한 그와 함께 살 줄을 믿"(롬 6:8)는다고 말하는 바울의 신앙을 들었다. 이것은 죽음이 또 다른 죽음을 부르는 소리요, 그래서 부활이 또 다른 부활을 부르는 소리다. 자속은 또 다른 자속을 부르는 대속이 된다. 만물은 홀로 죽지 않으며, 홀로 살지 않는다. 입전수수다. 죽으면 죽음을 만나고, 거기서 크게 한 번 사는 것이다.

그렇다면 변선환이 렘마의 논리와 비케리그마화를 통해서 던지는 화두는 다석학파와 맞닿을 수 있는 준비가 되었던 셈이다. 다석학파는 이와는 또 다른 길을 통해서 대자불이 구원론에 이르렀다.[93] 유영모는 얼기독론을 통해서, 함석헌은 씨올사상을 통해서, 김흥호는 탈자적 실존을 통해서 대속과 자속이 둘이 아님을 밝히고 있다.

대자불이 구원론의 가능성은 변선환의 종교해방신학이 구호만 있고 내용은 없다고 하는 일각의 비판에 대한 부분적인 전망적 대답이 된다. 변선환 생전의 대답이 될 수는 없을지 몰라도, 적어도 그가 남긴 유산의 대답은

될 수 있을 것이다. 그리고 이 점, 다석학파와 변선환의 접점을 발견할 가능성은 매우 중요하다. 토착화 신학 논의의 지평이 이들을 통해서 더욱 넓어지고 민중신학과의 대화에 있어서도 좋은 통로를 제공할 것이기 때문이다. 이 방향으로의 논의가 더 필요하다 하겠다. 그러나 이러한 관점에서 논지를 전개하는 것은 본고의 취지를 벗어나는 것이므로 여기서는 다루지 않고 다음의 기회로 넘기고자 한다.

2) 문제

변선환이 넘어가서는 다시 돌아오지 않았다고 보는 비판이 있음을 앞서 소개한 바 있다. 그들 비판의 요지의 한 버전은, 변선환에게서는 신앙의 매개가 되는 그리스도가 삭제되고 없어졌다는 것이다. 과연 그런가? 변선환에게는 여전히 예수를 일점으로 하는 그리스도 신앙고백이 살아 있다.[94] 다만, 예수를 비신화화하고, 구원하시는 능력의 실존적인 의미의 지평을 렘마의 논리로 해석하고 이해하면서 신앙으로 고백하였을 뿐이다.

하지만 이 대답이 더 온전해지기 위해서는 변선환이 나아간 것보다 한 걸음 더 필요하다. 결국 그의 토착화 신학이 일정 부분 부리가 전해준 실존의 신학에 여전히 닿아 있다면, 그것은 원리적인 난점에 봉착한다. 왜냐하면 부리의 주체적 실존은 주객 분리의 이원론적 도식 속에 있는 것이기 때문에 이원론이 무너지는 순간 그 주체도 무너지기 때문이다. 그렇다면 부리가 말하던 대로의 무제약적인 책임적 존재를 더 이상 말할 수 없게 된다. 렘마의 논리를 경유하여 실존의 주체성을 상실하게 되면 역설적으로 관용의 렘마는 이원론적 세계관을 결국 소외시킬 소지가 있다. 따라서 변선환 자신이 "아시아 신학의 특수성은 세계 교회와의 열려진 교제의 창구를 가져야 한다는 의미에서 제1세계의 신학과의 대화를 게을리하여서는 안 될 것이다. 아시아 그리스도론은 결코 전통적 신앙고백을 전적으로 부정하고 또 하나의 다른 신앙고백을 만들어 내려는 것이 아니라 오히려 그 신앙고백의 보편성을 아시아의 고난과 종교성이라는 특수성과 관련시킴으로써 더 의미 있고 생명력이 있는 것으로 만들려고 하는 것"이라고 한 주장에 대한 더 설득력 있는 디딤돌이 필요하다.

이는 형식논리의 형태로 다음과 같이 부연하여 설명할 수 있겠다. 앞서 보았듯이 렘마의 논리에 있어서 제4렘마는 A=(A∧~A)로 되어 있다. 그런데 부리의 실존신학이 기반하고 있는 아리스토텔레스 논리학의 배중률에 의하면, B=(A∧~A)는 존재할 수 없다. 제4 렘마와 배중률은 정반대의 논리를 말하고 있는 것이다. 게다가 배중률의 B대신에 A가 대입됨으로써 제4 렘마는 동일률과 모순율 모두에도 위배된다. 변선환이 스스로 이미 적시했듯이, 속제와 진제는 제3 렘마에 의해서 단절되고 구별된다. 그런데 배중률은 속제를 전제해야 도출되는 논리다. 따라서 배중률은 제3 렘마에 의해서 동일하게 단절되고 구별되어야만 한다! 그런데, 제4 렘마는 배중률의 부정이다. 다시 말해서, 제3 렘마는 정확하게 배중률의 부정을 통해서 제4 렘마로 인도하는 것이다. 바로 정확하게 속제와 진제는 단절되어 있다. 이러한 상황에서 만일 로고스의 논리와 렘마의 논리를 다시 또 렘마의 논리 속에 넣어서 해소하고자 시도한다면, 그것은 렘마의 논리 속에서 정합적일지 모르지만, 그 속에서 배중률이 여전히 유효하다고 하는 의미는 모호하다. 이를 다음과 같이 생각해 보면 명확하게 알 수 있다: 만일 "비인격적"이라는 말이 "인격적"이지 않다는 바로 그 의미라면, 우리는 다음과 같이 명제화할 수 있을 것이다.

Q: 신은 인격적이다.

$P = Q \wedge \sim Q$ (제4 렘마) : 신은 인격적이고 동시에 비인격적이다.

$P' = (Q \vee \sim Q) \wedge \sim P$ (배중률) : 신은 인격적이거나 비인격적이며

동시에 인격적이고 비인격적일 수는 없다

이제 이들을 다시 제4 렘마에 대입하여 그것 역시 옳다고 한다면, 즉
$\models P \wedge P'$ 라고 한다면,

$$P \wedge P' = (Q \wedge \sim Q) \wedge (Q \vee \sim Q) \wedge \sim P$$
$$= [\{(Q \wedge \sim Q) \wedge Q\} \vee \{(Q \wedge \sim Q) \wedge \sim Q\}] \wedge \sim P$$
$$= (Q \wedge \sim Q) \wedge (Q \wedge \sim Q) \wedge \sim P = Q \wedge \sim Q \wedge \sim P$$
$$= P \wedge \sim P$$

가 되어 결국 다시 제4 렘마만 남게 된다. 배중률은 제4 렘마로 해소되고 마는 것이다. 왜냐하면 렘마의 논리는 모든 것은 불가능하며, 또한 모든 것은 가능하다고 말하고 있는 것이기 때문에, 거기에 제한이 있다고 말하는 로고스의 논리는 필연적으로 제한이 없다고 말하는 렘마의 논리에서 녹아버리고 마는 것이다.

그러나 한편으로, 현대 세계를 구성하고 있는 문명권의 정신적 물적 구축물들은 거의 이원론 체계를 기반으로 하고 있다. 현대문명은 로고스의 논리가 렘마의 논리를 압도하고 있음을 명백하게 보여주고 있는 것 같다. 즉, 렘마의 논리는 자신의 논리 속에 모든 것을 담고 있다고 주장은 하지만, 실증적으로 설득력이 있는 것은 오히려 로고스의 논리인 것만 같다는 말이다.

따라서 변선환의 신학적 실존의 여정이 양자의 상호보충과 변혁을 통한

자기 이해의 심화를 지향하는 것에 있었다고 한다면, 이러한 난점을 해결할 수 있는, 실존의 신학과 렘마의 논리 사이의 가교가 될 설득력 있는 설명을 제공할 수 있어야 한다. 단지 선언이 아니라 말이다. 필자가 보기에 변선환은 렘마의 논리를 변혁의 대상으로 다시 상대화하는 문제의식을 가지고 있지는 않았던 것 같다. 그러나 이 부분에 대한 진전된 설명이 있지 않으면, 어떻게 상호보충과 변혁이 가능한지에 대한 동기 부여된 설명이 빠지게 되는 것이다. 필자는 바로 이 점이 변선환의 종교해방신학이 대답해야 할 문제가 된다고 생각한다. 이에 대한 대답을 찾아가는 과정에서 이 신학의 토대가 더욱 공고해질 것이라고 전망하면서 말이다. 변선환의 마지막 신학적 실존은 사랑하면서의 투쟁, 화쟁을 기다리고 있는 것이다.

3장

변선환 토착화 신학
: 종교다원주의와 생명신학의 관점에서

현대의 종교 이해와 종교해방신학
- 변선환, 니니안 스마트, 발터 벤야민을 중심으로

최 대 광 _정동제일교회 목사

1. 들어가는 말

이 글은 오늘의 우리들이 안고 있는 종교 이해의 과제에 관한 글이며, 특히 변선환 교수가 밝힌 종교해방신학에 대한 에세이이다.

개신교 신학자 중에서 감리교 신학대의 교수들이 한국의 전통 종교와 동양의 종교에 대한 특별한 관심을 가졌으며, 특히 변선환 교수는 이에 깊숙히 관여하여 종교 다원주의를 소개한 이유 때문에 교단으로부터 출교 처분을 당하는 아픔을 겪었다. 이 과정은 비록 '영웅' 적이지만, 변선환 자신이 후학들에게 "나를 밟고 가라"라고 밝혔듯이, 그의 사유와 상상력을 구체화하고, 넘어서는 연구가 필요할 것이다. 영웅에 대한 서사적 '신화' 만을 되풀이하는 것은 또 다른 섹트를 만들어 내는 것이기 때문이다. 몸말에서 이 글은 변선환의 종교해방신학에 대한 비판적 분석을 통해 그의 종교 이해가 '철학적' 시각으로 구성되었음을 밝혀 낼 것이다. 또한, 발터 벤야민Walter Benjamin, 1892~1940의 글과 들뢰즈Gilles Deleuze, 1925~1995의 사유를 소개하면서 삶의 다양한 '접점'을 통한 사유의 구성을 살펴볼 것이다. 니니안 스마트Ninian Smart의 종교와 세계에 대한 관점을 소개하면서, 종교에 대한 좀 더 포괄적인 이해를 기술할 것이며, 다양한 종교적 이해에 다양한 삶의 접점과 체험을 지니고 있는 현대인들의 삶이 변선환의 종교다원주의적 틀로는 왜곡될 것임을 밝혀낼 것이다. 끝으로 종교해방신학을 소개했던 변선환의 꿈을 기반으로 빔 벤더스 감독의 「베를린 천사의 시」를 발터 벤야민의 시각으로 읽으면서 종교해방신학의 가능성을 타진해 볼 것이다.

2. 몸말

1) 변선환 : 종교해방신학?

'종교해방신학.' 종교에서 해방하려는 신학 혹은 종교가 해방되는 신학? 이 단어들의 결합 체계는 어떤 사유의 층대에서 탄생한 것일까? 토착화 신학과 민중신학, 그리고 이 둘의 흐름을 알고 있는 사람이라면 종교신학과 민중신학이 결합된 용어라고 단박에 깨달을 것이다. 그렇지만 이 전제적 이해를 괄호 치면 종교해방신학이라는 단어는 생소한 그 무엇이다. 종교해방신학이라는 말은 변선환이 1992년 금란교회에서 스스로를 정체화하는 데 한국인 최초로 사용한 용어다. 그는 그 자리에서 이렇게 말했다. "웨슬리John Wesley, 1703~1791처럼 알미니안주의 감리교 위에 서서 신정통주의 신학, 세속화신학 등을 거쳐서 제3세계 신학특히 아시아 신학의 영역에 들어온 본인의 신학은 '종교해방신학'Liberation Theology of Religions을 지향하고 있습니다."[1] 감리교 전통 위에서 신정통주의 신학으로 신학적 여정을 시작했으며 미국에서 세속화 신학을 공부하고 한국에 돌아와 제3세계 신학과의 대화를 통해 종교해방신학을 '지향'하고 있다는 것이다. 아직 완성된 체계가 아니라는 말이다. 기소장에 대한 해명의 글은 그의 기소 이유와 그의 신학 여정 절반 이상을 차지하고 있는 기독교와 불교와의 대화와 종교 다원주의에 관한 언급을 하고 있지 않다. 스스로 자신을 정체화시킨 범주는 종교 다원주의자가 아니고 종교해방신학자라는 것이다. 즉, 변선환에게 있어서 종교 다원주의는 그의 신학 여정에 있어서의 목표점이 아니라 '종교해방신학'을 향한 '과정'이라는 암시다.

사실, 그에게 결정타를 안겨 준 것은 「타종교와 신학」이라는 글이다. 이글에서는 감리교단에서 문제 삼고 있는 종교 다원주의의 문제와 변선환 자신이 지향하고 있는 종교해방신학이 논의되고 있다. 변선환은 토착화 신학과 민중신학의 한계를 지적하면서, 전자는 현실을 무시한 기독교 영역에의 탐닉윤성범과 철학적 초월성과 심리학적 무의식에로의 탈출을 시도했다고 비판하고, 후자는 혁명적 정치의식을 강조하는 바람에 인간 내면의 종교의식을 무시했다고 하였다.

> 상황보다는 복음을 중시한다는 점에서 신학적 객관주의의 길을 가고 있는 위의 비판자들과는 달리 세속화 신학의 입장에서 토착화를 비판한 신학자들은 거의 하나같이 정치적 객관주의의 길을 갔다. 참된 한국 신학의 형성은 "한국의 구원을 위한 선교신학이어야 하며, 민족의 수난에 동참하는 수난과 참회의 신학, 과거를 향한 토착화가 아니라 오늘과 미래를 향한 토착화, 미래를 향해 돌진하는 힘의 신학, 현재에서 미래를 보는 것이 아니라, 미래에서 현재를 보는 종말론의 신학이어야 한다"고 비판했다.[2]

그런데 같은 글에서 변선환은 토착화 신학의 범주 내에서 민중신학을 비판하면서 다음과 같은 글을 쓰고 있다.

> 어떻게 보면 종교 경시의 길을 밀고 나가고 있는 민중신학은 토착종교를 악마시하며 저주하던 낡은 식민주의적인 "선교사의 그리스도"missionary Christ 신학이 위장하고 있는 가증스런 재판인 것만 같다. 사회적 관심이 결여된 토착화 신학은 종교 실증주의의 길을 밀고 나가면서 불교의 암자나 유교의 서당 그리스도, 무교의 성황당 그리스도를 말하려고 하고 있는 것만 같다.[3]

변선환은 민중신학이 '신학 경시'의 과정을 통해 신학적 객관화의 길로 가고 있다고 비판하고 있으며, 토착화 신학자들은 '정치 경시'의 과정을 통해 정치적 객관화의 길을 가고 있다는 것이다. 즉, 학문적 주체가 정치적 상황이냐 신학적 전통이냐의 차이점에서 양대 신학이 분리되었다고 말한다. 그렇지만 몇 페이지 넘어가서 신학 경시가 '종교 경시'라는 말로 바뀐다. 즉 변선환의 사유 안에서는 '신학'이라는 학문적 틀이 종교 전반을 전제하고 있다는 것이다. 그러니까 민중신학자들은 정치적 상황에 무게를 둔 나머지, 종교 전반을 경시하면서 이를 정치적으로 '환원'하고 있다는 것이다. 그는 "타종교의 신학"을 '종교해방신학'으로 전제한 뒤 다음과 같이 글을 쓰고 있다.

> 타종교의 신학은 타종교 속에 그리스도가 계시는가 안 계시는가를 논하는 그리스도론도 아니고, 타종교가 "어떻게" 신을 알고 있는가를 밝히려고 하는 God-talk나 God's-talk로서의 神-學theo-logy도 아니며, 새 휴머니

티의 회복을 위한 아시아인들의 민중해방운동을 촉발시키는 "구원의 신비" 해방의 신비를 밝히는 구원론에 근거되어야 한다. … 송천성의 증언대로 결정적으로 중요한 것은 예수 그리스도를 발견한 신학자도 아니고 민중이며, 예수가 그리스도라고 알고 있는 교회의 권위들이 아니라 민중이며 민중 해방이기 때문이다.[4]

그런데, 변선환이 시도한 민중 해방의 '구원론'은 사변적 "종교다원주의"이며, 한국의 종교 이해는 거의 대부분 '불교'에 집중하고 있다. 그것도 기독교의 사변철학적 바탕 위에서 불교의 철학과 교리에 접근하고 있다는 것을 쉽게 알 수 있다. 단적인 예로 그가 「불교와 기독교의 대화」라는 글에서 도표화한 종교 다원주의적 틀을 살펴보자.[5]

	기독교	신 →	예수 그리스도	⟹	신앙
	불교		과거불, 석가	⟹	구도심
신 →	유교		공자, 천명	⟹	구도심
	도교		노자, 자연	⟹	구도심
	천도교		최수운, 인내천	⟹	구도심

그가 의도하고 있는 것은 아시아 '신학'이었고 타종교는 아시아의 종교적 '상황'이다. 그런데 그 종교적 '상황'의 중심에는 '신'과 그리스도·과거불/석가·공자·노자·최수운, 그리고 중심사상이 존재하며, 표의 오른쪽 끝에는 신앙과 구도심이 자리하고 있다. 종교 경험의 차원이나 신화적 차원은 존재하지 않고, 신과 종교의 이름·교주·중심사상, 그리고 이들에 관한 신앙이 중심축을 차지하고 있을 뿐이다. 그의 해설을 읽어 보자.

우리는 이 새 패러다임에서 타종교를 전통적인 '율법과 복음'의 도식이나 '약속과 성취' 도식에서 이해하려고 하던 낡은 서구신학에서부터 완전히 해방된, 아시아화한 대화의 신학을 보게 된다. 그리스도 상징은 아시아의 종교적 다원 사회 속에서 깨끗하게 상황화되고 있는 것contextualization을 본다. … 필자는 위에서 아시아 신학 형성을 위한 새로운 패러다임의 가능성을 보기 위해서 불교와 기독교가 서로 모순contradictory 속에 있는 것이 아니라 서로 보완complementary과 변혁의 입장에 서야 한다고 전제하고 신론과 그리스도론의 문제를 불교의 빛 속에서 조명하였다. 불교가 기독교 신학자들에게 신학적 영감을 줄 수 있는 문제는 이 두 가지만이 아니고 기독교 서구의 개인주의와 행동주의를 시정시켜 주는 데도 크게 공헌할 수 있을 것이다.[6]

그가 위의 표를 설정한 이유가 "신 – 그리스도 – 인간의 신앙"이라는 기독교적 틀을 아시아의 상황에서 재구성하려는 다원주의적 시각이라는 것은 물론 기본적인 전제다. 그렇지만, 이 도식 안에 기독교나 타종교 이해의 전체를 담을 수 없다. 기독교 중에서도, 더욱이 기독교 신학 중에서도 신론과 기독론의 일부 틀만이 눈에 띄며, 이 '틀'로 타종교를 재구성하여 "아시아의 상황"이라고 말하고 있는 것이다. 즉, 그에게 기독교는 "기독교 철학"인 것이며 불교는 "불교 철학"인 것이다. 또한 그는 신 중심적 다원주의, 곧 모든 종교를 '신'이라는 영역으로 포괄하여야 한다는 생각을 지니고 있다. 이 이론을 제공한 서구 신학자들과 같이 그 역시도 문화 제국주의적 틀에서 자유롭지 못한 것이다.

이러한 철학적 틀에도 불구하고 그는 끊임없이 '종교인'과 '선교'에 관해서 말하고 있다. "좋은 아시아인, 좋은 한국 사람만이 좋은 크리스천이

될 수 있다. 아시아의 기독교는 과감하게 서구신학이라는 프톨레미우스적 시각지구 중심에서 아시아 신학의 관점태양 중심에로의 급격한 전환이 요청되는 전환기를 살고 있다."[7] 변선환은 선교신학을 원하고, 토착화 신학과 민중신학의 대화를 원하고, 한국적 신학을 원한다. 그는 한국적 신앙의 원형을 찾기 위해서 「이용도와 마이스터 에크하르트」를 쓰면서, 에크하르트 Eckhart, Meister Johannes와 이용도의 신비적 체험을 통해서 감동을 전달해 주려고 한다. 한국의 종교를 받아들인 선교신학을 전제로 민중신학과의 만남을 원하고 있으며, 이를 통해 '종교해방신학'이라는 틀을 재구성하려고 한 것이다. 그러나 한국의 종교를 이해한 그의 글은 철학과 교리적 틀로 환원되고 있다. 또한, 그의 신학은 신을 전제로 한 일원론적 전체성으로 환원되고 있는 것이다. 즉, 불교에는 신이 존재하지 않지만, 그는 억지로 '신'을 상정하여 신 중심적 다원주의를 끌고 나가고 있으며, 신 중심적 다원주의로 모든 종교를 '포괄'해야만 한다는 강박관념을 지니고 있다. 어쩌면 이것이 그의 신앙의 표현일 것이다. 그렇지만 이 역시도 불교에서는 전혀 받아들일 수 없는 것이다.

그렇다면 변선환이 의도했던 종교해방신학이 가능하기 위해서는 종교에 대한 좀 더 포괄적인 이해와 방향이 설정되어야 할 것이며, 신을 중심한 환원주의와 전체주의를 벗어난 개체주의적 사고가 선행되어야 할 것이다. 즉, 종교의 구성원은 인간, 특히 현대인이기 때문에 이들이 종교와 어떤 '연관'을 맺고 있는지 이해해 보아야 할 것이다. 다음 단에는 발터 벤야민의 현대 이해를 통해 다른 각도에서 환원주의를 벗어난 종교 이해를 살펴보기로 하자.

2) 종교에 대한 이해 : 발터 벤야민, 니니안 스마트

(1) 발터 벤야민 : 리좀적 사유

유대 출신 철학자이며 문예비평가인 발터 벤야민은 『기술 복제 시대의 예술 작품』에서 예술 작품을 대할 때 과거와는 확연하게 다른 현대인의 특성을 폭로하고 있다. 과거 교회 안에 있었던 예술 작품이 뜯겨져 나와 전시관과 일상의 영역으로 들어올 때 일상과 다양한 접점을 만들어 낸다. 그래서 '숭고'하게 바라보았던 교회의 예술 작품이 일상의 영역으로 빠져나온다. 종교의 아우라 안에서 단 하나의 해석만이 존재했던 중세의 예술 작품이 현대 문화와의 다양한 '접점'에서 무수한 해석이 가능해진 것이다. 벤야민은 『기술 복제 시대의 예술 작품』에서 다음과 같이 말한다.

> 정신 분산으로서의 오락과 정신 집중은 서로 상반되는 개념이다. 우리는 이를 다음과 같이 표현할 수도 있을 것이다. 예술 작품 앞에서 마음을 가다듬고 집중하는 사람은 그 작품 속으로 빠져 들어간다. 옛날 중국의 전설에 어떤 화가가 자기가 완성한 그림으로 보고 그 속으로 들어갔다는 식으로 예술 작품 앞에서 정신 집중 하는 사람은 그 작품 속으로 들어간다. 이에 반해 정신이 산만한 대중은 예술 작품이 자신들 속으로 빨려 들어오게끔 한다.[8]

예술 작품에 정신을 집중하는 종교적·전통적·엘리트 중심의 개념에서, 예술 작품이 '산만한' 대중에 빨려 들어오는 새로운 시대가 시작되었다는 것이다. 벤야민은 '영화'가 이를 가장 잘 수행하고 있다고 한다. 그의 글을 조금 더 읽어 보자.

예술이 제공해 주게 될 정신 분산적 오락을 통해서 우리는 지각이 당면하고 있는 새로운 과제가 어느 정도 해결될 수 있는가를 통제할 수 있게 되었다. 또 개개의 인간들은 그러한 과제를 회피하려는 성향을 가지고 있기 때문에 예술은 대중을 동원할 수 있는 바로 그곳에서 예술의 가장 어렵고 가장 중요한 과제를 해결하려고 노력하고 있는 것이다. 예술은 오늘날 이러한 과제를 영화에서 수행하고 있는 것이다.[9]

이처럼 벤야민은 산만한 대중이 '오락', 즉 놀이를 통해 자신의 지각을 확산해 나가고, 이것이 혁명을 향한 대중의 동원을 가능케 한다고 말하고 있으며, 영화를 높이 평가하고 있는 것이다. 그러나 영상이 혁명을 위한 대중 동원에 중추적 역할을 한다는 것은 부분적으로는 동의하지만, 부분적으로는 동의할 수 없다. 놀이를 위한 놀이, 곧 영화 그 자체에 몰입하는 삶도 얼마든지 가능하며, 영화가 반혁명적 이미지를 충분히 확산시킬 수도 있기 때문이다. 또한, 혁명과 변혁을 위한 영화비평도 존재하지만 비평을 위한 비평, 수구적 체제를 전제한 비평도 가능하기 때문이다.

그렇지만 벤야민은 중요한 지평을 열어 주었다. 현대는 대중이 예술 작품이나 책 혹은 설교에 몰입하는 시대가 아니고, 거꾸로 그것들이 '산만한' 즉 다양한 '접점'을 가지고 있는 대중에게 들어오는 시대라는 것이다. 예술 작품에 몰입하던 대중과 다양한 접점을 가진 '산만한 대중'이라는 이미지의 대비는 들뢰즈가 이분화한 "수목적樹木的 사유와 리좀rhizome적 사유"의 차이를 연상시킨다. 전자가 위계적 사유라면 후자는 비非 위계적 사유다. 들뢰즈를 해석한 이진경의 글을 보자.

"수목적인 체계는 위계적인 체계로서, 의미화와 주체화의 중심을 포함하며, 조직된 기억과 같은 중심적 자동장치를 가지고 있다."

이처럼 위계적인 체계에서 하나의 개체는 오직 상위 이웃을 가질 뿐입니다. 분류학에서 호랑이는 고양이라는 상위 이웃科을 가질 뿐이고, 고양이는 개라는 상위 이웃目을 가질 뿐입니다. 나란히 선 이웃 항과의 직접적인 관계는 존재하지 않습니다. 이웃한 것처럼 보이는 바로 옆의 이웃조차 그 상위의 어떤 이웃을 통해서만 연결될 수 있습니다. 호랑이는 고양이를 통해서만 사자와 연결될 수 있을 뿐이지요. … 따라서 위계화된 관계를 벗어나기 위해선, 혹은 중심으로 귀결되는 저 엉터리 다양성을 벗어나기 위해선 모든 친구의 공통된 친구, 모든 가지가 결국은 그리로 귀착되는 하나의 공통된 중심을 제거해야 합니다. n명의 사람 가운데 오직 하나의 공통된 친구를 제거하는 것, 독재자를 제거하는 것 혹은 수목형 체계에서 오직 하나의 중심인 일자를 제거하는 것, 이를 저자들[들뢰즈, 가타리]은 n-1이라고 표시합니다. … 요컨대 n-1, 혹은 중심의 제거, 바로 이것이 수목적 체계와 대비되는 리좀적 체계를 정의하는 명제입니다. 이런 점에서 리좀이란 비-체계가 아니라 비중심화된 체계요, 각각의 부분들이 중심에서 귀속되는 상위의 이웃을 통하지 않고 직접 이웃과 만나고 접속하는 체계고, 그 자체로 유의미한 다양한 집결지를 가질 수 있는 체계며, 그런 만큼 여러 방향으로 열린 체계고, 접속되는 항들이 늘거나 줄어듦에 따라 성질이 달라지는 가변적 체계라고 할 수 있습니다.[10]

뿌리 중심적 사유가 아닌 가지 중심적 사유, 곧 '리좀적 사유'는 문화와 종교 안에 '던져진' 현대인의 사유라고 할 수 있을 것이다. 현대인은 이미 '리좀' 안에 던져져 있으며, 이들은 이 사유의 틀을 통해서 사고하는 다양한 접점을 가진 존재들이다. 즉, '단일한' 사유의 틀로 이들을 이해할 수 없는 것이다. 그래서 예술 작품이나 글이나 설교는 청자나 독자가 속해 있는 다양한 접점에 따라 역시 다양하게 해석된다. 이들이 '종교' 를 가졌다고 한다면 이 종교 역시 다양한 리좀의 접점 중 하나이며, 종교의 해석적 틀과 삶의 만남도 역시 다변적일 수밖에 없는 것이다. 즉, 위에서 제시한 변선환의 신 중심의 포괄적 세계관 혹은 뿌리 중심적 세계관이 아니라 가지 중심의 세계관, 접점 중심의 사고가 가능해지는 것이다.

그렇다면 이들이 만들어 나가는 그리고 영향을 받는 '종교' 는 어떤 방식으로 이해되어야 할 것인가?

(2) 니니안 스마트 : 종교의 세계관 분석

얼마 전 작고했으며, 영국의 랭케스터 대학과 미국의 캘리포니아 대학 산타바바라에서 동시에 종교학 학장을 역임하기도 했던 니니안 스마트는 그의 계발적 저서 『종교와 세계관』에서 다음과 같이 운을 떼고 있다.

> 종교와 이데올로기에 대한 연구는 '세계관 분석' 이라고 부를 수 있다. 우리가 이를 통해서 하려는 것은 인간 의식과 사회의 구조를 형성하는 데 영향을 끼쳤던 상징이나 신념의 역사와 성격을 서술하는 것이다. 이것이 바로 현대 종교학의 핵심이다. "세계관 분석" 이라는 말은 객관성에 대한 추구를 함축한다. 그리고 바로 그렇기 때문에 세계관 분석이라는 것 자체는 비교적 현대적 현상이다. … 비교종교학의 뿌리는 19세기까지 거슬러 올라가는데, 당시의 주된 작업은 다양한 종교의 경전들을 번역하는 것이었다. 한편 19세기에는 『성서』에 역사학적 방법을 적용한 연구가 시작되기도 했다. 그러나 이런 변화에도 불구하고 일반적으로 서구에서 이루어진 종교 연구의 대부분은 전통적이고 신학적인 것들이었다. 그리고 물론 이

는 다른 문화권들에서도 마찬가지였다. 더욱이 종교와 관련된 것들을 연구하는 것은 신앙을 가진 사람들에게나 어울리는 일이라는 생각이 지배적이었다.[11]

니니안 스마트에 의하면, 종교에 대한 분석은 곧 '세계관 분석'이라고 한다. 종교를 가지고 있거나 이 종교의 틀 안에 과학이 있거나 이데올로기가 있거나 신화가 있거나 간에 이들은 삶을 이해하는 세계관을 가지고 있다. 즉, 종교 연구는 이들의 상징이나 신념이나 이들의 역사를 서술하는 것이라고 할 수 있다는 것이다. 그런데, 스마트가 위의 글에서 문제를 제기했듯이 유럽의 '다른' 종교에 대한 이해는 언제나 기독교 신학을 전제로 했으며, 그 출발점도 '성서'에 대한 이해를 심화시키기 위해서였다. 또한 세계관 분석을 주로 종교인이 하다 보니 종교와 무관하다고 여겨지는 이데올로기나 과학적 세계관은 도외시되기도 하였다는 것이다. 그렇다면 자신의 종교에 대한 이해를 접어두거나 괄호 치고epoche 다른 종교를 이해할 수 있는 방법은 과연 무엇일까? 니니안 스마트는 여기에서 여섯 가지의 종교 이해의 틀을 제시하고 있다. 먼저 그의 말을 들어 보도록 하자.

나는 이 모델을 나의 다른 책인 『종교 경험 Religious Experience』에서 처음으로 도입하고 상술한 바 있다. 내가 이렇게 여섯 차원에 근거해 종교와 세계관을 서술하려고 하는 것은 이를 통해 전통의 폭넓은 모습을 보여 주기 위해서이다. 예를 들어 기독교에 관한 기존의 책들은 대부분 교리나 교회 분열의 역사 같은 것만 다루고 있다. 예배나 그 밖의 다른 것에 관해 다룬 책은 거의 없다. 마찬가지로 참선에 대해 아무 언급도 하지 않는 불교 서적이 있다면 과연 그 책이 얼마나 쓸모가 있을까? 물론 여섯 차원이 종교의 모든 것을 다 보여주지 못할 수도 있다. 그러나 적어도 이들은 하나의 전통이 보여주는 주요한 측면들 대부분을 망라할 수 있다. … 정도의 차이는 있지만 일반적으로 모든 종교는 대체로 이 여섯 차원을 모두 갖고 있다. 그 차원들은 다음과 같다. 교리적·철학적 차원, 신화적·서사적 차원, 윤리적·율법적 차원, 의례적·실천적 차원, 경험적·감정적 차원, 사회적·조직적 차원.[12]

경험적 차원에서 기독교적인 초월적 신 체험인 '누미노제Numinose' 적 체험과 신의 영역과 인간의 영역이 통합되는 신비주의적 체험을 논의하고 있다. 이 두 가지가 대립하기도 하며기독교와 이슬람에서 신비주의자들을 박해했던 것과 같이, 변증법적으로 통합할 수도 있으며정토종과 기독교 신비주의 같이, 이 사이에서 샤머니즘적 트랜스trance와 신들림이 나타나기도 한다. 엘리아데에 의하면 인도 요가의 신비적 체험은 트랜스를 그 원형으로 하며,[13] 니니안 스마트는 여기에 덧붙여 신들림 현상은 누미노제에서 출발했다고 추측하고 있다.[14] 교리적 차원은 철학적 영역이기도 하면서 타자와 자신의 그룹을 '구분' 시켜 주는 역할을 한다. 기독교 전통의 계시 중심적 체계는 성서를 중시하지만, 깨달음을 중시하는 불교, 특히 선불교에서는 텍스트보다도 일상 속의 자각을 중시한다.

신화는 단지 종교 안에서만 머물러 있는 것이 아니고, 현대의 이데올로기 안에서도 존재하고 있다. 이에 관해 니니안 스마트는 다음과 같이 말한다. '마르크스의 유산에서 여실히 드러나듯이 다양한 역사 이론이 현대인에게 끼친 영향은 막대하다. 이 이론들이 영향을 끼치게 된 이유 중 하나는 우리가 미래의 방향을 설정하기 위한 작업의 일환으로 과거를 '이해' 하려고 하기 때문이다. 어떤 점에서 이 이론들은 인류의 드라마를 세세하게 이야기해 주는 전통적 신화의 후예라고 할 수도 있다."[15] 과거의 이론들이 과학적이건 아니건 다양하게 수용한 후, 현대인들은 미래를 예견하는 버릇이 있다는 것인데, 이는 곧 신화적 의식에서 출발했다는 것이다. 예를 들자면 "정의는 승리한다"는 기본적 명제도 다분히 신화적이지만 이것이 사회 정의 운동의 핵심으로 작용한다.

윤리적 차원에서는 제 종교관 간의 비교윤리학을 중심으로 각 종교의 문화적·교리적 차원에 따른 다양한 규범 양식이 나타난다. 스마트의 주장처럼 "대개의 종교들은 도덕적 행위에 관한 한 상당히 많은 공통점"[16]을 갖지만 이 규범들은 문화적으로 다양한 양태로 전개되는 것을 알 수 있다.

> 예를 들어 성적 관계의 경우 이와 관련된 도덕 체계는 매우 다양하다. 기독교인은 이혼을 인정하기는 하지만–대부분의 기독교 전통에서 이혼은 최근까지 금지되어 왔다.–일부일처제를 원칙으로 한다. 이와 달리 이슬람교에서 남자들은 한 번에 네 명의 부인을 거느릴 수 있으며, 이혼도 이미 오래 전부터 법률로 인정되어 왔다. 살인의 경우를 보면 어떤 사회는 자기를 방어할 권리를 인정하고 심지어 전쟁에서 적을 죽이는 것을 의무로 규정하는 반면, 퀘이커교 같은 종교들은 전쟁을 경계하거나 또는 철저하게 거부한다. 또 어떤 종교들은 전쟁을 자신의 신앙을 확산시키는 자연스런 방편으로 여기기도 한다. 이슬람의 지하드jihad, 聖戰 사상이 그 대표적인 예이다.[17]

거시적 형태에서 거의 모든 종교는 비슷한 양태를 띠지만, 미시적인 측면에서는 다양하고 상이한 규범 체계가 존재하는 것을 알 수 있다. 이들이 다시 인류학적 범주와 현대의 세속문화와 결합될 때 또 다시 세분화되며 같은 종교 안에서도 다양한 윤리 체계가 형성되기도 한다.

　의례적 차원에서는 과거의 종교가 공유했던 희생 의식과 희생 제의를 담당하는 그룹의 신성화와 계급화가 생겨난다. 일부 계층이 독점하고 있는 희생 의식과 규범이 다원화될 때 갈등이 생겨나기도 하며, 의례는 추상화되고 내면화된 형태를 이루기도 한다.

> 문자 그대로 동물이나 어떤 물질적인 제물을 바치지는 않지만 가톨릭도 역시 미사를 희생 제의의 일종으로 간주해 왔다. 그리스도의 죽음과 부활을 기념하는 미사는 신과 인류가 새로운 관계를 맺게 한 그리스도의 자기 희생을 부각시킨다. 십자가 위에서 죽은 그리스도의 죽음은 일종의 희생 제의이다. 그리고 미사는 바로 그 희생 제의를 재현한다. 가톨릭 신자에게 미사는 그리스도가 스스로 제물이 되어 지냈던 희생 제의를 바로 지금 이 자리에서 재현하는 행위이다.[18]

　이 희생 제의는 단지 종교적 영역에서만 머물러 있는 것이 아니다. 제의는 추상화되고 내면화되기도 하지만, 위의 윤리적 차원에서 보았듯이 전쟁과 같은 폭력이 정치가들의 선동에 의해 의례화되기도 한다.

　마지막으로 사회적 차원은 종교사회학의 영역이기도 하다. 종교가 한 사회와 문화에 어떤 영향을 끼치며, 동시에 사회와 문화가 종교의 형성에 어떤 영향을 끼치고, 이것이 어떤 형태의 세계관이나 행동을 만들어 내는지 살펴보는 것이다. 레비스트로스Levi-Strauss, Claude, 1908~1991와 같이 신화와 사회 종교와 사회에서 나타나는 다양한 이항 대립의 측면들을 다루거나, 이러한 구조주의적 시각을 세분화하여 소규모의 사회와 대규모의 사회에서 발생하는 종교의 영역과 행동 패턴들을 다루며, 그리고 정치적 영역과의 대립과 통합을 통해 종교가 어떤 역할을 하는지 근본주의의 경우와 같이 분석해 보는 것이다.

이 글의 지면상 이들에 관한 방대한 논의는 더 이상 진행시킬 수 없지만 종교에 대한 이해를 돕기 위해 이들을 도표화하면 다음과 같을 것이다.

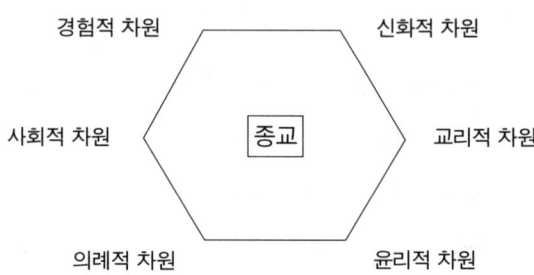

현재까지의 종교학적 연구에 따르면, 종교적 세계관은 위의 여섯 가지 차원이 교차적으로 얽혀 있으며, 종교에 따라 또는 개인적인 종교적 성향에 따라 위의 여섯 가지 차원 중 어느 한 측면이나 몇몇 측면들이 강화되기도 한다. 그렇지만 종교에 대한 이해가 가능하기 위해서는 각 차원들에 대한 이해가 선행되어야 하며, 이 종교 안에 있는 사람들이 세속의 영역과 관련되어 스스로를 정체화하는 접점, 곧 '리좀'을 이해해야 하는 것이다. 즉, 정교 분리 국가 안에서 살고 있는 종교인을 이해하기 위해서는 종교의 경험적 차원, 신화적 차원, 교리적 차원, 의례적 차원, 윤리적 차원, 사회적 차원이 어떻게 현대의 문화와 공유하고 있는가를 이해해야 하는 것이다. 또한 우리나라와 같이 다종교적 문화가 존재하는 곳에서는 문화화된 타종교의 특성들이 어떻게 기독교인들의 '산만한' 혹은 다양한 삶의 접점 속에서 섞이고 있는지를 살펴보아야 하는 것이다.

위의 글에서, 변선환의 종교 이해가 철학적 영역으로의 환원주의와 신

중심적 다원주의라는 환원주의에 머물러 있다고 했다. 변선환이 스스로 '종교 해방을 지향'하고 있다고 하면서 민중신학의 정치적 환원론을 비판하고 있지만, 그 역시도 종교에 대한 교리적·철학적 환원론에 머물러 있는 것이다. 그렇지만 그도 한국의 문화와 신학적 접점을 찾고 있었던 것은 교리적·철학적 차원 이외에 사회적·신화적 차원을 포용하고자 했으며, 내면적 종교 체험과 해방을 위한 실천을 지향하려고 했던 점을 생각해 본다면, 그의 의도에 따라 현대의 종교해방신학이 어떻게 재구성되어야 하는지를 살펴보아야 할 것이다. 다음 단에서는 변선환의 종교해방신학의 한 가능성을 영화 「베를린 천사의 시」를 통해서 살펴 보고자 한다.

3) 베를린 천사의 시 : 변선환의 종교해방신학의 한 가능성

빔 벤더스 감독이 만든 영화 「베를린 천사의 시」에서의 첫 장면은 피터 한트케의 「아이의 노래」로 시작한다.

아이가 아이였을 때
팔을 휘저으며 다녔다
시냇물은 하천이 되고
하천은 강이 되고
강도 바다가 된다고 생각했다…

왜 나는 나이고 네가 아닐까?
왜 난 여기에 있고 저기에는 없을까?
시간은 언제 시작되었고
우주의 끝은 어디일까?

태양 아래 살고 있는 것이 내가 보고 듣는 모든 것이

모였다 흩어지는 구름조각은 아닐까?

악마는 존재하는지, 악마인 사람이 정말 있는 것인지,

내가 내가 되기 전에는 대체 무엇이었을까?

지금의 나는 어떻게 나일까?

과거엔 존재하지 않았고 미래에도 존재하지 않는

다만 나일 뿐인데 그것이 나일 수 있을까?

　　흑백으로 출발한 이 영화는 두 명의 천사인 다미엘과 카시엘을 등장시킨다. 베를린은 당시 분단된 독일을 상징하던 도시였으며, 이 영화의 원제가 「베를린의 하늘」인 데서 알 수 있듯이 인간이 만든 분단을 포용하는 하늘을 구원의 상징으로 제시하고 있다. 영화 후반부 장면은 컬러로 바뀌는데, 천사의 시각에서 사물을 바라볼 때는 흑백이었다가 사람이 바라볼 때에는 컬러가 된다. 인간이 본 세상은 '전체'이고, 천사의 눈으로 본 세상은 미완의 흑백이다. 미완의 흑백으로 세상을 관조하면서 천사는 인간의 고통과 아픔을 어루만진다. 교통사고를 당한 사람이 길거리에 앉아 삶을 포기하며 우울해 할 때 천사는 그의 귀에 희망을 속삭여 준다. 그러나, 천사들은 정작 인간들이 왜 고통을 받고 있는지 이해하지 못한다. 오직 사람을 사랑해야 한다는 당위성만이 존재하는 것 같다.

　　그러던 어느 날, 다미엘의 동료천사 카시엘이 옥상에서 떨어져 자살하려던 청년을 위로하지만 끝내 파국을 막지 못한다. 카시엘은 외마디 비명을 지르며 괴로워한다. 인간을 이해하지 못하며 사랑의 당위성만을 가지고 위로하던 천사들의 운명에 지친 다미엘은 서커스에서 가짜 날개를 달고 곡예를 하던 여인 마리온에게 매혹된다. 다미엘의 눈에 그녀는 흑백의 세상을 관조하던 천사가 아닌, 감각의 세상에서 삶의 컬러를 인식하는 진짜 천사였던 것이다.

두 천사가 도서관에 서 있을 때 이 영화의 틀이 누구의 시각에 의해서 구성되었는지에 대한 암시가 나타난다. 진중권은 이를 다음과 같이 기술하고 있다.

… 두 천사는 베를린의 시립도서관으로 들어간다. 중세에는 책을 소리내어 읽었으나 근대에 들어와 책읽기는 묵독이 되었다. 하지만 천사의 귀에는 도서관에서 묵독을 하는 이들의 내면의 목소리가 들린다. 자막으로 번역은 안 됐지만 그 중 한 여자는 벤야민에 관한 책을 읽고 있는 모양이다. "발터 벤야민은 1921년 파울 클레부의 수채화 앙겔루스 노부스를 구입했다." 이로써 두 천사가 바로 벤야민이 말한 '역사의 천사'라는 것을 알 수 있다.[19]

두 천사들의 등장은 벤야민이 숄렘의 글 「천사의 귀환」에서 모티브를 받아 진보의 역사 앞에 무기력한 지식인을 알레고리한 "역사의 천사"였다는 것이다. 발터 벤야민은 『역사철학테제』에서 기록한 "역사의 천사"에서 다음과 같은 말을 남기고 있다. 진중권의 글에서 재인용한다.

파울 클레의 그림이 있다. 앙겔루스 노부스라는 천사는 제 시선이 응시하는 곳으로부터 떨어지려 하는 것 같다. 눈은 찢어지고 입은 벌어지고 날개는 활짝 펼쳐져 있다. 역사의 천사는 아마 이런 모습이리라. 그의 몸은 과거를 향한다. 거기에서 일련의 사건들이 벌어지고 그 속에서 그는 오직 파국만을 본다. 그는 죽은 자를 깨우고 패배한 자들을 한데 모으려 하나, 파라다이스로부터 한줄기 난폭한 바람이 불어오고 이 바람이 너무나 강해 천사는 날개를 접을 수 없다. 이 난폭한 바람이 천사를 끝없이 미래로 밀어내는 사이에 그의 눈앞에서 폐허는 하늘을 찌를 듯 높아만 간다. 우리가 '진보'라 부르는 것은 바로 이 폭풍이리라.[20]

천사는 날개를 펼치고 있지만 하늘에서 바람이 불어와 자꾸 뒤로 떠밀려간다. 이 바람을 '진보'라고 한다. 그의 눈은 미래를 향하고 있는 것이 아니라 과거를 응시하고 있다. 그런데 천사가 미래로 떠밀려가는 컨텍스트는 '현대'라는 틀, 곧 벤야민 시대의 '현대'다. 한쪽에서는 사회주의의 미래에 대한 유토피아적 환상과 신화가 넘쳐나던 시대였으며, 다른 한쪽에선 파시즘이 시대를 재구성하며 미래를 열어젖혔던 시대, 그리고 과학의 진보는 현재의 불가능을 제거시켜 줄 것이라는 희망이 넘쳐나던 시대였다. 베를린의 하늘에서 불어오는 유토피아적 '희망'의 바람 앞에 천사는 '미래'를 보지 않고 '과거'를 바라볼 뿐이다. 영화의 중간 중간에 히틀러가 지배하던 파시즘의 시대에 파괴된 교회와 건물들, 그리고 그 폐허 사이로 시선을 잃고 두리번거리는 시민들과 나치의 친위대원들이 보인다. 당시 독일은 절대 다수가 '희망'하여 파시즘을 '선택'했다. 파시스트나 사회주의자나 과학기술의 미래를 낙관하며 천사를 미래로 떠민다. 어쩌면 개발주의 정권하에서 파괴되는 녹지와 그린벨트, 경인운하라는 토목공사, 4대강 정비라는 허울로 진행되고 있는 한반도 대운하라는 대규모의 폐허, 급속도로 세속화되며 정치권력의 욕망에 빠져 있는 한국의 개신교 앞에 무기력한 우리 자신의 모습이 곧 천사다. 천사는 무기력하다. 왜냐하면 그는 역사의 방관자이기 때문이다. 그는 인간의 내면을 이해하지 못하는 색맹이다. 그들은 태초부터 존재했고 인간의 삶 곳곳에 위치하고 있지만 사실은 아무데도 없었다. 그들은 위로하는 것 같았지만 오히려 인간에게 위로를 받고 있었던 것이다.

방관자 천사의 '영원' 함을 괴로워하던 다미엘은 마침내 인간이 된다. 인간이 된 그는 과거 우리가 알고 있는 영적인 관념을 뒤집는다. '부정' 하여 초월하지 않고 내면의 것을 '욕망' 하여 성취하려는 것이다. 무한한 '흑백' 의 천사에서 감각의 인간이 되었을 때 오히려 영원을 이야기할 수 있는 존재가 된 것이다. 한트케의 시 「아이가 아이였을 때」는 사실은 「천사가 천사였을 때」였다. 천사가 천사였을 때 그는 모든 것이 궁금했다.

왜 나는 나이고 네가 아닐까?

왜 난 여기에 있고 저기에는 없을까?

시간은 언제 시작되었고

우주의 끝은 어디일까?

태양 아래 살고 있는 것이 내가 보고 듣는 모든 것이

모였다 흩어지는 구름조각은 아닐까?

악마는 존재하는지, 악마인 사람이 정말 있는 것인지,

내가 내가 되기 전에는 대체 무엇이었을까?

지금의 나는 어떻게 나일까?

과거엔 존재하지 않았고 미래에도 존재하지 않는

다만 나일 뿐인데 그것이 나일 수 있을까?

천사 다미엘이 천사였을 때 풀리지 않던 의문들이 인간이 된 이후 길이 보이기 시작한다. 영원 안에서는 영원을 보지 못했지만 유한한 인간이 되었을 때 마침내 영원이 이해된 것이다. 감각적 존재가 되었을 때 오히려 감각의 '초월'을 바로 볼 수 있게 된 것이다. 벤야민에게 있어서 영원은 소망의 이미지 곧 "꿈"이었고 감각은 "깨어남"이다.[21] 꿈이 없는 현실은 없고, 현실은 꿈을 실현하는 장이다. 그래서 영원에서 영원으로 가는 것이 아니고 유한에서 영원을 '희망'하는 것이며, 바로 이 순간이 꿈을 향한 '깨어남'이 되는 것이다. 수잔 벅모스Buck-Morss, Susan는 이 꿈과 깨어남에 대한 을 다음과 같은 도식으로 그려내고 있다.[22]

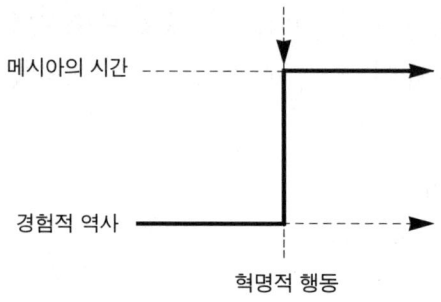

중세의 신성성 곧 '영원'은 혁명적 행동을 통해 현실로 '깨어'난다. 이 과정을 통해 신성적 차원이 세속적 차원으로 육화되며, 신성적 차원은 희망 곧 '꿈'이 되는 것이다. 그 중심에는 '혁명적 행동'이 존재한다. 벤야민은 이와 같은 현상을 다음과 같이 풀이하고 있다.

> 행복은 오직 우리가 호흡한 공기를 통해 우리와 함께 살아온 사람들 속에서 나타난다. 다시 말해서 행복의 이념은 구원의 이념과 공명한다('우리가 미래를 동경하지 않는다.'는 특기할 만한 사실이 주는 교훈이 여기 있다). 이러한 행복은 과거에 우리가 가졌던 절망과 고독에 정확하게 기반한다. 다시 말해서 우리의 삶은 역사적 시간 전체를 집약할 충분한 힘을 가진 근육이다. 달리 말하면 역사적 시간의 진정한 구상은 구원의 이미지에 전적으로 의존한다.[23]

유토피아적 '꿈'은 현실에서 '깨어나'야 열리게 된다. 이 깨어남에서 꿈으로 진입하는 것을 '혁명적 행동'이라고 한다. '혁명적 행동'으로 인해, 과거의 종교는 마르크시즘적 '교리·철학'과 만나고, 성서로부터 흘러나온 '신화'는 혁명의 동력이 된다. 미래를 볼 수 없고 과거의 폐허만을 바라보는 '체험'안에 있으나 (우리 모두 그러하다!) 신화적 동력은 미래를 희망하게 한다. 반복되는 파괴적 일상이 '의례'화된 현재는 '혁명적 행동'으로 메시아적 시간을 부르는 의례가 된다. 복종이 '윤리'화된 현재는 저항의 윤리로 변형되며, 민중들은 억압적 구성체인 '사회'를 새롭게 희망한다. 즉, 종교가 관조적 흑백에서 해방되고 혁명적 행동을 통해 일상으로 침투하는 것이 메시아적 시간의 회복인 것이다. 변선환은 「나의 신학수업」에서 벤야민의 '혁명적 행동' 메시아적 시간을 끌어내는 신화적 미래와 그 결을 같이하는 그리스도의 내면적 의미를 '철학적'으로 표현하고 있다.

> 마이켈슨과 야기의 신학적 아포리아를 해결해 준 이는 그리스도라는 이름을 유일회적 종말론적 사건이나 절대무로서의 장의 계시가 아니라 "인격적 책임성의 무제약성을 나타내는 신화적 표현"이라고 본 후릿츠 부리였다. 그리스도라는 이름이 신화적으로 상징하는 것은 바로 인간의 진리, 책임적 자아와 책임적 공동체의 진리다. 그렇기에 무제약적인 책임성이 있는 곳, 사랑이 있는 곳, 그 어디에나 그리스도가 계신다. 그리스도는 결코 세계사의 알파종교사의 신학와 오메가정치신학에 있지 않고 바로 지금 여기에 있다. "무제약적 책임성"이라는 이름 밖에 천하 인간이 구원을 얻을 만한 다른 이름을 우리에게 주신 일이 없다. 이 복음이 동방의 밝은 빛 "은자의 나라" 한국의 빛이 되기를![24]

혁명적 행동, 곧 무제약적 책임성에 의한 행동이 일상의 경험적 삶에서 메시아적 삶으로의 변이를 가능하게 하고, 이는 혁명적 시간으로 인도하며, 변혁적 시간으로 인도한다. 무제약적 책임성과 혁명적 행동은 종교의 '의례'를 통해 "지금 현재"의 사건으로 나날이 갱신된다. 이는 종교신학인 알파에 머물러 있지 않고, 오메가에 머물지 않으며, 바로 이 순간의 무제약적 책임성의 혁명적 행동이 나의 존재와 환경을 변혁시키는 것이다. 변선환이 꿈꾸던 '종교해방신학'이 바로 이 모습이 아닐까?

3. 나오는 말

이 글에서는 종교해방신학이란 인간이 신에 대한 체험의 접점과 일상적 삶의 다양한 접점들을 다양한 틀 안에서 이해하고 끊임없이 미래를 열어가는 메시아적 시간성을 실천하는 것이라고 이해하였다. 변선환이 「타종교의 신학」에서 아시아 민중의 해방을 말하며 전제가 되는 종교 간 대화나 종교신학을 말했지만, 그의 종교 이해는 니니안 스마트의 종교의 세계관 이해의 빛에서 살펴볼 때 철학적·교리적 차원의 환원주의를 지니고 있으며, 신 중심적 다원주의는 그 내부에 문화 제국주의를 전제하고 있다. 종교 해방신학이 가능해지기 위해서는 종교에 대한 좀 더 포괄적인 이해가 필요하며, 종교 구성원들의 다양한 접점들을 이해하고 종교와 일상의 접점을 통합하는 '혁명적 행동' 혹은 '무제약적 책임성'을 통해 미래를 꿈꾸는 신학이 필요할 것이다. 그렇게 될 때에야 작금의 문화 제국주의적 틀 안에서 자아 정체화를 강요당하는 '억눌림'에서 해방의 길로 나아갈 수 있는 것이다.

이 '혁명'적 행동이나 무제약적 책임성을 거대한 틀 안에서 생각할 필요는 없을 것이다. 기존에 가지고 있던 종교적 경험과 윤리, 그리고 신화적 사유와는 상반된 억압에 대한 혁명적 행동 혹은 저항은 일상 속에서 다양하게 출현할 수 있다. 교육의 현장에서, 외국인 노동자들의 삶에서, 시민운동에서, 귀농운동에서, 책읽기에서, 교회에서, 도서관에서 등등. 이 행동들의 작은 성공은 현실이 메시아적 시간성을 체험하는 장이 되는 것이다. 변선환이 종교해방신학을 꿈꾸면서 타종교와의 열린 대화를 통해 신 중심적 다원주의를 구상하면서 민중신학과의 통합을 시도했던 이상이 바로 이것일 것이다. 한걸음 더 나아가 일상이 곧 신성의 체험의 장이 되고 신성적 체험이 일상으로 복귀하는 것은 앞으로 영성신학적 틀과 삶의 범주 안에서도 꾸준히 연구되고 이해되어야 할 것이다.

제3세대의 토착화 신학과
종교 간 대화의 과제와 전망
- 변선환의 종교 간 대화를 중심으로

김 진 희 _동지사대학 박사과정

1. 들어가는 말

제3세대의 토착화 신학 논의라는 전체 주제 속에서 필자에게 주어진 과제는 종교 간의 대화이다. 그것도 토착화 신학의 제1세대인 변선환의 불교와의 대화를 재해석해 보면 어떨까 하는 권고에 필자는 내심 내키지 않았다. 왜냐하면 종교 간의 대화를 거론하기 위해서는 기독교를 비롯하여 기독교 이외의 종교에 대한 폭넓은 지식이 필요한데, 필자는 이를 위한 소양이 너무 부족하다는 것을 잘 알고 있었기 때문이다. 더구나 변선환의 저작을 다시금 읽어 보며 그의 해박한 지식에 더욱 기죽어 갔다. 하지만 종교 간 대화 문제가 토착화 신학에는 빠질 수 없는 관점이기에 누군가는 언급하여야 한다고 생각한다. 부족한 필자가 아닌 그에 적합한 다른 분께서 다루어 주셨다면 하는 아쉬움을 느끼며, 많은 분들의 가르침을 청하는 마음으로 최대한 담백하게 필자의 문제의식에 입각하여 종교 간의 대화라는 주제에 접근해 보도록 하겠다.

주지하다시피, 토착화 신학은 민중신학과 더불어 한국신학사의 한 획을 그어 왔다고 할 수 있다. 한국의 신학적 흐름 속에서 토착화 신학은 한국의 신학이 모색해야 할 하나의 방향성을 제시해 왔으며, 토착화 신학은 우리들의 종교적 실존의 바탕이 한국의 전통 종교임을 규명하며, 기독교와 전통 종교와의 관계에 주목해 왔다. 즉, 전통 종교의 영향속에 있는 우리의 신앙하는 자리가 기독교와 대립·충돌하는 것만이 아니라, 서로 조화와 공존할 수 있다는 것을 모색함으로써 한국에서의 기독교인이 되는 것을 추구해 왔던 것이다. 이러한 신학적 전개는 우리의 자리에서 기독교인이 됨을 고민하는 많은 이들에게 영감과 새로운 과제들을 부여했다고 할 수 있다.

하지만, 오늘에 있어서의 토착화 신학은 새로운 자극을 필요로 하는 시점에 있다고 종종 거론된다. 그리고, 이러한 과제는 최근 들어 토착화 신학의 제3세대의 논의로서 다루어지기도 한다. 즉, 토착화 신학을 제창한 1세대와 발전시킨 2세대의 논의를 거쳐, 새로운 도약을 하기 위한 3세대의 논의가 필요하다는 것이다. 이러한 세대 분류에 따르자면, 제1, 2세대에 속하지 않으면서도, 오늘날에 있어서 다시금 토착화 신학에 주목하는 본고의 시도 역시 제3세대의 논의로 분류할 수 있을 것이다.

여기서 본고는 우선 토착화 신학의 제3세대가 무엇을 의미하는지에 대한 검토를 논의의 출발점으로 해 보겠다. 도대체, 토착화 신학의 제3세대는 무엇을, 혹은 누구를 지칭하는 용어일까. 그런데 여기서 제3세대가 거론이 된다는 것은, 제3세대에 앞선 이 논의가 제1세대와 2세대를 전제로

하고 있다는 것이다. 그렇다면, 제1세대와 2세대는 누구를 지칭하는 것일까. 예를 들어, 역사신학자 이덕주는 다음과 같은 토착화 신학의 세대 구분을 하고 있다.

> 1960년대 중반에 시작된 토착화 신학은 1세대(윤성범 ; 유동식 ; 변선환 ; 김광식)를 거쳐 2세대(이정배 ; 박종천 ; 김광원 ; 한인철 ; 이종찬 ; 송성진)로 이어지고 있는데 1세대 학자들이 한국의 전통종교·문화·사상을 서구 기독교 신학 방법론으로 분석하는 것을 신학의 내용으로 삼았다면 2세대 학자들은 환경·생명·통일 등 정치·사회적 현실 문제를 해결하는 방법론을 서구 신학과 한국의 전통 종교 사상에서 찾으려 한다.[1]

이러한 이덕주의 정의는, 예를 들어, 종자 - 밭·접목·번역·육화 등의 방법론적 분류[2]나 보수주의·진보주의·자유주의의 신학사적 흐름에서 토착화 신학을 위치 짓는 시도[3]들과는 다른, 신학자 특히나 감리교 신학자들의 시기적 구분이라는 좁은 틀 안에서 이해되고 있다고 할 수 있다.[4]

하지만 이 정의는 우리의 논의를 진행시킬 수 있는 다음과 같은 틀을 제공하고 있다. 첫째로, 세대 구분적 분류에 있어서 토착화 신학이란 한국에서 기독교의 토착화를 지향해 왔던 모든 신학적 시도를 지칭하는 것이 아니라, 1960년대 중반을 기점으로 시도된, 한국의 종교적 전통을 신학적 기반에서 해석하는 일련의 신학적 흐름을 지칭하는 용어라는 것이다. 둘째로, 이러한 의미에서 제1세대는 1960년대의 토착화 신학을 주도한 이들이라는 것이다. 셋째로, 제1세대의 깊은 영향을 받은 이들로 구성된 제2세대는 제1세대의 문제의식을 더욱 심화시킴과 동시에 다방면에 걸쳐 전개하였다는 것이다.

그런데 여기서 한 가지 주목해야 할 사실은, 제1세대의 신학적 입장은 그들이 신학적 무대로부터 은퇴하면서 더 이상 수정될 가능성이 희박하여 이미 역사화되어 버렸다는 사실이다. 이에 반해, 제2세대의 신학적 입장은 아직 역사화 되지 않았으며, 그 대부분은 현재 한국의 신학계를 주도하는 중심적인 존재들이다. 그리고 그 활동은 앞으로 적어도 20년 이상 활발히 전개되어 갈 것이라는 것이 예상된다. 다시 말하자면, 현재의 토착화 신학은 제2세대가 주도하고 있으며, 이들의 활동은 현재진행형이다. 그런데, 여기서 거론하고자 하는 제3세대는 어떠한가? 앞서 인용한 이덕주의 정의를 연장해 본다면, 토착화 신학의 제3세대는 다음과 같이 규정할 수 있다. 즉, 제3세대는 제1, 2세대에 직·간접적으로 영향을 받아, 기존의 토착화 신학의 문제의식을 계승 발전시켜 형성된 새로운 문제의식, 혹은 그 문제의식을 공유하는 제2세대 이후의 신학자의 층이라 할 수 있다. 이러한 이해에서 잘 드러나듯이, 제3세대는 제2세대의 영향을 받고 있다는 것, 혹은 그 연장선상에 서 있다는 형식적인 측면 이외에, 제1, 2세대와 차별되는 뚜렷한 신학적인 정체성이나 신학적인 이해가 아직 전개되지 않았다는 특징이 있다.

이 때문에 우리의 논의는 제3세대 토착화 논의의 한계를 인정하는 것에서부터 시작된다. 즉, 제3세대 토착화 논의는 이미 전개되거나 형성되어있는 것이 아니라, 지금부터 그리고 앞으로 전개되어 갈 것이라는 미래형의 과제라는 것이다. 이 점을 인정한다면, 본고의 논의는 1, 2세대에 해당하지 않으면서도, 앞으로의 토착화 논의를 전개해 나아갈 주체들의 문제의식과 전망을 부각시켜 그 방향성을 검토해야 할 과제를 갖는다. 이러한 과제에 입각하여, 본고는 필자의 입장에 근거하여 토착화 신학의 신학적 전개 속에서 종교 간의 대화의 측면에 주목하고자 한다. 특히 그 중에서도 변선환의 종교 간의 대화에 초점을 맞추어 토착화 신학에 있어서의 종교 간의 대화가 무엇을 의미하며, 오늘날의 우리에게 어떠한 방향성과 과제를 부여하고 있는지를 검토해 보고자 한다. 마지막으로, 앞으로 토착화 신학에 있어서의 종교 간 대화의 과제를 전망해 보도록 하겠다.

2. 토착화 신학과 종교 간의 대화

토착화 신학에 대해서는 각각의 관점에서 다양한 해석을 시도해 볼 수 있을 것이다. 그러한 다양한 시각들이 모여 토착화 신학의 의미를 풍성하게 한다고 할 수 있다. 필자의 견해 또한 그러한 해석의 하나일 수 있는데, 여기서 그것을 단적으로 표현해 본다면 다음과 같다. 토착화 신학이란, 나와 나의 이웃, 나의 가족, 더 나아가 나와 연관되는 과거와 미래의 사람들과 그들을 둘러싼 배경, 총체적으로는 '우리'[5]라고 정의할 수 있는 것을, 우리 자신이 긍정하고 받아들일 수 있도록 해 주는 것이다. 그들은 선한 가족들이며, 벗들이며, 우리들이다. 비록, 우리가 기독교의 역사와 단절되어 왔다고 하더라도, 우리를 향한 하나님의 사랑은 그 역사와 무관하게 우리에게 역사하고 있었다는 사실을 토착화 신학은 우리에게 설명해 주고 있다. 적어도 필자의 경험에서 보자면 이러한 토착화 신학을 통하여 선한 존재로서의 우리를 재발견할 수 있었다. 이러한 이해를 뒷받침하기 위해, 여기서 토착화 신학의 흐름과 역사를 모두 언급할 필요는 없을 것이다. 단지 논의의 출발로서, 토착화 신학이 어떻게 이러한 인식을 가져오게 되었는지를 단순한 일반화의 위험성은 있으나 간략하게 스케치해 보자.

선한 존재로서의 우리를 재발견했다는 이야기는, 그것이 그때까지는 선하지 않은 존재, 부정적인 존재로 이해되었다는 이야기이다. 그렇다면 왜

우리는 선하지 않은 존재, 부정적인 존재일까.[6]

우리의 기독교 경험을 비추어본다면, 우리가 현실적으로 접하고 있는 한국의 기독교는 아주 개방적인 교회가 아닌 이상, 대체로 다음과 같이 정리해 볼 수 있다. 즉, 성서나 목회자의 주장을 비판적으로 검토하여 이해하기보다는, "하나님의 영감"으로 쓰여진 성서에 기반하여 "주의 종"의 말을 "믿음"을 가지고 받아들인다. 그리고, 이 가운데서도 소위 "복음주의"를 표방하는 목회자들은 많은 경우 "4영리"로 우리에게 익히 알려진 구속사적인 이해를 전파한다.

그 주장의 핵심은 다음과 같다. 1) 인간을 사랑하며 인간과 연합하기를 원하는 진선미의 궁극적인 존재로서의 신, 2) 이러한 존재와 대비되는 타락한 존재로서의 인간, 3) 두 존재의 질적 차이로 인한 단절과 이를 극복하기 위해 신이 선택한 유일한 존재인 예수 그리스도로 인해 신과 인간의 연합의 길이 열림, 4) 이 예수 그리스도는 누구에게나 열려진 신으로 향하는 길이며, 우리가 그를 받아들인다는 결단과 고백을 하면 신과의 연합은 이루어진다. 여기에 더하여, 이 배경에는 지옥과 현세, 천국이라는 세계관이 존재하고 있으며, 현세에서의 지금의 결단이, 영원한 형벌과 영원한 축복의 결과를 가져온다는 주장을 함으로써, 듣는 이가 예수 그리스도를 구세주로서 인정할 것을 강력하게 권고한다. 때에 따라서는 좀더 복잡한 구조를 갖기도 하고, 극단적인 경우에는 "예수 천당, 불신 지옥"이라는 슬로건으로 압축되기도 한다.

그런데, 여기서 앞서 언급한 우리와 관련해서 문제가 되는 것은 다음과 같은 사항이다. 즉, 하나님이 선택한 유일한 길로서의 그리스도로 고백되는 예수가, 약 2000년 전 이스라엘에서 출생하고 활동했던 존재였다는 것이다. 이것은 역사적·지역적으로 한정되는 사실이며, 이 한정에서 소외

되는 지역과 사람들은 신으로부터 소외되고 만다.[7] 이 한정의 내용을 계승하고 있는 교회로부터 소외된 이들 역시 마찬가지이다. 이 결과 우리는 오랜 역사 속에서 복음으로부터 소외되어 온 축복받지 못한 존재가 되어 버리는 것이다. 혹은 "운이 좋게" 오늘날 그 어떠한 사람이 예수 그리스도를 받아들이는 결단을 하였다 할지라도, 그것은 그 사람의 결단의 영역에 한해서이며, 그 결단이 불가능한 이미 주어진 것, 예를 들면, 그 사람의 사유적인 틀과 가족적인 구성, 인간관계, 직장 등의 삶의 영역은 여전히 축복받지 못한 소외된 것으로 남아 있게 된다. 다시 말해, 그러한 결단도 여전히 "우리"안의 일부에 불과하며, 진선미의 궁극적 존재인 신으로부터의 소외에 대한 궁극적인 해결이 되지 못한다. 이 결과 우리는 타자화되며, 분열하게 된다.

이 같은 이해 맥락에서 보자면, 전 세대의 토착화 신학의 논의는 바로 이러한 문제를 해결하고자 했다고 해석할 수 있다. 즉, 신에게 소외된 존재로부터 신에게 선택된 존재로, 저주받은 존재에서 축복받은 존재로, 타자화에서 주체화로의 전환을 모색하였던 것이다.[8] 그렇다면, 그들은 무엇을 제시하고 있는 것일까. 주지하는 바와 같이, 윤성범은 이른바 유교적인 개념인 효와 성을 기독교의 틀 안에서 해석해 나아감으로써 그의 독자적인 신학을 전개하였다.[9] 또한, 유동식은 한국의 영성의 뿌리를 풍류라는 용어로 규정하며, 한국에서의 종교는 모두 이러한 근본적인 영성의 개화로 이해하고, 이제는 기독교가 개화할 차례라고 주장하였다.[10] 변선환은 이로부터 한발 더 나아가, 진선미의 근원인 신은 어느 한 종교가 배타적으로 독점할 수 없는 것이고, 이러한 의미에서 기독교와 전통 종교는 모두가 신에 근거한 것이며, 한국에서의 신학은 대화를 기반으로 하는 타종교의 신학이 되어야 함을 주장했다.[11]

이들 사이에 드러나는 입장의 차이나 주제의 차이는 명백한 사실이고, 이들의 시도가 얼마만큼 성공적이었는가 하는 문제는 우리가 곰곰이 곱씹어 봐야 할 문제이지만, 이들의 논의가 위에서 거론한 문제의 해결을 공통되게 모색하였다는 것은 분명한 사실이다. 즉, 신에게 소외된 존재로부터 신에게 선택된 존재로, 저주받은 존재에서 축복받은 존재로, 타자화에서 주체화로의 전환을 각각의 한계 속에서 모색하고 있다는 것이다. 이 때문에, 그들의 논의는 지극히 신앙고백적인 성격을 갖는다.[12] 즉, 다른 이의 신앙적 실존 속에서 행해진 고백을 되풀이하는 것이 아니라, 그들 각자가 서 있는 자리에서 자신에게 주어진 배경과 언어로 신을 고백하고 있는 것이다. 시공의 한계 속에 그저 주어진 역사적 우연성으로의 우리를, 신앙 속에서 필연성으로 전환시킨다. 마치 "내가 모태에서부터 주를 의지하였으며 나의 어머니의 배에서부터 주께서 나를 택하셨사오니"(시편 71:6)라는 시편 기자의 신앙고백과 같이 말이다. 바로 이 점에 있어서 기독교인이 된다는 것은, 우리가 서 있는 자리에서 기독교인이 된다는 것이며, 이 자리에 충실하는 것과 진실된 기독교인이 된다는 것은 서로 다른 것이 아니다.[13] 따라서, 이러한 이들의 논의는 앞서 언급한 바와 같이 우리 속에서 소외를 경험하거나, 충돌을 겪는 이들에게 하나의 방향성을 제시하고 있다고 할 수 있다.

우리가 이러한 이해를 토착화 신학에 대한 하나의 해석으로 받아들일 수 있다면, 본 논의는 여기서 한 걸음 더 나아가 토착화 신학이 왜 종교 간의 대화, 혹은 종교신학적인 색채를 띠는가 하는 점을 이해해 볼 필요가 있다. 즉, 위와 같은 토착화 신학의 방향성이 어떻게 종교 간의 대화로 연결되는지, 토착화 신학과 종교 간의 대화는 어떠한 관계가 있는지에 대한 문제이다. 이를 위해 앞서 거론한 토착화 신학의 이해를 좀 더 구체화시켜 다음과 같이 세 가지로 그 성질을 정리해 보자.

첫째로, 토착화 신학에 있어서 그 신학적 작업과 신앙은 우리가 서 있는 자리와 유리되지 않아야 한다는 점이다. 우리는 반드시 우리가 서 있는 자리에서 우리의 언어와 감성으로 신을 고백할 필요가 있다. 신에 의해 주어진 우리 자리의 것을 추구하는 것은, 곧 자신이 서 있는 자리에서 참된 기독교인이 된다는 것이다.[14] 이것이 우리를 신의 역사적 선택으로부터 소외된 타자로서 인식하는 것이 아니라, 태내로부터 신에 구별되고 선택 받은 주체로서 인식하게 한다. 때문에, 이들의 주장이 아무리 과격해 보인다 할지라도, 예를 들어 "타종교에도 구원이 있다"는 슬로건을 내걸지라도, 그들의 근본적인 의도는 자신이 서 있는 자리에서 참된 기독교인이 되고자 함에 있다. 결코 그들은 자신이 기독교인이라는 정체성을 혼동한 적이 없으며, 그들의 신학적 전개는 취향의 문제가 아닌 것이다.

둘째로, 위와 같은 신학함의 자리에 대한 자각에 근거한 토착화 신학은 그 자리를 구성하는 배경이 되는 기독교가 아닌 전통 종교와 기독교의 관계에 주목한다.[15] 예를 들어, 한국에서 성장하고 자란 사람이 기독교인이 된다는 것은, 그 사람의 기독교적인 인식이 한국의 전통적인 세계관을 배경으로 형성되었다는 것을 의미한다. 이것은 그/그녀가 비록 기독교인이기는 하나, 한국적인 정서를 가지고 한국적인 세계관을 통하여, 한국어로 신앙할 수밖에 없다는 것이다. 때문에, 기독교에 대한 인식의 틀과 그 배경이 되는 전통 종교는 한국의 기독교가 참된 한국적인 기독교가 되기 위해 반드시 거치고 수용해야만 하는 하나의 과정이 되는 것이다.[16] 이로 인해, 유교적 신학이나 불교적 신학이라고 명명되는 타종교의 신학은 단순한 종교적·신학적 혼합이 아니라, 한국의 신학과 기독교가 지향해야 할 하나의 방향성을 드러내고 있는 것이다.[17]

셋째로, 이러한 토착화 신학의 의도와 방향성은 필연적으로 대화라는 형식을 취하게 된다는 것이다. 위와 같은 신앙하는 자리에 대한 자각으로 인해, 토착화 신학은 기독교적인 인식과 그 인식의 틀, 혹은 그 인식의 틀을 구성하는 전통 종교와 끊임없이 대화를 할 수 밖에 없다. 다시 말해, 신앙이 형성되어 가는 그 과정 자체가 대화의 산물이라고 할 수 있는 것이다. 토착화 신학의 이러한 측면은 선교지에서의 기독교 신앙의 형성 과정이라고도 할 수 있는데, 예를 들어 삼강오륜과 천주 공경을 연결시키는 이벽의 신앙 형성 과정은 토착화 신학의 이러한 특성을 잘 드러내 준다.[18] 이 때, 전통종교라는 것은 기독교의 단순한 타자가 아니다. 왜냐하면, 그들의 기독교 인식 그 자체가 전통 종교에 의해 형성된 인식의 틀 위에서 성립되고 있기 때문이다. 뿐만 아니라 혈연, 지연 등으로 복잡하게 얽힌 삶의 자리 속에서 전통 종교는 그/그녀들의 가족의 것이기도 하다. 이러한 이해 속에서 전통 종교는 한국 기독교의 일부라고 할 수 있다. 이러한 실존적 자각에 근거해 있었던 토착화 신학 제1세대들은, 기독교적인 나와, 전통 종교에 근거하고 있는 나 사이에서 끊임없이 변증법적인 대화를 할 수밖에 없었다. 이러한 나 안의 내적인 종교 간의 대화가 바로 토착화 신학의 가장 커다란 특징이기도 하다. 변선환은 이기영의 모습에서 이러한 내적인 대화의 모습을 발견하나, 이는 변선환의 신학 작업에 대해서도 적용되는 것이다.[19] 혹은, 대화의 상대가 분명히 존재하는 외적인 대화라고 할지라도, 이는 내적인 대화의 연장으로 이루어진다.[20]

토착화 신학의 특성과 종교 간의 대화에 대한 이상의 이해를 받아들인다면, 우리는 다음과 같은 정의에 동의할 수 있을 것이다. 즉, 토착화 신학이란 한국의 종교적 실존에 대한 자각에 근거한 변증법적 대화의 신학이다. 토착화 신학에 있어서 종교 간의 대화라는 것은 피해 갈 수 없는 문제이며, 토착화 신학 그 자체가 종교 간의 대화를 기반으로 형성되는 것이다. 이러한 대화는 우리 자신을 부정하는 것이 아니라, 선한 벗으로 긍정하며 함께 우리의 신앙과 삶을 영위하도록 해 준다.

본고에서는 이와 같은 토착화 신학과 종교 간의 대화 이해에 근거하여, 여기서는 변선환의 종교 간의 대화에 초점을 맞추어 좀 더 구체적으로 검토해 보겠다.

3. 변선환의 종교 간의 대화

"대화는 인류 최후의 희망이다"[21]라고 주장하는 변선환은, 주지하다시피 우리 안의 한 모습으로서 불교에 주목하였다.[22] 하지만 이보다 그를 1세대의 다른 토착화 신학자와 구별시키는 커다란 요인 중 하나는, 우리에 대한 확대해석에 있다. 예를 들어, 그는 다른 1세대와 마찬가지로 우리를 "종교적인 주체"로, 우리의 자리를 "종교적인 자리"로 이해한다. 하지만 그는 이에 머무르지 않고 종교해방신학을 통하여 "정치, 사회적 주체"로도 이해한다. 더 나아가 그는 아시아 신학을 통하여 우리를 "아시아적 주체"로도 이해한다. 하지만, 이러한 우리의 자리에 대한 확장에도 불구하고 그것들은 서로 상충하는 것이 아니라, 역시 우리라는 자리에서 통합적으로 확대해석되어 나아간다. 앞서 언급한 이덕주의 세대 구분에 따르면 변선환은 제1세대에 해당하나, 우리는 거기에 다음과 같은 이해를 덧붙여 볼 수 있겠다. 즉, 변선환이 한국의 전통 종교·문화·사상을 서구 기독교 신학 방법론으로 분석한 것에 머문 것이 아니라, 종교적 주체로의 우리를 확대해석했으며, 이는 2세대의 다양한 전개의 발판이 되었다는 것이다.

이러한 주체성의 확장을 수행해 나아가는 과정 속에서 변선환의 종교

간 대화도 그 궤도를 조금씩 수정해 나아간다. 앞서 언급한 토착화 신학의 특성은 그의 종교 간 대화에 있어서 다음과 같은 구체적인 방향성으로 드러난다. 첫째로, 기독교의 절대성에 대한 배격이다. 이것은 변선환에게 있어서 서구적 편견과 교회 중심주의 그리스도론의 배타적 절대성을 극복하는 보다 구체적인 과제로 이해되었다.[23] 한국의 기독교인이라는 것이 성립하기 위해서는 기독교가 우리의 인식의 틀과 그것의 배경이 되는 전통종교와 조화를 모색할 필요가 있다. 이를 위해서 그는 기독교의 역사적 배타성을 극복할 필요가 있었던 것이다. 둘째로, 기독교와 전통 종교가 공존할 수 있는 기반의 모색이다. 윤성범과 유동식이 기독교적인 시각으로 전통종교를 통합시키고자 하였다면, 그는 좀더 중립적이고 공정한 기반을 향해 나아갔다. 셋째로, 종교적인 충돌과 반목에서 상호 보충, 상호 공존적인 관계로의 전환이다. 그는 기독교와 전통종교는 공통의 기반 위에서, 서로 변화시키고 보충하여 공존의 길로 나아가는 것이 필요하다고 생각했다. 이것이, 자기 소외를 극복해 나아가는 길이고, 이것이 곧 토착화의 길이라는 것이다.[24] 이러한 종교 간 대화의 방향성은 앞서 언급한 토착화 신학으로서의 종교 간의 대화라는 성질을 재확인시켜 주는 것이라 할 수 있다.

이러한 변선환의 종교간 대화의 여정을 살펴본다면, 그가 크게 두 가지의 신학적 입장을 채용하고 있다는 것을 알 수 있다. 하나는 야기 세이치八木誠一의 장소론적 기독론이고, 또 하나는 존 힉John Hick과 폴 니터Paul F. Knitter를 중심으로 하는 종교 다원주의이다. 형식적으로는 야기로부터 출발하여 힉에 정착하는 것처럼 보인다. 여기서는 변선환이 채용했던 두 가지 신학적 입장을 중심으로 그의 종교 간의 대화의 특질을 검토해 보도록 하겠다.

1) 변선환의 야기 세이치 이해

야기의 신학적 전개에 대하여 변선환이 공감을 표시하며 주목하고 있는 것은 다음의 두 가지 측면에서이다. 하나는, 기독교의 배타적 역사성의 극복이다. 앞서 언급한 것처럼, 구약과 신약을 통한 역사적 계시와 예수 그리스도의 역사적인 사건, 그리고 그 내용을 계승하는 기독교의 역사성은 진리의 한정과 소외를 낳게 되고, 이는 결과적으로 한국 더 나아가 아시아라는 신학의 자리를 소외시켜 축복받지 못한 타자로 전락시킨다. 이를 극복하기 위한 변선환의 과제는 기독교에 배타적 역사성을 상대화시키는 것이었다. 변선환이 주목했던 야기는 이를 두 가지 측면에서 극복하고자 한다. 첫째는, 문자적 성서주의의 거부와, 둘째는 케리그마에 대한 상대화이다. 야기에 있어서 성서는 진리 그 자체가 아니라 진리를 가리키는 존재이며 역사속에서 형성된 하나의 산물이다. 성서주의는 우리의 신앙을 진리가 아니라 성서의 문자 위에 두려는 시도이며, 기독교가 극복해야 하는 과제이다. 또한 야기는 불트만이 비신화화를 통하여 도달하였던 본래적 실존도, 결국에는 역사적 사건에 근거하는 사도적 케리그마와 연결되어 있고, 이는 과거에 대한 실존적 이해가 현대인에 대한 타율적 규정이 됨으로써 인해 모순을 가져온다고 주장한다.[25]

본고에서 언급해 왔던 것처럼, 우리의 자리를 긍정적으로 수용하기 위해 그 원인이 되는 기독교의 역사적 배타성을 수정·극복해야 한다는 것은 토착화 신학의 당면과제였다. 이러한 과제에 있어서 문자주의의 거부뿐만이 아니라 사도적 케리그마조차도 상대화시키는 야기의 시도에 변선환이 공명하였던 것은 쉽게 이해할 수 있는 일이다. 초기의 변선환의 입장이 비케리그마에 있었다고 설명하는 이정배의 분석도 이런 맥락에서 이해할 수 있다.[26] 이러한 입장은 서구 기독교의 상대화라는 표현과도 연결된다. 상대화의 대상이 기독교 그 자체가 아니라, "서구"라는 말 속에 드러나는 배타적 역사성이었던 것이다. 또한 변선환에게 있어서 이 역사성은 감탕밭에서 썩어 변질되어 버리는 상대성으로도 이해된다.[27]

변선환이 야기에 주목하는 또 하나의 요소는 보편적 사실로서의 종교적 실존이다. 야기는 신약성서에서 속죄신학, 부활신학, 사랑의 신학이라는 세 가지 유형을 추출하고, 이 세 가지 유형을 관통하는 종교적 실존을 주장한다.[28] 즉, 서로 다른 유형에도 불과하고 그것들은 종교적 실존이라는 보편적인 사실에 있어서 통합된다는 것이다. 그리고 이러한 종교적 실존은 로고스로 이해되고, 기독교 자체에 국한되는 것이 아니라 불교 속에서도 발견된다는 것이다.[29] 즉, 불교 종파 간의 차이에도 불구하고 이들은 결국 종교적 실존으로 통합된다는 것이다. 이 종교적 실존의 근거가 곧 야기가 이야기하는 통합이다. 야기의 신학은 이 종교적 실존을 규명하고, 그것의 근거를 통합이라는 용어로 설명하고 있다고 변선환은 이해한다.[30]

이러한 종교적 실존과 통합을 이야기하는 야기의 주장이, 앞서 언급한 우리 안의 기독교와 전통 종교가 통합될 수 있는 기반으로서 기능할 수 있다는 것은 자연스럽게 예상할 수 있다. 변선환은 그의 종교 간의 대화에 있어서 이러한 기반을 모색하였고, 그것을 야기에게서 읽어내고 있는 것이다. 하지만, 변선환이 야기에게서 느끼는 이와 같은 공감에도 불구하고, 양자 사이의 미묘한 어긋남이 있는 것도 사실이다. 변선환은 야기의 실존을 윤리적 책임의 결단을 하는 주체로서 요구한다.[31] 그러나 후기로 갈수록 야기에게 있어서 실존이란 결단에 의한 자기 규정이라기보다는, 통합에 의해 규명되는 올바른 인간의 존재 양식을 의미한다는 쪽으로 바뀌어 간다. 즉, 야기에게 있어서 종교적 실존이란 존재의 양식이다. 이에 대하여는 변선환도 지적하고 있는 바이다.[32] 그것은 경험적이며 결단하는 주체로서의 실존이라고 보기는 힘들며, 오히려 실존의 구조를 밝히고 있는 존재론적인 용어에 가깝다.

　사실 이 문제는 야기의 신학이 내포하고 있는 용어적 모순에도 어느 정도 기인하고 있다. 야기에게 있어서 종교적 실존이라는 것은 인간의 존재나 종교적 경험이 통합되는 기반으로서의 보편적 성질을 가진다. 위에서 언급한 바와 같이, 그것은 케리그마의 역사성을 초월하고, 여러 가지 기독교의 양태를 통합하며, 종교 간의 차이도 극복되는 우리에게 주어진 근본적인 사실이다. 그러나 야기는 타키자와 가츠미瀧澤克己에게 '그 종교적 실존이 어떻게 성립되는가' 라는 문제에 대한 비판을 받게 된다.[33] 그리고, 그의 주장에 동의하게 된다.[34] 이것을 계기로 야기는 성서학자와 조직신학자의 입장의 차이에도 불구하고 타키자와와 같은 노선을 걷게 되는 것이다.[35]

　야기의 이러한 변화는 그가 초기 니시다 철학의 중심 개념인 순수직관을 채용하는 것에 이미 예견되어 있었다. 초기의 니시다 철학에서는 순수직관을 자각하여 대상화시키는 사고의 주체가 어디로부터 유래하며 형성되는가가 충분히 밝혀지지 않았던 것이다.[36] 때문에 야기의 논리는 이러한 니시다 철학의 낭만적인 인식론의 문제점을 그대로 안고 있었고, 이는 타키자와에 의해 집요하게 추궁되었다. 처음부터 후기 니시다 철학에서부터 출발하는 타키자와에게 있어서는 야기의 문제가 명확히 보였던 것이다. 이후 타키자와와 야기는 10년이 넘는 논쟁을 벌이게 되는데, 그 과정은 변선환이 장소적 기독론으로 표현하듯이, 초기 니시다에서 후기 니시다로의 전환을 의미함과 동시에, 타키자와를 향한 변증이며 동화를 의미하기도 한다. 이 때문에 야기는 실존에서 통합, 혹은 변선환이 해석하는 바와 같이 장소로 무게중심을 이동시키고 있는 것이다.[37]

그런데 문제는, 통합이라는 개념의 등장으로 인해, 통합이라는 더 보편적이고 궁극적인 개념에 의해 설명되는 용어로 실존이 이해됨에도 불구하고, 야기가 실존이라는 개념이 내포하고 있는 보편성에 여전히 미련을 두고 있다는 점에 있다. 통합이라는 궁극적인 근거를 이야기하는 시점에서, 실존에 있어서의 보편성은 상대적인 보편성이 되어 버린다. 즉, 더 이상 실존이라는 것은 궁극적인 중심 개념이 아니게 된다. 하지만, 야기의 신학에서는 실존이 계속 중심적인 개념의 용어로 언급됨으로 인해, 그것이 정확히 무엇을 의미하는지에 대한 모호함을 남겼다. 이는 변선환의 야기 서술에도 드러나는데, 즉 1) 결단하는 주체로서의 실존,[38] 2) 보편적 근거로서의 실존,[39] 3) 통합이라는 보다 근본적인 근거에 의해서 설명되는 실존[40]이라는 세 가지 측면에서의 엇갈리는 실존 이해가 드러나고 있다. 이러한 실존 이해의 다양성은 결국, 통합에 의해 해소된다. 그러나 변선환은 책임적·윤리적 실존 이해의 연장으로, 야기에 대해 윤리적 실천이나 역사의식의 고양, 형이상학적 대화를 지양하고 아시아 해방신학의 시각을 가지기를 요구한다.[41] 하지만, 그것이 문제화되기 이전, 우리라는 것 자체가 어떻게 성립되어 있는가 하는 근거에 문제에 매달리고 있는 야기에게 그러한 요구를 한다는 것은 약간의 비약이 보인다. 즉, 야기의 시각에서 이야기한다면, 그의 중심은 통합에 맞추어지고 있기 때문에 그 통합의 내용이 윤리적인가 그렇지 않은가 하는 물음은 가능할 것이다. 하지만, 변선환의 중심은 여전히 윤리적·실천적 결단을 하는 주체로서의 실존에 맞추어지고 있다는 인상을 받는다. 그리고, 이것은 실존 이해에 관한 모호성을 남겨 놓은 야기 자신에게도 일정 부분의 책임이 있다는 것이다.

그러나 실존 이해를 둘러싼 이러한 이해보다 더 본질적인 문제는, 양자에게서 다음과 같은 근본적인 차이점이 보인다는 것이다. 변선환의 종교

간 대화는 그것의 세 번째 방향성인 종교 간의 충돌과 반목을 상호공존으로 전환시킨다는 당면과제와, 그 과제의 수행으로서 토착화 신학의 일환으로 전개된다. 즉, 변선환은 본고에서 언급해 온 우리에 대한 자각과 반성으로서 토착화 신학에 근거하여 그 일환으로 종교 간의 대화를 수행해 나아간다.[42] 그러나, 야기는 일본의 기독교에 대한 자각과 반성에 근거하여 종교 간의 대화를 추구하는 것이 아니라, 개인적인 경험과 신학적 취향에 의해 종교 간의 대화를 수행해 나아간다. 즉 야기의 기독교 이해에는 신학하는 자리로서의 우리에 대한 자각이 보이지 않는다는 것이다. 물론 이것은 야기의 종교 간의 대화가 단지 타자와의 대화였다는 것을 의미하지는 않는다. 그렇지만 그에게 있어서 불교는 일본의 기독교의 자기 이해의 전제가 아니다. 그의 종교 간의 대화는 그 개인의 체험이 구체적인 동인이 될 뿐이며, 이것은 일본의 기독교가 왜 종교 간의 대화를 하지 않으면 안 되는가로 연결되지 못한다. 바로 이 점에 있어서 야기의 종교 간의 대화는 토착화 신학의 종교 간의 대화와 차별된다고 할 수 있다.

2) 변선환의 존 힉 이해

변선환은 위와 같은 야기 신학에서 머무르지 않고 힉의 종교 다원주의로 나아간다. 힉의 다원주의를 비롯하여 다원주의의 조류는 변선환을 통하여 한국 신학계에서 이슈화되었고, 그를 조명한 연구서들도 많이 있다. 여기서는 그것을 소모적으로 재삼 서술하는 것을 피하고, 야기 신학에서 힉을 중심으로 하는 다원주의로의 전환이 변선환에게 무엇을 의미하는가에 초점을 맞추어 보도록 하겠다.

변선환은 힉에게 있어서도, 이 장의 서두에서 언급한, 기독교의 절대성에 대한 배격과 통합적 기반의 모색, 그리고 그 결과로서의 상호보충·상호공존·자기소외를 극복해 나아간다는 토착화 신학의 방향성을 그대로 유지하고 있다. 우선, 기독교의 배타적 역사성에 대하여 야기가 수행한 성서의 문자주의의 배격은 힉에게 있어서 은유적, 혹은 종교적 언어로서의 성서 이해로 대체된다. 또한 비케리그마의 입장은, 예수가 자신을 신으로 생각하지 않았다는 점, 칼케돈 신조의 이해가 아직도 논의의 여지를 남겨두고 있다는 점, 예수에 대한 문자적 이해가 역사적으로 문제가 되어 왔다는 점 등 세 가지의 측면의 문제제기에서 발견할 수 있다.[43] 다음으로, 통합적 기반의 모색은 야기의 종교적 실존, 혹은 통합으로부터 힉의 궁극적 실재로 대체되고 있다고 할 수 있다. 마지막으로 상호 보충, 상호 공존, 자기 소외의 극복을 위한 실천적 토착화 신학 모색이라는 측면은 야기에게서 찾아보기 힘든 점이었으나, 변선환은 힉뿐만 아니라 폴 니터의 실천적 다원주의에 주목하면서 보다 적극적으로 추구해 간다고 할 수 있다.[44]

야기로부터 힉이라는 변선환의 무게중심의 이동은, 야기도 한때는 종교 다원주의를 표방했기에, 표면적으로는 종교 다원주의에서 종교 다원주의에로 이동이 되며, 유사개념의 대체 혹은 보충이 되겠으나, 야기와 힉의 차이는 생각보다 크다.[45] 여기서 먼저 그 대표적인 차이를 거론해 보도록 하겠다. 첫째로, 힉에게 종교 간의 대화는 신 혹은 궁극적 실재를 기반으로 하여 수행된다.[46] 하지만 야기는 그리스도가 중심이다.[47] 이러한 차이는 양자의 중심이 서로 다른 성질임을 나타낸다. 즉, 힉 자신이 말하고 있듯이 기독교의 신 개념에서 출발하여 의도적으로 최대한 추상적인 하나의 개념을 추구한다. 이에 반해 야기는 그리스도를 그 기반으로 한다. 즉, 보다 구체적인 신의 자기한정적인 형태, 다시 말해 하나님의 아들로서 신약성서에 그려지고 있고, 지금 이 순간에도 각각의 개체와 만나는 신의 구체적인 양태이다.[48] 둘째로, 힉이 절대자에 대한 불가지不可知에서부터 출발한다면, 야기는 가지可知를 추구한다.[49] 이것은, 힉이 인간의 인식과 그 인식의 체계적인 형성으로서의 종교이해에 중점을 두어, 종교의 상대화를 추구한다면, 야기는 인식이 아니라 역사성과 진리 자체를 구별함으로써 종교적 상대화를 추구하고 있다는 차이로 드러난다. 셋째로, 힉이 상대적인 종교성을 판단할 수 있는 근거를 윤리적 실천적 측면에서 발견하고 있다면, 야기는 이에 대한 특별한 기준을 잘 찾아 볼 수 없다.[50]

그렇다면 야기와 힉의 이러한 공통성과 차이성 속에서 변선환은 왜 야기에서 힉으로 나아갔을까. 우선 주목을 끄는 것은 이정배의 다음과 같은 서술이다.

> 특별히 불교에 관심을 집중한 선생은 불교와의 만남 자체를 바르고 정당하게 하기 위해 존 힉의 신 중심적 다원주의를 적극 받아들였고 이후 민중신학의 도전에 직면하여 폴 니터 및 A. 피에리스 등의 실천적 다원주의 사조와 뜻을 같이 하며 불교적 신학의 길을 모색하였던 것이다.[51]

즉, 80년대 초반까지의 변선환이 "불교에게 기독교적 세례"를 주려고 하는 성취론적 입장이 남아 있었고, 이는 80년대 후반부터 종교 다원주의적 사조와 그 뜻을 같이하면서 그것을 극복했다는 것이다.

이러한 이해에서 우리는 변선환의 입장의 변화는 확인할 수 있다. 그러나 여기서 문제가 되는 것은 성취론적 입장이라는 변선환의 성찰이 자신에게만 해당하는가, 아니면 야기에게도 해당하는가 하는 점이다. 문제가 되는 것은 다음과 같은 변선환의 해석이다. 그는 야기가 "개체와 초월의 관계는 오히려 실천적이다. 초월적 장의 규정(통합에로의 규정)을 자각적으로 성취시킨다는 관계이다"[52]라고 말하고, 신과 인간의 불가역성不可逆性 속에 있는 상하의 상호 내재를 주장하기에, "신학자 야기 세이이찌는 후기 니시다의 장소적 논리를 동적 실천적 윤리성과 역사성을 가지고 있는 것으로 강석強釋하는 것을 통해서 동양 문화에 세례를 주고 있다"[53]고 이야기한다.

그러나 이러한 야기의 주장은 다른 시각으로도 해석될 수 있다. 초월적 장의 규정이란 개체의 양태에 대한 규정을 의미하며, 이는 동시에 초월자의 자기 규정이기도 하다. 성취 혹은 실천이라는 말은 장의 활동성을 의미한다. 그러나 여기서 존재와 활동은 분리되는 것이 아니며, 보편과 역사, 개체와 초월 또한 분리되지 않는다. 이러한 의미에서 불가역성이란 질적인 차이를 지니는 두 존재가 결합하고 있을 때 생기는 구별의 문제이다.[54] 이렇게 이해를 해 본다면, 적어도 야기의 서술이 변선환이 이야기하는 것처럼 동양 문화에 세례를 주고 있는 것은 아니게 된다. 변선환의 이러한 야기 해석은 논의의 여지가 있지만, 어찌 되었거나 여기서 변선환이 자신에게 보았던 성취론적인 입장을 야기에게도 투영하고 있는 것은 분명한 사실이다. 즉, 변선환은 자신과 야기에게 남아 있었던, 혹은 남아 있다고 생각했던 성취론적인 입장을 자각하였고, 종교 다원주의를 채용하는 것으로 그것에서부터 벗어나고자 했다는 것이다.

이와 동시에 우리가 생각할 수 있는 또 하나의 원인은, 위에서 언급하였던 상호 보충, 상호 공존, 자기 소외의 극복을 위한 실천적 토착화 신학 모색이라는 세 번째 방향성과 연관하여 생각해 볼 수 있다. 즉, 위에서 지적한 야기와 변선환의 실존 이해, 혹은 방향성의 차이에서 힉, 니터의 종교 다원주의로의 나아감을 이해할 수 있다. 변선환이 야기에게 요구했던 윤리적 실천이나 역사의식의 고양, 형이상학적 대화를 지양하고 아시아 해방신학의 시각을 갖는 것은 바로 변선환 자신의 과제이기도 하였던 것이다. 변선환은 자신에게 있어서의 토착화 신학의 과제에 입각하여, 야기에게서는 잘 찾아보기 힘든 요소를 힉·니터에게서 발견하여 다원주의로 중심으로 옮기고, 야기의 신학을 하나의 참고로 활용해 나갔다고 이해할 수 있을 것이다. 그렇다면, 여기서 마지막으로 다음과 같이 물어볼 필요가 있다. 야기에서 힉으로 중심축을 이동함으로써 그는 무엇을 얻고 무엇을 잃었는가. 이 점을 통하여 그의 종교 간의 대화의 성과와 한계를 이해해 볼 수 있을 것이다.

본고에서 거론하여 왔듯이 토착화 신학에 있어서 종교 간의 대화가 피할 수 없는 과정이라고 한다면, 이것은 우리의 자리에서 신앙·신학하기 위한 하나의 당위성이 되며, 기독교적 사명이 된다. 이를 위해 종교간의 대화가 일부의 소수만이 관심을 갖는 것이 아니라 많은 사람이 동참하는 최대 공약수를 확보하는 것은 토착화 신학이 추구해야 하는 바라고 할 수 있다. 바로 이 점에 있어서, 야기의 논의보다는 힉이 훨씬 더 효율적이다. 변선환 자신도 번잡하다고 말하고 있듯이, 야기의 신학은 후기로 가면 갈수록 난해해지고 어려워진다.[55] 이는 그의 신학이 깊어졌다는 의미도 분명 있겠으나, 그가 말하는 내용이 모호하며 까다로워졌다는 것도 하나의 이유이다. 이에 비해 힉의 신학은 야기에 비해 단순 명료하다. 다음과 같은 몇 가지의 전제, 즉 궁극적 실재가 있다. 그리고 그 실재는 그의 궁극성에 의해 일자一者이다. 이에 비해 우리는 인식적인 한계가 있다. 이 인식적인 한계로 인해 우리의 종교는 상대적일 수밖에 없고 상호 보충되어야 한다는 전제들만 받아들일 수 있다면, 종교 간의 공존이나 대화는 일사천리로 진행될 수 있다. 더구나 이러한 일자의 개념이나 대상 자체를 인식할 수 없다는 인식적인 한계는, 서구 근대 신학과 기독교에서 어느 정도 인정되는 것이었다. 이 때문에 그의 종교 다원주의는 그 출발 자체가 기독교를 안고 가는 장점이 있었다. 이러한 점에 있어서 힉의 종교 다원주의는 종교 간의 대화와 공존을 모색할 때 효율적인 모델이 된다.

이에 반해, 야기의 신학은 힉이 전제로 하는 것들을 일일이 풀어 나아가야 하며, 전제가 되는 것은 왜 전제가 되는지를 밝혀야 한다. 더구나 그가 그의 신학적 배경으로 하고 있는 니시다 철학은 잘 알려지지 않았을 뿐더러 난해하기로 유명하다. 종교 간의 공존과 대화를 효율적으로 수행해 나아가는 것이 목표라고 한다면, 야기의 입장을 유지하는 것은 대단히 소모적인 작업이 아닐 수 없다. 이는 실제로, 변선환의 야기에 대한 글이 얼마나 난해한지, 이에 비해 변선환의 힉에 대한 글이 얼마나 이해하기 쉬운지를 비교해 보아도 명백히 드러나는 일이다. 더구나 변선환은 니터의 입장까지 나아감으로써 윤리적 실천성을 확보하는 것에도 성공한다. 이 성과로 주지하다시피 그는 종교 간의 대화에 있어서의 최대공약수를 확보함과 동시에 상징적인 존재가 되었다. 그는 한국의 신학계·종교계의 파란을 일으킬 정도로 영향을 미쳤고, 교단 출교라는 불행한 일이 있기는 하였으나, 그는 종교 간의 대화라는 측면에 있어서 한국사회에 획기적인 기여를 했다는 점을 부정할 수 없다. 이는 만약 변선환이 계속 야기의 입장을 고수했다면 아마도 힘든 일이 아니었을까 하고 생각되는 부분이다.

이와는 반대로, 변선환이 자신의 입장을 규정함으로써 잃은 부분도 있었다. 이는 이정배의 "렘마의 논리를 서구에 대응할 만한 최적의 아시아 종교성이라 말하면서도 선생께서는 그 논리에 의거한 신학 작업을 구체화시키지 못한 것에 대한 아쉬움"[56]이라는 기술 속에 이미 언급된 부분이다. 변선환은 야기에서 다원주의로 중심을 이동시킴으로 인해, 이정배가 아쉬움을 표현하는 것같이 야기를 넘어서 렘마의 구체적인 신학 작업을 전개하지 못했다. 사실, 『로고스와 렘마』(『ロゴスとレンマ』, 岩波書店, 1974)에서 렘마의 논리를 전개한 야마우치 토쿠류山內得立는 쿄토 제국대학 시절의 니시다

의 제자로서 니시다의 직계이다. 때문에 이 렘마의 논리는 기본적으로 니시다의 절대모순적 자기동일絶對矛盾的自己同一이나 스즈키 타이세츠의 반야즉비般若即非의 논리와 통하며, 기독교에서는 타키자와의 불가분, 불가동, 불가역不可分, 不可同, 不可逆으로 전개되었다. 그리고 본고에서 언급한 바와 같이 야기의 통합으로도 전개되었다. 이정배의 언급처럼, 렘마의 논리에 근거한 불교적 신학이 토착화 신학의 한 과제였다면, 변선환에게 있어서 야기는 그를 위한 하나의 토대가 될 수 있었다. 하지만, 그는 종교 간의 대화의 상징이 되는 선택을 하였고, 그것은 아마도 한국의 신학계가 그에게 요청한 것이었을 것이다. 렘마의 논리에 근거한 신학적 작업이, 변선환이 비판하는 것처럼 높은 산정에서 이루어지는 신학적인 작업에서 끝날지도 모른다.[57] 하지만, 조금 형이상학적인 렘마의 인식론 또한 우리가 서 있는 자리에 속한 것이라면, 누군가는 변선환과 다른 역할로서 그에 깊이 침잠하여 토착화 신학의 또 다른 일면을 전개할 필요는 있지 않을까.

4. 나가는 말

본고는 오늘날에 있어서, 그리고 앞으로의 토착화 논의의 과제와 그 방향성을 가늠하는 것에 목적이 있음을 부각시키고, 종교 간의 대화에 초점을 맞추어 논의를 진행시켜 왔다. 특히 토착화 신학과 종교간의 대화가 어떠한 관계에 있는가를 주목하고, 변선환의 예를 들어 그 입장을 야기의 신학과 종교 다원주의라는 두 가지 측면에서 검토하였다. 그리고 변선환은 당시 한국의 상황에서 종교 간의 대화의 최대 공약수를 확보함과 동시에 상징적인 존재가 된 반면, 렘마의 논리에 근거하여 보다 적극적이고 구체적인 불교적 신학을 전개하지 못했다는 아쉬움을 남겼다는 것을 드러냈다.

본고에서는 이러한 이해에 근거하여, 두 가지의 과제를 전망함으로써 논의를 마무리하고자 한다. 첫째는 종교 다원주의와 토착화 신학의 관계이다. 종교다원주의의 과제는 이미 많은 이들에 의해서 지적이 된 바 있다. 그러나 토착화 신학에 초점을 맞춘다면 우리는 다음의 문제를 다시 한번 생각해 보지 않을 수 없다. 즉, 우리의 자리에서 종교 다원주의는 어떠한 의의를 갖고 있는가이다. 예를 들어, 주지하다시피 힉의 종교 다원주의는 그 자신이 언급하고 있듯이, 종교적으로 다원화된 영국 사회라는 시대적·지역적·종교적 성찰의 산물이다.[58] 이와 다르게, 우리의 자리는 전통적인 종교가 주류를 형성해 온 곳이며, 기독교는 새롭게 유입된 종교이다. 그리고, 기독교는 아직 우리의 전통 종교라고는 보기 힘들다는 의식이 사회적으로 공유되고 있다.

이러한 차이에 의해 같은 종교 다원주의를 말함에 있어서도 전혀 다른 의미를 갖게 되는데, 그것을 단적으로 표현하자면 다음과 같다. 기독교와 사회적 배경이 거의 일치하는 유럽의 한 사회에서 기독교가 종교 간의 대화와 다원주의를 주장하는 것은, 기독교가 관용의 정신을 가지고 타종교를 수용하고 받아들여 내부적·외부적 갈등을 해소하고자 한다는 의의를 가진다. 하지만, 한국과 같이 전통 종교가 주류를 이루고 있는 곳에 새로운 종교로서 유입된 기독교가 종교 다원주의를 말하는 것은, 기독교의 관용성을 의미함과 더불어 그 사회의 주류를 이루는 전통 종교와 사회에게 기독교 또한 동등한 가치를 지니고 있음을 호소하여 자신을 변증하고자 하는 의미도 존재한다. 다시 말해, 자신을 상대화시켜 타종교를 인정하고자 하는 취지의 종교 다원주의가, 타종교에게 자신을 변증하는 의미가 새롭게 부가된다는 것이다.

이 점은 종교 다원주의가 선교론적인 측면에서 해석되고 활용되어야 한다는 것을 시사한다고 할 수 있다. 이것은 기독교의 비율이 3%에 지나지 않음을 호소하며, 각각의 전통 종교에 둘러싸인 마이너리티로서의 기독교의 자리를 고민한 아시아 주교회의 연합회의 고민과도 일치하는 부분이다.[59] 즉, 종교 다원주의는 우리의 자리에 있어서 기독교의 존재 가치를 설명하는 데 기여하고 있다는 것이다. 하지만, 바로 이 점에 있어서 종교 다원주의의 미묘한 이해의 어긋남이 발생한다. 예를 들어, 자기 존재 의의를 재삼 주장할 필요가 없는 힉의 종교 다원주의는 선교론이 성립하지 않거나 적극적으로 전개되지 않는다. 이러한 측면에 있어서, 인간의 인식적 한계를 주장하는 그의 논리는 치명적인 약점으로 다가온다. 즉, 인간이 각각의 인식적 한계에 의하여 서로 다른 인식의 체계를 유지 발전시켰다고 한다면, 이것은 인식 체계 간의 평등성은 확보할지는 모르겠으나, 그 인식 체계내의 차별성을 유발시킨다. 달리 표현하자면, 한 인식 체계 속에서 성장한 어떤 사람에게 있어서, 한계성이 있기는 하지만 궁극적 실재를 보다 잘 이해 할 수 있는 것은 그곳의 인식 체계이다. 즉, 힉과 같이 자신들의 전통적인 인식 체계가 기독교인 사람들에게 있어서, 기독교는 그들의 사유구조 속에서 신을 가장 잘 이해할 수 있는 하나의 시각이 된다. 이러한 이해에 따르면 우리는 우리의 전통 종교를 통하여 궁극적 실재를 인식하는 것이 가장 적합하게 된다. 굳이 인식적 충돌과 오류를 경험하면서 전통 종교가 아닌 다른 종교를 믿을 필요가 없는 것이다. 이러한 문제를 달리 표현해보자면, 우리의 자리에서의 종교 다원주의는 전통 종교에 대한 기독교 변증에는 유용하나 기독교의 자기 이해의 문제를 보충해 나가야 한다고 할수 있는 것이다.

토착화 신학은 바로 이러한 문제를 해결할 수 있는 하나의 길이 될 수 있다. 토착화 신학의 기독교는 힉이 비판해 마지않는 아주 구체적인 선교 활동을 통하여 성립하고 있으며, 종교 간의 대화를 통해 우리가 서 있는 곳에서 참된 기독교인이 된다는 선교적인 관점을 지향하고 있다. 즉, 한국적 상황, 아시아적 상황 속에서 기독교인이 된다는 것이 어떠한 의미를 지니는가에 대한 고민의 역사라 할 수 있다. 우리는 토착화 신학의 이러한 가치를 인정하고 보다 철저하게 추진할 필요가 있을 것이다. 예를 들어, 일본 기독교의 한 측면에는 다원주의적 입장을 유지하면서도, 일제하의 기독교가 천황제를 중심으로 한 군국주의에 편입되었다는 역사적 반성으로부터, 반천황·반사회적 입장을 표명함으로써 역설적인 의미에서의 토착화가 나타나고 있다. 즉, 자신들은 일본이라는 사회에 매몰되지 않으며 일본을 견제해 나아가는 파수꾼의 입장을 수행한다는 자신들의 존재 의의를 모색하고 있는 것이다.[60] 이처럼 한국의 기독교는 다원주의적이 시각을 유지하면서도, 한국적 상황 속에서 기독교의 존재의의에 대하여 보다 구체적으로 그 방향성을 가늠할 필요가 있지는 않을까 한다.

둘째로, 앞으로의 종교 간의 대화에 있어서의 최대 공약수의 확보의 문제이다. 변선환은 당시 한국의 상황속에서 자기에게 쏟아지는 비난과 찬사를 모두 감내하며 그의 사명을 완수했다. 그렇다면 이후의 종교 간의 대화는 어떻게 진행되어야 할까. 본고에서 거론한 바와 같이 토착화 신학이 우리의 자리에서 참된 신앙인이 되는 것이며, 이 과정에서 종교 간의 대화가 불가피한 것이라면, 종교 간의 대화는 여전히 당위성을 지니고, 우리는 이러한 사명을 감당해 나아가야 한다. 이를 위해 우리는 계속적으로 효율적인 최대공약수를 확보해 나갈 필요가 있다. 이때, 가능한한 많은 사람들이 내적, 외적으로 폭넓게 대화할 수 있는 지평을 토착화 신학은 제시해야 한다.

이러한 목표를 위해서 우리는 한편으로 변선환이 제시한 다원주의를 종교 간의 대화의 한 지평으로 인정하고, 우리의 상황 속에서 그것을 더욱 열려진 논리로 계승 발전시킬 의무가 있다. 예를 들어 변선환이 남겨둔 렘마의 논리에 근거하여 보다 적극적이고 구체적인 불교적 신학 또한 앞으로 추구해야 할 하나의 방향성이 될 수 있을 것이다. 이와 동시에, 그것이 기독교의 정체성을 해체하는 과격함으로 이해하는 기독교 공동체에 대해, 그들을 열려진 대화의 장으로 끌어들일 의무가 있다. 이를 위해 우리는 앞으로 좀더 전략적으로 접근해야 할 필요성이 있지는 않을까. 즉, 보다 많은 교회 공동체가 관심을 가지고 참여할 수 있는 신학의 지평을 제공한다는 것과, 이미 대화하려는 의지가 있는 이들이 어떻게 하면 보다 바람직한 대화를 할 수 있는가에 대한 신학의 지평을 제공하는 것을 분리해서 접근할 필요가 있지 않을까 한다.

전자는 교회 공동체의 용어와 논리로 완결될 수 있어야 하며, 그들에게 어떻게 효율적으로 전달할 수 있을까 하는 고민도 동반되어야 할 것이다. 그들에게 토착화 신학이 과격하고 전위적인 이미지만을 전해 주는 것이 아니라, 교회 공동체의 "이미" 토착화된 양태를 신학적으로 설명해 내어 그들의 자신의 긍정적인 요소로 승화시켜 나아가게 일조할 필요가 있다. 또한 바람직하지 않은 것들을 가려낼 필요도 있을 것이다. 이를 통해 교회 공동체가 점차 자신들의 신앙의 자리를 이해·수용하여 타종교에 대한 관용적인 자세를 가지며, 보다 적극적으로는 대화까지 나아갈 수 있는 의지를 불러일으키는 것이 필요할 것이다.

후자에 관해서는 변선환이 열어 놓은 길을 따라 앞서 언급한 바와 같이 종교 다원주의를 우리의 자리에서 극복해 감과 동시에 더욱 열려진 대화의 장을 추구해야 할 필요가 있을 것이다. 종교 간의 대화의 종착역은 변선환이 제기한 종교 다원주의가 아닐 것이다. 그것은 종교 간의 대화가 성립하기 위한 거대 담론의 한 형태에 불과하다. 더구나 그 담론은 앞서 언급한 바와 같은 토착화 신학이 극복해야 할 과제도 안고 있다. 이러한 담론은 구체적인 대화라는 미세 담론을 통하여 비판적으로 검토되어야하며, 이는 현재 토착화 2세대를 통하여 이루어지는 부분이기도 하다. 앞으로도 여기서 더 나아가 그러한 비판적 검토를 통한 거대 담론의 비판적 보완·재구성과 그에 입각한 미세 담론의 전개와 비판적 검토라는 변증법적 과정이 보다 적극적으로 이루어져야 한다고 생각한다.

감리교 토착화 신학의 흐름과 전망
- 윤성범, 변선환, 이정배를 중심으로[1]

이 한 영 _감리교신학대학교

1. 토착화 신학의 형성과 역사, 그리고 과제

2009년 봄부터 올 한 해 동안 제3세대 토착화 신학이라는 주제로 논문이 발표되고 있다. 그리고 필자 역시 이 과정 속에 포함되어 있다. 상반기에 발표되고 논의된 주제들을 통해 토착화를 바라보는 제3세대 학자들의 시선과 관점은 어느 정도 일치점을 보이고 있었다. 그것은 탈민족·탈전통·탈문화·탈식민지주의·빈곤 등 정치적 실천에 대한 관심이었다. 그것은 어떤 면에서는 탈토착화 담론이라고도 말할 수 있을 것이었다. 이들의 지적은 포스트모던 시대를 살아가는 우리들이 새겨들어야 할 이야기들이기도 하다. 그것들은 과거의 담론들이 가지고 있는 한계를 보게 해 주며 또한 과거의 담론들의 시대적 의미 상실을 보여주기도 한다.

토착화라는 단어는 지금 많은 것을 생각하게 한다. 선교의 대상이던 나라에서 이제는 많은 선교사들을 해외로 파송하는 나라로 변모된 지금, 토착화라는 용어가 우리에게 적합한 것인가? 다원성 또는 다원주의적 관점에서 볼 때 불변하는 기독교라는 실체성의 '뿌리내리기'라는 인상을 풍기는 토착화라는 용어가 적합한 것인가? 해결해야 할 빈곤의 문제를 앞에 두고 정치적 해방과 실천의 문제를 뒤로 한 채 문화로 안주하려는 것으로 보이는 토착화라는 용어가 적합한 것인가? 시급한 현재의 시대적 과제를 앞에 두고 전통으로 회귀하려는 듯한 토착화라는 용어가 적절한 것인가? 다중성에 근거한 범세계화 또는 지구화의 당면과제 앞에 민족주의를 고수하려는 듯한 토착화라는 용어가 적합한 것인가?

필자는 이러한 문제의식에는 공감하면서도, 과연 이것이 감신의 토착화 신학이 말하는 진정한 의미였는가 아니면 토착화 신학이라는 표면적이고 외연적인 의미가 주는 인상이었는가를 고민하게 되었다. 그러면서도 토착화를 대신할 용어는 없는가 또는 토착화의 의미를 새롭게 재정의할 작업이 필요하지 않은가 하는 생각도 들었다. 그러나 그러기에 앞서서 해야 할 일이 있었다. 그것은 바로 토착화 신학이 정말 주장했던 것은 무엇이었는가를 먼저 알아야 하겠다는 것이었다. 그래서 필자는 그 광범위한 내용에도 불구하고 토착화 신학의 맥을 역사적인 관점에서 살펴보는 작업을 택하였다.

토착화 신학을 논하면서 유감스럽게 생각하는 것은 이 글이 윤성범, 변선환, 이정배의 신학만을 논하고 있다는 점이다. 토착화 신학을 시도한 다른 신학자들도 있지만, 이 글의 목적상 제외된 점을 양해해 주시기를 바란다. 이 글은 토착화 신학자들의 차이에도 불구하고 사상의 계승과 발전이라는 연속성의 측면을 강조하였고, 위 세 사람은 그러한 의미에 부합된다고 보았기 때문이다.

그러나 또한 제3세대 토착화 신학을 말하기에 앞서 생각해 보아야 할 점이 있다. 그것은 제3세대의 실체는 있는가, 제3세대 신학을 말할 수 있는가 하는 물음이다. 제1, 2세대가 자신의 신학을 명확히 규정하고 일련의 신학적 작업을 수행했다면, 이러한 신학적 작업을 수행한 제3세대 학자가 있는가 하는 것이다. 가령, 윤성범의 신학이 '효의 신학', '성의 신학'을 주창했고, 변선환이 '종교해방신학'을 주창했으며, 이정배가 '한국적 생명신학'을 주창했다면 제3세대 신학이라고 할 만한 신학을 제시한 사람이 있는가?

어쩌면 제3세대 신학은 아직 시작되지도 않았으며 아무도 시도하지 않았을 수도 있다. 단지 전 세대에 대한 평가만으로 토착화 신학이라고 말할 수는 없다. 그래서 제3세대란 신학적인 분명한 특징을 가지고 있지 않은, 단지 글자 그대로의 세대 구분에 불과할지도 모른다. 즉 제3세대의 패러다임이라기보다는 제3번째 세대의 신학적 논의에 그칠 수 있다. 그리고 이 시점에서는 이 세대 구분을 인정한다고 할지라도 계승·발전이라는 측면에서 과연 세대 간의 연속성이 있는가에 대해 물어야 한다. 그렇지 않으면 굳이 세대를 나누어 토착화 신학을 논할 이유가 없는 것이다. 이러한 물음은 '선과 기독교의 대화'로 세계에 잘 알려진 교토학파 자체 내에서도 일어난 물음이다. 최근에 출판되어 교토학파의 학문적 작업에 대한 총체적인 평가를 다루고 있는 『선과 교토철학』에서, 책임감수자인 우에다 시즈테루上田閑照는 소위 '학파'라고 하는 말이 주는 오해의 여지에 대한 고민을 여실히 전달해 주고 있다. 교토대학이라고 하는 공통의 장소와 선을 공통으로 하는 학문적 전통이 세대와 세대를 통해 존재해 왔지만, 개성이 매우 강한 학자들의 독특성 때문에 교토학파보다는 교토철학이라는 이름을 사용하는 소이를 밝히고 있다.[2] 유사한 물음이 토착화 신학에 대해서도 던져질 수 있는 것이다. 그러나 필자가 제1, 2세대의 글을 이해한 바로는 토착화 신학은 각각의 개성이 강한 교토철학보다는 계승·발전·연속성이라는 측면이 강하게 나타나 있다고 할 수 있다.

　이 글은 시간의 자리와 장소의 자리라는 생각에서 글을 전개한다. 신학은 시대와 장소의 반영이며, 역사와 문화의 산물이라는 생각에서다. 필자는 토착화 신학 역시 그러했고, 그러하며, 그러할 것이라고 생각한다. 그것은 내가 지금 처해 있는 시대적 상황이 요청하는 물음에 적절하게 응답하는 신학이며, 동시에 내가 지금 터하고 있는 이 땅이 요청하는 물음에 적절하게 응답하는 신학이라고 말할 수 있을 것이다. 그러나 또한 이 글은 신학이란 어느 한 시점의 신학을 반영하는 것이 아니라 과거로부터 현재로 이어지는 연속적인 흐름 속에서 파악되어야 함을 강조한다. "역사란 과거와 현재의 부단한 대화"이다. 그러나 우리가 토착화 신학을 논하면서 또한 물어야 할 것은 과연 그 역사의 주체가 누구인가, 이 땅의 주체가 누구인가 하는 것이다. 다원주의, 다문화, 다민족 등 다가치를 넘어 교차적 가치의 시대를 살아가는 지구촌 시대의 시점에서 이 물음은 다시 한번 되물어져야 할 과제라고 생각한다. 그리고 만일 제3세대 토착화 신학이 있다면, 과거의 세대가 물려준 문제의식을 창조적으로 계승하면서 우리 세대의 물음에 응답함으로써 시작된다고 할 것이다.

2. 토착화 신학의 흐름

1) 윤성범의 한국적 신학 (1916-)

(1) 전이해/상황/문화적 아 프리오리로서의 토착화 신학[3]
　제1세대 감리교신학대학교의 토착화 신학의 시작은 주지하다시피 60년대 초를 기점으로 한 윤성범과 유동식의 신학을 꼽을 수 있을 것이다. 이 글은 이 중에서 윤성범의 신학을 중심으로 기술하고자 한다.

윤성범의 토착화 신학의 윤곽은 그의 초기 저서이며 60년대의 저서인 『한국신학 방법서설』에 잘 드러나 있다. 유동식은 이 글이 "윤성범의 전 신학과 사상 전부를 표현하고 있다고 해도 과언이 아니라"고까지 주장한 다.[4] 그 정도로 이 글은 앞으로의 윤성범 신학의 기초가 되었다는 말이라 할 것이다. 윤성범이 이 글에서 말하고자 하는 핵심은 씨와 자리의 관계, 즉 복음과 상황의 관계를 말한다. 변하지 않는 씨앗으로의 복음이 토양 속에 떨어져 자생적으로 자라나는 비유인 것이다. 윤성범은 요한복음 12:24의 한 알의 밀알의 비유를 들어, 복음의 절대성·순수성·초월성만으로는 부족하며 이것이 "다시 한 번 내재화되어야만 우리의 생명이 되고 유기적으로 자라날 수 있는 법"이라고 주장한다.[5]

그런데 여기서 윤성범이 사용하고 있는 신학적 방법론의 전거는 불트만의 '전前이해Vorversändis'와 틸리히의 '정황situation'이다.[6] 이를 통해 그가 주장하고자 하는 바는 결국 기독교 복음이 '전이해'[7]와 '정황'이라는 토양속에서 해석학적으로 규명되어야 함을 의미하는 것이다. 그는 이것을 다른 말로 "문화적 선험성a priori"이라고 말한다.[8] 그러나 우리의 모든 문화적 아 프리오리a priori가 토착화 신학을 구성하기 위한 전이해로 기능할 수 있는가? 또는 모든 문화적 아 프리오리가 토착화를 위한 좋은 토양이 될 수 있는가? 이 점에서 윤성범은 '좋은 문화적 아 프리오리'와 '그렇지 않은 문화적 아 프리오리'를 구분하고 있다. 마태복음 13장의 천국 비유를 인용한 것으로 보이는 다음 언급에서, 윤성범은 "아무리 좋은 종자라도 토양에 따라 그 크기와 모양이 달라지면 동시에 질적인 변화를 가져올 수 있다"고 주장한다. 무교의 토양, 유교의 토양, 불교의 토양 등 어떤 토양이냐에 따라 복음의 열매는 달라질 수 있으며, 그렇기에 "복음의 씨를 올바른 토양에 받아들이자는 데 더 큰 의미를 발견하게 된다"고 주장한다. 그래서 그는 "변질된 열매가 되어 버렸다면 잘못된 토착화라고 단정해도 좋을 것"이라고 말하고 있다.[9] 이상에서 알 수 있는 것은 윤성범의 토착화 신학 방법론에서 불변의 복음보다 더 중요한 위치를 차지하고 있는 것은 문화적 아 프리오리라고 하는 전이해라고 하는 점이다. 물론 내용상으로는 복음種子은 선험적이며 선재적인 것임에 틀림이 없다. 한편 윤성범은 한국의 전통 종교 중에는 외부로부터 들어와 한국적 토양 위에 뿌리를 내린 종교, 즉 토착화된 종교들이 있다는 사실을 환기시키고 있다. "한국종교사는 불교, 유교, 도교 같은 외래 종교를 한국 샤머니즘 터전土壤에다가 수시로 토착화한 과정"이라고 말하고 있기 때문이다. 그러나 그는 유동식이 한국인의 무층巫層을 통해 토착화 신학을 전개한 것과 달리, "그리스도를 무당 종교로 변질시키지 않기 위해서도 토착화 운동이 급선무"라고 말한 것처럼 샤머니즘에 대한 부정적 시각을 갖고 있기도 했다.[10]

그렇다면 윤성범이 말하는 올바른 토양, 올바른 전이해, 올바른 상황이란 무엇인가? 올바른 토착화 신학의 정립을 위한 올바른 문화적 아 프리오리란 무엇인가? 결론적으로 미리 말하면 윤성범에게 그것은 불교, 무교, 도교가 아닌 유학, 그 중에서도 율곡의 신유학이었다.

초기의 윤성범의 아 프리오리의 범주에는 대표적인 것으로 단군신화가 있었다. 그렇다면, 모든 것이 올바른 아 프리오리가 아니라면 샤머니즘적인 무층을 경계하면서도 윤성범은 왜 단군신화를 언급하고 있는가? 단군신화를 문화적 또는 종교적 아 프리오리로 택했느냐 하는 것은 논란의 여지가 있다. 그리고 이와 관련하여 어떤 것이 올바른 아 프리오리인가 하는 문제는 박봉랑, 전경연 등을 비롯한 학자들과의 소위 '단군신화 논쟁'에 잘 드러나 있다.[11] 여기에서 윤성범은 박봉랑의 비판적 논문에 대하여 "나는 한번도 단군신화를 고유한 한국의 문화 아 프리오리로 규정한 적은 없다"고 응답했다. 그리고 "나의 단군신화 해석은 기독교 토착화와는 직접적으로는 아무 관련이 없는 것이다. 왜냐하면 단군신화를 우리나라 고유의 창조설화나 개국설화로 보지 않고 진정한 의미의 '기독교 삼위일체론의 잔존vestigium trinitatis'으로 보기 때문"이라고 말하고 있다.[12] 필자가 이해하는 한, 윤성범이 의도하는 바는 단군신화는 전이해 또는 문화적 아 프리오리가 아니라는 것이다. 그가 의도하는 바는 단군신화는 복음의 흔적, 계시, 현상이라고 주장하고 있는 것이다. 즉 단군신화라고 하는 전이해를 통해 기독교를 수용하는 것이 아니라, 기독교의 본질이 단군신화 속에 현현한 것이라는 말로 이해된다.[13] 그렇다면 '복음-자리'의 관계에서 단군신화는 '자리'가 아니라 '복음'이라는 주장인 것이다. 문화적 아 프리오리가 아니라 복음이라는 종자의 흔적인 셈이다. 그러나 필자가 보기에 윤성범의 단군신화 해석은 분명히 전이해이다. 삼위일체를 단군신화로 해석하고 있기 때문이다. 오히려 논리적 일관성을 가지려면, 단군신화가 아니라 환인·환웅·환검의 삼신은 '복음, 종자'의 자리에, 단군신화는 '자리, 토양'의 자리에 위치시켜 설명해야 했던 것으로 생각한다.

60년대의 윤성범의 아 프리오리에 대한 관심은 토착문화에 대한 것에 집중되어 있었다. 그러나 계시이든 전이해이든 단군신화에 대한 그의 주장에서 보는 바와 같이 윤성범은 토착문화에 대한 환상적·낭만적 이상을 가지고 있었던 것처럼 보인다. 지나친 민족주의적 색채로 상고사를 아전인수식으로 논하는 『한단고기』와 같은 책들과 어떠한 차별성이 있을까? 단군신화와 같은 토착문화에 집중하는 것이 잘못되었다는 것이 아니라 삼위일체 교리를 단군신화와 일치시키는 것은 지나친 상상력이라고 하는 것이다. 굳이 '흔적' 이라고 말하려면, 삼위일체 교리 역시 흔적이라고 말해야 옳을 것이다. 그리고 토착화에 대한 지나친 해석은 천도교天道敎를 기독교의 한 종파 또는 천주교의 토착화라고 주장함으로써 천도교의 큰 반발을 불러일으키기도 했다.[14] 이것은 기독교 중심적 사고, 초월불변하는 진리에 대한 사고라는 한계 내에 있었다고 평가할 수 있다. 이러한 의미에서 주변부 사고, 반보편적 사고, 유동적 사고의 입장에서 이러한 생각을 비판하는 포스트모더니즘의 담론은 일면 타당성을 가지고 있다.

토착화 신학의 문화적 아 프리오리와 관련된 60년대의 윤성범의 방법론들은 칸트a priori, 불트만전이해, 틸리히상황 등의 사상과 관련된 것들이라 할 수 있다. 특이한 것은 그의 성의 신학의 단초가 된 바르트 신학의 방법론이 이 시기 별다른 기능을 하고 있지 않다고 하는 점이다. 그것은 그의 다음과 같은 말에 의해 잘 이해할 수 있다. "(불트만은) …전이해 없이는 아무도 이것을 이해할 수 없다고 말하고 있다. … 이것은 바르트에게 있어서는 고작 경험Erfahrung에 해당되는 부분이 아니겠는가 생각된다."[15] 토착 문화를 전이해로 보고자 하는 윤성범에게 바르트의 인식론적 방법론은 큰 매력을 끌지 못했던 것으로 보인다.

(2) 한국적 신학-성의 신학 : 선험적 인식론에서 선재적 존재론으로

60년대의 전통문화에 대한 관심은 단군신화 등 토착 문화에 집중되어 있었다. 그러나 71년에 발표된 「성의 신학」을 계기로 이후 그의 신학에는 강조점의 변화가 생겼다. 그 중에 몇 가지를 들면, '한국적 신학', '종교', '성誠', '하느님' 등을 말할 수 있다.

먼저 '한국적 신학' 에 대해 살펴보자.[16] 윤성범은 이제 기독교의 토착화를 포월抱越하여 "더 건전한 신학의 수립" 에 관심을 갖는다. 토착화 신학에

의 관심이 한국적 신학의 관심으로 확장되었다고 볼 수 있다. 윤성범은 이에 대해 다음과 같이 말한다: "한국적 신학은 한국적인 실존과 한국적인 정황, 다시 말하면 한국적인 문화적·정신적 전통에다가 서구적인 신학적 전통을 가미함으로써 우리의 전통이 다시금 살아나게 하는 것이 한국적 신학의 과제라 할 수 있다. 이러한 과업은 단순한 신학적 토착화의 과제만이 아니요, 이것이 바로 신학 그 자체라고 말할 수 있는 것이다." [17] 토착화 신학은 불변의 기독교복음이 토착문화의 아 프리오리 속에서 자라나는 것 해석되는 것이라고 한다면, 한국적 신학은 한국적 문화 전통에 서구신학을 가미하여 전통을 다시 살리는 것이라고 말하지 않는가? 이것은 중요한 변화라 아니할 수 없다. 강조점이 기독교에서 한국 종교로 전이되고 있는 듯하다. 도대체 60년대 토착화 신학의 문화적 아 프리오리는 어디로 갔는가? 「성의 신학」에서 볼 수 있듯이, 토착화 신학의 "전이해"는 한국적 신학의 하위구조 속에 자리하게 된다. 이쯤 해서 묻게 되는 것은 윤성범이 왜 한국적 신학을 말하고 있는가 하는 것이다. 혹시 토착화라는 개념에 대해서 어떤 한계를 느끼게 된 것은 아닌가 궁금해지는 것이다.

다음으로 '종교'를 살펴보자. 「성의 신학」에서 전이해는 '종교'이다. [18]

'토착화 신학'의 전이해인 '문화적 아 프리오리'는 「성의 신학」에서 '종교'로 표현된다. 토착화 신학이 종자로서의 기독교 복음이 주체적인 의미에서 문화라는 토양 속에서 심겨져 자라나는 것에 관심을 둔다면, 한국적 신학은 종자로서의 기독교 복음이 동양종교라고 하는 전이해 속에 이미 내재되어 있다고 하는 것에 관심을 둔다. 그러면 모든 동양종교가 기독교 복음을 담지하고 있는가? 여기에 윤성범이 "성誠"을 말하는 중요한 논지가 있다. 윤성범은 "성을 진지하게 다루지 않는 동양종교, 예컨대 유·불·선 삼교를 종교보다는 윤리로 보려 한다"고 말하며 이것이 "성誠"을 통해 새롭게 규정되어야 한다고 주장한다.[19] 그의 이러한 생각은 포괄주의적인 사유와 유사하다고 할 것이다.

그런데 "성의 신학"이 말하는 '성誠'은 도대체 무엇인가? 한국적 신학으로서의 "성의 신학"에서 윤성범은 성誠 개념을 기독교의 말씀로고스과 동격으로 놓는다. 그는 성을 "동양사상의 핵심이며 동시에 한국사상의 노른자위"[20]라고 말하고 있는데, 이는 신유학과 요한복음의 만남, 더 정확히 말해서 율곡의 성誠 사상과 바르트의 말씀의 신학의 만남이라 할 수 있다. 이것을 모두 정리해서 말하면, 성誠은 요한복음의 로고스이며, 창세기의 천지를 창조한 하느님의 말씀이며, 하느님 자신이며, 몽골 말 텡그리이며, 예수 그리스도이며, 바르트의 말씀의 삼중성이다.[21] 이로써 알 수 있는 것은 윤성범의 한국적 신학에서는 60년대의 '전이해'가 그다지 큰 기능을 발휘하지 못하고 있다는 점이다. 전이해라고 하는 선험적 인식론의 토대가 개념이라고 하는 선재적 존재론적 토대로 전환되어 있는 것이다. 즉 '복음-자리'의 관계에서 강조점이 '자리'에서 '복음'으로 옮겨간 것이다. 그리고 이렇게 됨으로써 기독교의 말씀도 선재적 존재론적인 진리이며, 율곡의 성誠도 선재적 존재론적 진리인 것이다. 이 양자는 등가적 지위를 점하고 있는 것이다. 이것은 60년대 단군신화의 경우 삼신을 삼위일체의 '흔적'으로 본 것과 달리, 성誠을 말씀과 동일 본질로 보고 있다는 점에서 어렴풋이나마 전자의 포괄적 색채가 공통 근거에 의한 다원적 색채마저 띠고 있다고 할 수 있을 것이다.

윤성범의 신학 구조에서 성의 위치를 도표를 통해 이해해 보자.

용어	[본질]		[전이해]		[토착화]
토착화 신학	씨	……	토양	……	열매
한국적 신학	말씀	……	종교	……	성(誠)
	[본질]		[매개]		[본질]

이 그림을 통해 볼 때 토착화 신학의 시도는 변하지 않는 보편적이고 초월적인 복음의 씨앗이 특수적이고 내재적인 토양에서 잘 자라나게 하는 것이라고 한다면, 한국적 신학의 시도는 변하지 않는 보편적이고 초월적인 복음의 씨를 종교라는 매개전이해를 통해 서양과 동양, 기독교와 동양종교 양쪽에서 모두 발견할 수 있다는 것을 시사하고 있는 것이다. 그러나 윤성범에게 기독교의 말씀에 해당하는 진리는 오직 성誠뿐이다.[22]

60년대와 달리, 70년대의 「성의 신학」에서는 칼 바르트, 율곡 이이, 칼 야스퍼스의 인용이 두드러진다. 그런데 전자에서의 칸트·불트만·틸리히의 사상은 주로 복음-자리의 관계에서 '자리'에 해당하는 "전이해"의 방법론으로 사용되었다고 한다면, 후자에서의 바르트·율곡·야스퍼스의 사상은 주로 '복음'에 해당하는 '말씀'·'성'·'암호'·'실존' 등과 같은 개념 해석의 방법으로 사용되었다는 점이 특기할 만하다 할 것이다. 어쩌면 이것이 60년대 "토착화"와 70년대 "한국적"의 차이일지도 모르겠다.

윤성범의 신학은 토착화의 선구자로 서구신학에 맞서 자신의 토양 속에서 기독교의 복음을 잘 길러내고자 하는 데에서 출발하였다. 그리고 그것은 '복음-자리' 또는 '본질-상황'의 관계를 '본질-본질'의 관계로 변환하며 전개되었다. 그리고 그 과정 속에서 포괄적 성취론에서 공통 근거의 다원주의의 맹아로서의 싹을 발견할 수 있었다. 그리고 그의 놀라운 창의력은 아무도 하지 못한 과감한 '한국적 신학하기'를 감행할 수 있었다. 하지만 그의 지나친 상상력은 율곡의 성誠 개념에 대한 해석에서 볼 수 있는 것처럼 지나치게 자의적이기도 했고, 공통 근거에 의한 다원주의가 받는 비판과 유사하게 지나치고 무리한 일치라는 비판도 받을 수 있었다. 그리고 그의 한계는 한국적 상황, 문화적 상황이라는 제한된 영역에 머물러 있었다는 점이다. 어쩌면 그는 토착화 신학의 선구자로서 후세대의 비판적 의

견을 다 담아낼 수 있었던 자리에 서 있지 않았다는 변명을 할 수 있을지도 모른다. 그러나 그의 개인적인 세계관이나 그의 시대적 장소적 상황에 의한 정당화에도 불구하고, 오늘의 과제를 풀어야 할 우리들에겐 그의 신학이 가진 제한성을 넘어 새롭게 응답해야 할 필요가 있을 것이다.

2) 변선환의 종교해방신학 (1927-1995)

(1) 종교신학과 토착화 신학 : 비신화화신학과 다원주의신학

70년대의 윤성범의 토착화 신학 또는 한국적 신학은 종교신학의 모습을 어느 정도 가지고 있었다. 그러나 윤성범에게는 종교 간의 대화라고 하는 강한 자의식은 없었다. 윤성범에게 타종교동양종교란 기독교 복음을 이해하고 표현하는 문화적 아 프리오리였기 때문이다. 그러나 변선환에게 토착화 신학이란 타종교와의 대등한 관계에서의 창조적인 대화였다.

윤성범이나 변선환은 모두 그 출발점은 실존주의 신학자 불트만에서 시작했으나 윤성범은 불트만의 '전이해'를 통한 문화적 아 프리오리를 방법론으로 삼았고, 변선환은 불트만의 '비신화화'를 통한 비서구화토착화를 방법론으로 삼았다.[23] "그의 비신화화의 지혜는 우리에게 있어서 비서구화라는 토착화의 지혜가 될 수 있을 것이며, 그것은 분명히 복음의 한국적 해석에로의 길을 밝혀 주리라고 믿는다." 비신화화의 토착화란 무엇인가? 그리고 비신화화가 토착화 신학에 공헌하는 것은 무엇인가? 변선환은 불트만의 실존론적 기독론에서 인간과 역사의 문제를 바라본다.[24] 거기서 그는 신화를 넘어서는 과정을 본다. 그래서 그는 "복음의 한국적 토착화는 … 마술동산에서부터의 해방, 곧 인간화로 나타나야 한다"고 말한다. 변선환은 이것에 대해 명확하게 설명하고 있지 않지만, 바르트 · 불트만 · 오그

덴·프리츠 부리 등에 대한 그의 언급에서 그가 주장하고자 하는 바를 발견할 수 있다. 바르트처럼 기독론의 우월성을 말하는 것이 아니라 불트만처럼 기독론의 신화를 비신화화해야 한다. 그리고 오그덴, 부리 등이 말한 것처럼 불트만의 불철저한 비신화화를 더욱 철저하게 하여 "기독교 신앙의 최후의 신화적 잔재인 그리스도 신화, 그리스도 케리그마를 버려야 한다." 여기에서 비서구화의 의미가 드러난다. 토착화란 서구의 신화적 신앙을 그대로 답습하거나 이식하는 것이 되어서는 안 된다는 것이다. 토착화란 서구의 신화적 케리그마마저도 해체하는 것이다. 그렇다면 어디에서 찾을 것인가? 변선환의 신학은 비신화화와 비서구화에서 멈추지 않았다. 종교다원주의를 통해 "(종교간) 대화의 신학"으로 나아갔기 때문이다.

토착화를 비서구화와 연계시키는 그의 작업은 서구 제국주의 신학 아래 놓여 있었던 아시아 신학에 대한 연대로 이어졌다. 이 점이 윤성범의 토착화 신학과 다른 점이다. 윤성범의 토착화 신학이 "한국적" 토착화 신학이라는 관점에 머물러 있었다면, 변선환의 토착화 신학은 오직 한국의 것만이 아니었다. CCA 성명서(1970)에서 천명한 "아시아" 토착화 신학에 주목했던 것이다. "제3세계 도처에 일어나고 있는 민족주의 운동과 함께 반서구 세계의 신학자들이 자기들의 토착 종교와 토착 문화를 통해서… 토착화 신학을 형성하려고 나서고 있는 … 이 결정적인 때에 아시아 신학 형성이라는 창조적 과제에서 물러날 수도 없고, 또 물러나서도 안 된다."[25] 이미 이러한 천명은 더 이상 단순히 편협한 민족주의, 자기중심적 문화주의, 비정치적 신학일 수는 없었다. 그러므로 토착화 신학이 민족적·전통적·비정치적이라는 비판은 토착화 신학이 가지고 있는 하나의 단면만을 바라본 것이라 할 수 있다. 그리고 민중신학과의 필연적인 만남이 이미 이 속에 배태되어 있었는지도 모르겠다. 그러나 동시에 민족주의, 토착 문화는 서구

세계의 편협한 보편적 제국주의에 맞서 자신의 생존권과 삶의 주체성을 주장할 수 있는 강력한 힘이었다. 변선환은 아시아 신학을 위해 한국적 신학을 버렸는가? 만일 그렇게 생각한다면 그것은 지극히 소박한 생각이다. 아시아 토착화 신학이란 아시아의 통일된 보편성 속으로 개체성이 흡수되는 단일한 신학이 아니라 아시아의 각 주체들이 각자의 자리에서 행하는 토착화의 신학을 말하는 것이다. 이것은 '비서구화土着化 연대'인 것이다.

그러나 변선환의 신학은 아시아 신학에만 국한되었던 것은 아니다. 제3세계의 신학과 타종교의 신학을 고려에 넣고 있기 때문이며,[26] 더 나아가 WCC의 에큐메니컬Ecumenical 정신에서도 천명되어 있듯이, 세계적인 차원에서의 인식의 전환이 요청되어야 함을 주장했기 때문이다. 아시아 신학 또는 제3세계 신학이 서구 제국주의 신학에 대한 생존의 문제라면, 세계 신학은 인류 전체의 종교적 생존의 문제라고도 할 수 있다. 변선환은 그 방법론적 토대를 (아마도 1984년 이후의 논문에서 빈번히 등장하는) 다원주의에서 찾고 있다. 먼저 그는 존 힉John Hick의 신 중심적 다원주의에 의거하여 "종교 다원주의 시대는 신학의 혁명, 타종교에 대한 코페르니쿠스적 전환을 요청하고 있다"고 주장한다.[27] 기독교 중심, 불교 중심, 힌두교 중심 등 자아 중심이 아니라, 신실재 중심이라는 사고 안에서 종교 간의 대화가 이루어져야 한다는 것이다. 개체 종교의 탈자아적·탈주체적 사고라고도 할 것이다. 또한 그는 폴 니터Paul F. Knitter의 실천 중심 또는 구원 중심 다원주의, 파니카Raimond Panikkar의 대화 원리, 피에리스Aloysius Pieris의 아시아종교해방신학 등 많은 서구의 다원주의 신학자들 내지 아시아신학자들 간의 교류를 통해 그의 신학을 전개시켜 나갔다. 아시아신학이 '비서구화의 연대'라면, 세계신학은 '비기독교화의 연대'라고도 할 수 있을 것이다. 신 중심주의든 구원 중심주의든 변선환 신학의 지향점은 기독교, 개체 종교를 넘어서 종교 간의 반목과 갈등이 아니라 대화를 추구할 수 있는 보편적 토대였던 것으로 보인다. 이로써 기독교와 한국 종교, 기독교와 아시아 종교라는 이원론을 넘어 세계라고 하는 일원성을 향해 한 걸음 더 다가갔던 것으로 생각할 수 있다. 그러나 이것은 결코 전자의 폐기를 의미하는 것이 아니었다고 본다. 한국의 토착화 신학, 아시아의 토착화 신학, 세계의 토착화 신학의 가능성을 엿볼 수 있는 대목이다. 이것은 환원이 아니라 연대이기에 가능한 것이다. 그러나 변선환은 종교 다원주의와 대화의 신학을 말하면서, 정말로 세계의 토착화 신학을 말하고 있는가?

(2) 종교해방신학과 토착화 신학

유동식은 "종교신학은 종교-우주적 신학이라면, 민중신학은 사회-정치적 신학이다. 종교신학이 한국의 종교적 전통문화와의 만남이라면, 민중신학은 한국의 사회적 현실과의 만남이다. 전자가 세속화 신학과 연계성을 가지고 있는데 비해 후자는 토착화 신학과의 연계성을 가지고 있다"[28]고 말한다. 어떻게 보면 이 두 신학은 서로 만나지 못한 채 영원히 평행선을 달려야 하는 신학으로 보일지도 모른다. 윤성범의 신학엔 정치적 응답이 없었다. 그러나 변선환의 신학에서 이 두 신학은 종교해방신학으로 만난다. 그의 이러한 신학은 아시아의 가난에 대해 응답했던 아시아의 상황, 군사독재 시대에 신음했던 민중들의 상황 속에서 형성된 것이다. 아시아 신학과 민중신학에 대한 응답이었다고 할 수 있다. 그러므로 토착화 신학이 비정치적 신학이라고 하는 것은 변선환의 토착화 신학에서는 유효한 비판이 아니다.

변선환은 아시아의 신학을 토착화와 상황화로 구분한다.[29] "다원적으로 공존하는 종교들과 직면하여 종교적 문화적 상황을 문제 삼는 토착화의 과제와 역사와 함께 오래된 아시아의 빈곤과 인권 억압 등과 같은 문제에 직면하여서 정치적·사회적 상황을 심각하게 문제시하려는 상황화의 과제는 아시아 신학을 특징 짓는 말"이라는 것이다. 그리고 70년대 후반 아시아 신학의 과제가 적응·조정·토착화·상황화의 과제로 옮겨갔다고 진단한다. 그러면 이제 토착화가 아니라 상황화를 말해야 하는가? 변선환은 쇼키 코Shokie Coe의 말을 빌어, "상황화는 전통문화를 무시하는 것은 아니지만 제3세계에서 … 인간의 정의를 위한 투쟁을 고려해 넣는다"고 말한다. 그리고 이러한 아시아 신학의 관심을 한국적 상황에서 해석해 나간다. 그것은 바로 토착화 신학과 민중신학의 만남이다. 그런데 여기서 한 가지 특이한 것은 변선환이 민중신학 역시도 토착화란 용어로 표현하고 있다는 점이다. 윤성범과 유동식 등에 의해 고유명사화된 토착화 신학이라는 말 이외에, 토착화 신학을 종교의 토착화로, 민중신학을 정치의 토착화로 해석한 것이다. 그리고 자유주의 신학, 신정통주의 신학, 남미 해방 신학도 오늘의 종교적·정치적 상황 속에서 타당성을 상실하게 되었다고 말하며, 이것을 (시대를 선도해나가는) 두 개의 "전위신학"이라고 표현한다. 변선환이 보고 있는 것은 오늘의 종교적·정치적 상황이다. 변선환의 종교해방신학은 현재를 살아가는 그의 삶에 대한 신학적 응답이었다. 변선환의 신학은 두 가지 방향의 합류로 귀결되어 가고 있었다. 즉 토착화 신학과 민중신학의 합류를 시도했던 것이다. 그가 "두 전위신학은 모두 서구신학의 바벨론 포수에서 벗어나서 전통 종교의 부흥과 혁명적인 상황에서 제기되는 문제에 성실하게 응답하려는 비서구화의 과제와 씨름하고 있다"고 밝히고 있듯이, 이 두 신학의 출발점은 비서구화였다. 그리고 70년대의 토착화 운동의 흐름과 80년대의 민주화운동의 흐름이 변선환의 신학 속에서 합류되어 갔다.[30] 70년대의 토착화 신학은 아시아의 다른 신학과 마찬가지로 제국주의적인 서구신학으로부터 벗어나 잃어버리고 억눌렸던 주체성을 다시 찾고자 하는 데 있었다. 그리고 그 주체성의 회복의 자리는 윤성범 등에게는 바로 전통과 문화였다. 그러나 70년대의 유신체제와 80년대의 군사독재 시대로 이어지는 민주화운동, 민중신학에 있어서 그 주체성의 회복의 자리는 바로 민중과 민주였다. 그리고 전통문화와 민중 민주를 기치로 하는 두 신학의 거리감에도 불구하고 두 자리 모두에게 일치하는 공유점이 있었다. 그것은 바로 비서구화, 주체화, 민족화^{한국화}였다. 이 시대는 탈민족, 탈주체의 시대가 아니었다. 아니, 그럴 수 없었다. 민족과 주체는 서구에 의해 우리의 시공간을 점유당한 사람들이 살아갈 수 있는 희망이며 뿌리이며 정치적 근간이었다.

변선환은 토착화 신학의 미래로 이 두 신학이 합류하는 다원주의 종교해방신학을 제언한다. 이 두 신학의 양극화를 넘어선 제3의 길로서의 한국적 신학이라는 것이다. "민중신학은 남미 해방 신학과는 달리 민중종교와 민중문화 속에서 민중 해방의 누룩을 읽어 냈으나 … 종교가 의미를 가질 수 있었던 것은 종교(경험) 자체가 아니라 종교의 정치적 사회적 기능이었다." 반면에 "토착화 신학은 한결같이 정치 경시의 경향을 나타냈다." 토착화 신학과 민중신학이 종교해방신학으로 나아갈 수 있는 인식적 근거, 방법론적인 근거는 무엇인가? 토착화 신학의 문화적 아 프리오리인가? 존재론적인 한국 종교의 개념인가? 민중신학의 주체 개념인 민중인가? 가난인가? 종교해방신학의 인식적 근거, 방법론적인 근거는 다원주의신학^{신 중심적 다원주의}이다. 여기서 변선환은 이전의 토착화 신학이 성誠, 풍류風流 등 한국적 개념을 통해 실재를 표현한 것을 넘어서기 위해 부정 신비주의에 의존해야 함을 제언하기도 하였다.[31] 그렇다면 그는 부정 신비주의 종교 전통에서 실재 중심의 다원주의의 최상의 표현을 찾으려 했던 것이 아닐까? 그런데 아직 해결되지 않은 물음이 남아 있다. 다원주의에 근거한 민중신학은 어떻게 민족, 민중, 한국적인 것을 넘어 표현될 수 있을까? 그것은 "인간화"이다. "(해방으로서의) 신의 구원의 역사는 절대로 교회의 벽이나 성서와 전통 교리, 기독교 서구문명 속에 폐쇄되지 않는다."[32] 다소 희미한 결론 속에서 말하고 싶었던 것은 아마도 인간화란 개념을 통해 토착화 신학이란 민족, 국가, 이념, 종교라는 벽 속에 갇혀 있지 않는 보편적 실천 신학을 지향해야 한다는 것이었는지도 모른다.

(3) 세계의 신학과 토착화 신학 : 만종의 신학, 지구신학, 우주해방신학

종교 간 대화와 종교체험에 관한 변선환의 관심은 미국 유학 시절 일본 선불교를 공부했던 스텐리 하퍼와의 만남과 스위스 유학 시절 프리츠 부리와 함께 했던 선불교 고전, 교토학파 철학자들에 대한 공부에서 시작된 것으로 보인다.[33] 불교와 기독교의 대화에 관한 글들은 그의 박사학위논문(1976)의 일부가 된 「불교와 그리스도교- 야기 세이치의 장소적 신학」(1975, 전집 6)을 시작으로, 「야기 세이치의 장소적 기독론」(1977, 전집 5), 「불교와 기독교의 대화」(1982, 전집 1), 「불교와 기독교의 대화」(1985, 전집 2), 「야기 세이치의 성서해석학과 선불교」(1986, 전집 2), 「민중해방을 지향하는 민중불교와 민중신학」(1988, 전집 1), 「붓타와 그리스도」(1990, 전집 2), 「십우도 : 참 자기에 이르는 길」(1991, 전집 2), 「불교적 그리스도의 여명」(1993, 전집 2), 「불교적 한국신학의 여명(1995, 전집 2)」 등으로 전개되었다.[34] 이렇게 보면 변선환은 교토학파의 선불교와 기독교의 대화의 영향을 받아 불교를 한국적 신학으로 해석해 내려 한 것이 아닌가 생각된다. 그것은 어떻게 보면 비서구화토착화에 의한 "불교적 한국신학의 여명"을 보려 한 것이 아닐까?

그러나 필자가 관심하는 것은 이것이 아니라, 변선환의 신학 속에서 세

계의 신학, 만종의 신학, 우주 해방 신학의 단초를 읽어 내려고 하는 것이다. 먼저 아시아 신학자와의 교류 속에서 변선환은 인도의 레이몬드 파니카에 주목했다. 힌두교와 기독교의 대화에서 나타난 파니카 신학의 특징을 나타내는 말들은 다음과 같다. "종교의 본질은 절대자이신 하느님과의 통일성이다. 모든 종교는 종교의 종합과 통일성을 향한 역동적이고 우주적인 과정에 있다."; "기독교는 씨앗으로서 모든 종교의 깊이에 이미 감추어져 있다."; "모든 종교는 하느님, 다소 차이는 있으나 신과의 연합에 이르는 완전한 길을 서술하며 그 중심에 그리스도가 역사하며 신의 은총을 완성한다."; "삼위일체의 신비는 힌두교 영성을 대변하는 세 가지 길의 깊이에서 드러난다. 행위의 길, 명상의 길, 지혜의 길."; "우파니샤드에 나타난 불이不二의 지혜는 인격적 관계를 넘어선 절대자와의 신비적 합일과 사랑과 명상의 종교 안에서 대화를 향한 길을 제시한다." 간단히 말해 불이의 지혜를 통한 신과의 완전한 합일을 지향하는 우주적 그리스도의 신학이라고 정리할 수 있겠다. 그러나 변선환은 기독교를 씨앗으로 보는 입장, 힌두교를 기독교의 예비단계로 보는 입장, 불이의 지혜의 비정치적 성격, 우주적 그리스도의 인도-유럽적이며 형이상학적이며 라틴적 성격에 대해 비판하고 있었다.[35]

변선환은 이미 78년에 「이용도와 에크하르트」라는 글을 통해 기독교의 한국적 영성과 서구적 영성을 비교하여 고찰한 바 있다. 그는 여기에서 이 의미에 대해 "…비교 연구하려는 이 논문은 우선 현대신학의 새로운 과제에서 멀지 않았다고 본다. … 오늘날 종교 없는 기독교의 황혼을 바라보면서 세계종교와 열려진 대화를 시도해야 할 새로운 에큐메니컬세계 신학의 여명의 도상에 서 있다."고 말하였다. 변선환은 이용도에게서 고난의 신비주의, 그리스도와의 신비적인 합일, 전적인 신과 전적인 인간과의 일치를 발견한다. 그리고 "그리스도를 '밖'이 아니라 '안'에서, 영혼에서 찾았던 그에게 있어서 ⋯ 천국은 네 안에 있다. 네가 만일 신을 네 밖에서 찾는다면 영원히 신을 찾지 못할 것이다"라는 이용도의 말을 그에 관한 마지막 말로 삼는다.[36] 그리고 에크하르트의 영성에서 서구 부정신학 전통에서의 신비주의를 통해 유사한 접점을 찾는다. 그는 이용도의 영성을 여성 신비주의, 에크하르트의 영성을 남성 신비주의로 이해하였는데, 에크하르트의 신비주의 속에서 영혼 속의 신의 탄생, 신성으로의 돌파, 순수일자와의 합일, 영혼 속의 아들의 탄생, 초도덕적 사랑을 발견한다. 이 두 사람의 비교 연구를 통한 변선환의 결론은 우리의 신학이 "너무 오랫동안 바르트와 (몰트만으로 대표되는) 그 좌파의 반종교적인 독일 신학의 노예가 되었다"고 말하며, (바르트의) 교회와 계시에만 관계된 신학이 아니라 세계와 종교와 관계된 신학을 말해야 한다고 주장한다. 앞의 파니카 신학에 대한 평가에서와 다르게, 세계신학의 가능성을 신비주의에서 발견하고 있는 듯한 언급이다. 그럼에도 불구하고 변선환은 이용도의 열광적 신비주의가 에크하르트의 신성의 근저, 원효의 일심一心의 신비의 심연과도 같은 차원에 미치지 못했다고 비판하며 한국 불교가 통불교였던 것처럼 기독교 역시 포괄성을 가져야 할 것이라고 주장한다. 그리고 마지막으로 이 양자의 신비주의가 무차별적 사랑을 말하고 있지만 현실의 부조리를 개혁하고 변혁하려는 역사적 행위로 나타나지 못했음을 비판함도 잊지 않는다.[37]

무엇보다도 주목할 것은 변선환이 토착화 신학의 역사를 정리하면서 최병헌의 신학을 매우 중히 여기고 있다는 점이다. 변선환은 최병헌의 사상을 조명하는 글에서 세계신학에 대해 주장한 서구의 신학자들을 소개한다. 그는 윌리엄 호킹의 세계종교신학이 "'종교성'이라는 인류 보편적 요소로 모든 종교를 수렴하여 이해하려는 보편주의이며 ⋯ 하나의 세계종교의 출현"을 이야기하고 있다고 소개한다. 그리고 윌프레드 스미스가 "하나의 세계종교에 이르게 하는 주요 범주로 '신앙'"을 이야기함도 소개한다. 신성취설reconception theory라고 칭하는 이러한 입장은 "지구촌의 관점에서 종합의 길을 향하여 나가며", '다양한 세계종교들과의 열려진 만남을 향한 종합에로의 길"을 향해 나간다고 말한다. 변선환은 이것을 세계종교의 신학이라고 부르면서, 스미스의 신앙보다도 더 포괄적인 개념으로서 '신체험'을 이야기한다. 그리고 "최병헌의 종교변증신학이 만종일련世界宗敎의 신학으로 발전하기 위해서는 초월자(신) 체험과 함께 기독교 휴머니즘을 초점으로 하여 균형 있게 발전시켜야 할 것"이라고 주장한다. "신비적 체험에서만 안일하게 만나려는 '깊이에서의 대화'를 넘어서 '하나의 공동체'를 형성하려는 인간화의 윤리적 과제 앞에서의 대화, 소위 "대화를 넘어서서beyond dialogue"를 제창하며 평화의 정의에 관한 관심을 불러 일으켰던 WCC 밴쿠버 대회에 제출된 문건에 동의를 표명하고 있다.[38]

혹자는 최병헌의 신학을 토착화 신학의 원형이라고 보는데 비하여, 변선환은 최병헌의 신학을 토착화 신학의 어제라고 본다. 변선환은 최병헌의 토착화 신학이 종교변증신학, 성취론적 신학이라는 한계를 가지고 있다고 비판하면서도 그의 신학에서 세계신학의 가능성을 발견하고 있다: "필자는 최병헌의 「만종일련」의 신학, 종교변증신학의 과격성으로 오늘날 종교신학이 논하고 있는 신 중심, 실재 중심 다원주의가 숨겨져 있다고 본다. 최병헌은 서로 다른 문화적 · 종교적 전통 속에서 서로 달리 체험되고 서로 다른 신조나 교리로 표현된 세계종교萬宗을 일관하고 있는 '하나의 신적 현실성'에 대한 신체험을 '서양지천즉동양지천西洋之天卽東洋之天' 또는 '만종자이일련지전정미야萬宗者以一臠知全鼎味也'라는 말로 표현하고 있기 때문이다. 최병헌의 만종일련의 신학은 옥처럼 닦기만 하면 앞으로 새로운 신학적인 각광을 받게 될 것이다."[39] 일련이란 무엇인가? 여기에 대해서는 학자마다 그 해석을 달리하고 있지만, 필자는 불교의 일미一味 one taste와 상통하는 뜻이 아닌가 생각된다. 일련지전정미一囕知全鼎味에서 맨 앞과 맨 뒤의 글자만을 취하면 일미一味가 되기 때문이다. 모든 종교가 하나의 체험을 갖는다는 것은 실재 중심의 공통된 체험에서 가능한 것이다.

변선환은 신체험을 공통 근거로 하는 세계신학은 거기에 머물지 말고 인간화와 지구윤리라고 하는 실천적 영역으로 연계되어야 함을 주장한다. 만국종교대회(1893), 벵갈로 100주년 기념대회(1993)를 회고하면서 그는 지구 공동체의 새로운 윤리가 요청됨을 환기시키고 있다.[40] 그러나 인도 학자들에 의해서 "한스 큉의 '지구윤리'가 칸트, 막스 베버, 한스 요나스라는 인격적 책임 윤리에 근거하고 있다는 것 때문에 기독교 서구 윤리의 일방통행이며 숨겨진 문화 제국주의라는 혹평"을 받는다. 변선환은 "이러한 아시아의 소리가 기독교 서구의 양심을 일깨우며 다음 세기에는, 백년 후 2093년 2백주년 기념대회가 열리는 때에 문자 그대로 지구윤리, 동과 서가 다함께 '옴', '아멘'이라고 동의할 수 있는 지구적 책임성을 요청하는 지구윤리가 밝히 구성되었으면 좋겠다"는 바람을 피력했다. 다음은 이 글에서의 그의 마지막 말이다. "대화는 인류 최후의 희망이다."[41]

변선환에게 있어서 해방이란 무엇일까. 그것은 기독교로 말하면 구원일 것이며, 불교로 말하면 해탈일 것이다. 종교해방신학이란 종교의 해방을 의미하기도 하겠지만, 종교신학의 해방과 민중신학의 해방을 의미하는 것일 수도 있다. 비서구화란 결국 서국제국주의 신학으로부터의 해방이다. 그래서 비서구화로서의 토착화 신학은 곧 해방의 신학인 셈이다. 그리고 변선환은 한국적 상황, 민중의 상황을 다시 한번 해방시켜 그 지평을 지구촌의 영역으로까지 넓혀 나갈 것을 제안했다고 할 수 있다. (이상의 사실들은 변선환은 불교만으로 대화한 것이 아니라, 불교를 통하여 대화한 것이라고 생각할 수 있게 한다.)

어떻게 전혀 어울리지 않는 초세간적, 출세간적인 아시아의 종교 영성과 정치적 상황이 어울릴 수 있을까? 그 해답은 변선환의 다음과 같은 말에 담겨 있는 것이 아닐까?

> 본래 아시아에서 민중들의 정치적 사회적 변혁의 의지와 관계되고 있던 민중종교의 우주적 차원은 언제나 초우주적 절대자(도, 법, 진여, 범, 열반)를 향하는 창을 가지고 있었다.

3. 이정배의 한국적 생명신학과 수행적 지구촌신학
: 토착화 신학과 세계화신학

이정배의 신학은 윤성범의 신학과 변선환의 신학이 만나는 접점이다. 그리고 그 접점은 두 사람을 스승으로 모셨던 그의 신학적 자리였을 것이다. 그리고 그의 신학은 그가 처한 시대적 상황인 생명, 환경, 생태, 과학 등의 문제에 대한 응답으로서의 신학이다. 또한 그 방향은 유영모, 함석헌, 김흥호, 켄 윌버 등의 수행적 사유와의 만남을 통해 토착화와 세계화라는 두 가지 긴장을 하나로 엮어 내려는 그의 신학적 고민 속에 현재도 진행되고 있다. 그의 토착화 신학에 대해서는 주로 그의 저서들이 간행된 순서에 따라 기술하고자 한다. 왜냐하면 그의 저서들은 그가 이전에 다루었던 글들을 모아 재구성한 종합적 성격을 가지고 있기 때문이다. 그리고 그 글들에 대한 자기 사고의 편린들을 체계적으로 정리하여 기술하고 있기 때문이다.

1) 한국적 생명신학

이정배 신학의 주를 이루는 개념들은 "창조, 생명, 환경, 생태, 우주, 문화, 토착화, 세계화, 종교신학, 대화, 경험, 과학, 다원, 성령靈, 자연은총, 유교, 에큐메니컬, 간학문, 영성, 수행" 등이다. 어쩌면 이것이 그의 신학이 가지고 있는 개념적 의미를 한 번에 보여주고 있는 것이 아닌가 한다. 1996년 『한국적 생명신학』이 출간되기 이전까지 그의 논문 및 저서들의 주된 주제는 단연코 "생명, 생태, 토착, 문화"였다. 『한국적 생명신학』은 이러한 그의 신학적 여정을 모은 첫 번째 저서가 아닌가 생각한다. 그 역시 이 책을 저술하면서, "지난 10년 동안 나는 감신의 학문적 전통인 토착화 신학과 생태학의 문제를 접목시켜서 토착화 신학의 새로운 모형 변이를 위한 이론적 작업을 많이 해 왔다"고 회고한 바 있다. 윤성범의 복음-자리로서의 토착화 신학과 변선환의 종교해방신학으로서의 토착화 신학과는 또 다른 면에서의 토착화 신학의 면모를 엿볼 수 있다. 그런데 이 글에서 그는 자신의 신학이 또 다른 변신을 기도하고 있다고 말한다. 이후 한국적 생명신학의 모토가 될 이 내용을 정리하면 다음과 같다.[42]

신학사 관점	윤리적 신학, 실존적 신학, 구속사 신학	→	우주중심, 생명중심의 신학
유교적 관점	理, 心에서 생겨난 성인, 군자, 윤리 중심	→	자연, 기 중심세계관
성적인 관점	부친의 유교적 영향력	→	모친의 무교적 생명력
간학문 관점	사회과학, 역사학, 신학	→	자연과학, 생물학
조직신학관점	기독론, 신론 중심	→	성령론 중심

이미 언급한 바와 같이 윤성범은 불트만의 전이해에 근거한 문화적 아프리오리로 토착문화를 택하여 토착화 신학을 전개하였고, 신유학의 실재 개념에 근거한 종교적 본질 개념으로 성誠을 택하여 한국적 신학을 전개하였다. 그리고 변선환은 불트만의 비신화화 방법론에 근거한 비서구화를

통해 종교신학으로서의 토착화 신학과 한국적 신학을 전개하였고, 존 힉 등 실재 중심적 다원주의에 근거한 궁극적인 공통 근거를 통해 토착화 신학을 안고 가는 세계신학을 제언하였으며, 당대의 현실적 인식을 통해 토착화의 두 조류인 토착화 신학과 민중신학을 합류시키는 종교해방신학을 제언하였다. 그것은 모두 자신의 삶의 자리, 역사적 자리, 개인 실존의 자리에서의 신학적 응답이었다. 이정배의 신학 역시 두 신학자가 제기한 물음을 끌어안음과 동시에 자신의 시대가 안고 있던 새로운 물음들에 응답하고자 한 것이라 할 수 있다.

복음-자리의 관계에서, 윤성범의 자리가 서구신학에 맞선 문화적 아 프리오리의 자리였으며, 변선환의 자리가 다원주의 사회의 현실 속에서의 종교와 정치적 현실이었다고 한다면, 이정배의 자리는 환경·생태와 그 근원이며 전체인 생명에 대한 자리였다고 할 수 있다. 자칫 생명신학이라고 하면 자연회귀주의, 탈세속주의 등이 연상되며 토착화나 정치신학과는 거의 관계가 없는 듯이 보인다. 그러나 이정배는 이 생명신학에서 토착화의 흐름과 종교해방신학의 흐름, 그리고 최근에 전개되는 글로벌 신학으로의 흐름을 읽어 낸다. 그가 이러한 생각을 갖게 된 것은 제레미 리프킨의 『생명권정치학』의 영향 때문이었다. 리프킨은 이 책에서 생명을 모토로 서구 문명, 신자유주의적 세계화, 노동과 정치적 억압과 착취 등의 문제를 다방면에 걸쳐 설명한다. 여기에는 토착화 신학을 통해 일관되게 흘러왔던 비서구화의 문제, 제3세계의 문제, 해방의 문제 등과 연계할 수 있는 내용들이 들어 있다.[43] 그래서 이정배는 이 책을 통해 "생명권 의식", "생명의 원리", "지구 의식", "생명 본능의 회복" 등을 보았음을 말한다. 그리고 그는 "리프킨의 생명권 의식이 종교적 영성에 구체적인 내용을 줄 수 있으며, 종교와 정치가 만날 수 있는 가능성으로 자리할 수 있다"고 주장한다. 또한 이 책을 읽으며 다국적 기업 앞에 놓여 있는 민족의 현실에 답답해하였다고 고백한다. 그래서 수구적 민족주의가 아닌 주체적 민족의식을 강조하며 생명권 의식을 민족의 종교적 영성과 연계하려 한다.[44] 세계화라는 미명하에 처해진 민족의 현실, 환경오염과 생태계 파괴의 위기에 당면한 세계, 특히 제3세계 민초들의 현실에 대한 인식을 통해 아마도 그는 생명(생명권현실)-정치(민족현실)-종교영성(신학적 현실)의 만남을 시도했던 것이 아닌가 생각된다. 이렇게 해서 윤성범-변선환으로 이어지는 토착화의 한 축은 한국적 신학에서 한국적 생명신학으로 전이를 시도하게 되었다.

그의 한국적 생명신학으로의 토착화 시도는 비정치적인 신학이 아니었다. 변선환의 신학이 토착화 신학의 비정치적인 면을 늘 염두에 두고 민중신학과의 합류를 제언했던 것처럼, 이정배의 신학도 민중신학과 민족신학의 도전에 응답하며 진행되어 갔다. 세계화의 추세 속에 우루과이라운드, 그린라운드, 블루라운드, 그리고 선진 자본주의 국가들의 환경 독재, 신식민지 정책 속에서 민족의 주체성은 다시 한 번 강조되지 않으면 안 되었다. 윤성범의 토착화 신학이 서구문화에 대항한 자민족·자국가의 문화의 주체성에 대한 강조였으며, 변선환의 토착화 신학이 서구 신학과 서구 정치에 침탈당한 비서구화의 노력이었다면, 이정배의 토착화 신학은 서구의 생명권 침탈에 대항한 민족의 주체성에 대한 강조였다고 할 수 있다. 그리고 그는 민중신학과 씨름하면서 민중신학이 가진 계급 편향적·비민족적 시각에 대해 비판하면서 그 지평을 민족·민중뿐만이 아니라 인간, 더 나아가 생명과 우주 차원으로까지 확장하고 있다. 또한 그는 민족의 동질성 회복과 남북 통일의 문제에 관심하고 있었던 민족신학과 씨름하면서 민족신학이 가지고 있는 민족 개념의 영구불변하는 실체적·주체적 절대성에 대해 비판하며 그 좁은 신학적 범위를 벗어날 것을 주장하였다.[45]

이러한 맥락에서 그는 토착화 신학의 새로운 형태, 특히 통일문제와 생태계 구원이라는 과제를 위해 '한국적 생명신학(신학의 한국적 실학화)' 또는 '신토불이 신학'으로의 개칭을 제안하기도 하였다. 그리고 그는 이것을 불이적 세계관과 원융회통의 상생의 원리라고 하는 한국종교적 카테고리로 풀어 낸다. 그의 말대로 모든 실체론적 사유를 거부하고 대립을 지양하는 신학이다. 그는 이것을 원효, 지눌, 퇴계, 율곡, 수운 등 한국의 종교, 문화 속에서 발견한다. 이 책의 말미에 수록된 슈바이처의 생명경외론과 유교와 도교의 수신 개념에 관한 글은 동양과 서양의 공통된 생명사상을 수행 전통을 통해 자각하려는 첫 시도로 생각된다.[46] 결론적으로 『한국적 생명신학』에서의 그의 주장은 한국 민족 문화의 주체성을 우주 보편의 생명 원리와 연결시키려고 하는 작업이었다고 평가할 수 있다. 여기에는 보편과 특수의 긴장과 화해의 문제가 놓여 있다.

『한국적 생명신학』에서의 구도는 8년 뒤인 2004년에 출판된 『생명의 하느님과 한국적 생명신학』에서도 계속 이어진다. 그는 그의 생명신학을 일컬어서 "생태신학과 토착화 신학의 만남, 토착화론의 관점에서 서구 생태신학을 해석하고 평가하는 일"이라고 정의한다. 그는 90년대 후반에 접어들며 과학과 종교의 상관성에 대해 더욱 관심을 기울이기 시작한다. "생태신학에 대한 관심이 종교와 과학의 대화 문제로 발전"하게 된 것이다. 또한 몸에 대한 관심과 아울러 "믿음의 종교인 기독교를 수행의 관점에서 해석하는 일"에도 관심을 기울인다.[47] 또한 다양성을 생명의 존재 조건으로 여기며, "개별 종교 문화를 중시하는 다원주의 사조를 존중하며 주변부 문화를 중시하는 포스트모던 신학을 수용하는" 생명신학을 추구한다. 그리고 무엇보다도 "생명을 통합학문적 시각에서 조명한다." 여기에서 그가 다원성을 인정하면서도 동시에 통합성을 중시하는 관점, 포스트모더니즘을 수용하면서도 포스트모더니즘을 넘어서려는 관점을 엿볼 수가 있다. 그런데 필자가 보기에 이전의 책과 달리 이 책의 내용에서 가장 주목할 점은 성령론적인 관점에 입각하여 신을 생명의 하느님, 생명의 영으로 구체화하여 표현하고 있다는 점이다. 그리고 그는 구약에서의 자연의 영을 표현했던 루아흐 개념을 동학에서의 지기至氣 개념과 회통시킨다.[48] 동양과 서양의 만남이며, 자연 전통과 수행 전통의 만남이라고 말할 수 있겠다. 루아흐나 지기는 모두 자연의 생명과 관련되는 신 개념이라는 의미에서 생명신학적인 의미를 가지고 있다고 평가할 수 있다. 동시에 그것은 기독교의 인격신 개념을 뛰어 넘는 신관의 모색이라고도 할 수 있을 것이다.

정리하면, 그의 한국적 생명신학은 실존주의를 넘어 토착화 신학의 바탕을 가지고 한국적인 의미에서 생태신학을 해석하며, 그 안에서 생명 원리를 발견하고, 그 생명 원리를 바탕으로 생명의 회복을 주장하며, 민족신학과 민중신학과의 대결을 통해서 생명 회복의 관점에서 민족과 민중이 당면한 여러 문제들을 비서구화의 관점에서 모색하고, 단지 우리만의 신학이 되지 않기 위하여 다원주의와 포스트모던적 관점을 수용하고,[49] 생명의 원리에 대한 보다 깊고 넓은 의미를 발견하기 위해 종교와 과학의 대화를 모색하는 한편 통합학문적 방법론을 지향하고, 거기에서 발견한 생명의 영에 대한 종교적 의미를 수행 전통에서 찾고자 하고 있다고 할 것이다.

2) 전위토착신학과 간문화 해석학 : 역사와 타자에 대한 관심

한국적 생명신학이라는 명칭이 한국적 신학과의 연속선상에 있는 것과 마찬가지로, 전위토착신학이라는 명칭도 토착화 신학과 전위신학의 연속선상에 있다고 볼 수 있다. 일찍이 변선환은 토착화 신학을 "전통 종교와 문화 속에서 복음을 재해석하려고 한 종교신학"으로, 민중신학을 "민중해방을 위한 투쟁 과정과 과학기술의 도전 속에서 복음에 응답하려는 상황화의 신학"[50]이라고 설명한 바 있다. 그리고 그는 이 양자를 한국의 두 개의 전위신학이라고 하였다. 전위신학이란 '시대를 선도했거나 선도하는 혁신적이며 실험적인 신학'이라는 의미가 아닐까 한다. 즉 전위토착신학과 전위민중신학이 있는 셈이다. 이정배는 아마도 이를 계승하고 여기에 착안하여 전통사상과 대화하고자 했던 선구적인 앞선 신학자들의 업적을 평가하면서 자신의 한국적 생명신학과 연계하려고 한 것으로 생각된다.

이러한 의식하에 그는 그의 이전 글들을 묶어 『한국 개신교 전위토착신학 연구』라는 책으로 엮어 낸 것으로 보인다.[51] 먼저 1920-30년대의 이용도, 김교신, 유영모의 기독교 이해에 대해 그리고 이어서 토착화 1세대(60년대-90년대 초중)인 윤성범, 유동식, 변선환의 신학에 대해 논한다.

1930년대는 "당시 한국교회가 민족주의를 저버리고 서양 정신 세계에 의존하여 교리화되고 있을 때 기독교 복음의 한국화, 생명화를 외친 시기"이다. 여기에서 이정배는 민족의 주체성 또는 한국의 주체성의 발견이라는 코드를 읽어 낸다. "한국적 주체성의 발견과 토착화 신학의 여명"이라는 장의 제목이 밝혀주고 있듯이, 그는 당시 한국적 상황이 처해 있던 이 세 사람의 삶 또는 신학은 한국(민족)의 주체성과 필연적인 관계에 놓여 있었음을 간파한다. 민족운동가, 독립운동가, 신비주의자, 성령운동가, 교회개혁가로서의 이용도를 이정배는 묵시문학적 자의식을 가진 탈오리엔탈리즘의 신학자로 새롭게 파악한다. 묵시문학적 자의식을 가졌다는 것은 이용도의 신학이 고난의 신비주의에 그치는 것이 아니라 부정의의 사회를 향해 정의와 평화를 외쳤던 "예언자적인" 자의식을 가졌다는 것을 의미하는 것이다. 이정배는 예언자들이 가졌던 "자기초월적 체험, 곧 환상의 강조"와 "당대의 현실에 대한 인식"을 이용도에게서 읽어 낸다. (그것은 또한 수행 전통을 우주적 비전과 연결하려는 그의 신학적 작업과도 연계된다고 하겠다.) 이정배는 또한 신학상의 커다란 차이에도 불구하고 이용도와 김교신을 "조선적 기독교", "세계-내-존재삶의 지평", "동양적한국적 영성과 민족주의" 등의 틀 속에서 함께 읽어낸다. 특히 이용도를 무속적·노장적 영성가로, 김교신을 유교적 수행가로 보면서도 이 두 사람을 통합 영성가로 해석하는 관점이 독특하다.[52] 여기에서도 민족의 주체성 또는 한국의 주체성 발견이 편협한 민족주의나 국수주의가 아니라 세계의식과 연결된다는 점을 강조하고 있다는 사실을 인식하는 것이 중요하다.

이정배는 "신학을 공부한 경험이 전혀 없으면서도 자신의 동양종교에 대한 이해를 바탕으로 … 기독교의 비서구적 이해의 모형을 제시한" 다석 유영모 역시 한국적 주체성의 발견이며 토착화 신학의 여명이라는 시각에서 읽어낸다. 그는 유영모에게 유·불·도 동양 삼교의 사상이 녹아 있으면서도, "불교적 세계관이 기독교 이해의 준거가 되었다"고 해석한다. "불교적 빔·허공·무의 개념과 깨침의 세계인 '얼'을 통해 서구 기독교를 한국적으로 이해할 수 있는 근거를 얻었다"는 것이다. 그리고 그는 유영모의 소위 "동양적 기독교"를 얼 기독론의 틀에서 읽어 낸다. 성령을 "얼"로 부르며, 절대존재로서의 신을 "한아님"으로 부르며, 그리스도를 "얼나로서의 절대생명의 탄생"으로 부르며, 그리스도를 우주적 역사적 "전인류적 얼"로 해석하는 유영모의 사상에 대해 논하는 자리에서, 필자는 『한국적 생명신학』에서 성령론을 통해 그의 한국적 생명신학을 전개하겠다고 했던 그와 유영모의 공통분모를 발견한다. 그리고 우주생명신학으로서의 한국적 생명신학과 유영모의 씨앗 사상을 암묵적으로 연계시키고 있음을 발견한다.[53] 주체와 우주의 만남, 수행론과 생명론과 성령론의 만남이라고도 할 수 있을 것이다.

이정배는 이 책에서 1세대 토착화 신학자들이 "이들의 문제의식을 해석학적으로 전개시켰으며, 한국 종교문화를 구성하는 유·불·선 종교를 하나씩 부여잡고 신학화해 나갔다"고 파악한다. 즉 유교적 신학-성과 효의 해석학(윤성범), 불교적 타종교의 신학-신중심적 종교해방신학(변선환), 풍류적 영성-우주적 그리스도(유동식)으로 규정한다. 이정배는 윤성범의 신학을 "신중심적이며 포괄적인 성誠의 해석학의 천재성", "서구 신학의 제 문제를 성誠이라고 하는 한국적 관념으로 수렴시키는 체계적 작업" 등으로 평가하면서도 다음과 같은 비판과 전망을 제시한다. 성誠과 바르트 계시 개념의 등가성 문제, 해석학적 작업의 지나친 상상력, 퇴계의 경敬 사상에 대한 재고, 성취론을 배경으로 하는 배타적 기독론 문제, 부자유친 속에 내재하는 남성 원리 문제, 인격의 범주를 넘어선 우주-생태학적 차원에서의 재고, 생태학적 시각에서의 성리학의 "기氣" 개념 연구.[54] 다음으로 그는 변선환의 신학적 여정을 서술함과 동시에 그의 신학에 대한 의미에 대해 다음과 같이 해설한다. 초기 실존론적 관심, 불교적 기독론의 모색과 책임적 존재로서의 실존론적 비판, 토착화 신학과 민중신학의 양극성 극복, 신중심적 비규범적 기독론 언명, 웨슬리 선행은총론의 종교신학적 이해 등. 변선환 신학에 대한 그의 평가의 주된 논지는 "변선환의 신학 자체가 가장 힘주어 말하는 것이 '대화'"라는 것이다. 그리고 "그의 모든 것이 제안으로만 남아 있고 토착화 신학으로 구체화되지 못한 명백한 한계를 가지고 있다"고 평가한다.[55] 변선환에 대한 이정배의 평가나 비판은 매우 제한적이며 간결하다. 그러나 그의 평가처럼 변선환의 글들에 나타난 것들은 모두 개론적, 원칙적, 제안적, 방법론적이다. 윤성범이나 유동식처럼 실질적인 자신의 사상에 대한 전개가 없다는 사실은 분명한 것 같다.

다음으로 그는 '토착화를 넘어서는 창조론'이라는 주제 아래 유영모의 한글신학, 이신의 초현실주의적 예술신학, 김지하의 율려사상에 대해 고찰한다. 필자가 보기에, 이 글의 의도는 서구의 신학적 방법론·개념·담론 등에 의해 오염(?)되지 않은 자생적인 토착화 신학의 예에 대한 것이다. 아마도 그 이유는 토착화 신학의 비서구화의 맥락에서도 찾을 수 있지만, 그것보다는 "한국적"이라는 말의 의미를 좀더 선명하게 부각시킬 수 있는 사상을 찾고자 함이 아니었을까 하는 생각이 든다. 유사하게 이정배는 유영모의 "제자 김흥호가 스승 유영모의 사상을 종교 다원주의의 열매로 이해하는 제 시도에 대해 달가워하지 않았다"는 말을 전한다. 종교 다원주의라는 서구의 사상을 알지 못했던 유영모에게 어쩌면 당연한 이야기인지도 모르겠다. 이정배는 유영모의 한글로 신학하기를 "탈식민지적 해석학"의 관점에서 정당성을 부여한다. "서구적 진리 체계를 보편적으로 강요받기보다는 자신의 전통을 근거로 이론을 재구성하려는 학문적 노력이 요구되기 때문"이라는 것이다. 그리고 그는 이것을 (동북아시아의) 동도동기론적 해석학이라고 규정하며 "초역사적 주체, 보편적인 해석학의 주체가 역사상에 존립할 수도 없고 해서도 안 된다고 주장하며 … 주변부에 무게중심을 두는 다중심주의적 세계화를 주장하는" 포스트모더니즘의 탈식민지 해석학과 연계하여 그 의미를 부여한다. "서구 중심주의가 몰락하고 주변성의 의미가 부각되는 탈현대적, 탈식민지적 사조 속에서 모국어의 중요성은 아무리 강조해도 지나친 것이 아니라"는 것이다. 결국 그는 포스트모던적 사유를 통해 유영모의 한글로 신학하기의 정당성을 찾고자 하는 것이라 하겠다.[56] 유영모의 사상 또는 한글로 신학하기는 고귀한 신선놀음을 하는 도사나 선비의 신학인가? 이정배는 유영모의 한글로 신학하기를 그러한 시각에서 읽지 않는다. 그는 "유영모와 김흥호가 한글을 하느님의 계시가 담긴 그릇으로 보았음"을 소개하며, 한글로 신학하기가 "이 땅의 백성들이라면 누구나 할 수 있는 일"이라는 것을 강조한다.(왜냐하면 한글이야말로 백성들의 글자, 백성들의 소리, 유영모가 말하는 제소리라고 볼 수 있기 때문이다.) 그는 또한 유영모의 한글로 신학하기에서 "없이 계신 하느님"을 발견한다. "아我가 사라진 빈탕의 상태에서 진리가 인식되며 … 참된 주체가 될 수 있다는 것이다." 그것은 자신 안에 있는 참된 "하느님의 씨알"이다.[57] 이정배는 유영모의 한글로 신학하기를 통해서 수행의 신학을 읽어낸다. 그리고 또 다른 한편으로는 스승 변선환이 염려한 것같이 토착화 신학이 현실과 괴리된 비실천적·비정치적 담론이 되지 않기 위해서 그 속에서 백성의 소리를 읽어낸다. 스승의 종교해방신학에 대한 또 다른 측면에서의 계승이라고도 할 수 있을지 모르겠다. 어쨌든 그는 유영모가 대학이라는 아카데미 없이, 신학적 배움이 없이, 서구적 담론 없이 토착화 신학을 넘어서는 창조적인 작업을 행했다고 평가하는 듯이 보인다. 그러나 뒤꼬리로 붙은 "한국적 상상력의 신학"이라는 말처럼, 그 상상력의 풍부함과 중대한 의미에도 불구하고 혹시 지나친 상상력을 보이고 있는 것은 아닌지 되돌아 볼 필요는 있을 것 같다.

위의 책이 수직적·시간적·역사적 흐름 속에서 전통사상과 토착화 신학의 전통들과 대화한 것이라면, 2005년에 출판된 『간문화해석학과 신학적 상상력』[58]은 수평적·공간적·문화적인 자리 속에서 한국의 이웃종교들과의 대화를 시도한 것이라고 볼 수 있다. 즉 타자에 대한 관심과 그 속에서 자신의 주체성을 발견하려는 시도라 하겠다. 그는 이것을 "종교 다원주의와 기독교의 자기발견적 해석학"이라고 말한다. 즉 이 책은 (스승 변선환의 사상을 계승하여) 종교 간의 대화라는 관점에서 쓰인 책이다. 그리고 문화 대 문화의 간문화적인 해석, 종교 대 종교의 간종교적인 해석, 주관 대 주관의 간주관적 해석이 이 책의 방법적 구조를 이루고 있는 셈이다. 그리고 이 무렵 그의 신학적인 방향은 점점 수행론적인 관심과 색채가 더욱 강해져 가고 있는 것으로 보인다.

이 의미와 의의에 대해 간단히 생각해 보자. 윤성범 신학의 방법론은 불트만의 전이해에 근거한 문화적 아 프리오리라는 인식 방법이었다. 여기에서는 각 문화나 종교가 각각 주체적으로 자리하지 않는다. 오직 기독교의 본질을 선험적인 전이해에 근거하여 해석하는 주체 대 인식의 틀로 기능할 뿐이다. 성의 신학에서는 인식의 선험성이 존재적 선재성으로 전환된다. 그렇게 해서 신유학의 성 개념은 전이해가 아니라 기독교의 말씀과 동등한 가치를 가지게 된다. 그러나 여기에는 종교 간 대화의 정당한 여지는 없다. 주체는 오직 기독교이며 각 종교의 주체성을 인정하는 종교의 다원성이 인정되고 있지 않기 때문이다. 이에 비해 변선환 신학의 방법론은 신(실재) 중심적 다원주의를 방법론으로 택하고 있다. 여기서 종교란 하나의 중심 실재를 도는 개체들이다. 그러므로 공통 근거를 가진 종교 간의 대화가 가능하다. 그리고 이정배는 종교다원주의에 입각한 종교 간 대화라는 의미에서 간문화 해석학[59]이란 용어를 사용하고 있다. 그러나 아쉽게도 그는 간문화 해석학의 방법론에 대한 상세한 근거와 설명을 제시하고 있지 않다. 다만 그가 '기독교 내의 대화 원리의 모색'이라는 주제 아래 설명하고 있는 내용들을 살펴보면, 다음과 같은 의도를 담고 있는 것을 볼 수 있다. 그는 스승 변선환이 공통 근거를 통한 대화 방법을 선호했던 것과는 달리, 종교 간의 차이를 인정하고 상호 변혁을 주장하는 차이에 근거한 방법론의 목소리에 귀를 기울인다. 그러나 그는 (진리의 다원성에 근거하여 각 종교의 진리의 개체적·실체적 진리관을 여전히 담지하고 있는) 차이를 넘어선 대화의 방법론을 모색한다. 그것은 "진리란 존재하는 것이 아니라 대화의 과정 속에서 발견된다는 해석학적 공리"이다. 그래서 그의 대화 방법론은 "상호불가결한 보충을 목적으로 하는 대화(야스퍼스)나 상호 변혁을 도모하려는 입장(캅)"보다는 파니카의 "대화적 대화dialogical dialogue"의 방법론을 선호한다. 즉 대화를 대화의 과정 그 자체 속에 맡겨 두자는 것이다. 다원주의 내에서의 공통성과 차이에 대한 문제 인식을 모두 반영하고자 하는 고민을 엿볼 수 있다 하겠다. 그것은 곧 대화 속에서, 제2 차축시대에 대한 기대 속에서 "종교 간의 수렴"이 어느 정도 가능하지 않겠느냐 하는 기대라고도 볼 수 있다. 그러나 무엇보다도 종교 간 대화에서 중요한 것은 "자기 발견적 해석학"이다. 여기서 종교 간의 대화란 결국 타자와의 관계성 속에서 서로 대화하며 각 종교가 자기를 발견하고 해석해 나가는 과정이란 말일 것이다. 그리고 그는 이것을 영체험이라는 보편적인 체험과 연결시킨다.[60] 이것은 어쩌면 또 다른 공통 근거로서의 실재를 말하고 있는 것이 아닌가 하는 질문을 던지게 한다. 신 또는 실재라는 개념 대신에 영이라고 하는 개념을 제시하고 있는 것이 아닌가 하는 것이다. 그러나 필자가 보기에, 그가 강조점을 두고 있는 것은 체험이다. (至氣 등 다른 종교의 개념으로도 표현되는) 온우주의 창조와 생명의 근원으로서의 영이 공통 근거로서의 실재라고도 할 수 있지만, 보다 중요한 것은 영의 '체험'이다. 그리고 영의 체험은 그의 수행론적 관심과 연계하여 이해되어야 할 것이다. 수행의 전통 속에서의 영체험이 대화와 자기 발견을 동시에 가능케 한다는 의미라고도 할 수 있다.

이후의 논의들은 모두 이러한 관점에 터해서 쓰이고 편집된 글들이다.[61] 유교와 기독교의 대화를 통한 유교적 신학을 통해 그는 최병헌, 윤성범의 신학을 평가함과 동시에 유교의 수신修身 개념을 통해 토착화, 생명신학, 포스트모던의 과제, 유교의 수행론과 종교체험 등의 문제를 풀어간다. 불교와 기독교의 대화를 통한 불교적 신학을 통해 그는 변선환의 신학을 평가함과 동시에 불교의 (믿음과) 수행을 통해 소위 한국적 에큐메니컬 영성을 모색한다. 특기할 점은 이러한 논의를 성령론적 관점에서 풀어가기 위해 켄 윌버의 '홀론' 개념과 아모스 용의 성령의 공공성 개념의 아이디어를 채용하고 있는 점이다. 여기서 그는 공통 체험의 장으로서의 영의 공공성과 우주적 자아로서의 홀론의 개체-전체성을 강조한다. 그리고 같은 글 속에서 나타나는 원효의 일심一心나 일미一味, 에크하르트의 일자一者와 합일 체험 등에 대한 서술들은 모두 공통 체험의 근거로 지지되는 것들이라 할 수 있다.[62] 이로써 이정배의 신학은 유불선을 하나씩 부여잡고 토착화 신학을 전개했던 전 세대의 토착화 신학을 하나로 엮어 내는 것을 시도하였으며, 아모스 용의 공공성이나 켄 윌버의 통합성 등의 관점을 끌어들여 그 사상적 근거를 제시하고자 한 것이라고 판단된다.

3) 토착화와 세계화 : 한국적 신학의 두 과제

윤성범의 신학이 기독교와 문화를 전통사상이라는 관점에서 풀어가려 했다면, 변선환의 신학은 토착화 신학과 민중신학, 문화와 정치, 종교신학과 정치신학의 합류를 해방이라는 관점에서 풀어가고자 했다. 다시 말하면, 윤성범의 신학에 있어서의 한국적 신학의 두 과제는 기독교와 한국문화라고 할 수 있으며, 변선환의 신학에 있어서의 한국적 신학의 두 과제는 토착화 신학과 민중신학이었다고 할 수 있는 것이다. 이정배는 이 두 스승의 신학적 문제의식을 담지하면서도 자신의 생명, 영, 수행에 대한 관점을 통해 한국적 생명신학을 주창해 왔다. 그러나 포스트모던의 바람은 드셌다. 주지하다시피, 포스트모더니즘은 탈근대 · 탈주체 · 탈정체성 · 탈동일성 · 탈민족의 기치를 높여 왔다. 이러한 관점에서 토착화 신학은 민족적이며 전근대적 (또는 서구담론에 의한 근대적인) 뿌리를 가지고 있는 신학이라는 평판을 받을 수 있다. 『토착화와 세계화』는 이러한 포스트모던적 사유의 도전에 대한 그의 고민과 응답이 담겨 있다. 어느 한편을 택하는 양자택일의 문제가 아니라 이 두 과제에 대한 화해가 가능한가 하는 문제인 것이다. 여기에는 토착화와 세계화, 민족과 탈민족, 전통과 탈근대의 양자의 긴장관계가 있다.

이정배는 혈연적·폐쇄적 민족주의와 서구 담론에 의한 탈민족주의 양자를 "수정, 보완하는 차원에서 '문화적 민족주의'"를 제안한다. 그는 혈연적·지역적 민족주의의 한계와 아울러 "민족주의를 근대적 현상으로 보며 그에 대한 부정적 평가를 일삼는 탈민족주의와 그 이념이 추동하는 세계화는 민족주의(近代化)보다 오히려 더 큰 갈등을 유발시킨다"는 점을 함께 지적한다. (그의 이러한 지적은 신자유주의의 세계화가 제3세계의 민중들을 착취하는 상황에 대해 이전부터 늘 가져왔던 관심사였다.) 자문화 전통과 자종교의 독자성을 주장하는 종교적 민족주의의 입장을 견지하면서 제3세계가 거짓된 보편주의로서의 세계화와 맞서왔다는 것이다. 그렇지만 그는 종교적 민족주의가 오리엔탈리즘을 해체하는 데 공헌을 했음에도 진정한 지구화세계화에 장애가 되기도 함을 지적한다. 민족주의와 종교가 결부될 때 가지는 폭력성 때문이다.[63]

그렇다면 그가 제안하는 '문화적 민족주의'란 무엇인가? 그는 '문화적 민족주의'를 '열린 민족주의'라고 부르며, 이것은 서구 중심의 민족주의自由 誤用도 아니며 자기 중심적 종교적 민족주의抵抗, 暴力도 아니며 강대국 중심의 보편주의세계화의 억압도 아니라고 말한다. 그가 말하는 문화민족주의의 지향점은 다음과 같다. 첫째, 시민 개인의 사적 가치와 궁극적 공동체성의 통합을 지향하며, 민주적 가치를 기본전제로 한다. 둘째, 소수자 내지 약자의 보호를 지향한다. 셋째, 도덕적 공동체성을 강조한다. 넷째, 전통과 근대성을 대립이나 모순으로 생각하지 않는다. 이것을 설명하면서 그는 서구 민족주의 한계, 제3세계 민족주의의 한계, 혈연공동체적 민족 이념의 한계, 저항적 민족주의의 한계, 이데올로기적 민중해방 담론의 한계, 성적 소수자와 이주노동자 문제, 종의 다양성 보호, 민주적 토대하에서의 통합, 전통과 근대성의 조화, 동도서법과 동도서기가 함께 하는 동서의 조화에 대해 언급하고 있다.[64] 이것을 한마디로 말한다면 민족 개념을 유지하면서도 탈민족의 담론을 아우르고자 하는 것이라고 할 수 있을 것이다.

그의 말대로, 이 글의 관점은 "민족주의/탈민족주의 논쟁 속에서 신학의 역할을 묻는" 것이며, 그것을 풀어가는 과정 속에서 신채호, 안중근, 동학사상을 통해서 민족의 의미를 다시 되묻고, 종교 간 대화라는 관점에서 지구화의 문제와 토착화의 문제를 아시아적 가치의 재발견이라는 의미에서 풀어간다. 그리고 그는 함석헌과 유영모의 사상을 통해서 토착화와 세계화의 두 과제를 모두 담지할 수 있는 해법을 찾고 있다.

먼저 그는 성서신명기, 예언서 등를 통해 "성서가 지향한 탈민족주의는 민족에 대한 비판과 함께 민족의 완성, 해방을 동시에 모색한다"[65]고 주장한다. 그리고 이를 통해 "이제 기독교 신학은 이스라엘 민족의 구원사를 넘어 인류의 보편사 속에서 그리고 역사를 넘어 우주사 속에서 하느님을 생각해야 할 창대한 주제를 감당할 수밖에 없다"고 피력한다.

그리고 그는 민족이냐 탈민족이냐, 기독교냐 탈기독교냐 하는 개념적 대립의 관점을 역사적, 세계사적 관점으로 전환함으로써 이 문제를 해결하고자 한다. 그것은 함석헌의 『뜻으로 본 한국역사』에 대한 그 나름의 독법을 따르고 있다. 그는 "함석헌의 민족 이해, 역사관이 … 조선의 역사를 '씨알민중' 의 관점에서 보고 그 의미를 인류 보편적인 평화주의와 연결시켰다"고 주장한다. 그리고 그는 함석헌에게 있어서 '성서' 가 '뜻' 으로 바뀐 사실에 주목한다. 그는 이것을 함석헌이 "조선민족의 고난사를 세계사의 지평에서 이해하고 있다"는 것이며, "'뜻'이 종교 다원주의의 토대를 갖게 되었다"고 해석한다. 그리고 "함석헌은 민족정신주체성을 누구보다도 강조했으나 그곳에 함몰되지 않고 민족사를 세계사의 지평에서 이해한 독창적인 기독교 사상가"라고 말한다.[66] 이는 계시라고 하는 기독교적 지평이 뜻이라고 하는 세계사적·우주사적 지평으로 확장됨을 의미하는 것이라 하겠다. 그는 이 과정 속에서 유·불·선을 공유했던 동북아의 종교문화적 보편성을 바라보면서 이에 근거한 아시아 신학의 중요성과 함께 강조한다. 그의 문화적 민족주의가 혈연적·지역적 민족주의를 탈脫하고 있음을 보여주고 있는 대목이다. 여기서 문화란 함석헌의 '뜻'처럼 민족, 아시아, 세계를 회통하는 의미로 사용되고 있는 것이 아닐까 생각해 본다. 즉 이정배는 문화라는 개념을 전통·민족이라는 협소한 개념과 결부시켜 국한시키지 않고, 오히려 민족과 탈민족을 아우르는 포괄적 개념으로 사용하고자 한 것으로 생각된다.

이정배에게 토착화 신학은 토착화와 세계화의 양자택일의 문제가 아니다. 그에게 토착화 신학은 오히려 에큐메니컬적인 신학이다. 그는 이것을 (함석헌과) 유영모 사상 속에 담겨진 불이不二적 관계로 파악한다. 유영모는 "하느님 영을 하늘이 부여한 인간 속의 바탈, 본연지성으로 풀어냈다. 이것은 인간 속에 있지만 현상계, 상대계를 넘어서 있는 절대계, 곧 하늘의 속성과 다름이 없는 것이다. 하느님과 인간 속의 바탈을 불이적 관계로 본 것이다." 이것은 또한 '나를 본 자는 아버지를 본 것이다'라는 예수의 자기 언급과도 관련된다. 이정배는 이 불이의 관계를 "부자불이父子不二의 관계"이며, "신과 인간 간의 불이不二적인 공속성"이며, "믿음과 수행 간의 불이"적 관계이며, "지속과 타력의 불이"적 관계로 해석한다.[67] 여기서 우리가 발견할 수 있는 것은 개체 인간과 신, 부분과 전체, 자아와 무無의 불이적 관계이다. 그리고 이것은 더 나아가 토착화와 세계화의 불이적 관계로 유추해 볼 수 있을 것이다. 그리고 이 불이 관계의 근저를 이루고 있는 것이 '바탈영=씨알' 사상인 것이다.

앞에서 언급한 한국적 생명신학의 관심은 토착화 신학, 민중신학, 민족신학, 생태신학의 지평을 비판적으로 아우르면서 발전해 온 것을 볼 수 있다. 그리고 그것은 특별히 현재까지는 그가 서구에 의한 신학화가 아니라 자생적 실학화實學化를 이루었다고 평가하는 다석 유영모의 사상에서 절정의 만남을 이루고 있는 것으로 보인다. 토착화 신학과 생태신학의 만남, 민족과 탈민족의 만남, 믿음의 종교와 수행의 종교, 서양 기독교와 동양韓國 종교의 만남, 영성신학과 정치신학의 만남 등 많은 것들이 그의 사상 안에 녹아 있다. 물론 여기에는 켄 윌버라고 하는 통합 영성가의 안목이 중요한 작용을 했음도 틀림없다. 서구의 담론을 가지고 비서구화의 담론으로 시작했던 제1세대의 토착화 신학이 다원주의를 넘어 자신의 주체성 속에서 진정한 글로벌 의식을 바라보고자 했던 시도라고 평가할 수 있을 것이다.

4. 토착화 신학의 자리는 지금 어디에 있는가?

이제까지 살펴본 바에 의하면, 토착화 신학은 다음과 같은 흐름 속에서 진행되어 왔음을 알 수 있다. 윤성범의 신학은 선험적인 전이해의 신학에서 선재적인 존재론적 신학으로 전개되면서, 토착 문화에 대한 관심이 신유학의 성誠 개념으로 정착하게 되었다. 그리고 변선환의 신학은 비서구화 신학의 관심에서 출발하여 (신중심적) 종교 다원주의 신학으로 전개되면서, 아시아 신학과의 토착화 연대와 세계의 신학을 모색하기에 이르렀다. 한편 그의 실천적 관심은 초기의 실존적 관심에서 인간화를 통한 정치적 관심으로 확장되어 갔다. 그리고 이 양자는 토착화 신학과 민중신학의 합류로서의 종교해방신학의 제언으로 이어졌다. 이정배의 신학은 앞서의 신학을 계승하고 비판하면서 나아갔다. 생명신학에 대한 관심은 생명에 대한 낭만적 독법이 아니라 전세대의 비서구화의 관점을 계승하면서 신자유주의에 의한 제3세계의 아픔을 생명의 관점에서 담아 내려 시도하였다. 그리고 그의 이러한 관심은 신 중심적 사고에서 영 중심적 사고로 전환하면서 동서양 종교에서의 수행 전통과의 연계로 이어졌다. 그리고 이러한 과정 속에서 서구에 대항하여 우리의 신학을 되찾고자 하는 토착화 신학은 세계의 신학을 향해 감으로써 이 양자를 포괄해 가는 방향으로 추구되어 왔다고 평가할 수 있다.

또한 그러한 신학의 전개는 제1, 2세대의 신학자들이 가지고 있었던 시대적 요청, 즉 시간의 자리에서의 신학이기도 했다. 윤성범의 시간의 자리는 문화적 아 프리오리를 요구하는 토착화의 자리였다. 변선환의 시간적 자리는 다원주의 사회의 자리였으며 정치적 독재에 대한 참여의 자리였다. 이정배의 시간적 자리는 환경·생태·생명이 문제가 되는 시간의 자리였다. 물론 그것은 단절된 것이 아니었다. 후자는 전자의 문제의식을 충분히 담지하고 인식하며 평가하는 자리였다.

그러나 한편으로 윤성범의 신학은 지나친 유비와 동일화, 민족적·전통적 성격으로 인한 정치사회적 현실의식 결여 등의 문제점도 가지고 있었다. 변선환의 신학은 토착화 신학의 방법론을 위한 많은 학자들의 이론을 소개하고 도입했으며, 세계신학이나 종교해방신학 등을 구상하는 등 원론적으로나 방법론적으로 진일보한 관점을 보여주고 있지만, 윤성범의 경우처럼 자신의 사상이라고 할 만한 전개가 없는 제안적 성격 내지는 방향 정위에 그치고 말았다는 아쉬움이 있었다. 이정배는 이 두 사람의 사상을 모두 계승·발전시키고 있으며, 다양한 학자들의 사상을 발굴하고 평가하며 재구성함을 통해 이러한 의미를 구체적인 실례로 보여주는 작업을 수행하였다. 하지만 교토철학이 보여주고 있는 바와 같은 실제적·학문적 대화의 작업이 앞으로 필요할 것으로 생각된다.

이 글은 들어가는 말에서 제기한 것처럼 토착화라는 개념이 여전히 적합한 것인가 하는 물음에서 시작하였다. 그리고 탈민족·탈전통과 아울러 정치적 실천성을 강조하면서 토착화 신학을 바라보는 해체주의적인 포스트모던적인 시각에 대하여 언급하였다. 주지하다시피 포스트모더니즘은 동일성에 대하여 차이를, 일자성에 대하여 다원성을, 보편성에 대하여 개체성을, 주체성에 대하여 탈주체성을,[68] 중심성에 대하여 주변성을, 고정성에 대하여 유동성을, 불변성에 대하여 가변성을, 목적성에 대하여 무목적성을, 진보에 대하여 변화를, 설명에 대하여 해석을, 역사성에 대하여 현재성을, 위계에 대하여 탈위계를, 영토에 대해 탈영토를, 절대성에 대하여 상대성을, 추상성에 대하여 구체성을 강조해 왔다. 아울러 전통 철학에 대한 비판과 강력한 정치적·현실 참여적 성격을 보여 왔다. 물론 다양한 포스트모더니즘의 시각을 한마디로 규정할 수는 없다. 또한 포스트모던의 관점도 시간의 흐름에 따라 변모되고 있는 실정이다. 그간에 비판을 받았던 주체성·보편성이 다른 이름으로 변형되어 다시 부활하고 있는 것도 그 하나의 예이다. 예를 들어 들뢰즈 사상 속에서 발견되는 성층 개념이나 고른판 개념 등을 통해 위계 개념이나 보편 개념에 대한 변형된 재해석을 볼 수 있다. 또한 슬라예보 지젝은 해체주의적인 포스트모더니즘, 포스트모던적 시대상으로서의 범역주의를 맹렬히 비난하며 주체성에 대한 무죄를 선언함과 동시에 해체적 무질서에 대항한 층위성, 부성성의 부활을 시도

한다.[69] 그리고 윌버와 같은 통합사상가는 포스트모던 사상을 부머리티베이비 붐 세대의 사고라고 진단하고, 포스트모더니즘을 높이 평가하면서도 잃어버린 중층성의 회복을 통한 통합적 사고를 주장하기도 했다. 차이의 철학, 다원성의 철학은 동일성 철학에 대한 반동에 의해서 생겨난 철학적 사조이다. 아마도 현재의 철학은 동일성 철학과 차이의 철학을 넘어선 새로운 담론으로 흘러가야 할 것으로 보인다.

토착화 신학 역시 위와 같은 서구의 담론이 제공하고 있는 시각에서 자유로울 수는 없다. 이러한 문제의식을 충분히 검토하고 고려해야 한다. 그리고 현재의 시대적 상황이 요청하고 있는 바에 대해 충분히 응답해야 한다. 그러나 이 글은 이러한 서구적 담론은 잠시 제쳐 놓고 토착화 신학의 흐름을 되짚어봄으로써 토착화 신학이 과연 그러한 담론이 제기하고 있는 물음들을 담지하고 있는가를 검토하려 하였다. 그리고 토착화 신학을 통해 전통과 현대, 동과 서, 특수와 보편, 주체와 전체의 관계를 통합적으로 바라볼 수는 없는가를 살펴보고자 하였다. 이미 앞에서 살펴본 바와 같이 필자는 토착화 신학이 이러한 문제와 씨름하며 그 해석의 지평을 넓혀 온 과정으로 이해한다. 그리고 여기서 필자는 탈민족, 탈주체, 탈근대, 탈형이상학 등 '탈'이 주는 의미를 동양적 사고에 의해 해석해 보고자 한다. 정체성을 고정불변하는 실체적 개념으로서의 '아이덴티티'와 동일한 개념으로 생각하는 현대의 서구적 사고에서는 정체성을 동일성 개념으로 파악하여 폐기되어야 할 몹쓸 개념으로 생각하였다. 그러나 우리 말 정체성正體性을 과연 그러한 서구적 개념에 의해서 단정할 수 있을까? 나, 민족, 국가, 세계에 대한 바른 이해는 무엇인가?

탈민족의 담론처럼 민족의 개념은 허구적, 상상의 개념인가? 동양의 사고에서 '탈'이란 "해체하여 없앤다"는 말이 아니다. '탈아脫我'란 초아超我

이며, 무아無我와 진아眞我의 과정적 의미를 가지고 있기 때문이다. 무아無我란 나의 존재를 부정하는 것이 아니라 참나의 다른 이름이다. 진정한 자신의 발견이야말로 세계 또는 우주와 관계하는 나를 의미하는 것이다. 그러므로 씨알 속에서 우주를 발견할 수 있고, 우주 속에서 씨알을 발견할 수 있다. 씨알과 우주는 불이不二의 관계이다. 그러므로 민족을 허구로 보는 사고는 '탈'의 문자적 의미에 집착하는 사고라 할 수 있다. 탈아의 서양적 개념인 탈주체나 탈민족 등의 개념은 에고적인 자아에서 벗어난 새로운 주체적 발견으로서의 의미로 파악되어야 한다. 그리고 탈주체는 주체를 초월하며 포함하는 주체가 되어야 한다. 나의 존재는 나라는 개체적 존재이면서 동시에 한민족이며 한국인이며 세계인이며 우주의 일원인 것이다. 이것이야말로 진정한 다원적·중층적·포괄적 주체로서의 나인 것이다. 마찬가지로 토착화 신학도 국지적·폐쇄적 신학이 아니라 탈토착화를 통해 토착화와 세계화를 아우르는 신학이어야 하는 것이다. 편협하고 닫힌 자아 중심의 공동체성이 아니라 타자와 다중을 향해 열려 있는 탈자아의 진정한 주체성으로서의 민족, 거짓된 보편을 강요하는 거짓된 세계화가 아니라 궁극의 보편성을 가진 공동체로서의 진정한 세계화를 추구하는 신학이어야 한다는 말이다. 나의 신학, 이 시대의 신학, 감신의 신학, 민족의 신학, 한국 개신교의 신학, 한국의 신학, 동북아시아의 신학, 아시아의 신학, 세계의 신학이 모두 가능한 것이 아닌가? 소아小我의 신학에서 탈아脫我의 신학을 넘어 대아大我의 신학으로의 전환이 요구된다고 하겠다.

이제 첫 물음에 대한 답으로부터 시작해 보자. 토착화는 여전히 유효한 개념인가?

토착화土着化를 '뿌리 내리기'라는 측면에서 보면, 이제는 뿌리 내리기가 아니라 '자생화,' 즉 자생적인 꽃과 열매를 맺어야 할 것으로 보인다.

윤성범의 신학은 불변적인 실체로서의 기독교의 뿌리 내리기라는 의미가 강하게 배태되어 있지만, 이정배의 신학은 '신학의 한국적 실학화'로서의 한국적 생명신학을 주장함으로써 자생적 의미를 강조하고 있다. 물론 윤성범 역시 토착화를 뿌리 내리기의 관점에서 바라보는 관점에 분명한 반대 의사를 표명한 바 있다. 그것을 자생화와 다원주의라는 관점에서 본다면, 기독화基督花만이 아니라 유·불·선, 동학 등 다양한 한국종교의 꽃들인 다종화多宗花가 한국적 토양 위에서 함께 어우러져 꽃을 피우는 다중 주체의 축제의 장이 되어야 할 것이다. 그러나 세계화의 관점에서 본다면 토양은 한국이라는 토양만이 존재하지 않는다. 동서양, 즉 지구촌의 토양 위에서는 더욱 더 다양한 꽃들이 함께 꽃을 피우는 지구화를 이루어 나가야 할 것이다.

윤성범의 초기신학이 가지고 있는 종자와 토양의 비유는 여전히 유효한가? 그의 신학 역시 「성의 신학」에서 종자와 토양의 비유를 넘어선 다원성의 맹아를 발견할 수 있지만, 실체론적 기독교의 사유를 여전히 벗어나지 못하고 있다. 그러나 필자는 유영모와 함석헌의 씨알 사상에서 종자와 토양의 새로운 관계성에 대해 주목할 수 있다고 생각한다. 여기에서 씨알은 실체론적 기독교의 씨앗이 아니다. 씨알은 모든 주체들 속에 있는 전우주적인 생명의 씨앗, 하느님의 씨앗이다. 함석헌은 그 의미를 성서가 아니라 뜻에서 발견했다. 그것이 나라고 하는 토양, 민족이라는 토양, 한국이라는 토양, 아시아라는 토양, 세계라는 토양에서 자라날 수 있는 것이다. 다원적 토양이면서 동시에 그것을 넘어 초월하고 포함하는 중층적인 토양의 개념 속에서 이를 재해석할 수 있는 것이다. 이제는 토착화의 개념을 한국적인 문화적 아 프리오리에만 국한시켜서는 안 된다는 의미이다. 이러한 의미에서 토착화는 다중화라는 다원성을 넘은 공통성으로서의 토양이라는 의미에 더하여 중층성으로서의 토양이라는 의미에서 재해석되어야 할 필요가 있을 것이다.

그럼에도 불구하고 필자는 '이 땅에서 신학하기'에 주목한다. 왜냐하면 이 땅은 우리가 몸담고 살고 있는 삶의 터전이기 때문이다. 우리의 신학은 미국이라는 땅이 아니라 한국이라는 땅에서의 신학이다. 아니 이 땅에서의 신학이다. 여기서 우리는 이 땅의 주체가 누구인가 하는 물음을 물을 수 있다. 전통적인 민족 개념, 국가 개념에서 이 땅의 주체는 한민족, 한국인이다. 그러나 오늘의 시대적 상황 속에서 이 땅의 주체는 단일민족, 순수혈통에 근거한 주체일 수는 없다. 이러한 개념 자체가 가지고 있는 배타성은 물론이거니와 약 20만 가구에 달하는 다문화가정, 외국인 노동자들 역시 이 땅에서 살아가는 주체이기도 한 것이다. 그러므로 토양으로서의 토착화 신학은 이러한 문제의식들을 함께 담아 내야 하는 것이다. 그러면 민족·전통의 관점은 폐기되어야 하는 것인가? 필자는 이것은 현 시점에서는 폐기될 수 없다고 본다. 그리고 과거의 민족·전통·문화라는 것도 다양한 혈연·인종·전통의 관점이 이 땅에서 접촉·충돌·변화·통합되어 온 것이라는 역사적 관점 속에서 민족·전통·문화의 관점이 새롭게 재정의되어야 할 것이라고 생각한다. 이에 대한 대체적인 주장으로는 민족이 아닌 '시민'이라는 개념을 사용하자는 제안이 있다. 그러나 그것은 이것들이 폐기되어야 할 것이 아니라 더욱 풍성하고 다채로워진다는 의미일 것이다. 토착화 신학은 이 땅에서 살아가는 사람들의 신학이 되어야 한다. 토착화 신학은 땅의 신학이다.

땅의 신학은 폐쇄적 경계선의 신학이 되어서는 안 된다. 사람은 경계선의 존재이면서 동시에 무경계선의 존재이기 때문이다. 탈영토의 개념은 경계적·구획적 사고가 가지고 온 폐해를 여지 없이 드러내 주는 진일보된 개념이다. 그러나 탈영토의 의미에 너무 집착하여 극단적으로 사용하게 된다면, 그것은 무질서적 아노미를 조장하는 것밖에 안 된다. 잘못된 해체, 잘못된 무無에 대한 이해와 마찬가지로, 잘못된 탈영토 개념은 삶이 아니라 죽음을 불러올 수도 있다. 가장 간단한 예가 피부 경계선이다. 우리는 이 경계선 때문에 생명을 유지하고 살 수 있다. 이 경계선, 이 영토의 해체는 곧 주체의 죽음인 것이다. 그러나 반대로 피부 경계선 안쪽의 나와 그 밖을 구별하는 단절된 세계관은 주객을 분리하고 타자를 죽이는 이원론적 사고의 가장 비근한 예라는 사실에도 주목해야 한다. 마찬가지로 탈영토는 영토의 개념과 함께 생각되어야 한다. 민족, 땅이라는 영토 개념은 탈영토 더 나아가 무영토와의 관계성 속에서 파악되어야 하는 것이다. 어느 하나만을 강조하는 것은 둘 다 비극적이다. 전자는 아我에 집착하는 사고, 후자는 무無에 집착하는 사고에 지나지 않는 것이다. 그러므로 땅의 신학은 이렇듯 무영토와 영토의 통합적 사고 속에서 이해되어야 할 것이다. 한국적 신학과 세계신학은 양자택일의 문제가 아닌 것이다.

다음 물음은 토착화 신학은 과거에 집착하거나 안주하려는 신학인가 하는 것이다. 토착화 신학의 전통에 대한 강조는 이러한 오해를 불러오기 쉽다. 그러나 토착화 신학은 온고지신溫故知新의 자세를 취하고 있다고 생각한다. 옛것으로의 회귀가 아니라 옛것을 통해 현재를 점검하고 새로움을 아는 것이다. 변선환과 이정배의 토착화 신학은 이러한 점이 강조되어 있다. 앞에서 보았듯이 변선환은 오히려 토착화 신학을 전위신학이라고 칭했으며, 이정배는 그러한 생각을 계승하여 그러한 입장에서 앞선 사상가들의 사상을 읽어내는 작업을 시도했다. 토착화 신학은 시대를 역행하는 신학이 아니라 오히려 시대를 선도하는 신학이라는 관점인 것이다. 그러나 한편으로 생각할 것은 베반스가 지적한 대로, 토착화 신학은 자신들의 고유사상에 대한 비판이 없이 낭만적으로 받아들이고 있다는 점도 잊어서는 안 된다. 물론 이러한 지적이 앞선 세대의 신학에 대한 비판적 읽기를 통해 재구성해 가는 토착화 신학의 입장에서 보면 억울한 측면도 있겠지만, 어느 정도 동양사상에 대한 낭만적 이상을 가지고 있다는 점도 인정해야 할 부분일 것이다. 토착화 신학은 과거의 전통과 대화하되 낭만적 회귀의 신학이 되어서는 안 될 것이다.

이제 처음 제목을 다시 상기해 보고자 한다. 제3세대 토착화 신학의 자리는 지금 어디인가? 아직 제3세대 토착화 신학은 시작되지 않았다. 그러나 이러한 논의가 앞으로의 토착화 신학을 위한 방향을 정립해 보는 귀한 시간이 되리라고 믿는다. 토착화 신학이 탈토착화의 담론을 끌어안고 새롭게 탄생되기를 기대해 본다.

4장

제3세대 토착화 신학에 대한
잠정적 결론

저항적 민족주의에서 문화적 민족주의에로 ······이정배

저항적 민족주의에서 문화적 민족주의에로

이 정 배 _감리교신학대학교

1. 들어가는 글

본 논문을 준비하면서 필자는 오래 전에 보았던 「한반도」라는 영화와 「지하철 1호선」 연극을 떠올렸다. 전자는 한일 양국 간의 역사적 모순을 민족주의 시각에서 극화한 것이고 후자는 한국 사회 내 계층 갈등을 사실적으로 연출한 것이다. 관객 천만을 몰고 다니는 감독의 영화였으나 국수주의적 성격으로 인해 「한반도」의 흥행은 참패했고 반면 3,000회 이상을 공연해 온 「지하철 1호선」은 여전히 최고의 연극으로 호평받고 있다. 이런 현실은 세계화를 실험 중인 한국 사회가 민족주의에 호의적이지 않고 오히려 구체적 개인, 소수자들에 관심하고 있음을 보여준다. 최근 탈민족주의 논쟁이 역사 및 사회학 분야에서 시작되어 학계 및 사회 전반에 파급된 것도 민족적 지향에 대한 회의와 비판의 분위기를 반영한다. 민족주의의 폐쇄성을 극복하며 세계화시대에 걸맞게 민족 정체성을 재구성하는 일은 마땅히 지지 받을 일이다. 민족주의란 항시 배타성을 내포하며 국가 이데 올로기로 쉽게 오용되었고 개체 희생, 특히 여성의 억압을 당연시해 왔기 때문이다. 최근 중국의 고구려사 왜곡, 일본과의 독도 분쟁에 직면하여 애국에 호소하는 민족주의가 정치권에 팽배해 있다. 민족주의에 호소함으로써 현실 정치의 난제를 풀어 보려는 정치가들의 안일함은 큰 문제이다. 인간 배아복제를 조작한 황우석 교수 사기극의 시시비비가 애국주의에 묻혀 버릴 뻔 했던 현실도 민족주의 폐해의 단면이다. 단일민족 신화에 함몰되어 다문화 가족에 대한 편견을 낳는 현실도 지적될 수 있다.

하지만 탈민족주의 논쟁에 있어서도 주목해야 할 문제점은 많다. 무엇보다 탈민족주의가 친일·반공 이념을 수용해 온 보수 세력들의 지지를 받고 있다는 사실이다.[1] '내재적 발전론' 대신 '식민지 근대화론'이 제기되는 것도 이런 추세와 상관 있다. 또 다른 문제는 가해자와 피해자의 구분을 쉽게 폐기하는 탈민족주의의 시각이다. 민족주의가 지닌 통념상의 문제에도 불구하고 약소국의 저항적 민족주의와 제국주의적 민족주의는 동일선상에 논의되기 어렵다. 셋째로 민족을 상상의 공동체, 실체 없는 허구로 인식하는 탈민족주의의 관점 역시 논쟁거리이다. 민족을 근대성의 산물로보는 것은 서구적 역사인식의 산물이다. 서구화된 개념 범주로 묶일 수 없는 한 민족에 대한 또 다른 이해가 있을 수 있다. 마지막 문제는 탈민족주의가 추구하는 보편성, 곧 세계화의 비윤리성이다. 민족과 영토의 경계를 허무는 자유무역 체계는 형평성, 곧 정의를 산출하지 못한다. 세계화의 비윤리성으로 인해 폐쇄적 민족주의가 부흥하는 역설적 현실 또한 직시해야 할 사안이다.

이런 비판에도 불구하고 본 논문은 우선적으로 탈민족주의의 문제의식을 공유한다. 하지만 민족주의의 극복을 서구적 관점이 아닌 한국적 시각에서 시도한다. 민족이 타자의 시각 - 서구담론 - 에 갇히는 것은 민족의 주변화(지역화)를 초래할 수밖에 없기 때문이다. 이 점에서 본 논문은 혈연적·폐쇄적 민족주의를 수정·보완하는 차원에서 '문화적 민족주의'를 지향한다. 이는 인류 보편적 가치를 역사 속에서 실현시킨 한국 민족의 문화정체성에 대한 집중을 뜻한다. 하지만 이것은 동서 문화의 차이에 근거한 정체적인 원형적 사고와는 맥을 달리 한다. 한국 고유의 내재적 기준에 근거하여 오늘의 역사를 이해하려는 시도의 일환이다. 특별히 한일 간의 풀지 못한 역사 청산 문제 앞에서 각기 '기억'과 '망각'에 충실한 한일 역사 현실의 치유를 위해 고도의 문화적·종교적 차원이 요구될 수밖에 없다. 이를 위해 동북아 정신세계(유불선)의 틀을 갖고 서구를 만났으되 서세동점의 역사적 현실을 평화, 생명적 전망으로 승화시킨 "동학東學"을 문화적 민족주의의 기틀로 적극 활용할 것이다.[2] 나아가 마지막 장에서 지면이 허락하는 한 함석헌의 '뜻' 혹은 '씨알' 개념을 동학과 연계시켜 아시아 신학 형성을 위한 토대로 삼고자 한다. 이런 결말을 위해 본 논문은 다음의 절차로 진행된다. 첫째 토착화 신학의 관점에서 본 한국의 탈/민족주의 논쟁, 둘째 세계화 시대에서의 종교적 민족주의 - 탈/오리엔탈리즘의 시각에서, 셋째 민족주의의 재발견으로서 문화적 민족주의 - 동학을 중심으로, 넷째 문화적 민족주의에 근거한 아시아 신학의 근본 틀 - 함석헌의 "씨알"사상에 터하여.

2. 토착화 신학의 관점에서 본 한국의 탈/민족주의 논쟁

필자는 한국 안에서 최병헌으로부터 시작하여 변선환에게서 집대성된 토착화 신학 전통을 이어가는 학자 그룹에 속해 있다. 토착화란 여러 정의가 있겠으나 한국 종교문화를 선험성(주체성)으로 하여 기독교 복음을 해석하는 작업이라 약술할 수 있다. 일찍이 필자는 1세대 토착화론자 유동식에게 토착화 신학을 하게 된 경위를 물은 바 있다. 식민지 시대를 살아온 사람으로서 빼앗겼던 '우리 것'이 너무도 소중해 보였기 때문이란 답을 들었다.[3] 그는 유불선 삼교를 포괄하고包含三敎 접하는 것마다 살리는接化群生 풍류도를 민족 문화의 원형으로 여겼다.[4] 그에게 있어 '풍류도'는 뿌리이고, 기독교는 그곳에 접붙여진 가지였다. 뿌리의 영성을 만개시키는 것이 기독교의 과제(선교)로 인식되었다. 이처럼 한국 종교문화의 능동성을 강조하는 토착화 신학에서 볼 때 민족을 서구적 근대 이념의 산물 - 상상(허구)의 공동체- 로 보고 민족의 부재 - '민족은 없다' - 를 외치는 "탈민족주의"의 시각은 상당한 부담이 아닐 수 없다. 물론 원형적 사고에 집착한 유동식의 토착화론에 문제가 없지 않으나 탈민족주의에 대해 토착화 신학은 무엇인가를 말해야만 한다.

앞서 보았듯 한국의 역사학 및 사회과학 영역에서 민족주의를 부정하는 탈민족주의 논쟁이 점차 격렬해지고 있다. 본래 탈민족주의자들은 인간을 어떤 원초적 집단original group으로 동일화시키는 일체의 환원적 요구를 거부한다. 타민족·타종교들을 자신의 집단에게 종속시키는 배타성·폭력성을 잉태하기 때문이다. 따라서 근원적 동일성에 근거한 민족적 정체성 대신 코스모폴리타니즘을 대안으로 제시한다. 영토나 혈연 그리고 언어에 기원한 민족의 허구성이 폭로된다. "민족주의는 민족이 없는 곳에서 민족을 발명해 낸다."[5] 민족이란 고대로부터 내려온 원초적 실재가 아니라 근대 자본주의 발전 과정에서 생겨난 역사적 구성물이란 것이다. 즉 민족주의는 고대의 제한적인 특권 공동체를 평등하고 자유로운 공동체로 발전시키려 했던 계몽사상의 산물로서 자본주의 체제 구축을 위한 근대 서구의 필요막급한 이념 체계였다는 사실이다.[6] 이 과정에서 서구의 시민적 민족주의는 유럽 밖에 존재했던 '타자'의 식민화를 전제할 수밖에 없었다. 식민지 민족주의는 서구 민족주의이론을 배운 백인보다 더 흰 피부를 지닌 식민지 엘리트들에 의해 자국 내에 이식되었다.[7] 하지만 이렇게 형성된 민족주의는 식민지 상황하에서 더 한층 단일 언어, 단일 혈통에 근거한 신성한 이념공동체로 재구성되어야만 했다. 일제 식민지 지배하의 한국 내 저항적 민족주의의 담론 역시 이런 신화의 일부로 본다. 물론 당시 상황에서 애국과 독립을 지향했던 저항적 민족주의의 순기능은 부정될 수 없다. 하지만 탈민족주의자들은 이런 저항적 민족주의마저 인정하려 들지 않는다. "민족주의" 일체를 시민적 민주주의를 억압하는 한국 사회와 역사의 반역이라 부를 정도이다.[8]

민족주의에 대한 국내 탈민족주의자들의 비판은 민족이 민중(계급)을 수탈하고, 국가가 민족을 전유專有해 버렸다는 사실에 근거한다. 식민지 체제하의 저항 민족주의는 민족 담론을 견고히 하기 위해 조선이 문화의 중심국이라는 인식 틀東道西器을 필요로 했다. 단군신화를 역사적 사실로 만들고 상고문화 속에서 민족의 전통을 찾았던 것이다. 여기서 문화적 우월성은 저항 민족주의를 위한 이데올로기로 오용되었다.[9] 재론하겠으나 토착화 신학이 민족주의와 관계하는 한 유념해야 될 부분이다. 이런 과정에서 민족만이 존재했고 민중이나 시민적 주체(개인)들은 없었다. 이들은 오로지 민족 구성의 대상이자 요소로만 인식될 뿐이었다. 저항적 민족주의 하에서 여성의 공간은 물론 빈민들의 자리도 부족했다.[10] 북한의 경우 사회주의를 받아들여 민중적 민족주의를 실현하고자 했으나 민족이 민중을 전유하는 관계는 달라지지 않았다. 운명 공동체라는 미명 하에 민중을 민족에 종속시켰기 때문이다. 민족적 정체성을 강요하는 한, 사회주의라 할지라도 젠더와 같은 다른 정체성의 문제는 고려 대상이 아니었다. 탈민족주의가 민중적 민족주의를 비판하는 지점이다. 서구 자본주의 국가를 뒤쫓아야 하는 신생국에 대한민국 역시 또다시 민족을 전유해야만 되었다. 신생 자본국의 취약한 '국가성'을 확립하기 위해 국가 이데올로기가 만들어져야 했고 그것은 민족주의 옷, 충효사상을 입고 나타났다. 이 과정에서 반공주의가 민족주의 담론과 결부된 것은 놀라운 일이 아니다.[11] 남쪽의 반공적 민족주의 역시 민중의 다중적 주체성을 고려하지 못했다는 것이 탈민족주의의 시각이다.

요컨대 계급, 젠더, 민족, 신분, 종교 등 다양한 층위에서 복합성을 갖는 개인의 정체성이 민족이란 단일 기준으로 환원될 수 없다는 것이다. 이러 이유로 민족주의는 혈연적 민족주의뿐 아니라 저항적·민중적·반공적 민족주의 일체를 부정한다. 민족주의란 본질적으로 소수자를 억압하며 다중적 정체성을 부정하는 허구적 이념이라 보기 때문이다. 이 점에서 탈민족주의자들은 개인주의, 보편주의, 국제주의 그리고 페미니즘을 위해서 민족주의의 용도 폐기를 주장하고 있다.

그럼에도 민족주의의 유의미성을 고집하며 민족에 대한 진지한 성찰을 요구하는 소리가 적지 않다. 보편주의의 미래가 순탄하지 못하다는 전망 때문이다. 유럽적 생성물인 근대 사회가 지구적으로 확산되어 '세계사회' Welt-Gesellschaft[12]를 만들고 있으나 그럴수록 개별사회(국가)는 위축되지 않고 있다. 세계사회가 미래, 보편성의 이름으로 민족의 주체성과 역사를 후퇴시킬 수 없다는 것이다. 오히려 역사적·사회적·문화적으로 형성된 공간은 '영혼의 응집력'으로서 탈민족주의 시대의 핵심 사안이 된다.[13] 지구적 차원의 문화적 동질화는 지역(민족) 문화의 저항을 받을 수밖에 없다. 분명 '민주'보다 '종족'을 앞세운 민족주의가 문제이지만 민족, 민족국가만큼 선험적 세계로서의 확실한 '고향'은 없다.[14] 통일된 민족국가를 이루지 못한 민족에게 지구화는 현실을 망각시키는 최면제이며 탈민족주의적 정체성은 강대국 스스로 민족주의 옷을 벗지 않는 한 순진한 계획에 지나지 않는다. 민족주의의 깃발을 한껏 올리고 있는 동아시아 정세가 이런 현실을 드러내 보여 준다.

하지만 반성적 성찰도 필요하다. 지금껏 우리는 '밖'만 의식하는 민족주의를 주창해 왔다.[15] 이제는 '안'을 반성하는 민족주의, 곧 우리 안의 '차이', '다중 정체성'에 좀 더 관심을 기울이는 열린 민족주의로 전향할 때이다. 우리가 희망하는 민족통일은 과거 상태로의 회귀가 아니라 누구도 경험하지 못한 미래에 발딛고자 함이기 때문이다. 따라서 특별한 공간, 역사, 상징과 결합된 민족의 문화적 정체성은 민족주의의 역기능을 치유해야 한다. 한반도 평화는 동북아 평화와 직결되며 세계평화 이상과 연루되어 있기에 민족 정체성은 동북아의 생명과 평화, 곧 역사를 치유할 수 있는 높은 문화적 수준을 지녀야만 할 것이다.

여기서 우리는 토착화 신학과 민족주의 간의 접점을 만날 수 있다. 물론 여기서도 민족의 초불변적 실체성을 인정할 수는 없다. 민족 문화의 원형을 찾는 시도는 민족주의 진영에서도 삼가야 할 주제이다. 하지만 민족의 주체적 생명력까지 부정될 수는 없을 것이다.[16] 따라서 역사적 맥락 속에서 자기 정체성을 보존해 온 민족 문화에 대한 적극적 이해는 토착화 신학의 문제의식과 깊이 조우할 수 있다. 세계화에 편승한 문화적 동일화에 항거하고 민족주의의 역기능을 치유할 수 있는 문화적 힘을 민족적 정체성에서 찾으려는 시도는 토착화 신학의 지향점과 일치한다. 마지막 장에서 보겠지만 이런 '열린 민족주의'가 기독교와 만나(토착화) 동북아 지역에서 평화와 생명을 낳는 '역사 치유학'[17]으로 기능할 때 아시아신학의 장이 될 수 있다.

3. 세계화 시대에서의 종교적 민족주의
   : 탈오리엔탈리즘의 시각에서

역사학자 콘H. Kohn은 20세기가 민족주의를 받아들인 인류 최초의 시대라고 하였다.[18] 지난 장에서 언급했듯이 혈연과 종족(언어) 그리고 종교의 동질성과 무관하게 민주적 시민정신에 근거한 민족공동체의 출현을 근대의 산물로 본 것이다. 여기서 국가의 정체성(합법성)은 동시대를 사는 자유롭고 평등한 개인들의 관계(동료 시민) 속에서만 설명된다. 근대 계몽주의는 이런 세속적 민족주의를 종교보다 신성한 것으로 여겼고 사회의 지배 패러다임으로 삼았다. 하지만 민족주의는 명시적 '타자'를 상상하였고 그들과의 차이를 강조했으며 그것을 배제하는 중에 '우리'라는 일체감에 토대를 둔 것이다. 구체적으로 유럽 밖 식민지 백성의 타자화를 통해 존속 · 유지된 공동체가 서구 민족주의였다. 더욱이 '민족'은 산업혁명 이후 자본주의가 요구하는 새로운 사회 단위였던 바, 이런 타자화는 거듭 확대 재생산되어야만 했다. 식민 지배로부터 독립한 신생 국가들 또한 민족주의를 정치 이념으로 수용하여 서구적 근대화를 추종할 수밖에 없었다. 이 과정에서 근대성과 민족적 주체성 간의 대립이 식민지 국가 내에 생겨났다.[19] 19세기 말 한국과 중국이 택했던 이념, 즉 동도서기東道西器 중체서용中體西用 등은 '전통적 근대성'이라는 형용 모순적 개념이다. 물질세계와 정신세계를 둘로 나누는 방식으로 근대화가 주체적(전통적)으로 수용되기는 어렵다. 민족적 전통을 지키기 위해 사회주의를 수용한 아시아 국가들도 여럿 있었다. 하지만 사회주의 이념 역시 민족(전통) 문제를 해결했어도 민중을 해방하지 못했다.[20] 민중 해방이 배제된 민족 해방만으로 서구 민족주의의 근대화 담론 틀은 극복되기 어렵다. 여기서 일본의 선택은 아시아로부터의 탈출이었다. 아시아를 멸시하며 구미를 숭배하고자 한 탈아론脫亞論은 일본을 근대 서구적 기준으로 재구성하려는 시도였다. 이 과정에서 일본은 동아시아 국가들에게 엄청난 고통을 주었고 스스로도 민족적 정체성의 위기를 겪고 있다. 결국 어느 경우든 서구 역사(근대)에 가치 근거를 둠으로써 독자적 지역사회로 존재했던 동아시아 민족과 국가들 사이의 오랜 관계를 망가트렸다.[21] 문명과 가치의 다양성이 존재한다는 생각 자체를 실종시킨 것이다.

근대화와 씨름한 지 한 세기가 지난 지금 FTA를 비롯한 세계화·지구화 문제에 직면하고 있다. 과거 근대화가 민족주의 이름하에 진행되었다면 오늘의 세계화는 탈 민족주의(탈영토화)의 대세에 편승하고 있다. 그럼에도 본질에 있는 근대화와 세계화의 관계처럼 민족주의와 탈민족주의 간에 차이가 없다. 시공간적 거리가 축약되고 상호의존성이 심화되는 현실에서 세계화가 모든 나라들에 호혜적일 수 있다면 바람직할 것이다. 그러나 서구 민족주의가 그랬듯이 세계화를 표방하는 탈민족주의 역시 타자, 곧 약소국에 대한 관심이 적다. 민족주의를 근대적 현상으로 보며 그에 대한 부정적 평가를 일삼는 탈민족주의와 그 이념이 추동하는 '세계화'는 민족주의(근대화)보다 오히려 더 큰 갈등을 유발한다. 이 점에서 세계화는 탈민족주의와 관계하기 전에 민족주의 차원에서 점검해야 할 주제이다.[22] 세계화 시대에 민족과 국경의 종언이 아니라 그의 부활을 예고하는 소리가 작지 않기 때문이다. 세계화 자체가 패권주의는 아니나 그것이 지배 종속현상을 수반하는 문명 제국주의의 성격을 갖는 한 저항적 민족주의의 불씨는 꺼질 수 없다. 결국 천안함 사건으로까지 비화된 북한 미사일도 용납될 수 없는 사건이나 이런 맥락에서 이해될 부분이 있다. 미사일 발사가 평화 헌법 개정의 빌미를 제공할 것이고 그것으로 일본은 선제공격을 합법화할 수 있게 되는 까닭이다. 이는 일본의 군사력을 빌려 중국을 견제하려는 미국 측 관심에 부합하는 바, 이런 동아시아 편가르기는 동아시아 지역 내 위기를 고조시킬 것이다. 미사일을 통해 자신의 주권을 확인하려는 북한도 큰 문제이지만 일본과 하나되어 초강대국으로 군림하려는 미국식 패권주의가 걱정스러울 수밖에 없다. 이런 맥락에서 과거 식민주의적 관점에서가 아니라 문명 다양성 차원에 기초한 반 오리엔탈리즘 성격을 띠고 있다[23]. 하지만 탈민족주의 이론은 이런 상황에서 출현된 종교적 민족주의를 '문명충돌론'의 시각에서 바라보고 그의 제압을 기정사실화하고 있다. 이는 헌팅턴의 문명 충돌론이 전쟁을 정당화하는 서구적 시각을 지녔다는 오리엔탈리즘의 저자 에드워드 사이드의 시각이다.

종교적 민족주의는 우선 서구적 민족국가 이념에 승복하지 않는다. 아울러 그 연장선상에서 세계를 탈영토화시켜 문화적 동질성을 추구하는 신자유주의적 세계화의 부도덕성을 질타한다. 한마디로 타자를 종속시키는 서구적 이념 일체의 종언을 선포하는 것이다. 여기서 중요한 것은 서구 정치 이데올로기와 기독교를 동일시하는 이들의 시각이다. 세속적 민족주의나 세계화를 기독교와 분리해 생각할 수 없다는 것이다. 따라서 세계화에 대한 일방적 강요가 기독교 이외의 여타 종교를 부정하는 논리와 같다고 본다. 이로부터 기독교 문명의 하부 체계로 존속해 온 서구 민족주의는 물론 세계를 일원화시키는 지구화 프로젝트에 대하여 자신들의 종교로서 맞서려는 종교적 민족주의가 출현했다 서양 문명과 지구적 문명을 동일시하지 않겠다는 것이 종교적 민족주의의 본질인 것이다. 세계화란 탈민족주의 이름하에 식민주의의 영구화를 뜻하며 그 배경에는 미국에 의해 조정되는 종교적(기독교적) 음모가 자리한다는 생각이다. 이 점에서 종교적 민족주의는 가치 다원적 입장에서 서구적 보편성과 맞설 수 있는 전통 가치 복원에 힘썼다. 이슬람 문명, 불교 문명 등도 서구 기독교 문명처럼 독자성을 지닌다고 봄으로 종교를 통한 경쟁이 선포된 것이다. 소위 전통적 근대화(東道西器)라는 식민지 국가들의 자기모순, 곧 오리엔탈리즘의 치유와 극복도 이런 노력으로부터 비롯하였다. 그러나 미국을 위시한 서방 국가들은 이런 문화적 징조를 오독하였다. 오리엔탈리즘의 멍에를 벗고자 하는 이슬람 국가들을 세계화의 걸림돌로 인식한 것이다. 식민지를 경험했던 3세계 국가들, 이슬람 국가들은 물론 동아시아 지역을 기독교 서구가 새롭게 사유하지 않는 한 종교적 민족주의는 그 폐해에도 불구하고 수그러들지 않을 것이다.[24]

　　오리엔탈리즘을 해체시킨 공헌에도 불구하고 종교적 민족주의는 현실적으로 세계화(지구화)에 장애가 된다. 민족의 저항이 종교적 가치와 결부될 때 그 폭력성은 상상을 불허한다. 폭력이 종교적으로 정당화되고 해방 전쟁이 성전聖戰으로 미화되는 경우 보복의 악순환으로 인류 미래가 불투명해진다. 절대적 신념체계인 종교가 저항 및 해방 민족주의의 토대가 되는 것은 종교 자체를 위해서도 바람직하지 않다. 폭력이 종교가 제공하는 초도덕적 권위와 연루될 수는 없는 법이다. 하지만 거짓된 보편성에 저항하려는 종교적 민족주의의 의도 자체는 이해될 여지가 있다. 일본 역시도 근대 이래로 탈아론脫亞論에 입각하여 아시아적 정체성의 '탈脫' - 근대 초극론 - 을 위해 서구 제국주의와 맞섰다. 하지만 이 과정에서 일본은 동아시아적 식민지 경험을 나누지 못했다. 서구 제국주의와의 투쟁을 위해 오히려 동아시아 국가들에게 황국신민皇國臣民(천황제)의 길을 강요하였다. 친일親日을 아시아 공영(대동아공영권)을 위한 탈민족화의 본질로 본 것이다. 이는 민족과 국가를 분리시켜 제국주의를 꿈꿨던 일본 중심의 보편주의라 할 수 있다. 하지만 이것은 본질에 있어 일본식 오리엔탈리즘, 서양에 대한 열등감의 표시였다. 오늘날에도 이런 일본식 보편주의는 종식되지 않고 있다. 밖으로는 미국과 연대하고 안으로는 보수적 네오 내셔널리즘에 힘입어 세계주의를 부르짖고 있는 현실이다. 이런 식의 탈민족주의화는 아시아인들에게 도덕적인 설득력을 주지 못한다. 민족주의의 극복은 무엇보다 서구의 근대를 폭력적으로 매개한 일본 제국주의에 대한 반성에서 시작될 수 있다. 일본 제국주의와의 관계 속에서 동북아 국가들의 독특한 민족적 정체성이 구성되었기 때문이다. 일본에 의한 비서구 식민지 경험이 한국으로 하여금 사대주의적이라 할 만큼 친서구적 경향성을 갖게 한 것은 또 다른 차원의 폐해이다. 여하튼 미래를 위해 과거의 기억은 잊혀질 필요가 있다. 망각은 역사 치유의 한 방법이기 때문이다. 하지만 일본 스스로가 피해자란 의식도 일리는 있으나 지난 역사를 더욱 또렷하게 상기시킬 수 있다. 이제 한일 양국 모두는 새로운 시작을 위해 자기 경험을 객관화할 필요가 있다. 이것은 역사를 초월함, 곧 가치관의 전도로 가능하다. 이런 변화는 동아시아적 사유 범주를 요구한다. 지정학적으로 오랜 세월 공유한 문화적 기반을 생각해 보는 것도 유익할 것이다.

4. 민족주의의 재발견으로서의 "문화적 민족주의"
   : 동학을 중심으로

앞 장에서 우리는 세계화, 곧 거짓된 보편주의에 직면한 종교적 민족주의의 의미와 한계를 살펴보았다. 미국과 일본이 주도하는 세계주의 역시도 근본주의적 기독교와 자신을 신국神國으로 보는 신화에 추동되고 있음을 부정하기 어렵다.[25] 큰 틀에서 보면 세계화 역시도 탈민족주의를 빌미로 강대국들의 자기 확대를 뜻하는 바, 종교적 민족주의의 변형인 셈이다. 이런 맥락에서 민족주의에 대한 새로운 논의가 요구된다. 여기서 필자는 민족(주의)을 상상의 공동체로 보는 시각과 비판적으로 대화할 것이다. 민족주의 담론 속에 역사적 맥락이 삽입되어 이념화되는 것도 사실이지만 민족 자체를 허구로 보고 그의 특성과 실재를 부정하는 것 또한 인정할 수 없기 때문이다. 민족 개념 속에 상상된 측면도 있겠으나 동시에 근대 이전부터 원시적 형태의 독자적 민족(지역사회)이 존재했던 것 역시 사실이다.[26] 이를 우리는 '원原민족'이라 부른다. 민족의 기원을 말할 때 서구적 기준, 곧 근대적 민족주의 이념이 부재한다고 해서 민족 자체를 부정할 수는 없다. 오히려 필자는 전근대적 문화공동체로서 민족 - '원민족' - 이 존재했고 그것이 19세기 역사적 맥락에서 근대적 민족주의로 발전했다고 말하는 것이 옳다고 본다. 하지만 독자적인 문화적 민족주의에 대한 긍정은 본질주의로의 회귀를 뜻하지 않는다. 서세동점의 시기 한국 민족 안에서 형성된 내재적(토착적) 특질을 살피고자 함이다. 서양의 충격으로 자신의 문화를 밑바닥부터 검토했고 그것을 능동적으로 재구성했던 역사 체험이 우리에게 있었다는 사실이다.[27] 따라서 우리는 본 장에서 고도의 문화적 수준을 지닌 민족적 정체성, 곧 '문화적 민족주의'의 담론 틀에 주목한다. 유불선의 동아시아적 바탕에서 서구 기독교를 수용하여 민족을 새롭게 발견하고 그 지평을 넓힌 동학의 시좌視座를 살필 것이다.

여기서 말하는 문화적 민족주의란 세속적/종교적 양대 민족주의의 문제점을 극복하려는 민족주의의 새 이념을 지시한다. 이것은 토착문화를 주변화하는 세계화 현실에서 민족적 정체성을 강조하되 민족 내의 다양한 시각을 수용하며 평화적 공존을 지향하는 '열린 민족주의'[28]로도 불릴 수 있겠다. 필자는 이런 민족주의 이념이 19세기 말 한국 땅에서 동학사상을 통해 제시되었다고 보았다. 이것은 앞서 비판했던 자기중심적 보편주의와는 맥락을 달리 한다. 민중의 시각에서 민족 문제를 살폈고 개체에서 전체를 보았으며 피해자의 입장에서 가해자를 품어 안고 근원적인 하나의 세계를 지향했던 것이다. 한마디로 강대국이 추동한 보편주의가 아니라는 사실이다. 본 논거를 분명히 하기 위해 먼저 문화적 민족주의의 조건과 본질을 간략히 말하고[29] 동학에 내포된 열린 민족주의의 관점을 적시하겠다.

근본적으로 문화적 민족주의는 시민 개인의 사적 가치와 궁극적 공동체성의 통합을 지향한다. 서구 민족주의가 오용했던 자유와 종교적 민족주의가 생산한 폭력의 윤리적 한계를 치유하기 위해서다. 이에 문화적 민족주의는 민주적 가치를 기본 전제로 한다. 여기서 집단 동일성을 강조한 혈연 공동체로서의 민족 이념, 다중 정체성에 무지했던 저항 민족주의, 그리고 민중 동원 이데올로기로 전락한 사회주의 해방 담론 모두가 비판된다. 외부만을 의식했던 민족주의가 민족 내부의 모순, 곧 개체성, 생활세계의 일상성을 파괴했기 때문이다. 민족주의 하에서의 '젠더 맹목성'을 비판하는 페미니즘은 이 점을 잘 지적한다.[30] 본 주제는 문화 민족주의의 또 다른 전제인 소수자 내지 약자의 보호와 직결된다. 문화 민족주의는 민족 안팎을 막론하고 '마이너리티 공동체'를 지지한다. 인간의 기본권과 평등권을 전제로 '자유'를 빌미 삼은 욕망의 극대화도 '저항'을 미화한 어떤 권위적 억압도 허용하지 않는다. 성적 소수자, 이주 노동자 문제로부터 토착문화를 지닌 소수민족의 보호, 나아가 가치 유무를 떠나 종의 다양성을 지키는 것 역시 문화 민족주의가 할 일이다. 셋째로 문화적 민족주의는 도덕적 공동체성을 강조한다. 여기서 말하는 공동체는 물론 신적인 권위, 곧 종교의 준거 틀과 무관하다, 오로지 민주적 토대하에서 민족과 국민의 통합을 모색한다.

진리 판단 역시도 민주적 절차를 떠날 수 없다. 하지만 개인만을 중시하는 자유주의보다는 모두를 아우르는 공동체에 대한 열망이 강하다. 전체를 위한 열려진 목적의식이 있기 때문이다. 따라서 민족적 주체성을 유지하되 언제든 민족 밖을 향해 열려 있다. '동북아시아 공동의 집'을 만드려는 한 재일학자의 꿈도 문화적 민족주의 유산이라 생각한다.[31] 마지막으로 문화적 민족주의는 전통과 근대성을 대립이나 모순으로 생각하지 않는다. 기존의 민족주의로는 '전통적 근대성'이라는 자기모순을 극복할 수 없다. 근대성을 언급하는 한 그것은 자본주의적 근대성이든 사회주의적 근대성일 뿐이었다. 동도서기東道西器 역시도 오리엔탈리즘의 역발상인 것이 분명하다. 하지만 문화적 민족주의는 민족적 과거를 이상화하지 않고 서구적 근대화를 추종할 생각도 없다. 동도서법東道西法으로 동서양을 함께 긍정하되 나아가 동도서기로 근대화의 동양적 이해를 시도할 뿐이다.[32] 근대화를 서구적 기준에 맞춰 생각하지 않겠다는 것이다. 그렇다고 근대화 자체를 부정코자 함은 결코 아니다. 근대화의 핵심 이념인 개인의 자유를 후술할 동학이 종교적 차원에서 마음껏 뒷받침하고 있기 때문이다.

동학은 19세기 말 한국에서 생겨난 종교운동으로 문화적 민족주의의 근간을 이룬다. 가부장적 지배 이데올로기였던 동양 종교사상(주자학)과 반생명적인 서구 근대문명(세속적 민족주의)을 동학은 단호히 거부했다. 서구를 동양의 대안으로 생각지 않았으나 동서양 사고의 긍정적인 면을 수용한 것은 동학의 자기 정체성과 개방성을 드러내 보인다.[33] 서구의 인격신관과 동양적 기氣사상을 조화시켜 시천주侍天主 사상을 전개한 것이다. 이는 인간이 하늘을 모시고 있다는 것으로 천인합일天人合一의 새 표현이다. 그러나 종래의 천인합일론이 하늘天에 무게를 두었다면 시천주는 인간에 중심을 둔다.[34] 인간을 중시하는 천인합일 사상은 그러나 개체를 강조하는 서구 근대 민족주의와도 다르다. 하늘을 모신 인간이란 하늘로 상징되는 도덕적 공동체성과 분리해 생각될 수 없기 때문이다. 시천주 사상은 후일 인내천人乃天이란 말로 바뀌며 더욱 민족 공동체의 역할과 과제에 관심한다. 동양 문명의 해체와 서구의 침략주의적 폭력성을 경험하며 인류의 총체적 모순을 직시하는 중에 개벽開闢이란 이름하에 민족을 재구성했던 것이다. 여기서 중요한 것은 동학이 민족의 위기를 단지 대외적인 관점에서 보지 않았고 민중으로 총칭되는 대내적 약자들에 대해 관심을 집중한 점이다. 인내천 사상에 내포된 민주적 평등사상에 기초해 신분제 폐지를 주창했고 그로써 보국輔國과 안민安民의 길을 열 수 있었다.

비록 일본의 조직적 탄압으로 실패했으나 동학(천도교)은 민족대표 구성에 있어 절반을 이룰 만큼 기미년 독립운동의 주도 세력이었고 어린이 운동, 여성운동 나아가 농민 운동에 앞장섰던 것이다. 문화적 민족주의의 기본 요건의 빛에서 동학사상은 다음처럼 정리될 수 있겠다.[35] 문화적 민족주의가 세속적/종교적 민주주의의 모순을 치유하는 조화적 성격을 지닌 것처럼 동학 역시 조화造化를 정치이념으로 삼는다. 주체성과 개방성의 조화에 힘입어 동과 서, 인간과 하늘, 남성과 여성, 아이와 어른의 상극적 관계를 상생시키는 힘을 제시하였다. 인내천 사상에 근거하여 사람을 하늘처럼 섬기는 사인여천事人如天, 곧 민주적 평등사상 역시 동학으로 인한 성과이다. 신神에 종속된 평등이 아니라 인간을 신으로 높이는 가운데 적서와 반상의 구별을 철폐했고 소수자·약자를 주체로 내세웠으며 여성을 개벽의 주체로 인정한 것이다. 이런 민주주의 원리를 갖고 다중 주체성을 강조한 동학은 보국안민의 열린 민족주의를 주창했다. 서세동점의 현실에서

척양척왜斥洋斥倭를 말했고 중국에 대한 사대주의도 배격했으나 민족의 고립을 원하지 않았다. 일면 저항적 민족주의를 싹트게 했으나 국수적 폐쇄적 침략적 이념과도 무관하다. 오히려 평화와 생명 해방을 위해 자민족을 종으로 삼고자 했던 높은 문화적 이념의 소산물이다.

끝으로 동학의 민족주의는 광제창생廣濟蒼生, 후천개벽後天開闢이 말하듯 문화적 세계주의를 지향한다. 타 민족과의 평화적 공존 체제 및 새로운 문명 구축을 민족적 과제로 인식한 것이다. 이를 위해 정신개벽, 민족개벽, 우주개벽, 곧 개인·집단 그리고 세계의 절차적 변화를 요구하는 바, 여기서 정신의 근원적 변화를 중시하는 문화적 민족주의의 본질히 여실히 드러난다.

이런 동학의 문화적 민족주의는 19세기라는 구체적 역사 현실 속에서 새로운 이념 체계이다. 하지만 그 사상적 기원에 대한 관심은 여전히 유효하다. 거듭 말하지만 필자는 민족 고유의 원형적 사고라는 말에 동의하지 않았다. 그럼에도 상상의 공동체로서의 민족이라는 말 역시도 거부한다. 우리에게는 서양에는 없었으나 근대 이전부터 존재했던 동일 핏줄과 문화를 공유한 독자적 지역사회가 있었고 '원민족' 개념이 존재했다 원민족이 비록 역사적 현실에서 그때마다 상이한 방식으로 상상되어 온 것이 사실이지만, 그 핵심 자체를 없다거나 허구라고 말하는 것은 탈민족주의를 지향한 강대국들의 오만이다. 원초적으로 허구였던 것이 기정사실화되면서 현실적 힘을 갖게 된다는 탈민족주의자의 주장은[36] 동학의 역사성을 약화시킨다. 토착화 신학의 가능성 자체를 무화시킬 수 있는 것이다. 나아가 '한사상'에로까지 소급하는 것은 일정 부분 용인될 수 있다. 하지만 필자의 관심은 한국 문화의 고유한 원리에 있지 않다. 오히려 한국의 역사적 현실속에서 문화적 요소 및 원리의 시간적 변형에 흥미를 느낀다. 문화는 변하기 때문이다. 원민족의 불변성에 의존하는 국수주의적 민족주의로는 현실 역사를 치유할 수 없다.[37] 원민족 속에 내재한 문화 원리의 역사화가 더욱 중요한 것이다.

5. 문화적 민족주의에 근거한 아시아 신학의 근본 틀
  : 함석헌의 "씨알" 사상에 터하여

오늘 현실 세계는 원하는 바와 달리 점차 민족주의의 전압을 높여 가고 있다. 민족을 말하건 탈민족을 말하건 간에 현실적 결과는 동일하다. 세계화가 탈민족주의 기치를 들고 문화(서구)적 동질성을 강하게 요구할수록 전통(종교) 가치가 부활되었고 저항적 민족주의의 기세가 강력해진다. 최근 FTA 협상을 통해 경험했듯 세계화가 약소국의 국가 주권마저 무력화시키고 있는 상황에서 탈민족주의는 도덕성을 갖지 못한다. 탈아론脫亞論의 기조로 한 일본의 탈민족주의도 실상 국제화된 내셔널리즘이다.[38] 다시 말해 세계화를 주도해 온 미국(서구)에 종속된 민족주의라는 것이다. 일본의 〈새로운 역사 교과서 모임〉은 탈아입구脫亞入口에 입각하여 중국과 한국을 야만적 정체 사회로 간주했던 과거의 시각으로 오늘의 동아시아를 바라보는 일본의 구도를 문명충돌의 아시아판으로 이해했다.[39] 따라서 이 모임은 동북아 평화를 위한 '아시아성'의 재발견을 자국에 요청했고 그 토대 위에 일본 역사가 새롭게 쓰여지기를 희망했다. 일본 스스로가 종속적 민족주의 임계점을 직시해야 한다는 것이다.[40] 탈아론脫亞論에 근거해 동북아 지역의 민족주의를 자극하는 대신 '동북아시아 공동체'를 구상해야 할 일본의 몫을 적시하고 있다. 일본의 지성, 오에 겐자브로는 1994년 노벨 문학상 수상 자리에서 "애매한 일본의 나"라는 제하의 강연을 하였다.[41] 그는 자신의 조국 일본이 서구화되었음에도 서구인에게 어둡고 닫혀 있으며, 아시아에 속해 있으나 아시아로부터 고립된 민족 그래서 애매한 민족이라고 했다. 경제적 대국화를 통해 오히려 이런 '애매함'이 확대 재생산되고 있음을 깊이 우려한다. 이런 애매함의 치유를 위해 부전不戰, 곧 평화헌법을 내세웠으나 그것조차 지켜질 수 없는 현실에 절망하고 있다. 하지만 오에 겐자브로는 애매한 일본을 치유하는 것이 한일 관계는 물론 아시아와의 공존의 길임을 확신했다. 이를 위해 그가 제시한 처방책은 상대국의 고통에 참여하는 휴머니즘적 헌신이었다.[42] 아시아의 민중, 고통받고 있는 이들과의 연대를 주장했고 실제로 그의 삶은 이런 일에 투신되었다. 이에 대해 한국 시인 김지하는 서구적 휴머니즘 가치에 올인All in하는 오에 겐자브로를 비판한다. 서구 휴머니즘을 넘어 동양 속에 잠재된 영성적이고 우주적인 네오 휴머니즘, 동학의 표현대로라면 시천주, 인내천의 지평에 이르기를 바랐다.[43] 여기서 그는 연대 및 공생 이상의 차원, 곧 '한 몸 의식'(화엄적 일치)을 생각한 것이다. 김지하 시인의 이런 지적은 동학 속에서 문화적 민족주의를 보고 그 빛에서 아시아 신학을 구상한 필자의 토착화 시각과 맥을 같이 한다. 하지만 여기서 필자는 한 걸음을 더 내딛고자 한다. 민족 안팎의 모순으로 가엽게 된 인간을 하늘처럼 섬기라고 가르쳤던 동학, 하지만 동시에 민중을 생명 해방을 위한 종으로 내모는 동학의 역설을 보았기 때문이다. 문명론적 아시아[44] 나아가 문화적 세계주의(개벽) 실현을 위해 피해자 민중의 능동성과 생명성을 중시하는 동학에서 필자는 함석헌의 '씨알' 사상을 떠올렸고[45] 동아시아 공동체성을 위한 아시아 신학의 가능성을 원론적으로 생각할 수 있었다.

『뜻으로 본 한국역사』[46]의 저자 함석헌(1901-1989)은 민족정신(주체성)을 누구보다 강조했으나 그곳에 함몰되지 않고 민족사를 세계사의 지평에서 이해한 독창적인 기독교 사상가이다, 저항적 민족주의를 넘어 민중(씨알)의 시각에서 한국의 고난 역사를 보았으며 그 의미를 인류 보편적 평화주의와 관계시켰다. 여기에 기독교에 대한 함석헌의 주체적·동양적 이해가 큰 역할을 했다. 불교나 유교와 달리 지배자의 종교로 조선 땅에 발 들여 놓지 않은 기독교에 대한 기대가 컸다. 하지만 스승 유영모의 영향으로 그의 기독교 이해는 동양적(한국적)으로 해석되어 정통적 기독교와 많이 달라졌다. 이 책의 본래 제목은 『성서로 본 한국역사』였다. '성서로 본' 이란, 민족사를 성서적 의미의 고난사로 보고 고통 후 영광이라는 십자가 신앙 원리를 역사에 적용시키고자 함이다.[47] 하지만 이런 시각은 본래 내촌內村 문하의 신학자 후지이의 것이었으나 함석헌은 가해자로부터 피해자에로 관점을 옮겨 재해석하였다.[48] 관동 대지진을 구속사적 대재난으로 보고 전 세계를 구원할 주체가 일본, 일본적 기독교임을 천명한 후지이에게서 함석헌은 국수적이며 제국주의적 성격을 본 것이다.

오히려 일제하에서 고난의 절정을 경험한 조선역사야말로 성서의 고난사와 만나며 구속사적 지평을 지녔다고 믿었다. 조선의 고난을 세계사의 온갖 더러움을 나르는 방편으로 이해한 것이다. 여기에는 민족의 고난이 외세의 탓도 우리의 못남으로 인한 것도 아니라 세계 역사를 정화시키는 구속사적 도구라는 섭리적 확신이 자리한다.[49] 기독교적 섭리사관이 함석헌으로 하여금 민족주의 지평을 훌쩍 넘게 한 것이다. 조선인의 집단 자아를 성서의 고난 받는 종의 이미지와 중첩시켰으며 피해자의 입장에서 고난에 대한 능동적 자기 이해를 세계사의 지평과 연계시킨 것은 분명 탈민족주의적 시각이다. 그러나 이 속에도 여전히 일본적 기독교에 대한 비판적인 민족적 시각이 소멸되지 않았다. 1960년대 이르러 '성서로 본' 이 '뜻으로 본' 으로 바뀌면서 일본과 조선이란 민족적 시각 대신 세계평화, 화엄적 우주생명 공동체에 대한 관심이 증폭되었다. 함석헌이 계시종교로서의 기독교 테두리를 벗어난 것도 이런 변화의 산물이다.[50] 대속적 속죄신앙 대신 자속自贖적 신앙이 기독교의 본질로 생각된 것이다.[51] 자속적 신앙이란 '참' 곧 '뜻'을 위해 예수의 피만이 아니라 자신의 피를 흘려야 한다는 의미이다. 여기서 '뜻'은 종교와 민족을 막론한 역사의 궁극적 토대로서 만인의 종교라 해도 틀리지 않다. 신적 가치를 지닌 역사의 이념이자 목표와도 같은 말이다. 만인의 종교로서의 '참'과 '뜻'을 상정하고 자속적 신앙 양식으로 역사속에서 그 가치를 이루는 종교야말로 진정한 종교가 된다. 여기에는 불교, 유교, 노장사상 모두가 하늘로부터 받을 것은 다 받은 종교라는 다원주의 시각과 탈민족적 세계주의 입장이 모두 자리한다. 이로써 함석헌은 역사를 민족이 아니라, '참'과 '뜻'의 자리에서 볼 것을 요청했다. 물론 '뜻'은 세계사적 과정에서 실현되어야 할 미완의 과제로 남아 있다. 중요한 것은 하느님 역사(뜻)의 주체가 더 이상 (조선)민족이 아니라 종교와 민족을 막론한 "씨알" 민중이라는 사실이다, 따라서 '참'과 '뜻'은 특정 종교나 민족의 전유물일 수 없고 탈민족적인 씨알 민중의 삶과 불가분 관계를 맺는다. '뜻'(하느님)과 민중을 공속共屬된 실재로 보는 함석헌 특유의 세계관 때문이다. 여기서 민중은 사회주의적 계급으로도 서구적 휴머니즘 차원에서도 설명될 수 없다. '씨알' 민중은 고난속에서 '뜻'을 찾은 존재, 곧 고난의 주체적(능동적) 담지자로서 자속적 구원을 이룰 존재이다.[52] 여기서 우리는 노장사상은 물론 시천주, 인내천에 근거한 역사와 우주 포괄하는 중심체로서 새로운 신관을 만나게 된다. 그것은 일체 만물은 신을 떠나서 존재할 수 없다는 범재신론Panentheism이었다. 역사를 결정하는 것은 국가나 민족이 아니라 세계이며 세계는 종교를 떠나서는 의지처를 잃는다는 확신이 그것이다. 이 경우 종교는 동학에서처럼 하느님 숭배 형식, 곧 향벽설위向壁設位와 무관한 '씨알'의 종교, 향아설위向我設立로 역할을 한다. 우주의 근원인 신이 스스로 깨는 인간 정신속에 있기 때문이다. "하늘이 무한 망망한 허공에 있지 않고 땅에 와 있다. 땅 중의 땅, 흙 중의 흙이 어디냐? 네 가슴이요 내 가슴이 아닌가?"[53] 이것은 "일즉다一卽多, 다즉일多卽一"의 종교적 표현이요, "천명지위성天命之謂性"의 기독교적 해석이자 인내천의 재의미화로서 개인과 전체, 민족과 세계, 인간과 하느님의 공속성共贖性을 명시하고 있다. 고난을 주체적으로 자각한 '씨알' 민중의 생명력이 역사를 '뜻'을 향해 자라게 하며 바로 그 역사속에 하느님 자리가 있다는 것이다. 이런 비정통적인 하느님은 분명 서구 틀을 넘어 아시아적으로 정위되어 있다. 우선 함석헌의 신神은 세계 근거이자 세계를 넘어선 궁극자로서 언제든 세계를 포괄하는 존재다. 따라서 현상계의 절대 근원으로서 하느님은 역사적 지평에 갇히지 않고 자연과 우주의 존재론적 경험에 기반을 둔다. 그럼에도 함석헌은 인격적 하느님 신앙을 적극 지지한다. 생명 진화론의 관점에서 인간이 가장 완전히 하느님을 안 것이 있다면 그것은 인격적일 수밖에 없다고 보았다.[54] 그러나 함석헌은 신의 전적 타자성 대신 신인간의 전적 하나됨을 강조한다. 인간의 인격성을 온 우주의 근원과 다를 수 없다고 본 것이다. 씨알 사상은 이로부터 기인한다. 또한 함석헌의 하느님은 초월적이면서 내재적이다. 다름에 근거한 절대 타자성을 거부하지만 자아만을 숭배하는 내재적 관점도 부정했다. 즉 하느님은 '나' 이면서 '남' 이고 '남' 이면서 '나' 라는 것이다.[55] 믿음이란 여기서 하나의 우주 생명과 하나됨을 뜻한다. 하지만 믿음은 절대 타자인 하느님이 내 안에 존재함으로만 가능하다, 그로써 내가 만물과 하나 되는 근거를 얻기 때문이다. 이런 신관神觀은 노장사상의 도道나 동학의 시천주侍天主에서 볼 수 있는 아시아적 이해의 산물이다. 그러나 함석헌의 위대함은 앞서 본대로 이런 아시아적 하느님 이해(범재신론)를 고난의 관점에서 "씨알(민중) 종교"로 재해석한 데서 찾아야 할 것이다.

함석헌의 예수 이해 역시 이런 하느님 이해 곧 '씨알' 종교의 빛에서 설명된다. 그의 예수론은 기독교 서구 신학의 기독론 범주는 물론 신중심적 종교 다원주의 틀마저 비껴나 있다. 모든 인간 속에 하느님 아들이 될 만한 씨가 있기에 예수 역시도 하느님 아들일 수 있다고 본 것이다.

역사와 세계를 보는 관점이 언제든 근원적인 절대계에 있었기 때문이다. 그래서 한 사람이 전체이며 전체가 곧 한사람이 될 수 있었다.[56] 그에게 예수는 잠자고 있는 아들의 씨를 불러 내 우리를 자속(능동)적 구원의 길로 인도한 존재였다. 고난을 걸머진 민중에게 '뜻'의 존재를 각인시켜 '씨알' 민중을 신의 역사를 위한 공창자共創子로 부른 것이다. 이런 예수 이해는 「역사적 예수 연구」의 결론과 일정 부분 상통하는 부분이 있으나 함석헌의 우주사적 지평에는 미치지 못한다. 계몽주의적 인본주의 틀을 예수 연구의 잣대로 삼았기 때문이다. "씨알" 민중 속에서 우리는 탈민족주의는 물론 기독교 이후의 세계관을 만나게 된다. 진정한 세계화는 탈민족만이 아니라 자기중심적 보편성을 강요하는 종교적 배타성(절대성)마저 '탈脫' 해야 하기 때문이다. 이 점에서 문화적 민족주의를 표방한 동학과 그 이념을 기독교적으로 해석한 함석헌의 씨알 종교는 아시아 신학의 기본 틀로 충분하다. 주지하듯 세계화의 비도덕성은 아시아 신학에게 서구적 '탈' 민족주의 이념을 수용할 수 없게 만든다. 그렇다고 저항적 민족주의 이념으로 세계화와 맞서는 것도 현실적으로 무의미하며 불가능하다. 이에 근대 식민화 과정을 통해 동아시아가 함께 체험했던 '고난'을 토대로 문화적 민족주의 담론이 필요한 시점이다. '뜻'의 존재를 믿는 능동적 고난 사상을 문화적 민족주의의 핵심이자 탈기독교적 아시아 신학 형성의 전거로 삼자는 것이다. "시始가 종終을 낳는 것이 아니라 종이야말로 처음부터 있어 시를 결정한다"[57]는 함석헌의 역사철학은 만인의 종교로서 '뜻'에 의한 신적 섭리를 강조한다. 여기서 종終은 뜻이고 하느님 자신이다. 그렇기에 그는 아시아의 숙명적 고난을 거부함과 동시에 아시아로부터의 희망을 예견한다. 능동적 고난을 통해 '뜻'이 발견될 때 비로소 국가(민족)주의가 철폐되고 세계주의로의 길이 열릴 수 있기 때문이다. 제도화된 어떤 기성종교의 틀로도 세계주의는 불가능하다. 고난의 '뜻'을 깨친 씨알 민중의 인격성만이 세계성을 담보할 수 있다는 함석헌의 씨알사상은 탈민족주의적인 아시아 신학을 모색하는 신학자들에게 무한 상상력을 줄 것이다.

6. 마무리하며 : 동북아 공동체성을 바라며

이론적으로 신학은 모든 것을 가능케 한다. 그러나 현실적으로 신학이 할 수 있는 일은 너무도 적다. 본 논문에서 필자는 동학과 함석헌의 씨알사상을 토대로 탈민족주의적 아시아 신학의 가능성을 제안했다. 토착화론의 시각에서 '원민족'의 개념을 강조한 것과 피해자의 입장을 갖고 민족주의를 바라본 것이 특징이자 문제가 될 수 있겠다. 본 논고에서 필자는 "동북아 공동체성"이란 당위적 과제가 실현되기를 희망했다. 재일, 재중 동포를 지닌 한국의 입장에서 "동북아 공동체성"[58]은 정말 중요한 개념이다. 하지만 미국이 일본 내 육화됨으로써 동아시아 국가들과의 공시적 체험이 단절된 것은 본 과제를 어렵게 한다. 필자가 능동적 고난을 아시아 신학의 기본 정조Ethos로 삼은 것은 아시아의 식민 경험을 망각한 일본과 그것에 집착하고 있는 한국 모두를 치유하기 위해서이다.

이를 위해 일본은 "애매한 국가"가 되지 않도록 동아시아 국가들과 친

밀 공동체를 만들 필요가 있다. 식민 경험에 대한 깊은 이해와 동아시아 세계 속에서 형성된 역사의 자기 확인은 일본 기독교에게 남겨진 신학적 몫이다.[59] 유불선 종교를 공유했던 동북아의 종교 문화적 보편성 역시 동아시아 지역 공동체를 위해 도움이 될 수 있다. 비록 천황제 이념의 토대가 되긴 했으나 일본의 "근대 초극론"[60] 역시도 서양의 모방도, 전통에로의 복귀도 아닌 서구적 이분법을 넘으려는 제3의 모색이었다는 사실은 동아시아 시각 확보를 위해 재론해 볼 여지가 있다.[61] 필자가 한국적 시각에서 동학을 말하고 함석헌의 "씨알 사상"을 언급한 것도 이런 이유에서이다. 아시아 신학은 이런 정신적 토대하에서 자신의 자리를 확보할 수 있는 것이다.

민족주의와 토착화 신학 | 김장생

1 『국어 대사전』, 서울: 민중서림, 2000.

2 에른스트 르낭, 신행선 역, 『민족이란 무엇인가?』, 서울: 책세상, 2002, 66쪽.

3 앞의 책, 69쪽.

4 앞의 책, 75쪽.

5 앞의 책, 77쪽.

6 앞의 책, 79쪽.

7 앞의 책, 81쪽.

8 Hans Kohn, *The idea of nationalism : a study in its origins and background* (New York : Macmillan, 1944)

9 앞의 책.

10 앞의 책.

11 앞의 책.

12 앞의 책.

13 앞의 책.

14 한스 울리히 벨러, 이용일 역, 『허구의 민족주의』, 서울: 푸른역사, 2007, 71쪽.

15 앞의 책, 37쪽.

16 앞의 책, 46쪽.

17 앞의 책, 63~64쪽.

18 엘리 케두리, 「민족자결론의 연원과 문제점」, 『민족주의란 무엇인가?』, 서울: 창작과 비평사, 1995, 85쪽.

19 앞의 책, 80쪽.

20 베네딕트 앤더슨, 윤형숙 역, 『상상의 공동체』, 서울: 나남출판, 2006, 75쪽.

21 제국주의는 민족주의가 박약한 국에만 참입하나니라. … 한인(韓人)의 민족주의가 강건치 못한 소이(所以)니 유 망(望)컨데 한국 동포는 민족주의를 대분발하여 〈아족의 국은 아족이 주장한다〉 하는 일구(一句)로 호신부(護身符)를 작(作) 하여 민족을 보존할지어다.
申采浩, 『改訂版丹齋申采浩全集』 下卷, 서울: 丹齋申采浩先生記念事業會, 1977.

22 송건호, 『민족통일을 위하여』 2, 파주: 한길사, 2002 참조.

23 임지현, 「민족주의는 반역이다」, 『신화와 허무의 민족주의 담론을 넘어서』, 서울: 소나무, 1999; 탁석산, 『한국의 민족주의를 말한다』, 서울: 웅진닷컴, 2004.

24 강만길, 「한국 민족주의론의 이해」, 이영희, 강만길 편, 『한국의 민족주의운동과 민중』, 서울: 두레, 1987, 17쪽.

25 차기벽, 「한국 민족주의의 이념과 실태」, 서울: 까치, 1981. 『한국 민족주의의 특성』 참조.

26 신용하, 「민족 형성의 이론」, 『민족이론』, 서울: 문학과 지성사, 1985, 41쪽, 46쪽.

27 임지현, 앞의 책, 56쪽.

28 탁석산, 앞의 책, 33쪽.

29 임지현, 앞의 책, 73쪽.

30 임지현, 앞의 책, 78~79쪽.

31 탁석산, 앞의 책, 97쪽.

32 박현채, 「한국 민족주의운동의 주체 문제」, 강만길 편, 『한국의 민족주의 운동과 민중』, 두레, 1987, 37쪽.

33 앞의 책.

34 강만길, 「한국 현대 민족주의 발전과정」, 『민족주의와 기독교』, 서울: 민중사, 1981, 9쪽.

35 「독립신문」 1896년 9월 8일자 논설, 강만길, 앞의 책 12쪽 재인용.

36 『대한자강회월보』 제3호, 55쪽, 강만길, 앞의 책 13쪽 재인용.

37 주재용, 『한국 그리스도교 신학사』, 서울: 대한기독교서회, 1998, 346~355쪽.

38 유동식, 「복음의 토착화와 선교적 과제」, 『감신학보』 1962. 10.

39 특별좌담, 「한국 토착화 신학 논쟁의 평가와 전망」, 『기독교 사상』, 1991, 9, 80쪽.

40 *Ibid.*

41 윤성범, 「신학방법 서설」, 『윤성범 전집 1: 한국 종교문화와 한국적 기독교』, 서울: 감신, 1998, 18쪽.

42 윤성범, 「한국에 있어서의 한국 신학」, *Ibid.*, 282쪽.

43 윤성범, 「환인, 환웅, 환검은 곧 하나님이다」, *Ibid.*, 350쪽.

44 윤성범, 「신학방법 서설」, 26쪽.

45 *Ibid.*, 27쪽.

46 유동식, 『한국신학의 광맥』, 서울: 다산글방, 2003, 289쪽.

47 *Ibid.*, 293~294쪽.

48 *Ibid.*, 297쪽.

49 *Ibid.*, 303쪽.

50 윤성범, 「신학방법 서설」, 26쪽.

51 서영대, 「민족정체성 확립에 이바지한 건국신화의 기능」, 『한국신화의 정체성을 밝힌다』, 서울: 지식산업사, 2008, 283쪽.

52 *Ibid.*, 302쪽.

53 이정배, 『조직신학으로서의 한국적 생명신학』, 서울: 감신, 1996, 99쪽.

54 *Ibid.*,

55 *Ibid.*, 126쪽.

56 이정배, 『토착화와 세계화』, 서울: 한들 출판사, 2007, 83쪽.

57 *Ibid.*, 81쪽.

58 동아일보, 4월 10일 자 기사.

토착화 신학 3세대의 이중적 극복 과제 | 박일준

1 본고는 2009년 4월 27일 동서신학연구소(변선환아키브)에서 발표되었던 글을 출판용으로 다시 정리한 것이다. 본고에서는 지구촌 자본주의의 '제국' 적 상황 하에서 '가난한 자' 를 위주로 다루었다. 여기에서 미처 다루어지지 못한 소비문화와 이민자 문화 그리고 혼종성에 대한 논의를 2009년 11월 6일 민중신학회 모임에서 발표한 논문에서 다루었는데, 「가난, 영성, 그리고 혼종성: 토착화 신학 3세대의 이중적 극복과제(2): 지구촌화, 탈식민주의 그리고 가난한 자」라는 제목으로 발표하였다.

2 법의 형식과 경계 안에서 재판의 절차는 끝났으나, 역사적 평가, 즉 재판의 정당성과 공정성에 대한 역사적 평가는 아직 끝나지 않았고, 그 이후 2세대 토착화 신학자들의 공과는 치열한 비판을 요한다. 그럼에도 불구하고, 토착화 신학의 역사를 유보한다는 것은 그러한 역사적 평가를 전개하는 것이 필자의 "상황" 에서는 아직 시기상조라는 말이다.

3 네그리와 하트는 『제국』 말미에 비트겐슈타인의 『논리-철학 논고 *Tractatus logico-philosophicus*』를 인용한다. 비트겐슈타인의 전기를 의미하는 이 작품에서 통상 학자들은 언어와 대상 간의 일대일 대응관계를 주장하는 그림 언어를 통해 비트겐슈타인이 일종의 독아주의(solipsism)를 주장한다고 해석해 왔다. 그런데 네그리와 하트는 그 책에서 비트겐슈타인이 말하는 것은 결국 "사물이 어떻게 있는가가 신이다" 라고 말한다(네그리 & 하트, 『제국』, 482). 세계는 본질적으로 선과 악으로 이루어진 것이 아니며, 세상의 존재 방식을

결정하는 것은 주체이고, 그 주체가 선과 악을 창출한다. 따라서 주체는 "세계의 일부가 아니라 세계의 경계" 이다(네그리 & 하트, 『제국』, 482). 세계의 경계와 주체의 경계를 동일시함으로써 비트겐슈타인은 주체의 독아적인 세계를 찬양하거나 고무하는 것이 아니라, 도리어 그러한 홀로 있음의 세계를 그 홀로 있음의 망상을 넘어설 것을 가리키고 있다고 네그리와 하트는 주장한다. 즉 그 홀로 존재하는 독아의 세계를 넘어서는 대안은 곧 그 세계를 구성하는 주체의 경계를 '벗어나는 것' 이다. 그래서 그는 "사다리를 오른 뒤에는 사다리를 내던져야 한다" 고 말한다(네그리 & 하트, 『제국』, 482; Wittgenstein, Tractatus, 6.54). 그래야 세상을 온전히 조망하고 바라볼 수 있다는 것이다. 결국 "상황이 주체다" 라는 본고의 주장은 상황 속에 주체를 매몰하기 위함이 아니라, 상황성으로 구성될 수밖에 없는 주체의 한계를 넘어갈 수 있는 대안을 모색하기 위함이다.

4 통상 변선환은 문화 신학의 형태를 띠고 있던 토착화 신학과 민중 해방을 주창한 민중 신학 간의 통합과 통전을 기획하며, 종교-해방 신학을 말하였다고 회자된다.

5 종교의 경계를 넘어서, '종교' 를 해방시키는 신학을 말한다. 이는 종교가 특정한 문화적 인종적 성별적 차이들의 경계에 고정되어 '정주' 하는 것을 지양하고, 종교 자체의 유목성 (nomadism)을 통해 스스로의 해방적 지평을 구축하는 신학을 가리킨다.

6 민족과 국민은 우리 말로 엄연히 구별되는데, 민족이 ethnicity 개념을 좀 더 강하게 함축하고, 국민은 republic의 일원을 가리키는 듯한 성향이 있다. 그런데 민족과 국민을 영역할 때, 통상 이 두 단어는 영어의 한 단어 nation으로 번역된다. 그래서 번역 상 '국민' 으로 번역되는 이 단어가 실제로는 우리의 문화 지형 안에서 '민족' 개념을 통괄하여 가리키게 된다. 네그리와 하트의 역자도 nation을 일괄하여 '국민' 으로 번역하였다. 그러나 이것이 우리의 신학적 철학적 정치적 담론의 상황에서는 고스란히 '민족' 개념을 동일하게 가리키고 있음을 여기서 유념해야 할 것 같다.

7 역설적으로 국민 개념이 해방적 개념으로서 진보적 성격을 담지할 수 있는 것은 국민의 주권국가가 형성되기 이전까지만이다 "국민이 주권국가로서 형성되기 시작하자마자, 국민의 진보적 기능들은 거의 사라진다(네그리 & 하트, 『제국』, 158)." 왜냐하면 민족 공동체 혹은 국민 공동체란 이상은 "역동적인 집단적 창조가 아니라 [근대 민족 국가의 설립을 정당화하기 위한] 최초의 건국신화" 이며, 그렇게 구축된 민족 개념은 "[다중] 안에서 차이들의 건설적인 상호 작용을 방해하는 한편으로 주민의 이미지를 동질화하고 순화하는 정체성을 제시" 하기 때문이다(『제국』, 163). 민족 정체성의 확고부동한 경계를 수립하는 일은 곧 근대의 횡행하던 제국주의와 연관성을 갖는데, 민족국가의 이데올로기적 구조는 "인민의 순수성을 창조하고 재생산하기 위해 지칠 줄 모르게 일하는 반면, 외부에게 [민족국가는

〈타자들〉을 생산하고, 인종 차이를 창조하고, 그리고 근대적 주권 주체를 한정하며 지지하는 경계들을 세워" 나갔기 때문이다(『제국』, 164).

8 이러한 제국의 개입에 도덕적 명분을 부여해 주는 것은 국제사면위원회나 국경없는 의사회와 같은 NGO 단체들이다. 통상 비정부 단체로서 도덕성을 인정받고 있어서, 이들의 고발은 곧 그 상황에 개입할 도덕적 명분을 갖게 되는 셈이다. 이러한 단체의 활동은 외형적으로 제국 주권의 정당성을 주장하는 일과 거리가 있어 보이지만, 이들은 인도주의적 활동을 통해 "무기 없이, 폭력 없이, 경계 없이 '정당한 전쟁'을 수행"하고 있는 중이다. 말하자면, 그들은 자신들의 정의와 인권 개념을 보편적으로 적용하여, 자신들의 적을 규정하고, 죄를 선포한다. 이때 제국의 개입은 곧 그들의 죄에 대한 심판 혹은 정당한 개입이 되며, 제국이 세계의 경찰력으로서 존립해야할 근거를 제공한다. 바로 이런 맥락에서 그 NGO 단체들은 정치와 무관한 것이 아니라, "제국 구성의 생체 정치적 맥락에" 정확히 부합하고 있는 셈이다(『제국, 71). 인종 갈등이나 마약 단속과 같은 경찰권의 행사를 통하여 제국은 왜 자신들이 예외적 경찰권을 부여받아야 하는지를 확실하게 증명하는 셈이 된다.

9 제국 권력의 근거와 토대는, 민족국가 시대의 제국주의가 '위기', 즉 '정체성의 위기'를 통해 권력의 기반을 닦아 나갔던 것처럼, "부패"(corruption)에 근거하는데, 이는 정치적 도덕적 부패를 말하는 것이 아니라, 일종의 "해체"(decomposition)나 "퇴화"(degeneration)를 말한다 (『제국』, 270). 즉 제국의 권력 구조가 부패함으로써 혹은 "붕괴됨"(breaking down)으로써 그 자신의 존재 기반을 확고히 다져 나간다는 것을 말한다(『제국』, 271). 이 제국의 부패는 제국의 종말이나 최후의 날과 같은 종말론적 목적론을 전혀 담지하고 있지 않다. 근대 제국주의 시대에서 '위기'는 제국주의를 지향하는 민족국가의 정체성을 확립하는 기회가 되었듯, 제국의 붕괴는 제국이 존재해야 할 이유를 확립해 주는 계기로서 바로 "제국 주권의 본질이자 작동양식"이다(『제국』, 271). 왜냐하면 제국의 권력은 "부패가 낳는 [모순 위에서 증식하고 번성하며], 자신의 불안정성에 의해, 자신의 불순성과 혼합성에 의해 안정화되며, 자신이 끊임없이 불러일으키는 공포와 불안에 의해 진정된다(『제국』, 271)." 바로 이 맥락에서 제국의 부패는 제국의 "영속적인 개조 및 변신 과정, 반 근거적 근거, 탈존재론적 존재 양식"을 가리킨다(『제국』, 271).

10 인민(the people)은 하나의 유기적 통일체로서 주민의 대표자 성격을 가지며, 이는 곧 다중을 특정 계층이나 집단으로 표상하는 것을 의미한다. 반면, 다중(the multitude)은 그러한 핵심 집단을 전혀 전제하지 않으며, 다중의 복수성과 다수성(multiplicity)을 그대로 인정한다. 그러나 다중은 대중(the mass)과는 전혀 다른데, 대중은 복수성과 다수성으로 존재해도 언제나 "수동적 주체들"로 머무른다는 점에서 다중과 격을 달리한다(『제국』, 13; Hardt

& Negri, *Multitude*, xiv). 또한 다중은 근대 혁명 투쟁의 주체였던 프롤레타리아트 (proletariat)의 주축이었던 물질 노동 계급이 제국의 지구촌 상황 속에서 더 이상 중심적 역할을 감당할 수 없음을 인식하는 개념이기도 하다(『제국』, 92).

11 내재성을 통한 해방은 단순히 우리 시대의 제국적 상황 하에서 출현하는 단기적인 해방 전략이 아니라, 중세로부터 근대를 거쳐 이어진 해방 투쟁 과정의 연장선상에 있다. 즉 중세로부터 근대를 거쳐 진행된 세속화 과정은 바로 "이 세계의 역능에 대한 긍정, 즉 내재성 구도의 발견"을 예시한다는 것이다(『제국』, 113). 이렇게 이 세계의 긍정적 가치, 즉 내재성이 발견되면서, 근대는 두 가지 양식을 통해 이러한 발견을 조절하는데, 첫 번째 양식은 "철저한 혁명의 과정," 즉 "과거와 자신의 관계를 파괴하고, 세계와 삶의 새로운 패러다임이 지닌 내재성을 선언"하는 길을 열어나갔는데, 이는 곧 이러한 혁명에 대한 반발 혹은 반동을 야기한다. 즉 내재적인 구성 권력을 통한 혁명과 해방에 반하여 두 번째 양식, 즉 "초월적" 권력의 구성을 촉진하는데, 근대는 이 내재성 양식과 초월성 양식 간의 대결이었고, 결국 두 번째 양식 즉 초월적 양식의 승리로 귀결되었다. 다시 말하자면, 근대는 "즉 내재적이고 구축적이고 창조적인 세력들과 질서를 재건하려는 초월적 권력 간의 부단한 갈등에서 태어나는 위기"로 규정된다(『제국』, 119).

근대 철학은 바로 이 내재적 혁명 동력을 질서로 통제하려는 권력의 욕망으로부터 비롯되는데, "형식적으로 자유로운 수많은 주체들을 훈육시킬 수 있는 선험적transcendental 장치를 구축함"을 통해 그 욕망을 실현한다(『제국』, 122). 예를 들면, 데카르트의 초월적 이성은 결국 이 세상의 (이성적) 질서를 부여하는 신에 근거하고 있으며, 이런 의미에서 데카르트의 생각하는 주체의 이성은 곧 "신성한 초월성의 일종의 잔여물"로 간주될 수 있을 것이다(『제국』, 123). 그리고 그 신은 이 세상의 전복과 파괴와 혁명을 부추기는 것이 아니라, 이 세상의 "질서"를 보증한다(『제국』, 124). 또 다른 예로 칸트의 철학을 들 수 있는데, 칸트의 철학적 주체는 언제나 선험적(transcendental) 구조에 종속된 주체였고, 선험적 구조는 언제나 이 세상의 질서를 규정하는 질서이며, 인간은 이 선험적 구조 너머의 실재(reality)를 결코 직접적으로 경험할 수 없다(『제국』, 125-126). 말하자면 근대 형이상학은 근대성의 첫 번째 양식인 혁명적 창조성을 통제하는 이념적 구조와 질서를 제공하였다.

12 지젝의 설명을 빌리자면, "사라지는 매개자"는 "비록 사실상 현재하지 않고 그리고 그 자체로는 우리의 경험으로 접근 불가능하지만, 만일 모든 다른 구성요소들이 그들의 일관성을 유지해야 한다면, 그럼에도 불구하고 구성되고, 전제되어야만 하는 어떤 구성요소의 구조"를 말한다(Žižek, *Tarrying wiht the Negative*, 33).

이야기 해석학으로서의 토착화 신학 | 서동은

1 하이데거는 처해 있음(Befindlichkeit, 상황성)과 이해(Verstehen)가 같은 근원을 가지고 있다는 의미에서 이 용어를 사용하고 있다. 이 두 개념이 같은 근원을 가지는 것은 우리들이 말할 때(Rede) 비로소 알 수 있다고 한다. Heidegger, Martin, *Sein und Zeit, Tuebingen*, 1993. 133, 142쪽 참조. 문학평론가 김현도 이와 비슷한 의미의 말을 한 바 있다. 김현은 정황의 차이와 책읽기의 차이에 주목하고 있다. 그러니까 상황과 읽기, 상황과 말하기는 동시적인 현상인 것이다. 김현, "행복한 책 읽기", 문학과 지성사, 1992. 89쪽 참조. 이와 비슷한 의미에서 하이데거는 "사유(Denken)"와 "시짓기(Dichten)" 개념과 관련해서 "이웃성(Nachbarschaft)" 개념을 사용하기도 한다. Heidegger, Martin, *Unterwegs zur Sprache*, Stuttgart, 2001. 173쪽 참조. 가다머 또한 이러한 관점에 입각해서 자신의 예술에 대한 관점을 서술하고 있다. 서동은, 「하이데거와 가다머의 예술 이해」, 누멘, 2009. 236쪽 각주 76번 참조. 이와 비슷한 개념을 우리는 비트겐슈타인의 "가족유사성(Familienaehnlichkeit)" 개념에서 찾을 수 있다.

2 이정배는 생태학적 시각에서 창조와 역사에 대한 물음, 자연과 여성에 대한 물음을 중심으로 해서 기존의 토착화 신학의 모형이 바뀌어야 한다고 주장한다. 그리고 이러한 생명신학 혹은 생태학의 관점에서 성서를 다시 읽어야 함을 주장한다. 기독교사상편집부 편, 『한국의 문화와 신학』, 대한기독교서회, 1993. 125-143쪽 참조. 이러한 토착화론에 대한 포괄적인 시도는 다음의 책을 참조할 것. 이정배, 『토착화와 생명문화』, 종로서적, 1991. 박종천도 상생신학의 관점에서 다섯 가지 테제를 제시함으로써 토착화 신학의 모형 변화를 시도하고 있다. 앞의 책 『한국의 문화와 신학』, 100-114쪽 참조. 이 두 신학자의 시도에서 읽을 수 있는 것은 두 신학자의 "상황 읽기"이다. 생명 또는 상생(相生)이라고 현실을 신학함의 현실로 전면에 부각시키며 성서와 전통을 재해석하려고 하는 시도인 것이다.

3 유동식, 「기독교의 토착화에 대한 이해」, 기상 63.4, 66쪽.

4 윤성범, 「복음의 토착화에 대한 전이해」, 기상 63.6, 28-29쪽.

5 박봉랑, 「기독교의 토착화 문제」, 사상계, 66.8, 213쪽.

6 유동식, 앞의 글, 67쪽.

7 정하은, 「신학의 토착화의 기점-비복음적 요인의 변질과 선교를 위하여」, 기상 63.7, 30쪽.

8 윤성범, 앞의 글, 31쪽.

9 한태동, 「사고의 유형과 토착문제」, 기상 63.7, 18쪽.

10 앞의 책, 20쪽.

11 윤성범, 『성(誠)의 신학이란 무엇인가?- 특히 한국 '오지그릇'을 중심하여』, 기상 73.2, 84
쪽. 이 성(誠)개념에서 말, 곧 Logos를 요한복음뿐만 아니라 하이데거의 언어·진리 개념
과 유비시켜서 이해하고 있는 대목도 흥미롭다. 편집위원회 편, 『한국 유교와 한국적 신
학, 윤성범 전집 2』 감신, 1998. 38쪽. 『신학적 인간학과 현대 신학자들, 윤성범 전집 4』, 감
신, 1998.549쪽. 하이데거가 말하는 로고스는 학문(學問 혹은 論)으로 체계화되기 이전의
말 혹은 이야기에 해당한다고 말할 수 있다. 나는 『존재와 시간』에 언급된 하이데거의
Logos 이해에 따라 서론에서 신학을 "신에 대한 이야기"로 풀어보았다. 하이데거는 『존재
와 시간』에서와는 달리 『형이상학 입문』에서 보다 체계적으로 이 개념의 어원적인 뜻에
대하여 분석하고 있다. 하이데거는 또한 요한복음 1장1절에서 말하는 로고스도 헤라클레
이토스의 로고스 개념의 재해석이라고 본다. 하지만 근원적인 의미인 '모음(sammeln)'이
아니고, 단지 말(씀) 또는 하나님의 아들의 존재 그 자체로 이해되고 있다고 말하고 있다.
이 이유를 하이데거는 구약성서의 그리스어 번역(Septuatinta, 70인역) 탓이라고 본다. 여
기서 그리스어의 로고스가 '말씀'으로 번역되었다는 것이다. 십계명은 그리스어로
"오이 데카 로고이" 곧 Deka-log를 뜻한다. 마르틴 하이데거, 박휘근 옮김, 『형이상학 입
문』, 문예출판사, 1995, p.220.

12 앞의 책, 86쪽.

13 앞의 책, 91쪽.

14 박아론은 특히 윤성범의 시도가 혼합주의 내지 절충주의라고 말하며 기독교와 유교의 성
(誠)의 개념의 근본적인 차이를 언급하고 있다. 한국 고유사상은 기독교에 있는 속죄론적
차원을 결여하고 있다는 것이고, 동양사상에 겸비가 있고 율곡에 성이 있다고 하더라도
그것은 인간의 본성을 선하게 보는 성선설적 입장에서 신 없는 인간우주에 대한 인본주의
적 구상에 불과하다고 본다. 여기에는 기독교가 말하는 바, 십자가와 부활의 그리스도를
중심으로 하는 초자연적이며 믿음으로 의롭게 된다는 구원론이 없다는 것이다. 그리고
한국의 고유 사상은 그것이 가지고 있는 편협성 때문에 비기독교적 성격을 띠고 있다고
판단해야 한다는 것이다. 그러면서 박아론은 한국 신학을 "한국교회의 신학"에 토대를 두
고 발전시켜야 한다고 한다. 한국 교회 100년의 과정에서 21세기에 존재할 미래의 한국교
회의 신학으로 발전시켜야 한다고 보고 있다.(윤성범, 「성의 신학이란 무엇인가?- 특히 한
국 '오지그릇'을 중심하여」, 기상 73.2, 87쪽). 김광식은 김의환과 박아론의 비판의 핵심
에는 혼합주의의 우려에 있다고 요약하면서 근본적으로 윤성범의 성의 신학을 한국적 신
학의 시도로서 긍정적으로 평가하면서 토착화 신학의 당위성과 가능성을 말하고 있다(김
광식, 「'성 신학'에 가능성 있다」, 기상 73.4, 88쪽.)

15 윤성범, 「한국재발견에 대한 단상」, 『기독교사상』, 1963.3, 15쪽.

16 루돌프 불트만, 서남동 역, 『역사와 종말론』, 대한기독교서회, 1979. 171쪽.

17 유동식, 기상, 59.3, 56쪽.

18 앞의 책, 58쪽.

19 김광식, 『토착화와 해석학』, 대한기독교출판사, 1987, 166-186쪽 참조.

20 한철하는 토착화론자들이 말하는 전이해 구조를 비판하고 있다. 그는 다음과 같이 말한다. "이들은 진실로 서양의 본질주의 전통에서 서서 vivo(나는 산다)의 기본형식에 따른 여러 가지 종류의 표현에 불과하다고 할 수 있다. 이와 같이 우리의 이론적 사고의 전제가 되고 소위 '전이해' 혹은 '전(前)구조'는 결코 어떤 맹목적인 것, 무의미한 어떤 것이 아니고, 그것은 어떤 의미구조를 가진 기본개념이요, 이에 대하여 능히 인간정신이 비판을 가할 수 있는 어떤 것이다." (한철하, 「비판적 입장과 토착화 문제」, 41쪽) 한철하는 개개인의 전이해 구조를 떠나서 전혀 다른 문화를 이해할 수 있는 가능성에 입각해서 여러 문화를 받아들이는 토착화가 무의식중에 이루어지고 있다고 전제하면서 토착화 논의 무용론을 펼치고 있다. 그는 다음과 같이 말하고 있다. "우리가 본 회퍼의 글을 읽을 때 한국정신을 가지고 읽는 것인가? 우리가 이와 같은 전현 그 종류를 달리하는 글을 읽을 수 있다는 것은 곧 우리가 한 입장에서 떠나서, 즉 한 생의 존재적 구조에서 떠나서 다른 한 입장에, 즉 다른 한 생의 실존적 구조 속에 들어갈 수 있다는 것을 의미하지 않는가?' (한철하, 「비판적 입장과 토착화 문제」 41쪽. 신학지남 63/11) 라고 말하고 있다. 여기서 한철하는 이해의 '전(前)구조'에 대해서 오해를 하고 있는 듯하다. 이해의 "전(前)구조"는 우리가 어떤 것을 이해할 때 그것에 앞서서 자신의 경험을 가지고 자신의 경험에 입각해서 새로운 것을 받아들일 수밖에 없다고 하는 해석학적 상황을 말하는 것이다. 이것을 누가 맹목적으로 추종한다고 하는 것인지 알 수가 없다.

21 마르틴 하이데거, 이기상 옮김, 『존재와 시간』 까치, 2006, 206-213쪽 참조.

22 이에 대해서는 다음의 책을 참조. 마르틴 하이데거, 서동은 옮김, 『시간의 개념』, 누멘, 2009.

23 Hans-Georg, Gadamer, *Wahrheit und Methode,* Tuebingen, 1986, 270-302쪽 참조. 여기서 가다머는 선입견에 대하여 가지고 있는 일반적인 오해에 대하여 언급하면서 선입견이 해석에 있어 피해야 할 것이 아니라, 오히려 전제해야 할 것임을 피력하고 있다.

24 전(前)이해라고 하는 논의와 직접적인 연관은 없지만, 윤성범은 「후기 하이데거 사상의 주변-특히 그의 신학적 Denken과 Sprechen을 중심하여」라는 논문에서 신학과 연관하여 후기 하이데거 사상에 대한 관심을 보이고 있다. 편집위원회 편, 『윤성범 전집 4.』 감신,

1998. 541-551쪽 참조.

25 루돌프 불트만, 허혁 역, 『학문과 실존 I』 1980, 성광문화사, 135쪽. 290-292쪽 참조.

26 윤성범이 불트만의 전이해 개념에 대해서 아주 자세하게 설명하고 있는 부분이 있다. 윤
성범은 이 글에서 전이해 개념과 비신화화 개념과 관련하여 야스퍼스와 바르트와의 대립
과 차이를 잘 설명해 주고 있다. 특별히 각주에서 불트만의 용어" 비신화화
(Entmytholo/giesierung)"에 대한 번역의 문제에 대하여 정확하게 지적하고 있다. 그의 지
적대로 "비신화화론"으로 번역되어야 마땅하다. 나는 이 말을 "성서의 실존론적 이해"로
풀어서 번역되어야 한다고 본다. 편집위원회 편, 『윤성범 전집 4.』 감신, 1998. 529-540쪽
참조. 유동식도 불트만의 저서 『신약성서와 신화론』를 번역하면서 이러한 제목을 달고 있
다. R. Bultmann, 유동식 역, 『성서의 실존론적 이해』, 신양사, 1959. 122쪽.

27 이장식, 「기독교 토착화는 역사적 과업」, 기상, 63.6.128-136쪽 참조.

28 안병무는 불트만이 요약한 것을 기초로 하여 이러한 복음과 문화의 접촉 과정을 네 가지
로 서술하고 있다. 독일의 신약성서 학자 뤼르만도 이러한 관점에서 신약성서의 형성(토
착화) 과정을 말하고 있다. 안병무, 「한국 신학의 가능성-성서신학에서 가능한 길-」, 『현
신』 67/12. 32쪽 이하 참조) 나는 안병무의 민중 신학이 이러한 관점에서 민중사건과 예수
사건을 유비적으로 이해하려는 시도의 산물이라고 본다. 그렇기 때문에 토착화 신학의 한
시도로 볼 수 있다. 뤼르만은 특별히 신앙을 새로운 언어로 설명하는 과정과 연결시켜서
신약성서의 텍스트를 해석하고 있다. 즉 신앙이란 이미 당시에 전제되고 있는 개념이라고
한다. 단지 이 신앙이 신약성서에서 새로운 예수를 매개로 하여 새롭게 해석되고 있다는
것이다. Luehrmann, Dieter, *Glaube im Fruehen Christentum*, Guetersloh, 1976. 86쪽 참조.

29 분석심리학자 칼 구스타프 융은 신화 속에 등장하는 영웅 이야기들은 개인의 자아의 형성
혹은 성숙과 밀접하게 연관되어 있다고 본다. 개인의식에 있어 영웅 이미지는 자주 개인
의식 속에 있는 어두운 측면인 그림자와의 대결을 통해서 구체화 된다고 한다. 그리고 이
그림자는 상징적으로 우주적인 힘이나 괴물 혹은 인격화된 악마와 싸움으로 구체화된다
는 것이다. 영웅이 됨으로써 개인은 영아기의 행복한 상태로 되돌아가고 싶은 퇴행 현상
을 극복하고 성숙한 인간으로 성장해 간다는 것이다. 칼 구스타프 융 외 저, 권오석 옮김,
『무의식의 분석』, 홍신문화사, 1991. 194쪽 참조. 나는 설교가의 임무는 엄밀한 의미에서
영웅 예수의 이야기를 통해 청중들이 그를 본받아 영웅처럼 살아야 함을 선포하는 데 있
다고 본다. 이를 달리 표현하면 성숙인 인격체로서 하나님의 아들(자녀)이 되게 하는 것,
하나님 앞에서 자신의 현실을 반성(反省)하도록 하는 것에 있다고 본다.

30 윤성범, 「한국재발견에 대한 단상」, 『기독교 사상』 1963년 3월호. 15쪽.

31 한기채도 이야기에 주목하면서 성서 이야기와 비성서 이야기 전통이 만날 때 민중의 이야기는 역사적이고 성스러움의 중요성을 첨가한 폭넓은 의미를 지니게 된다고 말하고 있다. 물론 민중의 이야기는 넓게 우리 모두의 이야기가 될 수도 있다. 하지만 이야기가 단지 가난하고 억압받고 소외된 계층만의 이야기라면 지나치게 당파적이다. 안병무의 민중신학 이야기도 이러한 맥락에서 지나치게 특정한 계층만을 향하고 있다고 볼 수 있다. 『神學思想』, 1996년 여름, 한국신학연구소, 214쪽.

32 여기서 설교 혹은 선교의 주체가 꼭 신학을 공부한 성직자일 필요는 없다고 본다. 누구나 하나님에 대한 경험 이야기의 주체가 될 수 있다. 하나님에 대한 체험을 간증할 개인적인 이야기가 있다면, 그 사람이 바로 설교의 주체이며 신학함의 주체인 것이다.

풍류신학과 언행일치의 신학 | 이찬석

1 유동식의 풍류신학은 이찬석, 「풍류객 예수-풍류신학의 기독론」, 『한국조직신학논총』 제21집, 195-219쪽에서, 그리고 김광식의 언행일치의 신학은 이찬석, 「언행일치의 신학」, 『성암사상연구』 제5집, 171-187쪽에서 각각 요약 발췌하였음을 밝힌다.

2 유동식은 호를 소석(素石)에서 소금(素琴)으로 바꾸었다. 그는 이렇게 고백한다. "중국의 시인 도연명은 인생의 선율과 조화를 찾아 항상 옆구리에 거문고를 끼고 다녔다고 한다. 그러나 그 거문고는 줄이 없는 소금(素琴)이었다. 내가 내 호를 '소석' 에서 '소금' 으로 바꾼 것도 이런 뜻에서이다. (유동식, 『종교와 예술의 뒤안길에서』 137쪽.)

3 한국문화신학회엮음, 『한국문화와 풍류신학』, 한들출판사, 2002, 22쪽.

4 Ibid, 33-35쪽.

5 소금 유동식은 '한국의 마음' 의 특성을 다음과 같이 요약한다. 1) 모든 것을 '한' 속에 용납하는 큰 마음이다. 한은 본래 하나인 동시에 전체였다. 2) 綜合止揚하는 마음으로 단순히 多를 종합하는 것이 아니라, 이를 지양하여 근본을 잡게 하는 창의적인 마음이다. 3) 현실에의 책임 있는 참여의 마음이다. 한마음은 하늘이 곧 사람이므로 신라불교, 동학, 3.1운동에서처럼 현실 참여적이다. 4) 현실 참여 속에서 갖는 한국의 풍류의 마음이다. (유동식, 『한국종교와 기독교』, 223-4)

6 유동식, 『풍류신학으로의 여로』, 전망사, 1988, 19쪽.

7 유동식, 『풍류도와 예술신학』, 한들출판사, 2006, 21쪽.

8 유동식, 『풍류신학으로의 여로』, 19쪽.

9 유동식, 『풍류도와 한국신학』, 전망사, 1992, 86쪽.

10 한국문화신학회엮음, 『한국문화와 풍류신학』, 186쪽.

11 유동식, 『風流道와 한국의 종교사상』 연세대학교출판부, 2007, 59-60쪽.

12 유동식, 『풍류신학으로의 여로』 20; 유동식, 『風流道와 한국의 종교사상』, 60-61쪽.

13 유동식, 「하늘 나그네의 사랑과 평화」, 소석 유동식박사 고희 기념 논문집 출판위원회, 『韓
國宗教와 韓國神學』, 한국신학연구소, 1993, 22쪽; 유동식, 『풍류신학으로의 여로』, 21-22쪽.

14 유동식, 『風流道와 한국의 종교사상』, 72-74쪽; 『풍류신학으로의 여로』 23쪽. 소금은 종교
변화의 과정속에서 일정한 법칙을 제시한다. 새로 도입된 종교는 그 종교가 지닌 문화 창
조의 생명력이 활발히 발동된다. 사회체제로부터 인정을 받고, 지배층에 속한 특권을 누
리게 되면서 기존의 현실에 유착하게 된다. 그러나 내적으로는 현실적인 이해관계에 밀
착함으로써 종교로서의 창조적 생명력을 잃고, 세속화되며 타락의 길을 걷는다. 말하자
면, 종교로서의 풍류를 잃게 되며, 멋을 잃은 종교는 결국 민중으로부터 배척을 받게 된
다. 그리고 다른 종교에 그 자리를 넘겨 주게 되는 것이다. (『풍류신학으로의 여로』, 25쪽.)
2000년대에 이르러서 素琴은 예술신학을 주장한다. 그러나 풍류신학과 예술신학이 분리
되는 것은 아니다. 그는 『풍류도와 예술신학』이라는 책에서 한국의 종교문화사를 풍류문
화사의 형성 과정사로 규정하면서 불교를 '한'의 종교로, 유교를 '삶'의 종교로 규정하면
서 기독교를 '멋'의 종교로 제시하지만 무교에 대해서는 언급하지 않고 있다.(유동식, 『풍
류도와 예술신학』, 36쪽.)

15 유동식, 『풍류신학으로의 여로』, 27-29쪽.

16 유동식, 『풍류도와 한국신학』, 79-80쪽. "요한복음에는 유대교적인 구원의 역사적 전개가
없다. 복음의 중심은 성육신과 십자가와 부활을 통해 하느님과 인간이 하나로 통합되는
데 있다. 따라서 십자가는 인간의 속죄를 위한 대속의 형벌이 아니라 자기부정적 사랑이
며, 하느님의 뜻에 대한 순종이다." (『풍류도와 한국신학』, 81쪽.)

17 유동식, 『풍류도와 한국신학』, 82쪽.

18 유동식, 『한국종교와 기독교』, 대한기독교서회, 1969, 170쪽.

19 유동식, 『도와 로고스』, 대한기독교서회, 1978, 96쪽.

20 유동식, 『한국종교와 기독교』, 153쪽.

21 유동식, 『도와 로고스』, 96쪽.

22 Ibid., 166쪽. "그리스도는 실로 기독교의 종교적 울타리 안에서만 구주가 되시며 하나님을
계시하시는 것이 아니라 전 우주의 주인이시요 구주가 되시며 전세계의 역사 안에서 하나
님을 나타내시고 일하시는 것이다." 유동식, 『한국종교와 기독교』, 169쪽.

23 유동식, 『한국종교와 기독교』, 178쪽.

24 *Ibid.*, 179쪽.

25 유동식, 『풍류도와 한국신학』, 171쪽.

26 *Ibid.*, 93쪽.

27 유동식, 『풍류신학으로의 여로』, 30쪽.

28 *Ibid.*, 63쪽.

29 유동식, 『풍류도와 요한복음』, 한들출판사, 2007, 65쪽.

30 유동식, 『풍류신학으로의 여로』, 64쪽.

31 김광식, 『언행일치의 신학』, 종로서적성서출판, 2000, 238쪽.

32 *Ibid.*, 148쪽.

33 *Ibid.*, 150-151쪽.

34 *Ibid.*, 152쪽.

35 *Ibid.*,

36 *Ibid.*, 153쪽.

37 *Ibid.*, 156쪽.

38 *Ibid.*,

39 *Ibid.*, 157쪽.

40 *Ibid.*,

41 *Ibid.*,

42 *Ibid.*, 158-9쪽.

43 *Ibid.*, 153쪽.

44 *Ibid.*, 154쪽.

45 *Ibid.*, 163쪽.

46 *Ibid.*, 149쪽.

47 *Ibid.*, 164쪽.

48 *Ibid.*, 강조는 필자의 것임.

49 *Ibid.*, 164-5쪽.

50 *Ibid.*, 167쪽.

51 *Ibid.*, 168-9쪽.

52 *Ibid.*, 170쪽.

53 *Ibid.*, 169쪽.

54 *Ibid.*, 170쪽.

55 *Ibid.*, 169쪽.

56 *Ibid.*, 171쪽.

57 *Ibid.*, 171-2쪽.

58 Hyung Nong Park, *Dogmatic Theology*, vol. 1., Introduction (Seoul : Lily Publishing Co, 1964); 김경재, 『해석학과 종교신학』, 천안 : 한국신학연구소, 1994, 194쪽에서 재인용. 강조는 논자의 것임.

59 김경재, 같은 책, 195쪽.

60 한국문화신학회 엮음, 『한국문화와 풍류신학』, 서울 : 한들출판사, 2002, 30쪽.

61 *Ibid.*, 22쪽.

62 이찬석, 「아시아 신학에 있어서 서구와 아시아의 관계」, 『다문화시대 기독교 윤리』(한국기독교윤리학논총11집), 2008, 158-9쪽. 호미바바의 탈식민지론, 특히 혼종성과 피에리스의 아시아 신학에 대하여는 다음의 글 참조. 이찬석, 「탈식민지론과 아시아 신학-피에리스와 호미바바를 중심으로」, 『신학사상』 141 (2008/ 여름), 79-111쪽.

63 안명무, 『민중신학이야기』, 한국신학연구소, 1998, 155쪽.

64 이찬석, 「아시아 신학에 있어서 서구와 아시아의 관계」, 앞의 책, 162-3쪽 참조.

65 박봉배는 기독교와 문화의 관계를 배타주의, 상대주의, 변혁주의로 구분하면서 리차드 니버의 변혁주의에 근거하여 변혁주의적 토착화 신학을 주장한다. 이 글에서 변혁설은 박봉배의 변혁설을 의미한다. 박봉배의 변혁주의는 토착화 신학적으로 많은 주목을 받지 못한 경향이 있지만, 배타주의, 포괄주의, 다원주의라는 세 틀 안에서 자리매김을 한다면 논자는 포괄주의로 분류하고 싶다.

66 이찬석, 「Raimon Panikkar와 안병무의 기독론적 관점: 아시아 기독론을 향하여」, 『조직신학논총』(제14집 2005), 244-256쪽.

67 이찬석, 「풍류객 예수-풍류신학의 기독론」, 『한국조직신학논총』(제21집, 2008), 211-6 참조.

68 박봉배, 『기독교와 한국문화』, 성광문화사, 1983, 261쪽.

69 *Ibid.*, 262-3쪽.

70 *Ibid.*, 275쪽.

71 *Ibid.*, 277쪽.

72 김광식, 『토착화와 해석학』, 대한기독교출판사, 1986, 96쪽.

변선환의 신학 - 실존의 자기이해 여정으로서 | 신익상

1 이정배, 「변선환 박사의 신학적 실존」, 변선환아키브 편, 『변선환 종교신학』 천안 : 한국신
학연구소, 1996, 15-28쪽; 이원재, 「변선환의 신학과 실존사상」, 같은 책, 171-92쪽.

2 변선환은 부리로부터 비케리그마화를 배운 후의 자신을 다음과 같이 말한 바 있다.: "나는
새로운 것을 좀 빨리 배워야 되겠다는 의욕이 있었기에 야스퍼스와 부리의 책을 읽으면서
기독교인이 아주 소중하게 생각하는 그리스도 사건의 특이성 - 과거에는 절대성을 지녔고,
능가할 수 없는 것이라는 말로 이야기하였던 것 - 을 새롭게 읽어냈습니다. 즉 그리스도 사
건의 특이성이라는 것은 사실에 있어서는 인간실존의 초월과 관계된 인간실존의 특이성
에 대한 신학적 표현이라는 것입니다."; 유동식 외, 「특집좌담 : 한국토착화 신학 논쟁의 평
가와 전망」, 『기독교사상』 제390호(1991.6), 81-2쪽.

3 이와 더불어 "민중의 종교"에 대한 의식이 또한 중요하다. 민중신학과 아시아 해방신학과
의 대화 속에서 비서구화라는 문제의식을 토착화 신학의 주제로서 전개해 나가고 있다는
점을 간과해서는 안 될 것이다. 본고에서는 이에 대한 이해를 전제로 논지를 전개해 나가
고자 한다.

4 이정배, 앞의 글, 41-3쪽 참조.

5 복음의 원형을 강조하느냐, 복음의 현실을 강조하느냐의 문제로 치환해서 생각할 수도 있
겠다.

6 변선환의 신학적 정체를 보통은 전기, 중기, 후기로 나누는 데, 이는 그 자신이 스스로를 규
정한데 충실하여서 그런 것이다. 그는 1992년 "기소장에 대한 해명의 글" 서두에 자신의
신학적 입장을 밝히면서 자신의 신학이 신의 선교와 세속화 교회론의 시기(~1970 후반),
포괄주의 신학에 서 있던 시기(1980년대 초반), 다원주의 신학을 배경으로 한 시기(1980년
대 후반 이후)를 거쳐 왔다고 밝히고 있다.(변선환, 「기소장에 대한 해명의 글」, 『전집4』,
318-9쪽. 참조.) 다른 곳에서는 바르트에 영향을 받았던 50 · 60년대, 마이켈슨을 만나고 불
트만의 영향을 받던 60년대 중후반, 야스퍼스를 배경으로 하는 부리를 만났던 60년대 후반
에서 70년대로 나누며 영향사를 밝힌 바 있다(유동식 외, 앞의 글). : 심광섭은 이를 바탕으
로 변선환의 토착화에 대한 입장을 다음과 같은 세 시기로 구분한다. 첫째 시기는 "기독교
에 의한 동양 종교의 변혁을 추구한 실존적-변혁적 토착화론", 둘째 시기는 "대화적-성취
론적 토착화론", 셋째 시기는 "대화를 넘어 상호 변혁으로, 한 걸음 더 나아가 동양 종교에
의한 기독교의 변혁을 모색하는 다원주의적 종교해방신학으로서의 토착화론".(심광섭,
「변선환의 토착화신학론 - 다원주의적 종교해방신학」, 변선환아키브 · 동서종교신학연구

소 편, 『변선환 신학 새로 보기』, 서울: 대한기독교서회, 2005, 101쪽. 필자는 미국 유학과 스위스 유학, 그리고 "타종교와 신학"이라는 논문을 발표한 1984년 가을을 중심으로 시기 구분을 하는 것에는 동의하나, 변선환의 실존주의적인 사고가 전기에 머무르지 않고 "실존의 자기이해"라는 덕목 속에서 그 이해를 더욱 풍성하게 하고 있다고 보고 있기 때문에 실존적 입장을 첫째 시기에 미루어 두는 것에 찬성하지 않는다. 따라서 그냥 다음과 같이 시기를 구분하고자 한다: 부리의 영향에 있게 되는 스위스 유학시기를 전후로, 그리고 동양적 사고에 대한 재평가가 이루어지는 1980년대 초중반을 전후로 해서 전기, 중기, 후기로 나누어보도록 하겠다.

7 변선환, 「나의 신학 수업」(1980/1992), 『전집6』, 362-3쪽.

8 유동식 외, 앞의 글, 82쪽.

9 변선환, 「나의 신학 수업」, 361쪽.

10 변선환, 「불교와 그리스도교」(1976), 『전집1』, 310-31쪽.

11 변선환, 「사무엘 베케트의 실존주의 신학」(1970), 『전집6』, 187-8, 199쪽.

12 변선환, 「현대 종말론의 초점」(1968), 『전집6』, 15쪽.

13 변선환, 같은 글, 16쪽.

14 Rudolf Bultmann, *Jesus Christus und Mythologie*(1958); 손규태 역, 「예수 그리스도와 신화」, 『세계 기독교 대사상 9』, 서울 : 교육출판공사, 2007, 32쪽.

15 변선환, 「마틴 하이데거와 루돌프 불트만의 실존론적 신학」(1983), 『전집6』, 95쪽.

16 이정배, 「변선환 박사의 신학적 실존」, 변선환아키브 편, 『변선환 종교신학』, 천안 : 한국신학연구소, 1996, 16쪽.

17 변선환, 「현대 종말론의 초점」, 20쪽 ; 변선환, 「예수의 부활과 현대신학」(1971), 『전집5』, 99쪽.

18 변선환, 「예수의 부활과 현대신학」, 98-103쪽.

19 변선환, 「야기 세이이찌의 장소적 기독론」(1977), 『전집5』, 152-72쪽.

20 변선환, 「예수의 부활과 현대신학」, 64쪽.

21 변선환, 같은 글, 62-3쪽.

22 변선환, 같은 글, 103쪽.

23 F. Buri, "Entmythologisierung oder Entkerygmatizierung der Theologie", *Kerygma und Mythos*, Vol. II, No. 9, 1952.; 이정배, 앞의 글, 19쪽 재인용.

24 이원재, 앞의 글, 178-9쪽.

25 같은 글.

26 변선환, 「마틴 하이데거와 루돌프 불트만의 실존론적 신학」, 142쪽.

27 F. Buri, *Denkender Glaube*(1967) ; Harold H. Oliver tr., *Thinking Faith: Steps on the Way to Philosophical Theology*, (Philadelphia: Fortress Press, 1968), vi.

28 F. Buri, *Dogmatik als Selbstverständnis des Christlichen Glaubens, Bd*, II, S.130쪽 ; 변선환, 「불교와 그리스도교」, 324쪽. 재인용.

29 F. Buri, "Wie K nen wir heute noch verantwortlich von Gott reden", *Zur Theologie der Verant-wortung*, S.242쪽, 같은 글 재인용.

30 F. Buri, 앞의 책, viii.

31 F. Buri, 앞의 책, 8-10쪽.

32 F. Buri, *Die Bedeutung der neutestamentlichen Eschatologie für dieneuere Protestantische Theologie: Ein Versuch zur Klärung des Problems der Eschatologie und zu einem neuen Verständnis ihres eigentlichen Anliegens* (Dissertation, Universit t Bern) Zürich und Leipzig: Max Niehans Verlag, 1935, S.91쪽 ; 변선환, 「불교와 그리스도교」, 330쪽, 재인용.

33 변선환, 같은 글, 329쪽.

34 같은 글, 330쪽.

35 F. Buri, *Dogmatik, Bd.. II*, S.512-3.; 같은 글, 330-1쪽, 재인용.

36 변선환, 「불교와 그리스도교」, 311-31쪽 참조.

37 변선환, 「야기 세이이찌의 장소적 기독론」, 182쪽.

38 변선환, 「동 · 서 종교의 대화」(1977), 『전집7』, 301-2쪽.

39 이정배, 앞의 글, 20쪽.

40 변선환, 「동양적 예수의 문학적 개척」(1976), 『전집5』, 183쪽.

41 같은 글, 184쪽.

42 변선환, 「Missio Dei 이후의 선교신학」(1976), 『전집4』, 195쪽.

43 변선환, 「불트만의 비신화화와 토착화의 과제」(1977), 『전집3』, 253-4쪽.

44 변선환, 「세속화 이후의 미국의 기독론」(1977), 『전집5』, 146-7쪽. 참조 ; 변선환, 「현대 과정 신학에 나타난 기독론」(1978), 『전집5』, 127쪽. 참조.

45 "불이는 심각한 물음을 제기한다. 참된 객체 없이 어떻게 주체가 가능한가? 존재론적 중재 자 없이 어떻게 초월의 하느님과 내재적인 하느님, 하느님과 신성, 브라만과 아트만 사이 의 통일성이 가능한가?" ; 변선환, 「레이몬드 파니카와 힌두교인-기독교인 사이의 대화」 (1976), 『전집1』, 143쪽.

46 변선환 스스로가 이런 고백을 하고 있다: "부리는 아주 전형적인 서구 사람입니다. 칸트적

이원론자입니다. 나는 그 부리한테 계속 영향을 받았지요. … 이제라도 그거 [서구신학] 내 버려야겠는데 말이야. … 나는 버려지지 않아. 그걸 버리려면 앞으로도 30년은 더 살아야 하겠는데, 하느님이 그걸 허락하시지 않을 것 같고… 그래요."; 변선환 외, 「심포지움 : 한국신학」, 『신학사상』 통권47호(1984/겨울), 827쪽.

47 유동식 외, 앞의 글, 82쪽.

48 변선환, 「해방 후 기독교와 불교의 수용 형태」(1978), 『전집2』, 101-7쪽.

49 유동식 외, 앞의 글, 82-3쪽.

50 고재식 외, 「제3세계의 신학」(1981), 『전집4』, 264-5쪽.

51 이와 관련하여 변선환 스스로의 다음과 같은 말이 시사하는 의미가 크다 할 것이다. "아시아신학의 특수성은 세계교회와의 열려진 교제의 창구를 가져야 한다는 의미에서 제1세계의 신학과의 대화를 게을리하여서는 안 될 것이다. 아시아 그리스도론은 결코 전통적 신앙고백을 전적으로 부정하고 또 하나의 다른 신앙고백을 만들어 내려는 것이 아니라 오히려 그 신앙고백의 보편성을 아시아의 고난과 종교성이라는 특수성과 관련시킴으로써 더 의미 있고 생명력이 있는 것으로 만들려고 하는 것이다."; 변선환, 「아시아 그리스도론의 여명」(1985), 『전집1』, 131쪽.

52 실존주의를 다루고 있는 글들에는 다음과 같은 것들이 있다.: 「단독자와 대중적 인간」 (1981), 『전집6』, 269-81쪽; 「마틴 하이데거와 루돌프 불트만의 실존론적 신학」(1983), 『전집6』, 39-148쪽; 「실존주의와 시간」(1983), 『전집6』, 250-9쪽; 「인간의 운명」(1984), 『전집6』, 260-8쪽; 「야기 세이이찌의 성서해석학과 선불교」(1986), 『전집2』, 165-228쪽; 「철학자의 하느님」(1988), 『전집5』, 240-59쪽; 「만일 신이 존재하지 않는다면」(연대불명), 『전집5』, 260-353쪽.

53 변선환, 「비서구화와 제3세계 신학」(1984), 『전집1』, 240쪽.

54 같은 글, 246-7쪽.

55 니터는 해방신학과 종교신학의 대화의 필요성에서 자신의 종교해방신학을 구상하였음을 밝히고 있다.; 폴 니터, 김기석 옮김, 「종교 해방 신학을 향하여」, 변선환박사회갑기념논문집간행위원회 편, 『변선환박사회갑기념논문집: 종교다원주의와 신학의 미래』 서울: 종로서적, 1989, 71-101쪽. 참조.

56 변선환, 「타종교와 신학」(1984), 『전집1』, 178-9쪽.

57 같은 글, 180쪽.

58 한국의 토착화 신학과 민중신학은 물론이거니와 아시아신학은 하나같이 비서구화의 과제를 통해서 자신의 주체성을 형성해 간다. 그것은 벗어남으로써 형성되는 것이다. 정체

성의 문제에 있어서 사르트르는 유럽의 자아란 다른 타자를 창조한 후 그 타자의 부정으로서의 자아를 확립해 나간 것이라고 보고 있다. 부정적 정체성을 창조한 후 그 부정의 부정이라는 변증법적 구조로서 백인 유럽 자아가 생겨났다는 것이다. 이럴 경우 유럽의 자아 형성 속에서 부당하게 부정되는 타자는 그 부정적 정체성으로부터 벗어남으로써 참된 자기 정체성을 찾아야 한다. 반면 들뢰즈는 정체성이란 비변증법적으로 형성된다고 본다. "백인의 자만인 유럽의 인종주의는 배제한다든가 누군가를 〈타자〉로 지적함으로써 진행된 것이 결코 아니었다. … 인종주의는 점점 더 특이해지고 지체되는 파동 속에서 적합하지 않은 특징들을 특정 장소나 조건, 특정 게토 안에서 용인하기 위해, 또는 결코 이타성을 지지하지 않는 벽에서 삭제하기 위해 그것들을 통합하는 척하는 〈백색인〉의 얼굴에 의해 일탈의 격차들을 결정함으로써 진행되었다." (Gilles Deleuze et Felix Guattari, *Mille Plateaux: Capitalisme et schizophrérie 2*(1980); 김재인 옮김, 『천 개의 고원』, 서울: 새물결, 2003, 340.쪽) 극단적인 차이를 통해서 자신을 확인하는 것이 아니라, 어떠한 배제도 없이 다만 지배적인 표준으로부터의 이탈의 수준에 따라 정의되는 위계 속에 포함시키고 정렬시킴으로써 인종적 차이를 만들어낸다는 것이다.(Michael Hardt, *Gilles Deleuze: An Apprenticeship in Philosophy*(1993); 김상운 · 양창렬 옮김, 『들뢰즈 사상의 진화』, 서울: 갈무리, 2004, 398-401쪽 참조.) 따라서 들뢰즈의 이해대로라면 아시아신학의 정체성 형성은 서구로부터 벗어나는 것이 아니라 아시아에서 시작하는 것으로부터만 가능하다 할 것이다. 벗어나는 것은 단지 위계의 후순위에 놓이는 것에 불과하기 때문이다. 그러나 물론 들뢰즈가 궁극적으로 의도하는 것은 또 다른 위계를 만들어내는 것이 아니라 위계를 탈주하는 것이겠기에, 정체성이라는 것 자체를 또한 비신화화하고 끝없이 부정할 필요가 생기게 된다.

59 변선환, 「불교와 기독교의 대화」(1985), 『전집2』, 110쪽.

60 변선환, 「타종교와 신학」, 208쪽; 변선환, 「현대화냐 보수화냐」(1985), 『전집7』, 322쪽.

61 변선환, 「불교와 기독교의 대화」, 130쪽.

62 같은 글.

63 변선환 외, 「심포지움: 한국문화와 그리스도교 관계의 새로운 전망」, 『신학사상』, 통권52호(1986/봄), 86쪽.

64 변선환, 「한국 개신교의 토착화: 과거, 현재, 미래」(1990), 『전집3』, 98쪽.

65 이는 변선환이 인격신을 부정한다는 뜻이 아니다. 오히려 변선환은 인격신과 비인격신 모두를 렘마의 논리 속에서 긍정/부정하고 있다고 해야 할 것이다. 신은 언제나 역사 속에서 실존적으로 만난다는 점에서 인격적인 관계를 가진다. 하지만 그 신은 그 만남을 언제나

넘어서는 존재라는 점에서 비인격적이다. 이는 신과 신성을 말하는 엑크하르트와 맞닿아 있는 것이다. 실로 변선환은 기독교 신자로서 자신의 신 이해에 있어서 예수를 경유하여 실존적으로 만나는 것으로 고백하면서도(1984) 비인격적인 존재로서의 신(1985)을 또한 언급한다.

66 변선환, 「연꽃과 십자가, 렘마와 로고스, 우주론과 종말론」(미간행, 1985년 이후 추정), 『전집2』, 139-49쪽. 참조.

67 이들을 四論이라 한다. 이는 베다와 우파니샤드에 담겨 있던 사상이기도 하나, 대체로 불타시대의 산자야 벨라티풋타라는 이의 불가지론적 사유를 논리적으로 재구성한 것이라고 본다.(변선환, 같은 글, 143쪽.) 그는 인식적 회의론을 주장했는데, 업에 대하여 그 존재를 물으면 "그렇다고도 안 그렇다고도, 그렇지 않은 것도 아니라고, 그렇지 않지 않은 것도 아니라고 대답"하였다고 한다. 이에 반해 불타는 산자야와 같이 도덕적 회의주의나 형이상학적 단멸론 등에 빠지지 않고 중도적인 입장을 표방한 가르침을 베풀었다.; 길희성, 『인도철학사』, 서울: 민음사, 2001, 46쪽.

68 변선환, 「연꽃과 십자가, 렘마와 로고스, 우주론과 종말론」, 147쪽.

69 변선환, 「한국 문화 속의 기독교」(1986), 『전집3』, 24-5쪽.

70 변선환, 「연꽃과 십자가, 렘마와 로고스, 우주론과 종말론」, 142쪽.

71 같은 글.

72 같은 글, 142-3쪽.

73 같은 글, 144-5쪽.

74 같은 글, 147쪽.

75 시즈타니 마사오/스구로 신죠, 문을식 옮김, 『대승불교 : 새로운 민중불교의 탄생』, 서울: 도서출판 여래, 1995, 247쪽.

76 길희성, 앞의 책, 144쪽.

77 변선환, 「한국 기독교와 한국 문화」(1986), 『전집3』, 19-20쪽.

78 정하은, 「한국에 있어서 신학의 토착화의 기점 - 비복음적 요인의 변질과 선교를 위하여」, 『기독교사상』 제67호(1963년 7월), 26쪽.

79 같은 글, 27쪽.

80 같은 글, 28쪽.

81 홍현설, 「토착화의 가능면과 불가능면」, 『기독교사상』 제68호(1963년 8, 9월), 14쪽.

82 같은 글, 17쪽.

83 유동식, 「기독교의 토착화에 대한 이해」, 『기독교사상』 제64호(1963년 4월), 66-7쪽.

84 윤성범, 「Cur Deus Homo와 복음의 토착화」, 『기독교사상』 제104호(1966년 12월), 28-30쪽.

85 같은 글, 33쪽.

86 변선환, 「십우도: 참 자기에 이르는 길」(1991), 『전집2』, 301쪽.

87 같은 글, 300쪽.

88 같은 글, 303쪽.

89 같은 글, 305쪽.

90 같은 글, 304쪽.

91 같은 글, 308쪽.

92 같은 글, 309쪽.

93 이정배, 『토착화와 세계화 : 한국적 신학의 두 과제』, 서울 : 한들출판사, 2007, 253-86쪽 참조.

94 "그러면 나는 어떤가? 나는 우주적 그리스도, 보편적 로고스가 나자렛 사람 예수라고 하는 그 특수한 시간과 역사 속에 계시됐다고 하는 것, 바로 그 점을 통해서 내가 우주적 로고스를 알게 됐다고 하는 것 이것을 부정하지 않습니다."; 변선환 외, 「심포지움 : 한국신학」, 827-8쪽.

현대의 종교 이해와 종교해방신학 | 최대광

1 변선환, 「기소장에 대한 해명의 글」, 변선환 아키브 편 , 『요한웨슬리신학과 선교』, 서울: 한국신학연구소, 1998, 318쪽.

2 변선환, 「타종교의 신학」, 변선환 아키브 편, 『종교간 대화와 아시아신학』, 서울: 한국신학연구소, 1996, 173~174쪽.

3 *Ibid.*, 178쪽.

4 *Ibid.*, 208쪽.

5 변선환, 「불교와 기독교의 대화」, 변선환 아키브 편, 『불교와 기독교의 만남』, 서울: 한국신학 연구소, 1997, 129쪽.

6 *Ibid.*, 130쪽.

7 *Ibid.*, 111쪽.

8 발터 벤야민, 염성완 역, 『발터 벤야민의 문예이론』, 서울: 민음사, 1983, 227쪽.

9 *Ibid.*, 228~229쪽.

10 이진경, 『노마디즘 I』, 서울: 휴머니스트, 2002, 109~111쪽.

11 니니안 스마트, 김윤성 옮김, 『종교와 세계관』, 서울: 이학사, 2006, 16~17쪽.

12 *Ibid.*, 25쪽.

13 *Ibid.*, 100쪽. 샤머니즘에 특히 많은 관심을 가졌던 종교학자 엘리아데는 이것을 고대 종교의 핵심 현상으로 보았다. 그에 따르면 샤머니즘은 인도나 중국 전통에서 호흡법이나 정신 조절법과 같이 특별한 의식 상태에 이르게 하는 초기의 테크닉이 생겨나는 데 지대한 영향을 끼쳤으며, 이로부터 모든 요가 전통이 발생했다고 한다.

14 *Ibid.*, 100~101쪽. "예언자가 전적 타자를 만나는 누미노제 경험을 하면서 마치 '신들린' 사람처럼 신의 이름으로 말하는 전통도 바로 샤머니즘의 이러한 특성에서 생겨난 것이라 볼 수 있다."

15 *Ibid.*, 119쪽.

16 *Ibid.*, 165쪽.

17 *Ibid.*, 160쪽.

18 *Ibid.*, 191쪽.

19 진중권, 『진중권의 Imagine』, 서울: 씨네북스, 2008, 280쪽.

20 *Ibid.*.

21 수잔 벅모스, 김정아 옮김, 『발터 벤야민과 아케이드 프로젝트』, 파주: 문학동네, 2004, 275쪽.

22 *Ibid.*, 314쪽.

23 발터 벤야민, 『역사철학 테제 I』, 701쪽, 발터 벤야민과 아케이드 프로젝트 315쪽에서 재인용.

24 변선환, 「나의 신학 수업」, 변선환 아키브 편, 『현대신학과 문학』, 서울: 한국신학연구소, 1999, 362~363쪽.

제3세대의 토착화 신학과 종교 간 대화의 과제와 전망 ∣ 김진희

1 이덕주, 『한국 토착교회 형성사 연구 - '한국적 기독교'의 뿌리를 찾아서』, 한국기독교역사연구소, 2001, 13쪽.

2 황종렬, 『한국 토착화 신학의 구조』, 국태원, 1996, 가.1, 나.5 참조.

3 유동식, 『한국신학의 광맥』, 다산글방, 2000, IV.1 참조.

4 이 외에도 각자의 관점에서 관점에서 토착화 신학에 대한 많은 이해와 구분들이 있어 왔다고 할 수 있다. 가령, 기독교의 토착화를 본토화 · 토착화 · 문화화 · 현장화의 흐름으로 이해하며, 타협형 · 고립형 · 대결형 · 접목형 · 이단형들의 유형을 도출해 내는 심일섭의 이해는 그러한 일례라 할 수 있다. 심일섭, 『韓國 土着化神學 形成史 論究』, 국학자료원, 1995, 32쪽.

5 여기서 "우리"라고 하는 개념이 갖는 위험성에 대해서도 잠시 밝혀 둔다. 우리에 대한 규정은 때로는 타자에 대한 폭력적이고 배타적인 강요가 되기도 한다. 여기서 이것에 대해 깊이 언급할 수는 없으나, 우리라는 것이 단지 타자에게 나를 강요함으로써 성립되는 나를 향한 배타적 자기동일화여서는 안되며, 예수 그리스도가 보여주신 바와 같이 타자 그리고 보다 낮은이를 향한 자기동일화를 지향해야 할 과제가 있음을 밝혀 둔다.

6 예를 들어 이태하가 지적하는 기독교의 배타성과 그 원인으로서 들고 있는 초기 선교사들의 비교종교적 시각도 본고가 거론하고 있는 우리 자신을 부정적으로 이해하는 데 기여해 왔다고 할 수 있다. 성염, 이태하, 최성수 공저, 『종교다원주의 시대의 기독교와 종교적 관용』, 민지사, 2001, 21-25쪽.

7 변선환은 이러한 한정을 현대신학의 과오라고 보며 "역사주의의 병"으로 표현한다. 변선환, 『변선환 전집』2 : 불교와 기독교의 만남, 한국신학연구소, 1997, 127쪽.

8 Ibid., 118쪽.

9 변선환, 『변선환 전집』3 : 한국적 신학의 모색, 한국신학연구소, 1997, 83-87쪽 참조.

10 Ibid., 7-92쪽 참조.

11 변선환, 『변선환 전집』1 : 종교간의 대화와 아시아 신학, 한국신학연구소, 1996, 180-181쪽.

12 Ibid., 62-64쪽 참조.

13 변선환, 『변선환 전집』2, 111쪽.

14 변선환, 『변선환 전집』3, 64-66쪽.

15 Ibid., 259쪽.

16 변선환, 『변선환 전집』7 : 현대 문명과 기독교 신앙, 한국신학연구소, 1999, 303-305쪽 참조.

17 변선환, 『변선환 전집』3, 48-49쪽.

18 이성배, 『유교와 그리스도교』, 분도출판사, 2001, 64-65쪽.

19 변선환, 『변선환 전집』2, 66쪽.

20 변선환, 『변선환 전집』3, 49-50쪽.

21 변선환, 『변선환 전집』1, 5쪽4.

22 변선환, 『변선환 전집』2, 229-231쪽 참조.

23　변선환, 『변선환 전집』1, 185쪽.

24　변선환, 『변선환 전집』3, 280쪽.

25　변선환, 『변선환 전집』2, 173-175쪽.

26　이정배, 「일아(一雅) 변선환 박사의 불교적 신학 신학의 아시아적 이미지화」, 변선환 아키
　　브·동서신학연구소 편, 『변선환신학 새로보기』, 대한기독교서회, 2005, 170-176쪽 참조.

27　변선환, 『변선환 전집』3, 48-49쪽.

28　보다 정확히 서술하자면, 야기는 신약 사상의 세 가지 유형을 A, B, C로 분류하였고, 각각
　　의 중심사상이 속죄, 부활, 사랑이라고 표현하고 있다. 八木誠一, 『新約思想の成立』增補
　　版, 新教出版社, 2003, 112-119쪽.

29　Ibid., 164-171쪽.

30　변선환, 『변선환 전집』2, 177-182쪽 참조.

31　Ibid., 226-227쪽.

32　Ibid., 176쪽.

33　瀧澤克己, 『聖書のイエスと現代の思惟』, 新教出版社, 1965, 187-192쪽.

34　八木誠一, 『聖書のキリストと實存』, 新教出版社, 1967, 1-3. 야기가 타키자와에게 동의하
　　게 되는 결정적인 계기가 되는 것은 瀧澤克己, 『佛教とキリスト教』, 法藏館, 1950을 통해
　　서이다.

35　변선환은 이러한 야기의 변화를 성립론에서 본질론으로의 전환으로 읽어낸다. 변선환,
　　『변선환 전집』2, 176쪽.

36　오하시 료스케는 이러한 자각의 문제로부터 나시다 철학이 순수경험에서 출발하여 장소
　　에 도달한다고 설명하고 있다. 大橋良介, 『西田哲學の世界-あるいは哲學の轉回』, 筑摩書
　　房, 1995, 55쪽.

37　瀧澤克己, 八木誠一編著, 『神はどこで見出されるか』, 三一書房, 1977, 51-55쪽.

38　변선환, 『변선환 전집』2, 187-190쪽 참조.

39　Ibid., 182쪽.

40　Ibid., 172쪽.

41　Ibid., 226-227쪽.

42　변선환, 『변선환 전집』1, 164쪽 참조.

43　John Hick, The Metaphor of God Incarnation, SCM Press Ltd, 1993, 99-102쪽.

44　변선환, 『변선환 전집』2, 226쪽.

45　Ibid., 참조.

46 힉은 이러한 궁극적 실재가 그 궁극적인 속성으로 인해 복수가 아니라 단수임을 명확히 한다. J·ヒック, 間瀬啓允譯, 『宗教がつくる虹』, 岩波書店, 1997, 128쪽.

47 八木誠一, 『宗教の言語』, 日本基督敎團出版局, 1995, 130-131쪽.

48 예를 들어 야기는 자아(自我)와는 다른 자기(自己)라는 개념을 언급하며, 이 자기의 초월성과 보편성을 주장함과 동시에 개인적인 자아와 구체적인 결합을 이루고 있다고 주장한다. 그리고, 이러한 자기야 말로 그리스도에 다름 아니다. Ibid., 117-125; 131쪽.

49 예를 들어 힉은 칸트의 인간 인식의 한계를 언급하고 이것을 각 종교의 한계로 연결시킨다. J·ヒック, 『宗教がつくる虹』, 50-51; 83. 이에 비해 야기는 인간 인식의 무한한 가능성을 인정하는 것은 아니나, 신약성서라는 주어진 자료에서 출발하여 신을 인식하고 이해할 수 있다는 귀납적인 접근을 하고 있다. 신약성서에 대한 야기의 분석과 유형의 도출은 이러한 시도로 이해할 수 있다. 八木誠一, 『新約思想の成立』, 2, 3장 참조.

50 J·ヒック, 『宗敎がつくる虹』, 137-138쪽.

51 이정배, 「일아(一雅) 변선환 박사의 불교적 신학 신학의 아시아적 이미지화」, 『변선환신학 새로보기』, 176쪽.

52 변선환, 『변선환 전집』 2, 217쪽.

53 Ibid., 217쪽.

54 八木誠一, 阿部正雄編著, 『佛敎とキリスト敎-瀧澤克己との對話を求めて-』, 三一書房, 1981, 150쪽.

55 변선환, 『변선환 전집』 2, 173쪽.

56 이정배, 앞의 논문, 188쪽.

57 변선환, 『변선환 전집』 2, 227쪽.

58 J·ヒック, 「自分史」, 間瀬啓允, 瀬稻垣久和編, 『宗敎多元主義の探求』, 大明堂, 1995, 2-4쪽.

59 성염, 이태하, 최성수 공저, 『종교다원주의 시대의 기독교와 종교적 관용』, 143-147쪽.

60 예를 들어 「京都敎區宣敎基本方針·方策」, 『第73回 京都敎區定期總會議案報告書』, 京都敎區所藏, 2009에는 이러한 일본 기독교의 특성이 잘 나타나 있다.

감리교 토착화 신학의 흐름과 전망 | 이한영

1 이 논문은 발표 이후 분량이 대폭 축소되고 내용과 제목이 일부 수정되어 『신학사상』 147

집(2009)에 「토착화 신학의 흐름과 재고: 윤성범, 변선환, 이정배를 중심으로」라는 제목으로 게재되었음을 밝히는 바입니다.

2 上田閑照, 『禪と京都哲學』, 京都: 燈影舍, 2006, 2-7쪽.

3 복음과 자리/종자와 토양/새 술과 새 부대의 관계로서의 토착화 신학

4 「감리교신학대학교학생회학예부」(1961), 『기독교와 한국사상』(1964), 『현대와 신학』4집 (1967)에 약간씩 변형되어 수록되었다. 유동식, 『한국신학의 광맥』, 서울: 다산글방, 2000/2003, 286, 375쪽.

5 윤성범, 「한국교회와 토착화론」, 『한국종교문화와 한국적 기독교(윤성범 전집 1)』, 서울: 감신, 1998, 89쪽. (이하 윤성범, 『전집 1』 등의 방식으로 표기함.) 또한 '종자와 밭'의 관계에 대해서는 고전 3:6의 "나는 심었고 아볼로는 물을 주었으되 오직 하나님은 자라나게 하셨으니…"를 인용한다. 「한국에 있어서의 한국신학-조직신학에서 가능한 길」, 『전집 1』, 290쪽. 또한 「Cur Deus Homo와 복음의 토착화」, 『전집 1』, 339쪽.

6 윤성범, 「신학방법서설」, 『전집 1』, 17쪽.

7 또한 같은 책 제2장 「복음의 토착화에 대한 전이해」에서 "토착화는 '전이해'의 문제"임을 천명하고 있다. 「복음의 토착화에 대한 전이해」, 『전집 1』, 327-334쪽의 내용. 원문: 『기독교사상』(1963.6)

8 「신학방법서설」, 『전집 1』, 22쪽. 다른 곳에서는 "종교적 아 프리오리" 또는 "신학적 사고양식"이라고 말하기도 한다. 「현대신학의 과제-토착화를 지향하면서」, 「복음의 토착화에 대한 전이해」, 『전집 1』, 321쪽, 333쪽. 윤성범은 이것을 마태복음 9:17을 인용하여 '새 술'과 '새 부대'의 관계로 비유하고 있기도 하다. 「한국교회와 토착화론」, 『전집 1』, 85쪽. 원문: 윤성범, 『기독교와 한국사상』, 서울: 대한기독교서회, 1964. 이것은 『기독교사상』(1963. 6)에서도 이미 언급했던 것이다.

9 「한국교회와 토착화론」, 『전집 1』, 89-91쪽.

10 「한국정신과 한국샤머니즘」, 『전집 1』, 141쪽.

11 이와 관련된 내용들은 윤성범, 『전집 1』, 제5부 제4장 「단군신화 논쟁」에 수록되어 있다. 원문: 『사상계』(1963년) 5월호, 7월호, 8월호, 9월호, 10월호.

12 「하나님 관념의 세계사적 성격: 박봉랑 박사의 비평에 답함」, 『전집 1』, 404쪽, 408쪽. 원문: 『사상계』(1963, 9).

13 그러나 윤성범의 이러한 주장은 『성의 해석학』(76년?)에서 다시 자신의 말을 뒤집는다. "단군신화는 기독신 삼위일체신론의 잔해라고 보며 기독교신관을 이해하는 데 전이해가 된다고 하겠다." 윤성범, 「신론」, 『한국유교와 한국적 신학(윤성범 전집 2)』, 서울: 감신,

1998, 73쪽.

14 윤성범, 「천도교논쟁」, 『전집 1』, 484쪽. 원문 :『사상계』(1964. 5). 이에 대한 천도교 측의 반론은 『신인간』(포덕105년 8월)에 실린 박응삼과 이광순의 논문이다. 「기독교는 천도교의 한 부분이다」; 「윤성범 교수의 소론을 논함」, 『전집 1』, 496-518쪽.

15 윤성범, 「권위, 전통, 한국교회」, 『전집 1』, 198쪽.

16 윤성범이 '성의 신학으로서의 한국적 신학'을 발표한 것은 1971년 『기독교사상』 3월호였다. 여기에서는 「신론」만이 발표되었다. 그리고 1972년 『한국적 신학-성의 해석학』이라는 저서를 간행했다. 유동식, 『한국신학의 광맥』, 서울: 다산글방, 2000/2003, 320쪽.

17 윤성범, 「성의 신학」, 『전집 2』, 16쪽.

18 앞의 글, 41쪽. 이 밖에 제1부 제1장 「성의 신학」의 각 절 제목인 '성으로서의 신학', '성의 집으로서의 실존', '성의 현상으로서의 계시' 등의 의미를 깊이 생각해 보아야 할 것이다. 즉 신학은 하느님의 말씀을 말하는 것이며, 실존으로서의 인간은 하느님이 거하는 곳이며, 계시는 하나님이 나타남이라고 이해할 수 있을 것이다.

19 앞의 글, 『전집 2』, 44-45쪽.

20 앞의 글, 『전집 2』, 22쪽.

21 앞의 글, 『전집 2』, 23쪽, 24쪽, 31쪽, 39쪽, 25쪽.

22 윤성범은 대승불교의 원음(圓音), 일음(一音) 그리고 원효의 일심(一心) 등도 성(誠)과 같은 개념이라고 말한다. 그렇지만 불교의 이러한 개념들은 동양인에게는 매우 낯설은 개념이라서 전이해로는 부적당하다고 말하고 있다. 윤성범, 「신론」, 『전집 2』, 46-48쪽. 그러나 성(誠)은 친숙한 개념인가?

23 변선환아키브 편집, 「불트만의 비신화화와 토착화의 과제」, 『한국적 신학의 모색(전집 3)』, 천안: 한국신학연구소, 1997, 243쪽. 원문 : 불트만 추도 강연회 원고(1976).

24 변선환의 초기 저서들은 주로 실존주의 문학, 철학, 신학에 집중되어 있음을 알 수 있다. 「두 유형의 무신론자」(1965), 『전집 5』, 「현대종말론의 초점」(1968), 『전집 6』, 「실존과의 랑데브 : 윌리엄 포크너의 '음향과 분노' 연구」(1969), 『전집 6』, 「사무엘 베케트와 실존주의 신학」(1970), 『전집 6』, 「단독자와 대중적 인간」(1981), 『전집 6』, 「하이데거와 불트만의 실존론적 신학」(1983), 『전집 6』, 「실존주의와 신학」(1983), 『전집 6』. 1968년에 쓴 「현대종말론의 초점」에서는 이미 몰트만과 판넨베르크의 종말론적 신학도 함께 언급하고 있다.

25 변선환아키브 편집, 「동양종교의 부흥과 토착화 신학」, 『종교간 대화와 아시아신학(전집 1)』, 천안 : 한국신학연구소, 1996/1999, 61쪽, 64쪽.

26 변선환, 「타종교의 신학」(1984); 「비서구화와 제 3세계신학」(1984), 『전집 1』, 169-252쪽.

27 변선환, 「종교간 대화 백년과 전망」, 『전집 1』, 40-41쪽. 물론 아시아 신학의 방법론적 토대
도 다원주의 원칙에 근거하고 있다. 변선환, 「동양종교의 부흥과 토착화 신학」, 『전집 1』,
61쪽. 그러나 이는 또 다른 문제이다.

28 유동식, 『한국신학의 광맥』, 319쪽.

29 베반스는 상황화 신학의 5가지 모델을 제시한다. 〈번역 모델〉, 〈인류학적 모델〉, 〈실천 모
델〉, 〈종합 모델〉, 〈초월 모델〉. 이 중에서 토착화 신학은 〈인류학적 모델〉, 해방신학은 〈실
천모델〉에 속한다. '상황화'란 이 다섯 가지 모델 중 어느 하나를 주장하는 것이 아니라,
상황에 따라 선택할 수 있는 건강한 다원주의이다. 스티븐 베반스, 최형근 역, 『상황화신
학』, 서울: 조이선교회, 2002, 239쪽. 그는 상황화와 토착화의 차이에 대해 다음과 같이 말
한다: "상황화가 문화 이해의 폭을 넓혀 사회, 정치, 경제적인 질문들을 포함하는 반면에,
토착화는 순수하게 인간 경험의 문화적인 차원들에 초점을 둔다." 같은 책, 72쪽. 변선환
역시 다른 책에서 베반스를 인용하고 있는데, 아마도 90년 전후에 나온 책을 읽은 것 같다.

30 「토착화논쟁 30년」(적어도 90년 이후), 『전집 3』, 61쪽. 「한국개신교의 토착화: 과거, 현재,
미래」(1990), 『전집 3』, 77-78쪽. 80년대의 민주화운동의 지상과제는 비서구화(미국), 민족
주체성 회복, 전통문화 회복, 해방, 민중 주체, 민주화 등이었기 때문이다. 토착화 신학과
민중신학은 문화와 정치라고 하는 거리감이 있더라도 이 둘은 이러한 점에서 상당한 공유
점을 가지고 있었다고 할 수 있다.

31 「한국개신교의 토착화 : 과거, 현재, 미래」(1990), 『전집 3』, 97-98쪽.

32 위의 논문, 101쪽.

33 변선환아키브 편집, 「나의 신학 수업」(1980초), 『현대신학과 문학(변선환 전집 6)』, 천안 :
한국신학연구소, 1998, 353, 357쪽.

34 맨 뒤 2개의 논문은 각각 길희성 교수의 논문 「예수 · 보살 · 자비의 하느님 : 불교적 관점
에서 본 그리스도론」과 이재숙의 「대승불교의 공(Sunyata) 사상과 그리스도의 강생(공화,
Kenosis)」에 대한 논평의 글이다.

35 변선환, 「레이몬드 파니카와 힌두교인-기독교인 사이의 대화」(1976), 『전집 1』, 134-143쪽,
149-151쪽. 이정배는 이와 유사한 사고를 유영모, 함석헌, 김흥호 등의 사상에서 읽어 내는
작업을 수행하고 있다.

36 「이용도와 마이스터 에크하르트」(1978), 『전집 3』, 314쪽, 325-326쪽, 335쪽.

37 위의 글, 336-359쪽.

38 「탁사 최병헌과 동양사상」(1980), 『전집 3』, 134쪽, 140-141쪽, 180쪽, 190쪽, 196쪽.

39 「한국개신교의 토착화 : 과거, 현재, 미래」(1990), 『전집 3』, 82쪽.

40 변선환아키브 편집, 「만국종교대회와 지구윤리」(1993), 『현대문명과 기독교신앙(변선환 전집 7)』, 천안 : 한국신학연구소, 1998), 221-252쪽.

41 「종교간의 대화 백년과 전망」(1993), 『전집 1』, 45-46쪽, 54쪽.

42 이정배, 『한국적 생명신학』, 서울: 감신, 1996, 21-22쪽.

43 제레미 리프킨, 이정배 역, 『생명권 정치학』, 서울: 대화출판사, 1996.

44 이정배, 『한국적 생명신학』, 서울: 감신, 1996, 27-30쪽.

45 앞의 책, 60-61쪽, 64쪽, 76-77쪽, 79-81쪽.

46 앞의 책, 84, 88-92쪽.

47 이정배, 『생명의 하느님과 한국적 생명신학 : 하느님의 살림살이를 위한 신학』, 서울: 새길, 2004), 20-22쪽.

48 이정배, 앞의 책, 27쪽, 120-138쪽.

49 포스트모던적 사고가 제목에 반영된 책이 그의 단편적인 여러 글들을 모아 놓은 『해석의 힘, 차이의 축제』(서울 : 쉼, 2001)이다. 언급한 두 책과 대동소이한 주제와 내용을 다루고 있으나, 율려사상, 후천개벽사상, 풍수지리설 등을 신학적으로 풀어가고 있는 부분이 특히 눈에 띈다.

50 변선환, 「타종교와 신학」(1984), 『전집 1』, 170쪽.

51 이정배, 『한국 개신교 전위 토착신학 연구』, 서울 : 대한기독교서회, 2003. 이하의 내용은 방대한 내용을 약술하기 위해서 책 전체의 흐름을 통해 필자가 재구성한 것이다. " "는 본문의 개념이나 내용이다.

52 앞의 책, 41-44쪽, 50-93쪽.

53 앞의 책, 99-104쪽, 108-110쪽, 116-117쪽, 120쪽.

54 앞의 책, 162-168쪽.

55 앞의 책, 174-183쪽, 186-189쪽.

56 앞의 책, 227-231쪽.

57 앞의 책, 261-263쪽.

58 이정배, 『간문화 해석학과 신학적 상상력 : 신학의 아시아적 재이미지화』, 서울 : 감리교신학대학교출판부, 2005. 4장의 내용은 이 책의 결론으로서 간문화적 해석학에 근거한 한국적 생명신학을 구성한 것이라기보다는 부록의 의미에 가깝다고 본다. 그러므로 이 글에서는 논의하지 않을 것이다.

59 참고로 1995년 12월 예루살렘에서 열린 WCC 간문화 해석학(intercultural hermeneutics) 회의는 '상황성'과 '보편성'의 창조적 긴장이라는 원리를 제시한 바 있다. 이정배는 토마스

딘의 책을 이용하여 간문화해석학을 설명하고 있는데. 여기서 사용된 영문은 "Cross-Cultural" (philosophy of religion)이다. '교차문화'라는 의미를 담고 있다. 이정배, 『간문화해석학과 신학적 상상력 : 신학의 아시아적 재이미지화』, 45쪽.

60 이정배, 앞의 책, 36-53쪽.

61 이정배, 앞의 책, 2장(유교적 신학), 3장(불교적 신학).

62 특히, 206쪽 이하, 217쪽 이하 참조. 최근에 그가 강조하는 불이와 통합의 관점이 이 글에서부터 눈에 띄게 나타나고 있는데, 그것은 켄 윌버 사상과의 만남이 구체화되는 과정 속에서 표현되고 있는 것이라 할 수 있다. 윌버에 대한 그의 관심을 신학적으로 담아 낸 책이 『켄 윌버와 신학 : 홀아키적 우주론과 기독교의 만남』(서울 : 시와 진실, 2008)이다. 윌버의 사상과 함께 주로 생태신학적 관점이 반영된 책이다.

63 이정배, 『토착화와 세계화-한국적 신학의 두 과제』 서울 : 한들출판사, 2007, 68쪽, 75-77쪽.

64 앞의 책, 80-82쪽.

65 앞의 책, 14쪽.

66 앞의 책, 52-54쪽, 56쪽, 61-62쪽, 87-88쪽. 그는 '뜻'이 만인의 종교와 다르지 않다고 말한다.

67 앞의 책, 205쪽, 223쪽, 248-249쪽, 250쪽, 260쪽. 켄 윌버 역시 "아버지와 나는 하나다."라는 예수의 언명을 비이원론적(불이적) 관점에서 해석한다.

68 포스트모더니즘의 이러한 사고에 대해 잘 서술하고 있는 책으로는 윤효녕 외 3인, 『주체 개념의 비판 : 데리다, 라캉, 알튀세, 푸코』(서울 : 서울대학교출판부, 1999/2003)가 있다.

69 들뢰즈, 가타리, 김재인 역, 『천개의 고원』, 서울 : 2001; 지젝, 이성민 역, 『까다로운 주체』, 서울 : b, 2005.

저항적 민족주의에서 문화적 민족주의에로 | 이정배

1 이하 내용은 동아일보 2006년 3월 4일(토) , 6쪽, 한겨레신문 2006년 3월 4일, 15쪽 참조.

2 노태구, 『세계화를 위한 한국 민족주의론 - 동학사상과 관련하여』, 백산서당, 1994.

3 한국신학연구소, 『한국 종교와 한국 신학 - 유동식 박사 고희기념논문집』, 1993, 125-126쪽.

4 유동식, 『풍류도와 한국사상』, 연세대학교 출판부, 1998; 한국문화신학회 편, 『한국문화와 풍류신학 - 유동식 신학의 조감도』, 한들출판사 2002, 54쪽.

5 베네딕트 엔더슨, 윤영숙 역, 『상상의 공동체』, 나남출판 2005, 29쪽; 한겨레신문, 2006년 6

월 16일(금), 책. 지성섹션 14-15쪽. Julia Kristeva, *Nations without Nationalism*, Columbia Univ. Press 1993.

6 Julia Kristeva, 위의 책, 39-40쪽.

7 이것은 프란츠 파농의 견해인 바, 현실에서 주변부 문화를 지배하는 문화는 백인의 문화임을 밝혔다.

8 임지현, 『민족주의는 반역이다』, 소나무 2003; 권혁범, 『민족주의와 발전의 환상』, 솔, 2000.

9 임지현, 『이념의 속살』, 삼인 2001, 119-120쪽, 359-366쪽. 실제로 일제시대의 민족주의는 민족 문화를 협소하게 만드는 우를 범했다. 이들은 단군사상이나 대종교, 샤머니즘만이 고유문화이고 유교, 불교도 해로운 외래문화로 인식하였다. 대표적으로 신채호가 이에 해당된다. 김삼웅, 『단재 신채호 평전』, 시대의 창 2005, 154-161쪽. 한림대학교 한국학연구소, 『21세기 한국학 어떻게 할 것인가?』, 푸른역사 2005, 25쪽.

10 태혜숙 외, 『한국의 식민지 근대와 여성 공간』, 여이연 2004. 15-40쪽.

11 임지현, 앞의 책, 352쪽.

12 이것은 니클라스 루만의 견해이다.

13 송두율, 『민족은 사라지지 않는다』, 한겨레신문사 2003, 41쪽.

14 이는 독일 통일이 '민주' 보다는 '종족에' 근거했음을 비판하는 하버마스의 시각이다.

15 송두율, 위의 책, 127쪽; 임지현, 앞의 책, 368쪽.

16 한림대학교 한국학연구소 편, 앞의 책, 26-27쪽.

17 이것은 니체의 개념이다. 니체는 역사 과잉을 초래한 집착과 그에 대한 반발로의 역사 망각 모두를 비판하며 역사 치유를 말한다. 김정현, 『니이체 - 생명과 치유의 철학』, 책세상 2006, 163쪽 이하.

18 Hans Kohn, *Nationalism : Its Meaning and History*, Princeton 1955, p.16.

19 임지현, 앞의 책, 141-143쪽.

20 앞의 책, 167-170쪽. 사회주의적 근대화론을 일명 반서구적 근대성이라 부를 수 있다.

21 일본 역사 교육자협의회 편, 『동아시아 역사와 일본』, 동아시아 2004, 6-18쪽.

22 이정배, 「대안적 세계화를 위한 동아시아 종교문화의 역할과 제안」, 『신학논단』 43집, 연세대 출판부 2006, 459-478쪽; 김영명, 『세계화와 민족주의』, 오름, 2004, 26쪽.

23 이것을 우리는 종교적 민족주의라 부른다. 노태구, 앞의 책, 83-94쪽.

24 태혜숙 외, 앞의 책, 72-77쪽 이하 내용. 일본이 식민지 경험을 한 국가들과 식민지 경험을 공유하지 않는 한 일본에 의해 주도된 어떤 논의도 제국 지식인의 나르시즘에 불과하다고 비판한다.

25 일본 역사교육자협의회 편, 앞의 책, 17쪽. 여기서 기기(記紀)신화가 언급된다. 『일본서기』 중 고사기의 내용이다.

26 김영명, 앞의 책, 30-31쪽. 36쪽; 한림대학교 한국학 연구소 편, 앞의 책, 27쪽 이하 내용.

27 폴 A. 코헨, 이남희 역, 『학문의 제국주의 - 오리엔탈리즘과 중국사』, 산해 2003, 340-349쪽. 이것은 저자의 결론을 한국적으로 원용한 표현이다, 이것을 '한국 자신에 입각한 접근법' 이라 말할 수 있다.

28 김영명, 앞의 책 97쪽. "열린 민족주의는 반성된 민족주의와 맥을 같이 한다." 송두율, 앞의 책, 126-127쪽.

29 문화적 민족주의에 대한 논거는 노태구, 앞의 책, 94-103쪽에서 빌려와 재구성한 것이다.

30 태혜숙, 앞의 책, 20-25쪽.

31 강상중, 『동북아시아 공동의 집 향하여』, 뿌리와 이파리, 2002, 25쪽 이하 내용.

32 이에 대해서는 이정배, 『한국개신교 전위 토착신학 연구』, 기독교서회, 2003, 325쪽 이하 내용 참고.

33 전통문화연구회, 『경전으로 본 세계 종교 : 동학 편』, 2001, 289-290쪽.

34 노태구, 앞의 책, 101쪽.

35 위의 책, 113-119쪽; 이정배, 앞의 책, 383-422쪽 이하 내용은 필자가 문화적 민족주의의 조건과 걸맞게 재서술한 것이다. 전통문화연구회, 앞의 책, 289-304쪽의 내용도 많은 도움이 되었다.

36 고자카이 도시아키, 방광석 역, 『민족은 없다』, 뿌리와 이파리, 2003, 79쪽 이하 내용.

37 폴 A 코헨, 앞의 책, 346쪽.

38 강상중, 앞의 책, 20-22쪽.

39 일본역사교육자협의회 편, 앞의 책, 18쪽. 386-387쪽.

40 강상중, 앞의 책, 23쪽.

41 본 강연은 오에겐자브로, 오상현 역, 『구세주의 수난』, 고려원 1995, 부록으로 실려 있다.

42 오에겐자브로, 앞의 책, 334쪽.

43 이것은 『구세주의 수난』에 대한 김지하의 추천사 중의 핵심 내용이다. 추천사는 이 책 처음에 실려 있다.

44 이는 본래 안중근의 '동양평화론'의 맥락에서 이해된 개념이다. 최원식, 백영석 엮음, 『동아시아인의 동양인식 : 19-20세기』, 문학과 지성사 1997, 205-215쪽.

45 실상 함석헌은 동학에 대해 많은 언급이 없었다. 필자는 이 점을 아쉬워하며 본 논문에서 양자를 관계시켰다.

46 함석헌, 『뜻으로 본 한국역사』, 한길사, 2005(1판 6쇄).

47 이치석, 『씨알 함석헌 평전』, 시대의 창, 2005. 333쪽, 391쪽, 427쪽.

48 지명관, 「함석헌의 조선사관에 대한 고찰」, 『함석헌 사상을 찾아서』, 함석헌 기념사업회 2001, 203-217쪽

49 함석헌, 앞의 책, 116-123쪽.

50 앞의 책, 12쪽. "역사는 시간을 인격으로 보는 성경의 자리에서만 가능하다"고 본 1950년 도 판 머리말 내용과 기독교가 유일한 종교도 아니고 성경만 완전한 진리가 아니라고 말 한 1962년 머리말 내용이 다르다. 단 고난을 역사 이해의 근간으로 본 것은 변하지 않았 다.

51 『함석헌 전집』 6권, 한길사, 1992. '흰 손' 이란 시를 보라.

52 씨알은 본래 「大學」에 나오는 인간 속의 밝은 덕 곧 속 알을 뜻한다.

53 『함석헌 전집』 3권, 10쪽.

54 『함석헌 전집』 14권, "기독교 교리에서 본 세계관", 251쪽.

55 위의 책, 252-253쪽.

56 『함석헌 전집』 4권, "씨알의 설움 중에서"

57 『뜻으로 본 한국역사』, 60쪽, 71-74쪽.

58 본 주제에 대한 논의로는 강상중의 책 외에 최영종, 『동아시아 지역통합과 한국의 선택』, 아연출판부, 2003이 있다.

59 최영종, 앞의 책, 59-60쪽.

60 이것은 교토학파의 창시자인 선불교 철학자 니시다 기타로가 발의하였다.

61 정문길 외, 『동아시아 문제와 시각』, 문학과지성사 , 1995, 101-103쪽.

| 찾아보기 |

제3세대 토착화 신학

등 록 1994.7.1 제1-1071
1쇄 발행 2010년 8월 30일

지은이 변선환아키브 · 동서신학연구소
펴낸이 박길수
편집인 소경희
마케팅 김문선
디자인 이주향
펴낸곳 도서출판 모시는사람들
         110-775 서울시 종로구 경운동 수운회관 1207호
전 화 02-735-7173, 02-737-7173 / 팩스 02-730-7173

출 력 삼영그래픽스(02-2277-1694)
인 쇄 (주)상지P&B(031-955-3636)
배 본 문화유통북스(031-937-6100)
홈페이지 http://blog.naver.com/donghak21